U0634085

中国社会科学院学部委员专题文集
ZHONGGUOSHEHUIKEXUEYUAN XUEBUWEIYUAN ZHUANTI WENJI

中国近世文化思潮论丛

丁伟志 ◎ 著

中国社会科学出版社

图书在版编目（CIP）数据

中国近世文化思潮论丛／丁伟志著．—北京：中国社会科学
出版社，2016.5
（中国社会科学院学部委员专题文集）
ISBN 978 - 7 - 5161 - 7706 - 8

Ⅰ.①中…　Ⅱ.①丁…　Ⅲ.①文化思潮—研究—中国—近代
Ⅳ.①K250.3

中国版本图书馆 CIP 数据核字（2016）第 041311 号

出 版 人	赵剑英
责任编辑	张　林
特约编辑	蓝垂华
责任校对	韩天炜
责任印制	戴　宽

出　　版	中国社会科学出版社
社　　址	北京鼓楼西大街甲 158 号
邮　　编	100720
网　　址	http://www.csspw.cn
发 行 部	010 - 84083685
门 市 部	010 - 84029450
经　　销	新华书店及其他书店

印刷装订	环球东方（北京）印务有限公司
版　　次	2016 年 5 月第 1 版
印　　次	2016 年 5 月第 1 次印刷

开　　本	710×1000　1/16
印　　张	28.25
插　　页	2
字　　数	455 千字
定　　价	99.00 元

凡购买中国社会科学出版社图书，如有质量问题请与本社营销中心联系调换
电话：010 - 84083683
版权所有　侵权必究

《中国社会科学院学部委员专题文集》
编辑委员会

主任　王伟光

委员　（按姓氏笔画排序）

王伟光　　刘庆柱　　江蓝生　　李　扬

李培林　　张蕴岭　　陈佳贵　　卓新平

郝时远　　赵剑英　　晋保平　　程恩富

蔡　昉

统筹　郝时远

助理　曹宏举　　薛增朝

编务　王　琪　　刘　杨

前　　言

　　哲学社会科学是人们认识世界、改造世界的重要工具，是推动历史发展和社会进步的重要力量。哲学社会科学的研究能力和成果是综合国力的重要组成部分。在全面建设小康社会、开创中国特色社会主义事业新局面、实现中华民族伟大复兴的历史进程中，哲学社会科学具有不可替代的作用。繁荣发展哲学社会科学事关党和国家事业发展的全局，对建设和形成有中国特色、中国风格、中国气派的哲学社会科学事业，具有重大的现实意义和深远的历史意义。

　　中国社会科学院在贯彻落实党中央《关于进一步繁荣发展哲学社会科学的意见》的进程中，根据党中央关于把中国社会科学院建设成为马克思主义的坚强阵地、中国哲学社会科学最高殿堂、党中央和国务院重要的思想库和智囊团的职能定位，努力推进学术研究制度、科研管理体制的改革和创新，2006 年建立的中国社会科学院学部即是践行"三个定位"、改革创新的产物。

　　中国社会科学院学部是一项学术制度，是在中国社会科学院党组领导下依据《中国社会科学院学部章程》运行的高端学术组织，常设领导机构为学部主席团，设立文哲、历史、经济、国际研究、社会政法、马克思主义研究学部。学部委员是中国社会科学院的最高学术称号，为终生荣誉。2010 年中国社会科学院学部主席团主持进行了学部委员增选、荣誉学部委员增补，现有学部委员 57 名（含已故）、荣誉学部委员 133 名（含已故），均为中国社会科学院学养深厚、贡献突出、成就卓著的学者。编辑出版《中国社会科学院学部委员专题文集》，即是从一个侧面展示这些学者治学之道的重要举措。

　　《中国社会科学院学部委员专题文集》（下称《专题文集》），是中国社会科学院学部主席团主持编辑的学术论著汇集，作者均为中国社会科学院学部委员、荣誉学部委员，内容集中反映学部委员、荣誉学部委员在相关学科、专业方向中的专题性研究成果。《专题文集》体现了著作者在科学研究实践中长期关注的某一专业方向或研究主题，历时动态地展现了著作者在这一专题中不断深化的研究路径和学术心得，从中不难体味治学道路之铢积寸累、循序渐进、与时俱进、未有穷期的孜孜以求，感知学问有道之修养理论、注重实证、坚持真理、服务社会的学者责任。

2011 年，中国社会科学院启动了哲学社会科学创新工程，中国社会科学院学部作为实施创新工程的重要学术平台，需要在聚集高端人才、发挥精英才智、推出优质成果、引领学术风尚等方面起到强化创新意识、激发创新动力、推进创新实践的作用。因此，中国社会科学院学部主席团编辑出版这套《专题文集》，不仅在于展示"过去"，更重要的是面对现实和展望未来。

这套《专题文集》列为中国社会科学院创新工程学术出版资助项目，体现了中国社会科学院对学部工作的高度重视和对这套《专题文集》给予的学术评价。在这套《专题文集》付梓之际，我们感谢各位学部委员、荣誉学部委员对《专题文集》征集给予的支持，感谢学部工作局及相关同志为此所做的组织协调工作，特别要感谢中国社会科学出版社为这套《专题文集》的面世做出的努力。

《中国社会科学院学部委员专题文集》编辑委员会

2012 年 8 月

目　　录

概论篇

晚清篇

民国篇

概 论 篇

中国文化的近世境遇

（一）

鸦片战争以后，欧洲近代文化挟军事、经济、技术之优势，排闼直入，大规模地进入东亚文明古国，构成了对中国文化的强劲挑战，引起了中国人心的剧烈震荡。

时移世异，今非昔比，来势迅猛的欧风美雨，迫使中国的文人学士们再也无法照旧陶醉在往日的辉煌之中。从此，关心国事、关心国学的人，便不得不认真考虑在西方文化冲击下中国文化的命运这个时代课题。众多有识之士开始严肃思考和苦苦索解：中西文化的大交流，对于中国文化来说，究竟是祸事还是幸事？是凄凄惨惨的劫难，还是发展的良机？

西学来华，宿儒瞠目。传统文化哺育出来的中国广大知识群，尤其是一向笃信儒学的人士，对于西学的输入给中学造成的威胁，感触最大，忧虑最深。清末著名学者俞樾的一段议论，非常典型地反映出当时士大夫中相当普遍存在的以为中国文化面临废亡危难的这种心态。他写道：

> 今士大夫读孔子之书，而孜孜所讲求者则在外国之学。京师首善之地，建立馆舍号召生徒，甚至选吾国之秀民，至海外而受业焉。岂中国礼乐诗书不足为学乎？海外之书，译行于中国日以益增，推论微妙，创造新奇，诚若可愕可喜，而视孔子之书反觉平淡而无奇闻。彼中人或讥孔子守旧而不能出新法。如此议论，汉唐以来未之前闻，风会流迁，不知其所既极，故曰孔子之道将废也。[①]

[①] 《三大忧论》，《春在堂全书·宾明集》卷6，光绪二十五年本。

　　清亡以后，像俞樾这样对于中国文化的命运忧心忡忡而又抱着无可奈何的伤感态度的，仍是大有人在。1927 年，王国维自沉于昆明湖，作为王氏忘年之交的陈寅恪，正是带着这种对于中国文化命运的哀愁，写下了动情的《王观堂先生挽词并序》。他在序中写道：

　　　　近人有东西文化之说，其区域分划之当否，固不必论，即所谓异同优劣，亦姑不具言；然而可得一假定之义焉。其义曰：凡一种文化值衰落之时，为此文化所化之人，必感苦痛。其表现为此文化之程量愈宏，则其所受之苦痛亦愈甚；迨既达于极深之度，殆非出于自杀无以求一己之心安而义尽也。吾中国文化之定义，具于白虎通三纲六纪之说，其意义为抽象理想最高之境，犹希腊柏拉图所谓 Idea 者。若以君臣之纲言之，君为李煜亦期之以刘秀；以朋友之纪言之，友为郦寄亦待之以鲍叔。其所殉之道，与所成之仁，均为抽象理想之通性，而非具体一人一事。夫纲纪本理想抽象之物，然不能不有所依托，以为具体表现之用；其所依托所表现者，实为有形之社会制度，而经济制度尤为其最要者。故所依托者不变易，则所依托者亦得因以保存。吾国古来亦尝有悖三纲违六纪无父无君之说，如释伽牟尼外来之教者矣，然佛教流传播演盛昌于中土，而中土历世遗留纲纪之说，曾不因之以动摇者，其说依托之社会经济制度未尝根本变迁，故犹能藉之以为寄命之地也。近数十年来，自道光之季，迄乎今日，社会经济之制度，以外族之侵迫，致剧急之变迁；纲纪之说，无所凭依，不待外来学说之掊击，而已消沉沦丧于不知觉之间，虽有人焉，强聒而力持，亦终归于不可救疗之局。盖今日之赤县神州值数千年未有之巨劫奇变；劫尽变穷，则此文化精神所凝聚之人，安得不与之共命而同尽，此观堂先生所以不得不死，遂为天下后世所极哀而深惜者也。①

　　陈寅恪这篇文字，讲的是王国维之所以殉道的缘故，事实上这是通过

---

① 《陈寅恪诗集》，清华大学出版社 1993 年版，第 10—11 页。

对王国维殉道精神的悼伤，寄托了包括陈寅恪本人在内的为纲纪精神"所凝聚之人"对中国文化的哀思。陈寅恪理智地认识到，中国面临的社会经济制度的根本变革是不可避免的，因而才使得"纲纪之说，无所凭依"；这种旧有的文化精神的"消沉沦丧"，"不可救疗"，已经成为人力无法阻止的必然之势。明识如此，但是王国维以及陈寅恪这样的"为此文化所化之人"，却从感情上无法摆脱因这种文化的衰落而产生的痛苦，乃至于有王国维与此种文化"共命而同尽"投湖以殉道的事件发生。陈寅恪的悼词并序，写得那样哀思绵绵，凄凄凉凉，显然不单是在悼旧文人，而且是在悼旧文化了。他对于旧文化的依恋之情、伤逝之悲，在这里表达得是真实而坦诚的。也正因此，他把自己文化观念上存在的褊狭、固执、痴迷的一面，也无保留地公之于世了。陈寅恪把纲纪之说看做中国文化固有的抽象理想的最高境界，从而认为纲纪之说的"消沉沦丧"，也就是中国固有文化的"劫尽变穷"，从此衰落而永无复兴之日。他在给王国维所写的挽词中，抱着对于民国以来十数年间祸乱不已的极端不满，和对晚清时他所习惯的文化氛围的无限眷恋，用更加哀婉的词语，倾诉着这种文化失落的心曲。对于西方近代文化有着相当了解的国学大师王国维、陈寅恪，却对中国固有文化的纲纪之说，抱着如此难以割舍的深情，这正足以证明中国文化在中西文化的交流中实现革新与进步，是何等艰巨的事业。近代以来的中西文化交流，何以是在无休止的冲突与争论中进行？中国文化在现代化进程中，何以每前进一步都要费尽气力去克服重重舆论的阻力、挣脱恋旧情感的羁绊？中国文化在 19 世纪中叶以来的每一次改革和每一种创新，何以会招致"破坏传统"一类指责，总会引起"中国文化将被西方文化取代"一类的忧虑？所有这些问题，只要细细品味陈寅恪这样的颇见真情的作品，大体上就可以得到较为合理的解答了。

从俞樾到王国维、陈寅恪，文化情感的传承，脉络是十分鲜明的。王、陈之后，对中国固有文化怀着悼伤的哀思，并进而有复兴旧学之志的，至今仍有杰士时出。由此愈加可以看出，如何在同西方文化的对比中观察中国文化的境遇，确实是一个中国文化面临的时代课题。所以，时至今日，人们仍然不能不继续考虑、认真分析在近代以来中西文化大交流的形势下中国文化的地位与性能，不能不下力气来重新认识中国文化的现实价值和未来趋势。

（二）

中国文化热，目前正在世界范围内缓缓升温。中国文化所包含的丰富内容和所蕴含的巨大潜能，以及它在当今社会生活中表现出的现实价值，越来越成为世人关心的热门话题。至于在即将到来的 21 世纪里中国文化会在全球范围内扮演一种什么样的角色，起什么样的作用，也成了牵动着众多中国人人心的事。有些外国人，对于中国文化的发展势头，现今也觉得不大好等闲视之了。这种中国文化引起世人重视的情况，对于从事研究中国文化、建设中国文化的我国学者来说，无疑是件令人兴奋的事，至少它创造出一种有利于对中国文化进行深入研究的条件。

由于历史悠久、内容博大，中国文化是一个人们很难研究的繁重课题。什么是中国文化？要想做出回答，下个足以概括其本质特征的定义，至今还是个难题。从 19 世纪以来，中国文坛上的先觉人士中，陆续有人在同欧洲文化的对比中试着描述和界定中国文化的种种特性；现时海内外博学的学者们，也还有不少人在继续着这种列举中国文化特性的工作。作为中国文化研究的阶段性成果来看，他们的这种探讨的劳绩，是很值得尊重的。但是，这种为中国文化定性的方式，往往因其具有很大的随意性而破绽颇多，令人不能不对它产生"似是而非"的观感。所举种种，粗粗望去，似乎也言之凿凿，但是稍做推敲，就不免使人疑窦丛生，发现其中许多论断是立不稳脚跟的。

例如，第一，所举中国文化之若干特性，欧洲文化是不是也具有呢，这就很值得考究。比如说中国文化重伦理，重人文，重和平，重义轻利，重个人修养，重人的尊严，等等，那么，欧洲文化是不是从来就没有形成过或没有具备过这样一些特性呢？平心而论，人们所习以为中国文化独具的这些特性，在欧洲文化中也是不难找到的，形态上容或有着很大差异，程度上却不一定处处比中国逊色；仅仅以之为中国文化的特性，实在未免太牵强了。

第二，所举中国文化的特性，放到中国文化整体上观察，常常体现的只是中国文化的一个方面或一种特性，而事实上中国文化往往却又同时存在不同的乃至相反的另一个方面或另一种特性。举一掩一，恰恰抹杀了中国文化本质的复杂性。比如许多人把中国文化界定为"静的文化"，但事实上中国文化既有"主静"的传统，同时也有"主动"的传统。"主静"绝非周敦颐、二程之前儒学的本质特征，这是不疑的史实。至少，在"清静无为"的文化信念流布的同时，强奋有为的文化信念也在代代相承着。从"生生不已"、"自强不息"、"日新又新"的奋进精神，到"老骥伏枥，志在千里"、"乘风破浪会有时，直挂云帆济沧海"、"金戈铁马，气吞万里如虎"这样的壮志雄风，充分体现出中华民族一贯具有昂扬的"主动"的文化特性，何曾深沉到一味"主静"的文化状态中？翻开一部二十四史，当可随处看到，中国人强悍奋发、斗争不息的民风士气，绝不下于西欧。同样，一部中国通史，也证明着把中国人说成只具"重道义轻功利"特性的民族，更是书生迂见。不论从褒义上看，还是从贬义上看，在中国历史上，道义虽屡被崇奉，然而不能不承认功利之欲也屡屡在扮演着历史的重头戏。孟轲、董仲舒一类的重义轻利价值观，在中国普通人的心里究竟占多大分量，恐怕应该做清醒的估计。从消极方面说，虔诚相信理学家"天理人欲"道义准则的人自然是有的，可是以此矫情欺世之徒历来却也比比皆是。无法否认，我们中国历史上，在道义的名义下争权夺利的事，并不是一种微不足道的支流。从积极方面来说，中国历史上诚然不乏为信念而成仁取义、置身家性命于不顾的志士仁人，但同时中国历史上也颇有一些在功利动机的驱动下，为建立霸图宏业而充满竞争精神的英雄豪杰。甩掉反功利的道学价值观的变色眼镜，可能对我们民族特性会看得明白一些。君不见，现在不是又有不少人在夸奖中国人是天生的善于经商的民族吗？

第三，与欧洲文化相对比而界定中国文化特性的判断，常常是把欧洲资本主义兴起以后的文化作为新特色，拿来与中国资本主义未兴之前的文化特色（而且主要是清末民初的文化特色）相比较而做出。这在方法上就犯了忽视文化的时代背景的差错。不言而喻，就欧洲自身而言，其文化特性在资本主义时期与前资本主义时期，本来就有着明显的差异。比如个性解放、竞争精神之类，无疑就是资本主义勃兴后才突出起来的新特性。以欧洲资本主义近代文化所具有的突出特性为坐标，来判断前资本主义的中国文化的特性，当然包含着许多不可比性。退一步说，把前资本主义的中国文化和资本主义的欧洲文化，做个性质上的比较，亦未尝不可作为加深认识中国固有文化的一种方法。不过这样做应当明确一个前提条件，这就是必须自觉地看到所比较的双方存在着社会发展程度上的不同这一情况，或者说应当明白两者之间文化上的差异，乃是与具有时代性不同两种社会结构的差异直接相关的。不明白社会制度发展程度差异所造成的两种文化间的巨大落差，而去强行寻求解答中国文化特性的谜底，自然不免闹得阴错阳差了。其实，要想弄清这种单纯与欧洲近代做比较来判断中国文化特性的办法何以不得体，并不是困难的事。只要同时把中国文化与印度文化、与伊斯兰文化，也进行一番比较，那么就不难发现原先和欧洲近代文化对比中所界定的中国文化之特性，确实是一桩难以成立的公案了。当然中国文化的特性是客观存在的，但是要认识中国文化不同于西方文化的本质特性，是一件严肃而繁难的工作，这绝不能像用筷子吃饭和用刀叉吃饭的差别那样一望即知。研究中国文化特性的工作，20 世纪大约只能算是开了个头，现在仍处在很幼稚的阶段上，不自量力而为中国文化特性强作解人，多半不能算是慎重之举。

（三）

中国学人对于中国文化所作的分门别类研究，早已成果累累，为什么一旦要在与外国文化相比较中确定中国文化的特性时，却显得浮泛无据、轻率武断呢？看来这是由于当着把中国文化作为定性的对象时，在认识上已存在着误区。

这种认识上的第一个误区，在于把中国文化当成内容单一、构成单一的文化个体来对待，而完全忽视了作为整体的中国文化本是包含着众多内容、繁复构成的文化复合体。

海外学人有持"只有个别的具体的文化，而无普遍抽象的文化之说"者，认为普遍性的文化，和普遍性的现代生活一样，只是一种抽象的概念，而在现实中是找不到的。现实世界中存在的只是一个个具体的，诸如中国的、美国的、俄国的、日本的文化，因此文化研究就不应去研究文化的一般通性，而是应该去研究每一具体文化的个性。① 学者选择某一文化系为其研究的具体对象，而不去做一般的文化研究，自然无可厚非，但是这种引以为据的理由，无论在事实上，还是在逻辑上，都不免欠于周全。

以人类文化为全体，中国文化则是它的一个部分；以人类文化体现的是普遍的文化共性，中国文化自然体现的是具体的文化个性。但是，却不能以此为据，就断言一般"文化"仅仅是一种"理论上的存在"。犹如不能以白马、黑马的存在，而否认马是现实存在，不能以中国人、美国人的存在，就否认人是现实存在一样，不能以中国文化、美国文化的存在，就否认人类文化是现实存在；对一切非文化现象而言，文化是实实在在的现实存在。否认普遍性事物或否认事物的普遍性是现实的存在，无论在理论上还是在实际上，都是不能成立的。况且，只要把理论加以彻底化，是非曲直就会昭然。"白马"对"马"而言，是部分，是具体，是特殊，而对于"白马"所包含的以牝牡、肥瘦、老小、高矮等各种标准加以区分的白马而言，"白马"则是全体，是普遍，是一般。"中国人"对"人"而言，是部分，是具体，是特殊，而对于"中国人"所包含的以性别、民族、籍贯、年龄、职业等标准加以区分的中国人而言，"中国人"则是全体，是普遍，是一般。关于文化的分析，自然也只能同此道理。中国文化对于人类的一般文化而言，是"个别具体的文化"，而对于中国文化所包含的以民族的、地域的、学派的、宗教的诸种标准加以区分的各种"个别具体的文化"而言，中国文化则无疑是"普遍抽象的文化"。否认全体与部分、普遍与具体、一般与个别之间区分的相对性质，其逻辑岂不就会导致人们去把"白马"、"中国人"、"中国文化"，都看成现实中找不到的"理论上的存在"吗？那样一来，人们就无可奈何地只能取面对这匹或那匹马、这个或那个人做研究，而无法去对"白马"、去对"中国人"加以研究和定性了；对于中

① 余英时：《从价值系统看中国文化的现代意义》，台北时报文化出版企业有限公司1984年版，第13—17页。

国文化，岂不也同样无法去把握和确定它的性质了吗？中国文化确实是一个有着独立于世的特色的文化，但是必须看到，它是一个大系统、母系统；在这个巨大的文化系统中包含着存在着众多的文化小系统子系统。在中国文化范围内，各个民族的、各个地区的、各种学派的、各种宗教的、各种社会群体的、各种社会阶层的，有着各自具体特性的文化子系统，品类之繁复是屈指难数的。至于中国文化所包含的各种学科门类，那更是不仅可以划别为众多科目，而且层层分择下去仍然可以划别为种种支脉。试想，一个艺术门类里，层层分择下去，将会出现一幅多么复杂的系列网络。不难想象，全面认识和概括中国文化所包含的种种内容、形式、价值观念，是一件多么繁难的工作。这当然不是说，研究中国文化必得穷其枝节，而后才可探其全貌，正像不能要求人们逐一研究了每一棵树之后，再去认识大森林。这只不过是说明，人们在对于中国文化试图做整体的宏观的考察时，不能不充分考虑到它乃是一个内容繁复的文化大系统这个极端重要的实情，切切不可把中国文化归结为内容单一的、价值标准单一的狭隘的文化小宗派；切切不可凭借自己所熟悉或所赞赏的某派文化思想、某种价值观念，以偏概全，来认识和评估中国文化的本质与特性。

　　令人遗憾的是，时下这种以偏概全、以中国文化中某一种学说充当中国文化整体的做法，恰恰非常流行。本来把汉族文化当做中国文化的全体已经很不妥当，至于进而要把儒家文化当成中国文化的全体，乃至要把儒学中的一家一派或孔或孟或朱或王当成中国文化的全体，其偏颇程度更是可想而知的。时至今日，还像以往熟读四书五经的冬烘先生一样，眼睛里只有儒学的几本著作，以为这就是中国文化的全部，只把"四维八德"的古训认做作中国文化精魂之所在、奥意之旨归，这怎么能够对中国文化做出公正的全面的分析呢？人们不能不想一想，如果仅仅用儒家文化来充当中国文化，那会把中国文化破损成一副什么模样？以此为准，儒学问世以前的灿烂文化岂不是要被摒弃于视野之外了？春秋而下，岂不也得进行一番文化大清洗吗？如果中国文化只是以儒学为正宗，中国文化只限于表现"仁"、"礼"之类的价值观念，那么儒学以外的诸子之学何以立足？离骚之辞、黄老之术、敦煌艺术、石窟雕塑、唐宋诗词、西厢红楼，以及现代的大量文化珍品，如此等等的中国文化瑰宝，难道仅仅用儒学的价值观念，就能够说明它的文化渊源，阐释清楚它的文化特性吗？

中国文化是什么？如果既不满足于"中国文化是中国的文化"这种回答，又不满足于把中国文化宝库里的珍宝一件件搬出来开展览会，因而想方设法地去概括它的本质特性，这种科学探索当然是很有价值的。可是，中国文化既然是一个包含着极为丰富的多种内容的文化复合体，既然它是一个包含着多层次的文化小系统的文化大系统，那么，对于它的特性下判断时，无论如何是必须慎之又慎的。每当要想认定中国文化具有某种特性时，最好仔细考察一下所定的这种特性在中国文化大系统中涵盖面究竟多宽？代表性究竟多大？在中国文化中是不是同时还有和这种特性相反的另一种特性？如果不想哗众取宠的话，给中国文化定性时，是应该把这些问题都弄清楚的，实在一时弄不清的那就存疑，不必妄生览天下于一瞬之雄心。抱着就事论事的实心诚意，给自己研究的文化对象划定一个确定的区域，把自己判断的某种文化特性限定一下它的作用范围，可能更妥当些。大家都来做这样留有余地的研究工作，也许可以集腋成裘，集群力群智把中国文化的特性逐渐认识得越来越清楚。

（四）

对于中国文化性质认识上的第二个误区，是在于把中国文化当成了内容固定、性质不变的一种文化既成事实来对待，而完全忽略了作为整体现象的中国文化，本是历经漫长的岁月并且内容不断更新的社会历史现象。

中国文化有着绵延数千年的历史，这是众所周知的事。现今持不同见解的中国文化史，也已经有多种问世。所以今天再来说中国文化是不断发展的，而不是一成不变的，显然无非是一种普通常识，引不起什么怀疑了。很叫人尴尬的是，一些饱学之士，当他们试图给中国文化定性时，却常常忽略了这种常识。

中国文化所具有的历史性质，分别来说，是表现为同一过程的两种性质：一是"常"，一是"变"。以出土文物为据，大体可以说中国已有五千年左右的文明史。这一历史，是中国文化诞生、成长的过程，是中国文化由稚嫩的幼芽，长成根深叶茂的参天大树的过程。中国文化能够有这样长的历史，并且没有中断，没有灭绝，没有形成灭绝后的重建，更没有因为年代久远、时光变迁而变成另一种文化；漫漫的长途上，它始终保持着承续性。由此可见，作为一个文化大系统，中国文化确有自己独立于世的常在的本质属性。

不过，必须看到，这一"变中有常"的伟大文化系统，是无时无刻不处在的"常中有变"的状态中。中国文化不是静态的，而是动态的；不是一潭死水，而是滚滚而来的不尽长江。五千年来，中国文化无时不在变化着、发展着，旧质与新质的代谢更迭，从未停止过。中国文化在悠久的岁月中，虽然也有过暂时的受挫和一时的衰落，虽然也发生过进展的缓慢迟滞，但是它走过的曲折路程的状况确凿无误地证明，中国文化的历史是一部不断丰富不断发达着的辉煌的文化发展史。正因此，要想确切地认识中国文化的性质，就不能无视中国文化数千年来发生的巨大变化。

中国文化的历史，经历过许多深刻的本质性的变动。社会结构的变动，不可避免地要引起文化因素的增减消长。中国文化，从内容到形式，常常在这种意义上发生更新换代的实质性变化。虽然许多重大的文化变异，对于中国文化性质带来的影响，绝非无关宏旨的细枝末节。中国文化的性质是在不断地变动着，是在变动中不断地更新着。历史构成的文化发展的阶段性，表现出一个时期的文化与另一个时期的文化具有鲜明不同的时代性质。同是中国文化，秦汉不同于先秦，唐宋不同于魏晋，明不同于元，清不同于明，一个时期有着一个时期独创的文化成就和文化特色。尤其重要的是，一代文化创新，只要它具有长久的价值，那它就不会随着这个时代的结束而烟消云散；也就是说，时代的文化新创造变作了文化的新积累，它的生命将延续到以后的时代中。毫无疑问，越是有价值的文化的时代新质，它的影响力、制约力就必定会越发长久。一个时代的文化成就造成此后长时期文化本质特性的事，本是文化发展的常规。于是，不仅"变中有常"，而"变"又变成"常"了。先秦诸子之学对于此后中国文化的巨大影响，唐代诗歌对于此后中国文学的巨大影响，两宋理学对于此后伦理观念、政治思想的巨大影响，都可以算做中国文化发展中文化特性变异的显著例证。

正因为中国文化的特性是历史形成的，所以只有用历史的态度才能认识和判断中国文化的特性。这就是说，中国文化的特性是在不断的变动、发展、丰富的过程中形成着，而不是一成不变的。如果以为中国文化从诞生之日起，打根本上就具备了此后再也不会变化的全部品性，那真是一种天真而怪诞的错觉了。如果以为从孔子学说问世之日起，就构成了一以贯之的"道统"，并从而制约着此后中国文化的全部特性，那则是儒门后学自欺欺人的宗派偏见了。近世学人评定中国文化的特性时，往往还是把自己所感知的某个时代中国文化所呈现的某些或某种特性，当成了数千年间中国文化一贯具有的本质特性。这种对中国文化特性的分析，是把中国文化做静态的观察；所判定的特性在历史上是否一向如是，是否有所变化，他们是疏于考虑的。他们从来不肯解释他们所列举的中国文化的种种特性是怎样形成的，从来不肯理会所列举的这些特性的来龙去脉、前因后果。在他们的笔下，这些特性简直好像是中国文化禀赋所有的天生丽质，与身俱存，无增无减，无生无灭。自从严复等人开其端以来，清末民初的中国知识界中，有些人非常喜欢把中西文化设想成有着固定性质的静态事物，然后来罗列两者之间存在着一条条不同的特性。例如，曾经在传播科学知识方面做出过突出贡献的杜亚泉，每当论及文化观念问题时，就陷于这种思想方式中而不自觉。1916 年，他在《东方杂志》上著文，沿用洋务派中人早年讲过的中国民情好静、西洋民情好动之类的见解，把西洋文明定性为"动的社会"发生的"动的文明"，把中国文明定性为"静的社会"发生的"静的文明"。他以此为立论的基调，列举两者具有许多不同特性。概要说来，他所列举的两者的不同特性是：西洋重人为，反自然；中国循天理，顺自然。西洋人生活为"向外的"；中国人生活为"向内的"。——因而勤俭克己，安心守分。西洋分团体竞争不歇；中国无团体，以个人为中心，而家族，而亲友，而国家，由亲及疏，无相冲突。西洋重胜利而蔑道德；中国蔑胜利而重道德——以道德消灭竞争，与世无争，与人无争。西洋以战争为常态，和平为变态，暂时和平也是为着准备战争；中国以和平为常态，以战争为变态，不得已进行战争也是为着谋求和平。杜亚泉还特意郑重申明，说他认为中西两种文明之间之所以会存在着这种非"程度之异"乃"性质之异"的特性，是由于"社会成立之历史不同"

造成的。① 实际上，这种表现出极大随意性的定型分析，最显著的弊端，恰恰在于没有从社会历史的实际状况出发去做如实的具体分析。试想所列举的"静的文明"的诸多特性，如顺应自然、安分守心、重道德轻胜利、与世无争之类，不论是放在春秋战国、南北朝、五代十国、宋元之交、明清之交大动荡大分裂的时期，还是放在汉唐盛世、元清前期大统一的时代，大概都不足以反映当时的社会风尚、时代精神、价值标准。相反地，在中国历史上，分裂战乱年代或者创业的时代（几千年间，在中国的历史上，分裂战乱的年代所占的时间，并不是很少的），重事功、恃武力、好勇斗狠、图谋霸业，倒是时代精神的主旋律。那时候的中国文化，可以说真是大有"动的文明"的风尚。至于战争之激烈，争夺之残酷，杀戮之惨重，那也并不亚于西欧历史上的动乱时代。

近世的中国，如晚清期间，由于社会发展的迟滞，文化也相应地呈现出衰颓消沉的状态，民间风气也由于统治的严酷和理学之类精神的束缚而渐趋孱弱。民初知识界关于中国国民性的议论，关于中国文化特性的议论，不管思想倾向如何，其视野往往都不能脱开他们亲身感受的中国当时的这种文化氛围。不管是在《东方杂志》上发表文章的杜亚泉也好、陈嘉异也好，还是在《新青年》上发表文章的陈独秀也好、李大钊也好，文化见解虽然彼此大相径庭，可是在识别中国文化的特性的方法论上，却在相当长的时间里都未能摆脱这种非历史的认识的局限（例如李大钊，他固然与杜亚泉对东西文化的评价很不一样，但是他也把东西文明的根本不同，归结为"东洋文明主静，西洋文明主动"）。他们列举的许多中国文化的特性，放到从古至今的历史上看，往往是在某个阶段上还比较近乎实情，而将它放到另外的阶段上却就全然成为天方夜谭，以之为中国文化一向具有的特性，实在无法说得圆通。可能正是由于这样的缘故，他们对于所列举出来的文化特性，究竟是怎样形成的，从来没有作出过令人信服的说明。不肯承认中国文化特性的时代性质，当然就必须避而不谈这些特性形成与消亡的过程。"五四"前夕，新文化运动兴起，逐渐有些学者采用社会发展的观念考察东西文化的差异问题，但是将东西文化作为不同特质的

---

① 《静的文明与动的文明》，《东方杂志》第 13 卷第 10 号（1916 年 10 月）。

静态事物进行研究的仍颇有人在，梁漱溟著《东西文化及其哲学》便是最突出的代表。

至今还有不少学者，沿着杜亚泉式或梁漱溟式的思路，把中西文化作为固定的静态事物，抽掉它们之间的"程度之异"，评判它们的"性质之异"。其间所犯的根本错误，就在于不肯承认文化发展的时代差异。他们所说的西方文化，究竟是什么时代的西方文化？他们所说的中国文化，究竟是什么时代的中国文化？这两个本当给予明确回答的前提性问题，被完全置诸脑后了。试想这种文化比较研究，假如给所比较之双方以确定的同等的时代条件，那会有什么样的结果呢？例如，拿公元前的欧洲文明和公元前的中国文明加以比较，或者拿中世纪的欧洲文明和中世纪的中国文明加以比较，难道还可以用主"动"与主"静"、倡竞争与崇调和、"向前要求"的路向与"调和持中"的路向，这样一些尺度、标准，来区分和判别西方文化与中国文化所具有的不同特性吗？用某个时期中国文化所具有的特性，来充当中国其他时期同样具有的文化特性，充当中国文化永恒的特性，无疑只能是刻舟求剑而已。

如此说来，岂不是变成了只承认这个或那个时期中国文化所具有的特性是具体的实在的，而把作为一个文化大系统的中国文化所具有独特性质看做是现实中找不到的抽象概念了吗？果真如此，自然可以请君入瓮，难以逃脱承受否认文化具有普遍的一般通性的过错。事实上，这里强调的，只是不要以某个时期特具的特性充当超越这个阶段的中国文化的一贯具有的特性而已；并非否认在历史长河中，中国文化确实形成了不同于其他文化的独特性。至今学者们对于中国文化长期形成的独特性，认识仍多歧异，不过有些见解也逐渐接近，诸如承认处理人和自然的关系上的"天人合一"观念，处理人和人的关系上的家族宗法观念，对于中国文化影响至深至久，已是大多数学者所认可的。可见，强调"常中有变"，绝不意味要抹杀"变中有常"，而只是主张更准确地把握那个"变"中的"常"罢了。

（五）

在实际的文化发展的历史进程中，中国文化的复合性和历史性是统一的。中国文化所包含的多种成分、多种因素，是在变动不居的历史过程中产生、形成和演变着；中国文化发展的历史，也正是在中国文化的多种成分、多种因素间交互作用、生灭消长中实现的。所以综合起来看，应当说中国文化是和世界其他重大文化系统一样，是一种处于无休止的变动中的多元的文化大系统。

确认中国文化动态的多元性，对于认识中国文化的历史、中国文化的现状都是极端重要的认知前提。20 世纪 30 年代，在当权的国民党人希图肃清马克思主义这种外来文化"异端"的意向的推动下，有所谓"建设中国本位的文化"的倡议兴起。这种文化主张的理由是很堂皇的，俨然是在宣扬民族大义、反对奴化于西方文化。但是究竟什么叫做"中国本位的文化"，就难以说得明白了。把中国文化叫做中国固有文化，叫做中国传统文化，只要不细究概念的外延内涵的话，还是不失为比较简易而宽泛的称谓；反正是把中华大地上祖祖代代曾经创造出来的文化都装在里面，也就大致尚能差强人意了。至于说"中国本位的文化"，可就提出了一道难题。什么算"中国本位的文化"？有没有那么一种从未搀和任何非"本位"杂质的、土生土长的、纯之又纯的"中国本位的文化"呢？事实上，历史上并不存在这样的一种本位文化。近世的考古发掘，已经使得长期以黄河中下游为中华文明惟一发祥地的论断受到挑战。出土文物证实，中华文明确有多种文明源头。在历史的某个阶段上（比如殷商），黄河流域的中原地带发展为文化最昌盛的地区，于周边各地区各部族的文化进程发生了巨大影响，但是那时的文化也是双向交流的过程，各地区各部族接受中原文化的同时，又以其独立的文化反转来影响中原文化。中华古文明是这块亚洲大陆上各部族各民族文化融合的结晶，当是不刊之论。加之，中国的版图疆域、人口构成，在历史上也是不断地变动着。今天看来属于中国的地方、居民，在历史上某个时期可能无法算在中国范围内；在今天看来不属于中国的地方、居民，在历史上某个时期，可能是名正言顺地属于中国疆界之中。这样一些常识范围内的事，足可以证明斤斤于寻求一种"中国本位的文化"，乃是一种多么脱离历史实际的迂腐之论。

一部长达数千年的中国文化史，就是一部中国境内各民族各地区间文化交流、中国和外国间文化交流的历史。不择细流，才创建成这样巍巍高山、泱泱大河般的博大宏伟的中华文明。多种文化的交流，不仅是中国文化发展的历史事实，而且是中国文化发展的重要动力。文化交流，固然伴随着价值观念上和人生习惯上的种种冲突，不同文化的学派之间往往存在相互排拒乃至发生殊死斗争的事，但是从文化发展的总体上看，文化交流毕竟是文化发展的契机。文化交流中实现的文化会通融合，不是不同文化的简单合并，而是文化的再创造。你一个，我一个，和起来再做一个，我中有你，你中有我。交流，自然不是取而代之，不是尽弃所有，更不是原封趸进，生吞活剥，而是一个优化选择的过程。攻玉之石，补短之长，其效益自是创造劳动的节约、智慧积累的便捷。中国文化的形成是在多元文化交流中实现的，中国文化的发展是在多元文化的交流中促成的。经过数千年的积淀，中国文化所具有的多元合一性质，已经达到不可重行化解、重行复原的程度。比如，不论怎样虔诚的"本位文化"的卫道者，也没有办法从中国的诗歌、音乐、绘画、雕塑等方面剔除掉佛教文化的影响。虽然佛教文化在被吸取的同时已经被改造，已经中国化，但是佛教文化的许多有价值的因素却被保存下来，并且被发扬光大为中国文化的新特质。今天谁再想用彻底剔除佛教文化的影响为条件来恢复佛教传入以前的"中国本位的文化"，那就不只是痴人说梦，而且必然成为破坏中国文化的罪人了。

议论及此，大约可以做出如下一种判断：19世纪中叶开始的中西文化的大规模交流，不管引起过多么大的冲突，不管造成过多么尖锐的论争，总得承认，它在中国文化史上发挥了巨大的促进作用。也就是说，从根本的社会效益看，近代以来发生的中西文化交流所造成的实际后果，乃是中国文化的大发展，而不是中国文化的大衰败。这是经过一个多世纪以来中国社会进步所检验所证实了的重要结论。毫无疑问，今天已经可以用它作为评判当初提倡还是反对中西文化交流的各种议论是非功过的基本准绳。

尽管一些文化人十分动情地把近世以来的中西文化交流看做中国文

遭遇的一场劫难，尽管在这场一百五十多年的中西文化交流中发生过许多波折、造成过不少损失，总应该正视一个基本事实，这就是：中国近代以来发生的中西文化大交流正是中国文化得以大发展大进步的一条重要动因。近代以来中国文化的进程是曲折的，但它是前进的历史、发展的历史。在中西文化交流的过程中，中国文化虽然也受到过西方文化的一些负面影响，但是总体上，中国文化的处境，应当说不是衰落而是进步，不是劫难而是新生。

近代以来形成的中国新文化，是继承了中国固有文化又在质量上大大高出于固有文化的新文化。近代以来中国文化的巨大进步，不仅表现为越来越充分地吸取了大量的域外文明新成果，结合国情运用并发展了这些文明新成果；而且，对于自己固有的文化遗产，对于"国学"、"国粹"的继承和研究而言，也达到了历史上从来没有达到过的规模和水平。至于有些特定的文化科目，如习练小楷、背诵经书、撰写文言文及旧体诗词一类，确实"今不如昔"，赶不上科举时代的普及程度了。但这无非和现代军人多数已经不会骑马射箭一样，那是用不着为之悲伤的。回顾 20 世纪中国文化界学术界关于中国典籍文物、语言文学、社会历史诸多方面做出的研究成果，确已是远远超越前人。不能不承认，中国文化成就的获得，从中西文化交流中受到了很大益处。就连对于旧文化抱着那样深厚眷恋之情的王国维、陈寅恪，之所以能够在国学领域内做出重大成绩，显然也是与他们不是排斥而是认真学习西方文明成果有着重大关系。从这些大师们自身的成就来看，为旧文化唱怀旧的挽歌，也只能说表现得不过是一种"剪不断，理还乱"的矛盾心态罢了。

深入研究中国传统文化，大力发扬中国传统文化的精华，是每个中国人义不容辞的历史责任。但是，应该看到，对于本国文化的继承与发扬，不仅不应再采取以排斥外来文化为条件去建设"本位文化"的封闭态度，而是应该以大度的文化开放的气魄引进和吸取人类文明的一切成果为条件，来建设现代化的中国新文化。那种以为引进外国的文明成果必定会造成中国文明危机的论断，在中国文化的现代化进程中，不过是一种有百害而无一益的病态的呻吟。鲁迅说得好：

　　汉唐虽然也有边患，但魄力究竟雄大，人民具有不至于为异族奴隶的信心，或者竟是毫未想到，凡取用外来事物的时候，就如将彼俘来一样，自由驱使，绝不介怀。一到衰蔽陵夷之际，神经可就衰弱过敏了，每遇外国东西，便觉得仿佛彼来俘我一样，推拒，惶恐，退缩，逃避，抖成一图，又必想一篇道理来掩饰。①

　　从 19 世纪开始的，至今还在进行着的关于中西文化观念的论争，其重要的价值就在于证明着，现代中国文化发展的需要，应有超越汉唐盛世的文化开放的雄大气魄。只有这样，才有可能建设起一个居于时代先进行列的中国文化，才有可能使中国文化在全人类的文明发展中发挥更加重要更加积极的作用。

（本文发表于《燕京学报》1995 年新 1 期）

---

　　① 《看镜有感》，《鲁迅全集》第 1 卷，人民出版社 1981 年版，第 198 页。

中国文化的近世变易

所拟的这个题目，实在太大，我没有能力把它讲好。实际上，这只是为着把题目写得简要些，如果准确表达我今天所要讲的内容，大概应该写做：《关于中国近世文化变易的一些不成熟的看法》。至于所用"近世"这个概念，是考虑到现今我国历史学界在历史分期上划分了"近代"、"现代"两个阶段，我讲的内容时间跨度上包括了这两个历史阶段，没办法，只好使用这个有弹性的时间概念。

从动态上考察中国文化

什么是中国文化？——这是一个大问题，大到难以下出定义来。

它博大精深，它源远流长，但是要用非常简洁的语言概括出它的本质特征，却是很困难的。孤陋寡闻如我，至今也没看到过较为完满的答案。

当然可以用实证的办法，罗列出许多中国文化的各种各样的特征，诸如文字如何、语言如何、道德如何、哲学如何、宗教如何、风俗如何、文学如何、艺术如何、技术如何、工艺如何、建筑如何、饮食如何、服饰如何，以至政治制度如何、经济机制如何、社会结构如何，等等。可是，这样的办法，仍然不足以说明中国文化具有什么样的性质和特征。

余英时先生认为，世界上只有中国文化、日本文化、俄国文化、美国文化等，而没有什么人类文化。这一论断，当然是不能成立的。不同派系间的文化是有共同性的，人类文化是存在的。各具特性的文化派系，也并不是一个性质单一的文化个体。如果说人类文化是包含着各种不同特性的文化派系的一种概括的话，那么中国文化何尝不也是包含着各种不同特性的文化派系的概括呢？中国文化包含着多少不同的民族的、地域的、学派的、宗教的等文化派系，是人所共知的事，何况中国文化还随着时代的变化而变化，具有不同的时代特征。所以，把中国文化看成一个性质单一的个体或实体，是说不通的。

那么，对于中国文化难道就无法做出一个准确而又简明的定义吗？按理说，在进行认真而翔实的研究的基础上，总还是能够做到的。但是，这只能留待不世出的大家来做了。我所能做的，仅仅想提个醒，希望人们在探讨中国文化的性质时，不要忽略两个基本的前提：第一，中国文化是复合的文化系统，而不是单一的某种学派或某种学理。第二，中国文化是动态的，而不是静止的；是不断变化发展着的，而不是一成不变的。遗憾的是，我们许多学者在考虑和解释中国文化时，常常忘记了这样两个前提条件。

如果用一个形象比喻的话，大概可以说，中国文化犹如长江大河，奔腾万里，从发源到入海，它的主干是清晰的，但是，在漫长的流程中它汇入了多少支流，纳入了多少泥沙，带进了多少种类繁多的生物或其他杂质，从而引起江河本身性质何种的变化，实在是不可忽视的重要问题。

因此，在当着试图给中国文化做出一个正确的定义时，除了必须充分考虑中国文化内涵的复杂性之外，同时必须充分考虑到中国文化的历史变易，也就是说，必须从动态上认识中国文化。

1999 年 12 月，杨振宁先生在香港中文大学新亚书院"金禧讲座"上讲《中国文化与科学》。杨先生讲的有关科学的内容，深入而浅出，自是高水平的；可是，他关于中国文化的论述，窃以为值得商榷的地方则很多。

他说，"梁启超在有名的《劝学篇》里面讲道：'中学为内学，西学为外学；中学治身心，西学应世事。'"杨先生记忆有误。这是张之洞的话，梁启超也不曾写过《劝学篇》。——也许这是记录者的笔误。

《劝学篇》的这个对中学的定性，以及相应地对西学的定性，都存在问题，这里暂且不说。且看杨先生的阐释。他倒是没有完全受《劝学篇》定义的束缚，他说，中学虽是"内学"，可也要处理"外学"。不过，杨先生显然也受了张之洞说法的影响。他把中学之所以为"内学"，完全按理学"心性之学"路数来理解，说"中国传统人本文化是'内学'，以身心为主"。他把"心明便是天理"的论断，也拿来当做中学之为"内学"的证据。至于说传统文化如何处理"外学"，他以"天人合一"，"天人一物，内外一理"为据，说中国文化认定有一个"对于我们自己的思想跟外界的一切""是一回事情"的东西，这就是"理"。他说，"这个整个的观念，是中国传统文化的一个基本精神"。又强调说："中国的传统文化里最重要的一点，是要追求一个'理'。"他还说，"近代科学也是在追求一个东西，这个东西就是传统中国文化所讲的'理'，可是呢，换了一个名词，换了一个概念，这就是'自然规律'。所以，近代科学里头的'自然规律'，可以说就是中国传统文化的'理'"。杨先生的理学观，自是一家之言，姑不论其理论的或观念的短长。但是，从杨先生的论述中，至少可以看出，在如何认识中国文化性质上，存在着一个方法论问题，值得讨论。能不能用从公元 11 世纪起才渐渐形成气候的"理学"——即以"天理人心"为立论主题的"理学"，作为中国文化基本内容或基本特性呢？这一论断，显然是不能成立的。因为在这以前中国的漫长发展史上，并没有以此为人文关注的中心。例如孔子是不谈"心性"的，子思、孟子开了谈"心性"的先河，但也是就"心性"修养谈论如何保真、如何养气、如何诚心。虽然孟子说过"万物皆备于我"那样含糊不清的话，但事实上也并没有用心探讨过天理、人心、万物间的关系，更没有把探讨的重点放到如何追求"理"上。从可见的文献看，自先秦而以至于北宋前期，都不能说讲究"心性"、"天理"是中国文化的基本特性，不好说"中国的传统文化里最重要的一点，是要追求一个'理'"。南宋以降，以至元、明、清，理学得以大行其道，但是它对中国文化的涵盖面如何，也值得研究。在这段时期，说理学是官方哲学，还马马虎虎（这只是说它是官方提倡的学理，至于统治集团是不是真心实意地按理学的原则行事，那当另作别论）；说它这时代表着中国文化的实质、体现着中国文化的神髓，恐怕也难以成立。且不说反理学的著述的存在，且不说佛、道、回、耶也曾一度很活跃，仅就文学领域来看，宋词、元曲、明清小说，能够算得上直接体现"心性"与"理"的观念的，无疑是极其稀少。况且，理学也在变化，比如清代的经学究竟在多大程度上是遵循着理学的路数，就是一个很费斟酌的问题。至于到了近世，即 19 世纪中叶以来，理学更是越来越无法雄踞中国文化盟主的宝座，这更是无须证明的了。

由此可见，中国文化是动态的，而不是静态的。因此用某个时期盛行的、影响广泛的某派学说或某种学理，来阐释源远流长的中国传统文化，给中国文化定性，是说不通的。后期的学说代表不了前此的文化，前期的学说也代表不了后来的文化。宋代理学不但代表不了道、墨、名、法，而且也代表不了孔子的原本学说。孔子说"祖述尧舜"，实际上"祖述"了多少是很难说的；孔子学说当然主要还是说的他独创性的见解，这正是他的贡献重大之所在。直到如今，尧舜时期的文化是个什么样子，谁也没有弄明白；孔子的学说，何尝代表得了它？反过来看，孔子原本的学说，也无法代表或说明后来的儒学。它能代表一再声言忠实继承孔孟的程朱理学吗？显然不能。就拿杨振宁教授引用了的"理一分殊"的哲理来说，在孔子的著述里、孟子的著述里，那是根本找不到的。可见，孔、孟代表不了程、朱，正如同程、朱代表不了孔、孟一样。

我无意与杨振宁先生展开对中国文化的讨论，我只是想借此说明必须从动态上去认识中国文化的性质与特点；把它的性质看成是一成不变的，把它的某个时期具有的特征当做它固有的不变本质，那是不能成立的。近世以来，中国知识界在与西方文化对比中，论述中西文化的性质不同时，更是每每犯这种用静止的眼光阐释中国文化的性质的错误。——自然，相应地也是用同样的静止眼光阐释西方文化的性质。

近一百五十年来是中国历史上
文化变动最剧烈的时期

从 19 世纪中叶起，中国文化进入了一个激烈变动的时期。就变动的速度和深度而言，甚至应当说，近一个半世纪以来，是中国历史上文化变动最为剧烈的时期。

为什么中国近世以来文化的变动会特别剧烈呢？重要的原因之一，就是由于一个先进的外来文化，即所谓"西方文化"，进入了中国，并构成了对中国固有文化的强劲冲击。这种外来文化冲击的强度，在中国文化史上是空前的。

　　不管人们欢迎也罢，抗拒也罢，以欧洲为原产地的、从十七八世纪以来得到了大发展的所谓"西方文化"，闯进了中国的国门。堵也堵不住，推也推不出。正是这个西方文化的"侵入"，构成了近世中国文化的大变局。在这一个半世纪中（也许还要包括未来的若干年），如何对待中西文化、如何处理两者的关系，事实上是人文关怀的中心议题，只不过它有时是在激烈争议中、在喧嚣吵闹中进行着，有时则是在"作而不述"中、在悄无声息中进行着罢了。张之洞在《劝学篇》里大讲中学西学如何如何，正是晚清中国文化变局的反映。这就是说，在晚清时节，中国已经到了不谈西方文化、不谈中西文化的关系，便无法面对中国现实的文化问题的程度。

　　人们常常把张之洞说成是"中体西用论"的代表，其实他既不是这一主张的首倡者，也不是这一论式的创制者，不过他对这种主张应当算是论述最充分的一位，说他是洋务派"中体西用论"的集大成者也不为过。洋务派大力提倡"中体西用"，恰恰体现出中国文化发生的重大变动。人们往往把"中体西用论"笼统地说成是崇中抑西的保守思想，这是不对的。事实上，它的提出，是主张中国应当适应时代潮流，接纳西方文化（虽然是加以相当限制的有限的接纳），改动"中体中用"的文化旧格局旧模式，这当然应该看做一次文化思想的革新和解放。

　　不管洋务派的"中体西用"论存在着何等缺陷，它的出现毕竟表明晚清六七十年间中国文化因西方文化的输入而发生了重大变化。"中体西用论"自身的演变，也表现出这一文化大变动的轨迹。"中体西用论"，到了张之洞手上，与当初魏源、冯桂芬只是强调"洋器"、"西学"的有用，颇有不同了。张之洞虽然也按着"中体西用"的路数发表议论，但是，他之所以强调"中学为体"，是为着批驳维新派变法的主张。《劝学篇》的上部《内篇》，讲"明纲"，讲"宗经"，讲"正权"，都是在极力证明不能按照近代"西学"的道理，废弃中国历来尊崇的纲常伦理、圣人之道、君主皇权。这正是张之洞一度能够和守旧派联起手来，结成反对维新派政治联盟的原因。不过，张之洞在《劝学篇》的下部《外篇》中，还是按照他所限定的范围认真地讲解了一通"西学"之有"用"；并且还特意明确地和全盘抹杀"西学"价值的顽固守旧派划清了思想界限，说"旧者不知通"与"新者不知本",同样是走极端。说守旧派顽固排斥"西学",乃是"自塞"、"自欺";照他们的意见办,必定会闹得国家颓败、圣教灭绝。

清末实行的"十年新政",基本上是按照(甚至还略有突破)张之洞的这条"中体西用"的路线走的。清末"新政"期间,中国文化的局面变化还是不小的。这便更加说明,19世纪、20世纪之交,在政体尚未改变的情形下,中国文化因西方近代文化的输入而构成的空前变革之局,已不可逆转。

辛亥革命改变了中国的政治体制,结束了君主制在中国的历史。这样深刻的政治大变动无疑带动了文化大变动,或者可以说,它本身就是一场文化大变动。文化的大变动,归根结底不能不引起政治大变动,反过来看,文化的大变动也必须有赖于政治的大变动,以及相应的经济大变动,才能保证它的顺利进行。发生在中国近世的文化大变动,也同样是推动、导致了政治的大变动。戊戌变法没有成功,辛亥革命又继之而起。这样的政治变革,是靠什么样的思想观念来驱动来指导的呢,明显是靠输入的近代"西学"。立宪维新、民主共和,不管提倡者如何把它说成中国古已有之,它毕竟是西方资本主义时代文明的产物。孙中山的三民主义,其中最具时代先进性的是民权主义,这个民权主义当然是资本主义文明的产物。在近世以来中国文化因西方近代文化的输入而构成巨大变化的过程中,辛亥革命事实上起了重大的推动作用。甚至可以说,新文化运动实际上正是民权革命思想在新条件下的继续与发展——受到挫折后的大迸发。

由此而起,20世纪里中国文化变化的巨大,更是有目共睹的。现今的中国文化当然还是中国文化,但是,无论从内容看还是从形式看,都与20世纪初的中国文化大不一样了。只要翻翻那时候的出版物,翻翻那时候的老照片,不能不产生恍如隔世的感慨,不能不为百年来中国文化变化的剧烈所震撼。

我们应当有勇气承认,一个半世纪里,"西学"的输入,业已成为中国近代文化的最大变数。问题仅在于中国文化究竟由此而发生了怎样的变化?中国文化究竟由此而产生了什么样的新特色?具备了什么样的新性格?

从关于中西文化的议论,看中国
近世文化变易的基本走向

近世中国文坛上关于中西文化的议论蜂拥而起,正是"西学东渐"引起中国文化变易的明证。而其所议论的热点,也恰是中国近世文化变易的最为敏感的反映。可以说,一百五十年来关于"中西文化"此伏彼起的议论,深刻地反映出了中国近世文化变易的基本走向。这里,简要分析一下有关中西文化关系议论的三个重点问题(这三个问题在文化议论中,事实上是连在一起的,只是为了叙述和分析的方便,才把它一分为三,掰开来说)。这三个问题即:关于中西文化的比较研究,关于对中国固有文化的自省与批评,关于中西文化的交流与融合。

一 关于中西文化的比较研究

"西学",早在明末就被介绍到中国来,可是经过一个长时期的实行闭关自守政策之后,再来旧话重提,证明中国有引进一种陌生的外来文化的必要,就不得不再用心说出一番像样的理由来。因为要说明有此必要,就得说明西方文化具有中国自己的原有文化所不具备的某些功能和价值。这当然就不得不进行中西文化的比较。

自从鸦片战争以来,直到如今,比较中西文化性质和功能差异,就成了中国文坛上一个长盛不衰的话题。当然,一百五十年间,文化比较的内容、方法、视角、态度,都起了很大变化。

起初,魏源提倡"师夷长技"时,是把所要"师"的内容限定在军事技术的范围内,并且还打出乾隆时定下的"国朝"对待"西学"的"国策":"节取其技能,而禁传其学术",来做挡箭牌。到了冯桂芬,便打破这框框,不仅主张"制洋器",而且主张"采西学"了。洋务运动兴起,人们对"西学"的需求,范围急速扩大。从购买和学着使用船炮,到制造船炮枪支弹药,到机器制造、冶炼开矿、运输能源,到资金输入、产品销售、成本核算、利润分配,到经营管理、人才培训、教育设施,到政府的工商政策和财政政策,等等,无不纳入提倡洋务自强的人士的视野。

更进一步，经济体制和政治制度，是否也需要参照西方做相应改动的问题，也提到了中国先进分子面前。况且随着对西方接触日繁、了解越深，洋务派中的明智之士渐渐也明白了欧美诸国之所以比中国富强，并非仅仅由于"技艺"领先；明白了"西学"不但有"用"有"术"，而且它原本就有"体"有"本"。这样一来，洋务派的思想家们，便在打着"中体西用"的大旗下，悄悄地偷梁换柱，把"中体"的内涵缩小，把"西用"的内涵扩大。比如郑观应就是在把"西用"的范围从博采一切技艺，扩大到设学堂、开议院、兴商务、谋富强、建水陆军队等无所不包的同时，又把"中体"的含义解释成惟在于"尧舜孔孟之道"这样一条"大经大本"。不难看出，张之洞所说"中学为内学，西学为外学。中学治身心，西学应世事"。大体上就是按着郑观应的路数，来比较中西两种文化，确定其不同的功用，划定其各自的应用范围。那么，"应世事"的范围该是多大呢？岂不是可以无所不包吗？洋务派心目中"西学"的内容及功用既然扩大到如此程度，这就表明，即使他们没有对中西文化的性能进行直接的对比，即使他们不肯明言中西文化的优劣，那也足以证实他们对中西文化的比较在认识上有了重大进步——虽然他们还在打着"中体西用"的老旗号。

　　按照"中体西用"的定式，来进行中西文化的比较，本身就有一个显著的缺陷，这就是把两者摆在了不平等的位置上，明确示人两者有高低主次之别。不管洋务派人士如何费尽心机地想把"西学"的特殊功用介绍给国人，但是他们总是先入为主地把"西学"定格为次要的或次等的货色。康有为等维新人士，为着实行变法而提倡"西学"，并且想创造"不中不西、即中即西"的学派，可是他们也不敢不举着尊孔崇经的旗帜。真正敢于把"中学"和"西学"摆在平等的地位上，公开加以比较和评论的，是当时被誉为"西学第一"的严复。大致与张之洞撰写《劝学篇》同时（自1895年春起），严复在天津发表了几篇轰动视听的文章，明确表示自己"力主西学"，断定学习"西学"是中国当前惟一的救亡之道。他并没有否定中国文化的价值，可是由于敢于"力主西学"，他也就突破了尊中抑西的模式，大胆地把中西两种文化摆在平等的地位上加以比较，指点其特点，评论其短长。他列举中西文化的差异，从"中国最重三纲，而西人首倡平等"；"中国以孝治天下，而西人以公治天下"之类说起，一直说到理财、治学、伦理、民俗的不同，罗列凡十三条。严复所列诸条，有许多似是而非的内容，但他毕竟开创了对中西两种文化特点从总体上进行概括和比较的先例，和洋务派就事论事地讲"西学"有些什么可用之处，大不一样了。严复而后，这种从总体上比较中西文化之不同的议论，逐渐流行起来，到民国初年东西文化大论战兴起，更是形成高潮。赞成新文化运动的采用这种方法，反对新文化运动的也采用这种方法。例如，大家都说，东方文化主静、西方文化主动之类。不过，结论却相反：一方说既然有主静主动的性质之别，那么就无法用西方文化来取代东方文化；另一方则说，既然有主静主动的性质差异，那么我们恰恰正应该吸收"主动"的西方文化的优点，弥补和克服"主静"的东方文化的缺点。主张新文化运动的如陈独秀、李大钊，反对新文化运动的如杜亚泉、陈嘉异等，都按照这样的文化比较法，罗列过东西文化的各种不同特点。比如说中国文化是"向内"的，西方文化是"向外"的；中国文化重道德而轻功利，西方文化重功利而轻道德；中国文化崇尚和平，西方文化崇尚竞争；中国文化尊纲常，西方文化尊个性之类。稍后，梁漱溟著《东西文化及其哲学》，在方法论上也是采用这种办法，把西方文化说成是"意欲向前"的，而中国文化是"意欲调和持中"的。新文化运动时期，人们采取的这种东西文化比较法，较之"中体西用"式的文化分工法，在认识上显然上升了一个层次。但是，它的形式主义的毛病，它的似是而非之处，自然也都渐渐暴露出来。人们常常会发现，说惯了的中国文化的特点，在西方文化里也存在着，相应地，看做西方文化的特色，在中国文化里也会找到。对于那些重什么轻什么的概括，只要问上一问，对方难道就没有吗？比如，西方文明难道不重道德吗？东方文明难道不重功利吗？这样一问，便可以把那种"中西文化比较法"所作的想当然的误判完全破解。人们不难明白，中西文化间原本是存在着许多共同或共通之处的；并非处处都有着那么一些截然对立的特点。况且，人们也逐步明白了，不论中国文化，还是西方文化，都不是性质单一的文化实体，何况几千年来各自还都发生过重大变化。到"五四"前后，很多人渐渐明白了"西学"原来也是"诸子百家"，有那么多不同的民族、宗教、政党，有那么多不同的主义、主张、学说，于是开始懂得学"西学"，还必须有所选择，必须解决从"西学"当中学什么的问题。同时，人们也渐渐懂得了对中国自己的老传统，也得进行分析和选择，不好把它看成铁板一块；既不能把它看成完美无缺，更不能把它看成一无是处。总而言之，是不好用罗列出若干经不起推敲的"特性"的办法，来笼统地判定中西文化的性质与功能的。

值得注意的是，这种流行百年的中西文化比较法，到如今还常常可以看到它的流风遗韵。用似是而非的笼统概括，阐释中西文化的性质区别，仍然颇有市场。比如，说"西方文化重分析，中国文化重综合"。可是，"重综合"所举的例征是《庄子》，"重分析"所举的例证却是文艺复兴之后的欧洲学术。这不免叫人生疑：是不是有点"关公战秦琼"的味道呢？欧洲重了分析之后，是不是就不重综合了，也让人心存疑惑。

不过，历史性地看问题，总得承认，由于一百多年来对中西文化的异同不断进行比较研究，还是促进了对两种文化的本质及其各自特色的了解，使人们更深刻地认识到具有不同特色的中西文化间进行交流，是可行的，是必要的。这种文化比较研究，不管其具体方法或具体判断上有着什么缺欠或不当，但就其总体而言，它对于促进中西文化的交流，消除一些妨碍文化交流的思想障碍，无疑起了积极的作用。或者可以说，一部近世中西文化比较研究史，大体上反映着中国近世中西文化交流进展的脉络。

二　关于对中国固有文化的自省与批评

中国人之所以热衷起对中西文化进行比较，自然是为着回答，引进西方文化究竟对于挽救贫病的中国于危亡，是否必要，是否有用。所以，这种文化比较，便不能不包含着、甚至是充斥着对两种文化长短优劣的议论，即进行价值评估。不过，在晚清时节，由于历经长期闭关自守环境的约束和老大自居的舆论气氛的支配，冒着天下之大不韪出头提倡向西方学习的人，不能不小心翼翼。像魏源，明明在说"夷"有"长技"当"师"，可就是不肯把中国有何"短处"当"改"直截了当地说出来。当然，明眼人都心照不宣，觉察他是在揭"天朝"的短了。那时严酷的政治环境，使得早期启蒙思想家免不得顾虑多端，况且揭自身的疮疤，心理上也有个难以解开的自尊情结，自我批评实在是很不容易的事。冯桂芬算是相当勇敢的，他居然说，现今的中国与西方比较，除了军事上"船坚炮利不如夷，有进无退不如夷"之外，还有"人无弃材不如夷，地无遗利不如夷，君民不隔不如夷，名实必符不如夷"。为什么会这样"不如夷"呢？他说是"人自不如耳"。意思是说，中国落后于外国的原因，并非天时地利不如，而是人的精神状态不如，人的奋发自强不如。凭借这样的判断，他大胆地提出了极富挑战精神的"不耻师学"的原则："法苟不善，虽古先吾斥之；法苟善，虽蛮貊吾师之。"冯桂芬虽然也没有具体指出中国固有文化有些什么短处，但是在 19 世纪中叶有如此自我反省的精神，也实在是难能可贵的了，只不过他的《校邠庐抗议》成书后，一压二十多年，在他本人去世十三年后，才得以刊行。

大大发扬了冯桂芬"不耻师学"的精神，并且旗帜鲜明地对中国固有文化的弱点提出具体批判的，还是应以严复为第一人。他在戊戌变法之前，便发出了惊世骇俗的意见，要求对中国的"教化学术"进行"归求反观"，即主张直言不讳地批判其短处。他说，原本中国比周围的国家先进，可是现今西洋诸国变成了先进的，这是由于他们实行"以自由为体，以民主为用"的缘故。而今的中国呢？则成了"病夫"，全面落后了："民智已下矣，民德已衰矣，民力已困矣。"他说，既然造成了这样"无以自存，无以遗种"的危亡局面，足可以证明"周孔之教固有未尽善焉者"，中国"从来政教少是而多非"。他说，中国的时局已经到了这步田地，他下决心，"宁负发狂之名"，也要把造成中国落后的缘故说透："今日请明目张胆为诸公一言道破可乎？四千年文物，九万里中原，所以至于斯极者，其教化学术非也。"他说，不但嬴政、李斯是"千秋祸首"，而且"六经"、"五子"皆"责有难辞"。"嬴李以小人而陵轹苍生，六经五子以君子而束缚天下。"结果就使得中国"受病至深"。他做了这样"反其本"的考察之后，得出的结论是：惟有以"西学"为"要图"，"救亡之道在此，自强之谋亦在此"。

如今有些人极力要把新文化运动简单定性为"反传统"，即使这名称能够成立，那么也应当说，"反传统"的首创权该归之于严复。戊戌政变后，在流亡海外的爱国志士中致力推崇民主与自由，鼓吹改造国民性的呼声形成高潮，相应地对传统教化的反省与批判，也达到了空前尖锐激烈的程度。梁启超在《清议报》上连续著文呼吁改变中国国民的"奴隶根性"，并且提出要追本溯源。他说，苟欲救中国，则必得"拔其木，塞其源，变数千年之学说，改四百兆之脑质"。20世纪初，他在大力鼓吹"造就新国民"时，是把"将其国古来谬误之理想摧陷廓清"，作为基本前提。孙中山一派革命党人，在所办的报刊上，更是发表了许多批判几千年来奉为神圣的法统与道统的文章。后来辛亥革命之所以能够迅速成功，袁世凯复辟帝制之所以立即失败，显然都和纲常礼教已经受到猛烈冲击的舆论导向有着直接关系。正是在这种对传统文化的自我反省中，君主专制制度才在人们心目中彻底失去了昔日的权威，自由平等、民主共和的观念才成为公众广泛接受和努力追求的理想目标。显然，舆论环境的这种变化，证明了中国文化在深刻而激烈的自我文化反省中发生了重大变化。这已远非当年"中体西用"流行时，只想采些"西学"为用而不改动"中学"本体时，所可同日而语的了。

　　新文化运动是在文化自省的基础上形成的。如今看来，新文化运动激进的一翼，在方法论上确有偏激的毛病（前面所引的严复的言论，已经有了这种苗头）。他们认定作为新文化的西方近代文化，和作为旧文化的中国传统文化绝对不能两立，从而主张把旧文化铲除净尽、然后凭空建立新文化。这种企图"换一种文化"的"文化取代论"，导致对中国固有文化抱虚无主义的态度，它当然是错误的。如果不折不扣地照此办理，无疑会造成灾难性的后果。但是，一则，过分极端的"文化取代论"事实上受到了抵制，新文化运动并未造成中国传统文化的断裂。连那些提出这样主张的人士，在他们自己的文化改革的实践中，事实上也并没有全盘否定过传统文化。二则，正是勇敢的、自觉的、也可以说是猛烈的自我文化反省，才打破了长期形成的思想禁锢，使得中国文化发生了适应时代潮流、赶上时代潮流的新生。如果认定自己固有的文化已是完美无缺，不存在任何短处任何不足，不存在任何落伍的地方，那怎么还有必要吸取外来的文化呢？20世纪中国文化发生了历史上空前的巨变、空前的进步，应当说它是在中外文化交流中、尤其是在文化的自我反省的觉悟中，才得以实现的。文化反省精神，对于解放思想、实现文化创新，功莫大焉。在文化问题上，数典忘祖的虚无主义，无疑是极端错误的，但是，对于以爱国主义为掩饰的畸形的崇祖尊古的文化排外主义，必须保持清醒的辨别力；必须防止以狭隘的民族主义情绪，借着无限夸张地抬高中国固有文化的价值的办法，干扰中国文化革新、文化进步的步伐。

三　关于中西文化的交流与融合

对中西文化的比较研究，通常总是侧重于考察两者的不同。这当然是必要的。假如西方文化和中国文化完全一模一样，那还要引进它干什么呢？但是，只见其异，不见其同，也并不妥当。试想，两种文化之间，假如没有任何共同的或共通的地方，两者之间岂不只能是互相排斥，根本无法交流、无法融汇吗？具有不同特性的各种文化间，之所以能够交流，而不是永远处在绝对敌对的冲突状态中，或老死不相往来的隔离状态中，那首先就是因为相互间确有共同的人性在，有共同的人类文化基因在。"文明冲突论"，或"不同文化须经过冲突方能融合"的判断，其理论根基上的错误，就在于忽视了不同文化间存在着共同性。

近代以来中国关于中西文化的比较研究，最为流行的一种弊病，也正是把西方文化看成与中国文化完全不相同、完全不相干的另一种文化。顽固守旧派自然是这种观点的狂热鼓吹者，他们坚持文化排外论的主要理由，就是认定外来文化是非我族类的异端，断言只要把西方文化引进中国来，就必定会造成"以夷变夏"、毁灭民族文化传统的后果。20世纪30年代，还有十位教授在反对"全盘西化"的名义下，联名提出建设"中国本位的文化"的主张。这种主张，所使用的仍然是"华夷不两立"的老套路，其实，几千年下来，哪里还有什么纯纯粹粹的"中国本位的文化"呢？闭起眼睛，不承认经过漫长的历史发展的中国文化中，已陆续掺杂进来大量的外来文化的成分，那只不过是自欺欺人罢了。

人们往往容易忽视的是，主张引进西方文化的人，在他们极力证明吸取西方文化的必要时，在方法论上竟也常常陷入不认同中西文化间可以相通相融的悖论中。晚清时期按照"中体西用"框架提倡"西学"的人，极力想方设法说明"西学"有用，可是又都不敢议及如何吸纳"西学"以改造"中学"的事。尽管他们明明白白地承认"西学"有所长，可又从不敢说需要把"西学"所长的内容吸收到"中学"里，补充和改进

"中学"。所以,"中体西用"论者始终无法说清楚究竟怎样实现中西文化的交流这个问题。张之洞在《劝学篇》里特辟《会通》一章,意图是想要证明只要坚持了纲常名教这个"本",那么采纳"西学"还是必要的,可是讲来讲去,说的还是"中学为内学,西学为外学。中学治身心,西学应世事"这样一套"中学""西学"分工论。所以,张之洞只好把"中学"与"西学"的"会通",解释为"杂而不糅"、"调而不合"。这等于说,和"中学"功能不同的"西学"尽管可用,但它仍然是和"中学"绝缘的另一类学问,故而只能是"中"是"中"、"西"是"西",不能把"西学"掺和到"中学"里来。可见,张之洞所讲的"中西会通",实际上是在说明"中学""西学"虽可各尽其能,分工合作,可是二者之间依旧壁垒森严,并不能真正"会通",不能通过交流而相互吸取,更不会水乳交融。后来经过 20 世纪初的民主革命思潮的洗礼,新文化运动的激进一翼,也把中西文化看做水火不相容的旧文化与新文化,认定只能弃旧图新,而不可调和。这样的主张,与极端守旧的文化主张,虽取舍相反,但在方法论上,却同样地陷入了中西文化不能交流融汇的"文化冲突论"的窠臼。

一百五十年以来的中国文化发展的历史已经雄辩地证明,无论是设想以拒西方文化于国门之外的办法来原封不动地保持中国传统文化,还是设想以彻底抛弃中国固有文化的办法来全盘换成西方文化,都是根本行不通的。当然在中国文化发展的实际进程中,"本位文化论"和"全盘西化论"所起的作用是很不相同的。抛开对中国文化的进步起促进作用还是阻碍作用的不同不论,也可以说,两种看来各执一端的主张,倒也分别体现着文化发展所不可或缺的传承与更新的双重本性。说到底,不管文化争论中对峙的意见何等尖锐而极端化,中西文化的实际接触过程,却只能是走交流融汇的这条文化发展的健康之路。也就是说,在实际的社会生活中,这两种在性质上既有相通处又有相异处的文化,通过交往,势必"会通",亦即相互渗透,形成"你中有我、我中有你"的格局,并从而逐步改变着两种文化的本身既有的内容和性质。所以,尽管各种不同形态的"文化会通论",常常带有不同的局限性,但从总体上看,"会通论"是对中西文化交流本质上正确的观察。

　　徐光启早就有过"会通中西"之说，魏源、王韬也都有过"中外一家"、"由异而同"、"融会贯通而使用之"一类的设想，但那都是些笼统的愿望。洋务派中只有薛福成突破了把"中学"和"西学"看做长短可以互补却又性质截然不同的两种文化实体的看法，认识到中西文化间存在着共同性。他说，学习"西学"并不会导致"用夷变夏"的后果，因为"西学"所体现的乃是中外相通的"天地造化之机"的"公共之理"。可惜的是，薛福成未能把这番道理详加论述，因而当时没有引起广泛的注意。真正说出比较切实的新见解，并引起重大影响的，当属康有为。康有为虽然也打着"中体西用"的旗号，但是他为着论证采纳"西学"、实行变法的必要，努力研讨过中国和泰西在社会事务（"立人之道"）上的义理相通的道理，而后他还大胆喊出了"泯中西之界限，化新旧之门户"的口号。尽管康有为在会通中西文化方面的实际贡献有限，但是这个取消中西文化界限的口号的提出，无疑是在明确地主张中西文化可以而且理应交融化合。当然，更为积极的还是那个敢于自称是"力主西学"的严复，他提出了"统新故而观其通，苞中外而计其全"的口号。康有为的口号在于"破"，而严复的口号在于"立"，这当然是个进步。应当说，严复的这一口号为积极处理中西文化会通一事，指出了一条可行的通道。后来，蔡元培以"兼容并包"精神主持北京大学校政，无疑是贯彻了这种"会通"的原则态度。新文化运动高潮期间，也有人提出过"中西结合"、"新旧调和"的"文化调和论"，不过他们所说的"结合"或"调和"的具体内容和具体倾向却因人而异。"调和"，总得有所选择，总得有所取有所弃；那么，所取所弃，自会大不相同。有人从"中学"中选定"君道臣节、名教纲常"，把它看成不得动摇的传统精神的根基，坚决反对自由平等的人权观念和民主共和的政治主张，故而所说的"调和"，只是限定在不改变纲常名教的原则下，把"西学"的自然科学的、应用技术的，以及与纲常不相冲突的其他文化内容，"调和"到"中学"里来而已。这种"文化调和论"，当然是站在新文化运动的对立方面。倾向截然相反的另一种"文化调和论"，则是主张把西方近代文化中的自由、平等、民权的观念吸收过来，而把中国固有文化中的那些不与民主、科学的精神相违背的、仍然适应现时需要的内容保存下来，并使之与民主、科学精神"调和"起来；

于此同时，也使中国的传统文化得以改革，获得新生。事实上，经常鼓吹"过激"的"文化取代论"的人，也是时常讲一些中华古老文明中有着这样那样的优秀遗产，值得保存和运用于现代。他们甚至明言，他们之所以把固有文化说得一无是处，只不过是为着取得"矫枉过正，适得其中"的效果而已。

总之，在近世中国的中西文化交流的历程中，尽管出现过种种过分的言论，如极端的传统守成主义、极端的传统破坏主义之类的主张，但是中国文化并没有走上极端之路，而是在历经曲折的实践中实现着中西文化空前规模的大交流大融汇。在这个过程中，中国文化本身发生了重大变化。

试论中国近世文化变易的基本特征

在新的世纪之交的今天，人人都看得清楚，中国文化业已不复是一百五十年前的旧观。

一个半世纪以来，中国文化最本质的变化是什么呢？毋庸讳言，是在于它大量吸取并消化了近代欧洲文化的精华。这些外来文化的成分已经成为中国文化的有机构成，不可能再把它分离开来剔除出去。也就是说，现代的中国文化，已经不再是一种与"西学"绝缘的、对立的"中学"；固然不好说它真成了"不中不西"的模样，但应当承认它已经成为容纳了"西学"精华的发展了的新"中学"。

这是一种什么性质的文化变易呢？是进步，还是衰退？是中国文化的新生，还是中国文化的没落？当然应该说，中国文化在此期间发生的变化，是古老的中国文化所发生的划时代的革新。也就是说，中国文化的近世的重大变易，乃是有着悠久文明的中国，在吸收世界上先进的文明成果的基础上，逐步实现着文化的现代化。

试想，一百五十年前，中国文化是处于怎样的状态呢？国势虽已跌入积贫积弱状态，但文化状况从来不好与经济政治情势简单比附。就拿清代前期和中期来说，中国文化还是有较大发展的。在某些领域里，无论是学术领域，还是文学艺术领域，在清代前期和中期，纵然算不上像先秦、盛唐那样充满文化创新精神的时期，但也还是有许多杰出成就的。从经世致用之学，到校勘训诂、音韵文字、小说戏曲、书法绘画、建筑园林，诸多方面无不有所创获。只不过，把这二百年来的中国文化发展状况，放在世界范围里，却是明显步履迟滞、进步缓慢，大大落后于世界水平了。或者可以说，它的文化发展的总体状况，是"前资本主义"的。正因此，中国才面临着一个必须进行文化补课的任务；而急需补的一课，无疑正是欧美资本主义时代的文化新创造新成果。所以，一百五十年来，"中学"所采纳的"西学"，固然也包含欧洲古典文化，但最主要的是资本主义时代的"西学"成就。取彼之长，补我所短，才能使得中国文化迎头赶上世界发展的潮流。

吸收欧美资本主义时代的文明成果，并不等于是要把中国文化变作投合外国资本家需求或趣味的殖民地文化。把资本主义时代的文明成果，看做是资产阶级一个阶级独创的、独占的、独享的文化，或者把资本主义时代的文化简单的看成纯粹资产阶级性质的文化，这是根本不对的。毫无疑问，资本主义时代的文化，包含着体现资产阶级利益与需求的内容，但是绝不可忽视的是，资本主义时代的文化，也包含着体现工人阶级、知识阶层和其他劳动大众利益与需求的内容，此外还大量包含着体现超越阶级的社会共有的利益与需求的内容。事实上，资本主义时代的文明成果，从科学原理、实用技术、文学艺术，到哲学理念、政治思想、社会观念诸多方面，都给人类创造了共同的精神财富。尤其值得重视的是，在资本主义时代的文明成果中，不但有着大量的非资本主义性质的东西，而且有着大量的反资本主义性质的东西。近世中国所接受容纳的"西方文化"，事实上不仅有着各种各样的哲学理论、文学思想、价值观念，而且，就政治思想而言，也是既有自由主义、民主主义，也有社会主义，尤其是有对中国文化发生了巨大影响的马克思主义。20世纪30年代，一些人提倡建设"中国本位的文化"，他们所抨击的"全盘西化"，不但是包括了马克思主义，而且可以说主要是针对着正在中国迅猛传播的马克思主义。由此可见，近世以来的中国文化，因吸收西方文化而发生的重大变化，绝不等于资本主义化、资产阶级化，而是吸收人类现代文明成果实现自身文化现代化的过程。

有着悠久传统的中国文化，吸收融汇性质有差别、发展程度有差别的西方文化，这当然不是举手之劳的事。其间，产生矛盾，出现误解，发生一些龃龉、冲突，乃至酿成战争的事，自是难免。但是，这一伴随着无休止的争议的中西文化交流过程，从总体上看，尤其是从今天的立脚点来回顾，可以肯定地说，中西文化间的交流融汇，中国文化因吸纳西方近代文化的先进成果而面貌一新，这是任何人也没能阻挡得住的，这是中国近世文化发展的不可逆转的主流。不同文化派系间交流规模的不断扩大、相互间交融的不断加深，是人类文明发展的正常的健康的主导趋势。把不同文化派系间的关系，看做敌对的关系，认为注定会造成"不是你吃掉我，就是我吃掉你"的冲突，从而给人类带来灾难的"文明冲突论"，是不能成立的。不同派系的文化"只有经过冲突才能融合"之说，也是似是而非的。人们对于很生分的外来文化，抱新奇而审慎观望者有之，不惯而排斥者有之，可是，坦然接受者也不在少数。哪里是都得"经过冲突"尔后才能交融呢？不同层次、不同范围的文化问题上，中西间交流融汇的方式与途径，更是千差万别的，有经过较量、排斥而后才磨合成一体的，也有在潜移默化中顺畅而平静地实现合和的。只要略微观察一下我们现今的生活实际，便不难发现，属于后一种情况的文化交流成果已不在少数。西方自然科学和实用技术成果，现在当然已经不再有把它当成"奇技淫巧"而加以排拒的了；至于哲学思想、政治主张、价值观念、礼节风俗、衣食住行，众多方面，现今的中国文化当中究竟容纳了多少西方文化的成分？大约可以毫不夸张地说，这已经是无所不在的了。这是不是都经过什么摩擦或冲突才实现的呢？显然并非如此。其实，事情是很简单的。正像吸收先进的科学技术那样，凡是先进的、合理的、"用起来方便的"，拿过来就是了，哪里会处处都生出疑虑或疑惧呢？在现今的中国文化里，采纳的许许多多原本是西方文化的成果，人们已经习以为常，不觉得稀奇，甚至根本就觉察不到还有什么"中外之别"了。当然，与此同时也不能不把自己文化里的那些不再适应时代需要的内容顶替掉，尽管这会引起一些人产生伤感，但是眼看着"无可奈何花落去"，也只好听之由之。正像北京的四合院，除了一些作为文物可以保存下来之外，大批的只能逐步拆掉；原因很简单，无非是因为旧的四合院不适合现代生活，而现代化的四合院又是现代中国的平头百姓住不起的。没有办法，大家只好盼着分到"西化楼房"

里的一套"几室几厅"。现今的中国文化，业已融入大量的西方文明的成果，再也不复是不包含任何西方文化成分的"纯粹的中国文化"了。这是不争的事实。这是不可改变的事实。这是中国文化的重大进步。

自不待言，中西文化的这种融合，绝不是两种文化的简单混合，绝不仅仅是把西方文化原封不动地掺到中国文化中。作为中国文化主体的中国人民，在吸取西方文化精华的过程中发挥了极大的创造精神。中国文化的现代化，既是对于中国固有文化遗产继承与更新的统一，同时也是对于外来的现代文化的精华吸取采纳与再创造的统一。不过话说回来，如果没有人类文明在西方取得了空前的现代化成果这样的时代条件，或者中国硬是拒绝接受一切外来的现代文明成果，那么中国文化一百五十年来的飞跃进步自然是无从谈起的。

一言以蔽之，中国文化的近世变易，最主要的动因，是由于它吸取了融汇了现代西方资本主义时代的文明成果。换言之，中国近世文化的性格特征，即在于现代西方的文化的精华融入中国固有的文化中来，逐渐构成了"融中西于一体"的中国文化的新格局。这是中国文化所发生的历史性的重大变化；在这样的大变局中，不免会有一些伤及固有文化皮肤毛发的事发生，但是这并不会导致中国文化的衰落或断层，相反地，它的主导趋势却是促使了中国文化的大发展，促使了中国文化的现代化。即使从弘扬中国固有文化的角度看，也应当说，正是中国文化的现代化，正是由于吸取了现代西方的文明成果，我们对于中国固有文化的研究、开发和运用，才得以大大开拓。至于我们固有文化里的好东西，自然并不会被排挤掉；中国人总会爱护它，保存它，继承它，发扬它。纵然吸收了大量西方的现代文明成果，中国文化还是中国文化。至少在可以预见的将来，中国文化不会消失。全人类的文化，变成一个浑然一体的单一文化的事，还遥遥无期。我们应当有信心，相信吸收人类一切文明成果，特别是现代文明的成果，必定会有助于我们弘扬中国的固有文明，有助于更好地建设中国的新文化，使中国文化得以重振雄风，立足于世界最先进的文化的前列。

[本文原为 2000 年 10 月 23 日在北京师范大学研究生院所作的讲演，发表于《中西文化研究》创刊号（澳门），2002 年 6 月]

活着的传统

——关于传统文化现实作用的若干思考

　　传统文化具有现实性价值，本来是一个不成问题的问题。自打人类从兽类中分化出来以后，人总得生活在某种既成的文化环境中。这正像婴儿牙牙学语只能学习母语那样，不存在选择的自由或拒绝的可能。现实的人活在传统中，当然就证明了传统文化活在现实中。传统文化在时间的长河中，尽管不断会有流失，会有变异，但毕竟绵延至今，并且在现实社会中无时无刻不在起着作用。

　　人必然要承受传统，这是被动的，没有选择的自由。人却又能在后天的实践中，逐渐培养起对于传统的主动选择的能力。孔子是传统文化的自觉继承者，他分析了三代文化演变的总趋势，并断定未来文化的发展趋势，也必将是会对周代文化有所"损益"（《论语·为政》）。孔子明确表示"吾从周"（《论语·八佾》），要做三代文化高峰的周代文化的继承者，并且说明自己也不是在一切方面惟周是从，而是主张"行夏之时，乘殷之辂，服周之冕，乐则韶乐，放郑声，远佞人"（《论语·卫灵公》）。孔子在传统文化面前，行施着独立的价值判断，算得上一位自觉的有自由选择能力的采摘者。不待言，不但对传统要有所选择，而且在继承传统的基础上，对传统还应有所突破，有所创新。孔子声明，自己是"述而不作，信而好古"（《论语·述而》），但这只不过是在表明他对于继承和恢复古礼的忠诚罢了，其实他的学说是包含着大量独创的新内容的。

　　不能不加以留心的是，传统文化在现实中，既有着积极的作用，也有着消极的作用这种事实。所以，人们总是既受惠于传统，又受制于传统。因此，辨析其正负两方面的作用，确为正确评估传统文化现实价值的前提。在庞大的传统文化面前，如何选择，如何采摘，这自然是一项极其重要而又非常繁难的工作。传统本身就是复杂的，其中的"粹"与"渣"，并不是可以用机械的办法切割得清楚的。

中国的传统文化，因其历史悠久，它在现实中具有强大的惯性作用。但正因此，它的内容也就愈加丰富，性格也就愈加复杂。从横剖面看，它具有成分繁多的多样性，是个复合体；从纵剖面看，它具有变动不居的动态性，是个过程。总之，中国传统文化是一个内容极为繁复的、不断变化着的大系统。中国文化的这种性质，也就增添了评估它在现实中所具价值的难度。当我们急切需要弄清楚传统文化在我们的现实生活中所起的作用时，首先应当切记的是防止简单化，防止把中国传统文化看成性质单一的、静态的一成不变的东西。

目前议及中国传统文化的现实价值一事，在认识上最大的误区，就是把中国传统文化仅仅归结为汉族文化，甚而仅仅归结为两千五百年前成型的儒家学说，于是，传统文化的现实价值问题，就一变而成为"半部《论语》治天下"式的论断。事实上，在当今社会生活中仍然发挥着作用的，是既有汉族的文化，又有其他民族的文化；既有本土的文化，又有外来的文化；既有儒学文化，又有其他各学派、各教派的文化；既有远古初创的文化，又有历代不断添加的文化。就我们当前现实中的文化积淀而言，也是既有比汉族文化、儒学文化更为古老的文化，也有近世形成的无法归属到汉族名下或儒学名下的现代文化。我国众多的文化瑰宝、民间习俗，并不都是纯粹的土生土长的文化遗存，更不都是孔老夫子的余风遗韵，这是不争的事实。比如南亚的佛教文化，两千年来在中国已经融入社会生活的各个领域。在此期间，中国的宗教、哲理、文学、艺术、民俗、礼仪，无不受到佛教文化的影响。佛教文化（确切些说，是中国化了的佛教文化），已经成为中国传统文化中不可分离的组成部分。这里举个小例子来看。狮子的造形，如今已经成为约定俗成的代表中国民间文化的象征之一，其实，狮子是地地道道的域外动物。据现见的最早的文字记载，是东汉章帝章和元年（公元 87 年），月氏国献狮子（《后汉书·肃宗孝章帝纪》）。至今出土的先秦文物中从未发现狮子的形象，先秦典籍中也从未见有关狮子的文字，据此可以判断，中国人大致是到了东汉时才首次见到狮子这种外国动物。显然，狮子进入中国，是和佛教的传入同步发生的事。在唐诗宋词、明清小说中，更是随处可见佛教的影响。至于南宋以降越来越被推崇到神圣地位的理学化的儒学，实际上恰恰是吸取了许多佛学内容，这是众所周知的事。总之，把中国的传统文化说成是纯之又纯的"本土文化"或儒家的一家之言，是与事实绝对不符的。放开眼界来看，应当说，彩陶黑陶、甲骨青铜、诗书礼易、诸子百家、巫道释回，一路下来，直到民主、科学、白话文、马克思主义，都成了我们今天所承受着的传统文化的内容。一涉传统，言必先秦，言必儒学，实属误解。由此可见，当着我们着手探讨传统文化在现实中的作用、在现代社会的管理中的作用时，显然必须首先解决好对传统如何理解。也就是说，首先得弄明白"什么是传统文化？""什么是现今仍然活着的传统文化？"这样一些认识上的前提问题。活着的传统，它的性质的确是很复杂的；不认真地对待它，只能酿出大错。

　　当然，尽管中国传统文化内容繁复，但它在现实中的作用仍然是可以辨析、可以认识的。形成较晚、距离我们现今生活很近的传统，比如"五四"以来的民主与科学的传统，在今天现实社会生活中具有极其重要的作用，这是无须乎证明的。退一步说，即以儒学为例，也大体上能够理出观察古代的文化遗存在现实中所起作用的基本脉络。

　　就儒学而言，它在社会管理方面的功能如何，无疑也是一个十分复杂的问题，况且儒学在历史上变化很大。汉朝人就说过："昔仲尼没而微言绝，七十子丧而大义乖。"（《汉书·艺文志》）后来的变化就更大了。人们所论之儒学，是哪代的儒学，哪派的儒学，想弄明白也非易事，而其间的差别并不是可以随意忽略的。在这里我们只能从权，大体上仅按照孔子学说原本（比如《论语》），来约略考察一下儒学在现实社会生活中的现实价值。

　　在中国历史上，儒学对于国家政治所起的作用，曾经被吹嘘得很大，其实往往有名而无实。凭"《春秋》断狱"、靠"半部《论语》治天下"的事，从来就没有真正出现过。尤其是打着"奉天承运"之类堂皇名义的各朝各代的开国君主们，更加是没有一位真是靠着孔夫子的伦理政治的路数，来取得天下和治理天下的。当然，儒学在中国，于世道人心的影响，于文化知识的传承，无疑是作用巨大的。对待儒学这份重要文化遗产，我们只能采取分析的态度；一味说坏，或一味说好，都是不郑重的。

由于儒学自身性质的限制，中国今天的现代化管理不可能完全仰仗于儒学。我们必须冷静地看到，儒学传统中，与现代化背道而驰者，所在多多。缺乏发展经济的观念，缺乏民主法制观念，是儒学的两大致命弱点。儒学的伦理政治纲领，是以维护贵贱尊卑的等级秩序为至高无上的准则的；是以反功利的"仁""义"观来构筑其价值体系的基本框架的。儒学设计的理想的"大同"世界，只有在王权的绝对统治下实现"为公"与"选贤"的清明政治，而没有民权政治的内容；只有"均平"的理想与保障老幼、鳏寡、废疾者生计的愿望，而没有提高生产能力、发展社会经济的措施。因此，认清而不是文饰儒学的这种局限性，才能准确判定儒学在我国现代化建设中究竟能起什么作用，究竟在什么样的范围内能够发挥它的作用。当然，传统文化与现代化事业发生抵触的，绝非仅是儒学一家有着上述短处，其他各种性质的古老的文化（包括习俗）也往往包含着一些与现代社会不相容的消极内容。诸如"厚葬"的鄙俗，就不但与儒学的礼教有关，而且与阴阳巫术也都有直接关系。

那么，是不是可以说儒学在今天已经只是起消极作用，或者说它已经完全变成了过时的明日黄花呢？显然不是这样。儒学的典籍及其各种形式的文化遗存，毕竟是中华民族最重要的文化载体之一。对于中国人来说，要想完全摆脱开儒学这份文化遗产是不可能的。可以毫不夸张地说，如果今天完全摒弃儒学，那就会闹得人们不能看中国书，甚至不会说中国话，不懂得中国事，在中国文化圈里变成一个与中国社会格格不入的"外人"。至于说到儒学这一重要的文化遗产在中国现代社会管理方面的作用，大概可以说，今天能够借取并充分发挥其价值处，主要是在于孔子的重视人生、重视政治、重视道德的伦理学说。尽管对于这种伦理学说的内容，在今天的应用中不得不进行许多实质性的改造，但是，它重视道德在人际关系中作用的价值取向，以道德准则规范人们行为、建立和谐的人际关系的主张，对于现代的社会生活和社会管理，仍然有着重要的借鉴价值。

翻阅孔子的论述，可以很容易地看明白，他老人家是巨细无遗地把从国家大事到家务琐事，从求知育人到音乐诗歌，从言谈举止到吃饭穿衣，总之是把人世生活的全部内容都装进了道德这个大口袋里。这种把道德推崇到至高无上的地位，从道德的视角观察和诠释人世间的一切，用伦理的标准评估和规范人们的全部行为，是孔子学说的突出特征。这样夸张道德的作用，未免是过分了些，但这也正是孔子在中国文化思想史上做出的最有创新意义的杰出贡献。孔子的伦理学说，固然也有其自身的局限性，并备受批评，但它无疑是弥足珍贵的思想文化遗产。大概可以说，这是孔子学说的特点所在，也是孔子学说的优点所在。

"五四"新文化运动提倡新道德反对旧道德，在"个性解放"的名义下发动过对孔子提倡的纲常名教进行伦理革命。如今这段文化运动史，颇受到一些非议。其实，平心而论，"五四"文化运动在中华文明史上建立的划时代的解放思想的奇勋伟功，是永远也抹杀不了的。当人类历史已经进入 20 世纪，儒学所提倡的以盲从的态度驯从君亲长上的道德原则（尤其是经过程朱理学的发挥之后），确实已成为扼制中华民族创造活力的沉重的精神枷锁，不打破礼教的束缚，中国就不可能实现现代化。这一条，到今天仍然是中国精神文明建设不能不遵循的准则。"五四"时期伦理革命的弱点，只是在于不懂得旧伦理仍有可取之处，不懂得在现代的社会生活中旧道德里仍然包含着有生命力的内容，由是不承认道德具有继承性，简单地要求用全新的道德取代旧道德。

儒学的伦理学说之所以包含着后世应予继承的内容，主要是由于这些内容反映出人类社会普遍存在的处理人际关系所应当遵守的某些规则。这些"规则"，就是人类社会生活中不可或缺的、具有长期价值的一些道德规范。儒学伦理学说的最大贡献，在于向人们提出了关于行为守则的两大学说，这就是：对人，应持同情的宽厚态度的仁爱之学；对己，应持严格的自律态度的修身之学。

孔子把"仁"解释为"爱人"（《论语·颜渊》），这是说到了他的仁学的实质。尽管孔子的等级观念根深蒂固，从没有形成过把所有人一律平等看待的现代意义上的博爱观念，但是，他的仁学的确是以首创的精神论述了和奠定了以仁爱之心把人当人看（而不把人看成物、看成工具、看成牲畜）的这样一个最基本的道义准则，并为后人从不同立场、不同观念出发去运用这一准则开辟出了宽阔余地。不管孔子及其后继者们自身有着多大的历史局限性，也不管有过多少假仁假义之徒欺世盗名，必须承认，"仁爱"之义立，处人处世便具有了一个为人们可以认同的判断是非的准绳。历史上的仁人志士们，也正是从此树立起为之奋斗不息、乃至甘愿献身的崇高的道义目标。时至今日，处理人际关系，虽然不好简单地用"爱人"来做惟一行为准则，但是关心人爱护人，进而爱集体、爱人民、爱人类，总是公民公德要求的一个最基本的内容。进而言之，人类社会处于日见趋同的现代化趋势中的今天，能否有"仁爱"的目标和"仁爱"的行为准则，确已成为一切事业，大到国家大局的管理，小到一厂一家的管理，能否取得成功的重要制约力量。

孔子的严格自律的修身学说，特别是他的"克己复礼"主张，"五四"以来多次受到过很严厉的批评。不管那些批评恰当与否，无可否认的是，孔子律己修身的伦理学说，从它的诞生之日起，在修身的目的和修身的要求上，确实带着与生俱来的弊病。孔子本人不止一次地解释说，他之所以要提倡"克己""修身"，就是为着消除一切犯上作乱或打破"礼治"秩序的不轨行为和思想情绪；他所追求的，是想借此把人们都塑造成在既定的统治秩序下乐天知命、安分守礼、逆来顺受、驯从无违的忠臣、孝子、顺民。程朱理学更是把人类的物质的和精神的需求，看做与"天理"相抵触的万恶的私欲，把"存天理，灭人欲"标榜为至高无上的道义准则，从而把律己修身说发挥到了反人性的极端。这样的反人性的道德戒律，自然不能不堕为妨碍人们正常生活和社会进步的网罗。在现代社会中，它受到冷落、冲击，最终在现代思潮的声讨中丧失其约束人们思想与言行的作用，自然是它无从逃避的命运。但是，仅仅从这一个方面来评估孔子的律己修身学说，也是不公平的。应当承认，这一伦理学说，仍有它的重要价值所在。尤其值得注意的是，关于律己修身的论述，恰恰是孔子伦理学说中用力最多、建树最大的部分。仅以《论语》而论，498 条语录中，直接论述律己修身的即有 240 条之谱（有些条文难以按此归类，不好统计），约占二分之一。几乎可以说，人应该成为一个什么样的人，以及怎样才能造就出这样的人，换言之，亦即如何实现人格的自我完善，这是《论语》的第一主题。孔子把律己修身，作为他的"修、齐、治、平"的整套伦理政治学说的出发点，作为实践儒家的政治抱负的基本功。他对律己修身功夫的重视，是显而易见的。在孔学后继者所编著的《大学》中阐发的格物、致知、诚意、正心的一套，无非都是律己修身的具体功夫而已。所以，与其说律己修身学说是孔子学说中消极作用最大的内容，毋宁说这是孔子学说中消极作用最大、积极作用也最大的内容。换句话说，就孔子律己修身学说扬长避短、去弊取精，正是今天研究和发扬孔子伦理学说现实价值最该着力的地方。

孔子的律己修身学说的积极意义是什么？或者说，这种学说至今仍然具有的现实价值安在呢？窃以为至少有如下一些方面。

从自身做起的自律精神——这是对全体社会成员的要求。《论语》中与此有关的语录很多，诸如，"君子求诸己"（《卫灵公》），"修己以敬"（《宪问》），"正其身"（《子路》），"子帅以正，孰敢不正"（《颜渊》），等等。中心意思都是在极力说明，如果上自君王，下至臣民，人人都能够自觉地追求自我素质的完美，致力于人格的自我完善的话，那么，天下的治理无疑就会达到理想的境界了。

"过则无惮改"的自省精神——如何才能达到自我道德完善的境界呢？孔子的主张是：抱着坦坦荡荡的态度，不仅不掩饰，而是用不断的自我反省的方式，去寻找出自己的短处和过失，并坚决改正它，以求做到"不二过"（《雍也》）。孔子一再强调，人们应当"举直错诸枉"（《为政》），"见贤思齐，见不贤而内自省"（《里仁》），阐述的都是这种自我反省的精神和实行的方法。

"学而不厌"的求知精神——孔子修身学说的难能可贵处，在于不仅要求约束个人的意欲和改正个人的过失，而且把个人人格的塑造寄托于知识水平的提高。孔子的修身学说，追求的目标是真、善、美的统一；而达到这样标准的办法，则惟赖于后天的勤奋学习，造就成博学多识的素质。仅从《论语》看，孔子本人的学习知识面之宽泛，求知精神之执著，的确是前无古人的。他说："十室之邑，必有忠信如丘者焉，不如丘之好学也。"（《公冶长》）这样的自我评价，应当说是实事求是的。更值得称道的是，他还推己于人，"学而不厌，诲人不倦"（《述而》），提倡人人都应该努力学习，一再表彰"好学"精神，期望人们都成为有知识的人。孔子看重学习的论述，为全面提高人的综合素质的教育学说开了先河。

诚、笃、谨、信和恪守"中庸"的处世做人的态度与方法——在提倡求知问学修身律己的过程中，孔子阐述了处世做人应取的态度与方法：一要诚恳、严谨而信实，"知之为知之，不知为不知"（《为政》）。"多闻阙疑，慎言其余"；"多见阙殆，慎行其余。"（《为政》）"毋意，毋必，毋固，毋我。"（《子罕》）只有杜绝了主观随意的自以为是的态度，才能在处理人间事务时保持清醒的认识，避免过失与悔恨。二要本着中庸精神，中言中行，"允执其中"，不走极端，避免"过"与"不及"的片面和偏激，这样，在对待人间事务上，才能把握住"度"，恰到好处地处理问题。

总而言之，能否拥有自尊自律、情操高尚、博学多识、上进不已，又处处以国家民族大局为重，关心他人、爱护群体的社会成员，是决定社会状况优劣盛衰的一大关键。看来，儒学这样的古代文化，在我国现代社会管理中能够显示其价值处，主要在于这个方面。也就是说，从现代的社会管理和经济管理的需要来看，儒家伦理学说尽管有着许多不合时宜之处，但是其中有关处理人际关系、特别是有关提高人的素质的见解，仍具有许多可以借鉴的、发挥现实效益的内容。当然时代条件的变化，要求人们在使用传统儒学的道德规范时，必须自觉进行观念上的转换，不能不加分析地照搬几千年前孔子定下的一切陈规。

应当补充说明的是，爱人、律己之类的道德规范，不能说只是儒家独创独具的东西；类似的行为规范，别的学派也有，外国也有。社会要保持正常的协调的秩序，自然都得有一些爱护他人和约束自己的行为规范才行。不过，内容和形式都会有所不同。孔子提倡自我内省，而基督教却是提倡到教堂里向主忏悔。在这方面，中国人自然还是按中国的传统办，更加易于为人们所接受。

诚如有的学者所说，孔子之学只是我国传统文化宝藏的"一部分的一部分"，但仅就此已可看出，我国固有的古代文化在现实社会中消极作用与积极作用是并存的，其价值的局限性和有效性是并存的。通过对儒学在现代社会中正负两方面作用的分析，可以作出两方面的推断：一方面，形成为传统的古代文化，在现代化过程中能够直接应用于体制方面、指导方针方面、科学技术方面，是有限的。也就是说，人们不能依赖产生于古代的传统文化解决现代化过程中有关制度之类的许多根本性问题，不能设想靠着古代的文化便可以拟定出管理现代社会和现代经济的方案。另一方面，形成为传统的古代文化，在我国实现现代化的过程中又显然是可以发挥不小作用的。它在现代社会中的用武之地，显然是在于培养人们的公德和私德、提高人们的文化素质方面；而这种精神文明建设方面的作用，无疑正是现代化管理中不可或缺的重要内容。据悉，有一派现代企业管理学，已把"学习型组织"看做成功企业的模式。这恰好证明了包括儒学在内的我国固有的古代文化，在能够发挥它的作用的地方，是能够发挥出重要作用的。

当然，古老的传统，在现代社会生活中的作用，也必定是多层次的。它在不同的社会生活领域，所起作用的性质和所起作用的程度，是不会相同的。比如，儒家的伦理学说，施之于协调家庭亲情关系，与施之于市场经济管理，其间的区别自然是非常大的。无视传统文化在现代社会生活中所起的作用，因其所起作用的范围和对象的差异而异的这种特点，不仅无益于事，而必将贻害无穷。以为按照处理家庭关系的儒学伦理原则，就可以管理好现代国家，或管理好现代企业，那恐怕只能算是十分荒唐的臆想了。

总之，不去过度地无限夸张古老的传统在现代管理中的作用，而是恰如其分地估量、尽力发掘和发挥古老的传统在现代管理中所具有的价值，无疑是一项有着重要意义的并必将带来重大实际效益的建设性事业。

（1997 年 9 月 26 日，在宁波举行的"中国传统文化与现代管理国际学术讨论会"上所作的主题发言，发表于《道德与文明》1998 年第 1 期）

再论传统文化的性质与作用

　　九年前在宁波举行的一次国际学术研讨会上，我曾就近似的题目做过发言，① 现在再来讲，固然新意无多，也只好叫它"再论"了。

　　这里说的传统文化，自然主要是指中国的传统文化。

一个不成问题的问题，何以成了问题

　　"在现实生活中传统文化具有什么样的价值？"要想回答这个问题，前提是先得回答"在现实中传统文化有没有价值？"

　　传统文化在人类所处的任何时期，都具有无可取代的价值，这本是一个不成问题的问题。人生之初，面对的只能是一个既成的现实社会，而这现实社会又只能是世世代代积累而成。无论多么不得了的天才，也没有能耐"跳出三界外，不在五行中"，逃脱传统造成的这个既成现实。胡适当年提倡文学革命时说过："说话要说现在的话，不可说古人的话。"于是章士钊质问道："不说古人的话"，现在岂不就"无话可说"了吗？问得何其机智，胡适简直无法正面作答。试想人生下来张口说话时，就能独创一种前无古人的语言吗？要是人人都各自独创一种语言，那人们还能交流吗？失去交流性能的"语言"怎么能算是语言？——当然，胡适当年所说的，无非是在讲语言文字应当有创新精神，不能人云亦云，全是陈腔滥调。只是为强调革新的决心，把话说得不留余地了，犹如韩愈"惟陈言之务去"的现代版。

　　如果把文化的含义，不局限于语言文字、道德文章、学术艺术诸事，

---

　　① 《活着的传统》，收入拙著《桑榆槐柳》文集，广西人民出版社 1999 年版。

而是按现今流行的文化的广义定义，那么人间普世的事，直至衣食住行这样的生存方式，也一概是传统文化的赐予。如果硬要和传统的衣食住行方式一刀两断，那就只好走文明的退化路，去做穴居野处、茹毛饮血的野人了。

传统文化作用之毋庸置疑，就在于它的作用大到："人只能活在传统中。"人接受传统文化是被动的，无从逃避，别无选择。

那么，这个不成问题的问题，何以又成了问题呢？

从根本上说，这是因为被动地接受传统之赐的人，随着实践经验和文化知识的增长，对于传统的传承渐渐具有了主动抉择的能力。随着人类社会的进步和文明程度的提高，这种对待传统主动抉择的能力，更会加速度地提高。所谓对传统的主动抉择能力，概括说来，无非一是对传统所有者，可以有所选择，有所取舍；二是对传统所无者，可以有所新创，有所增补。文化上的这样的选择与创新，自然只能是在继承传统的基础上进行，只能是在传承固有文明成果的同时来进行。但是，既然文化进程不可避免地发生着、存在着选择和创新，那么也就证明传统文化所包含的具体价值，随着时代的推移、环境的变迁而变异。时过境迁，人们就不得不对固有的传统文化，不断加以一轮又一轮的价值重新评估。于是，传统文化对于后来人永远具有普遍价值的这个毋庸置疑的问题，就一变而成为传统文化对于后来人在现实的生存环境中究竟具有什么样的价值的问题。也就是说，在肯定传统文化具有无可替代的价值的前提下，人们必须对于传统文化所包含的价值内容进行具体的分析、解剖，分辨其在现实社会生活中的不同作用，从而决定对其区别对待。于是，在人类整个文明史上，传统文化究竟具有什么样的作用，便成了一个长期存在的、争论不止的大问题。

任何人都不能不对前人留下来的文化遗存进行价值重估，即使是最忠诚的以继承传统为己任的文化巨匠也不能例外。以"祖述尧舜，宪章文武"为毕生使命的孔子，在"祖述"、"宪章"的用语中，已经表明了他对前人文化遗产的继承，不是笼统地全盘采纳，而是有选择的。况且，他还更加明确地表态，在三代文明中，他着重推崇并以继承为任的是三代文明高峰的周代文明，所以才说："郁郁乎文哉吾从周。"（《论语·八佾》）

这无疑又是对传统所作的一种选择。再进一层，孔子对于文化遗存的具体性能与价值，还作了褒贬有别的不同评估，也就是说，他对传统文化的继承，是采取区别对待的分析态度，传承其正确的合理的内容，用其所长，而摒弃其错误的不当的内容，舍其所短。他明确表示，自己在对待文化遗产的取舍上，并非"惟周是从"，而是主张"行夏之时，乘殷之辂，服周之冕，乐则韶乐，放郑声，远佞人"（《论语·卫灵公》）。姑不论他老人家的价值标准是否有可以商榷之处，仅就主张对传统文化的价值加以评估而决定取舍的立意而言，岂不大有今日之所谓"去其糟粕，取其精华"之意？至于孔子在中华文化史上的创造性贡献，更加是无须赘言的。他虽然自谦地表示本人仅仅是个"述而不作"的传统文化的阐释者，而事实上正是由于他在前人的文化基业上作出了前所未有的创新，他才成就为中华文化史上的一代宗师。

在通常情况下，文明进程中发生的对传统文化的价值重估，如上述孔子对传统文化所作的分析、选择与创新那样，只会带来对传统文化的某些部分作用的否定，并不会造成对全部传统文化作用的通盘否定。或者说，这只是提出了在时过境迁之际"传统文化还能发挥什么样的作用的问题"，并不等于提出了这时候"传统文化还有没有作用的问题"。对于传统文化的作用，从整体上产生质疑，这只有在特殊的文化大背景下才会出现。大致说来，只有当着一个国家、一个民族、一个文化群体，自己的固有文化受到他种文化的强烈挑战而处于弱势颓势，面临着被取代被消灭的严重危机时，"自家的传统文化还有没有价值？""还值不值得保存、继承和发扬？"才会成为一道迫切的时代课题尖锐地提到人们面前。

中华文化，在近代以前的历史上，并没有遭遇过他种文化的严重挑战，中华文化的主体地位更未曾面临被取代被消灭的威胁。自汉代开始的佛教的传入，是中外文化交流史上的大事，但是外来的佛教文化，固然具有独特的文化内涵，但是它并未能对中华传统文化的主体地位构成喧宾夺主的威胁；即使在统治者一味佞佛的时期，佛教文化至多也只能算是与中华固有文化持均势状态，平起平坐，并未能从根本上动摇中华文化的根基——何况还不断有排佛禁佛的风潮发生。只是到了近三百年（一说可以算到近五百年），中国的经济、中国的国力、中国社会的发展速度和达到的整体水平，才越来越显著地落后于欧洲为代表的西方世界。到了晚清，也就是19世纪的中后期，伴随着欧洲列强仗恃优势的经济实力和军事实力强行入侵，欧洲近代文化才以不可阻挡的以强凌弱之势涌入中国。至此，在世界格局中，欧洲文化先进、中国文化落后的大势已洞若观火，无可回避。中国人无可奈何，不论是被迫的还是主动的，必须面对这种外来的先进的文化向本国固有的但已处于落后状态的文化的挑战。有识之士为自强救国计，开始摆脱顽固守旧派"彼有枪炮，我有仁义"式的文化排外主张的干扰，试探着提出不同程度的学习"西学"之长的各种建策。那时候的这类学"西学"的意见，基本上都还小心翼翼地守在"中体西用"一类的框架内。不过激进者已有勇敢地对固有文化进行反省，进而力主"不耻师学"的。先是冯桂芬断然主张："法苟不善，虽古先吾斥之；法苟善，虽蛮貊吾师之。"后来到了清末实行"新政"时期，"力主西学"的严复则更加明快地提出"开民智"的主张说："有一道于此，致吾于愚矣，且由愚而得贫弱，虽出于父祖之亲、君师之严，犹将弃之，等而下焉者无论已。有一道于此，足以瘳愚矣，且由是而疗贫起弱焉，虽出于夷狄禽兽，犹将师之，等而上焉者无论已。"[①] 流亡海外的（主要在日本）爱国志士中，更有人奋起抨击中国固有的奴化说教，大声疾呼中国必须依照西方自由平等的观念，改造旧道德，"改造国民性"。"欲脱君权外权之压制，则必先脱数千年来牢不可破之风俗、思想、教化、学术之压制"[②]，已成为当时先进人士的共识。温和之如梁启超，也慷慨陈词，说欲救中国，则必得"拔其木，塞其源，变数千年之学说，改四百兆之脑质"[③]。在这些议论里，中国的传统文化是不是业已完全无用而有害，是不是该当全部改变或推翻的问题，显然是呼之欲出了。

　　民国创建，新旧力量间纷争更形激化。尊孔读经的说教，充当起反共和、复帝制的舆论依据。中国历史上亘古未有的文化启蒙运动——以原产自欧洲的人权平等、个性解放、自由、民主和科学为灵魂的新文化运动，

---

①　《与外交报主人书》，《严复集》第 3 册，中华书局 1986 年版。
②　《说国民》，《国民报》第 2 期（1901 年 6 月 10 日）。
③　《中国积弱溯源》，《饮冰室合集·饮冰室文集之五》，中华书局 1989 年版。

挟雷霆般的震撼力勃兴了。为着论证建设新文化的必要，以《新青年》为主要阵地的激进民主主义的倡导者，发动了对中国固有文化的猛烈批判。他们痛斥中国固有文化的弊端时，理论迅速走向极端，种种把中国旧文化说成一无是处的言论，越来越频繁地出现在当时知名的新文化人士的著述中。概括说来，他们当时所持的"文化革命"论，是主张在中国实行文化上的推倒重建式的"除旧立新"，亦即无保留地引进以民主科学为精髓的新文化，全盘取代中国以纲常礼教为宗旨的旧文化。他们说，新文化与旧文化之间，如同冰炭水火之不能相容，因此中国只有以新代旧，换一个文化。为论证对旧文化实行改革的必要而推论出来的这种"文化取代论"，以民族文化虚无主义的口吻宣布要彻底废弃中华传统文化，自然在中国文化界引起轩然大波。平心而论，新文化运动的倡导者们，当年放言消灭旧文化，实意无非是在故意把话说绝，来惊世骇俗，引人关注文化革新的必要。他们批判旧文化，着眼点实际上是放在批判维护专制主义和等级秩序的纲常礼教上。至于对固有文化遗产中具有价值的部分，无论是有关文学的、学术的，还是伦理的合理内容，他们这些原本具有较深厚的传统文化素养的知识界中人，在提倡文化革新时，都不同程度地郑重其事表述过应当珍惜、研究和继承的意见，并没有一味主张"反传统"。何况在中国，张口得说中国话，落笔得写中国字，怎么也跳不出中华文化的圈子，说"新旧不两立"，"废弃旧文化"，也只是说说而已，没有办法真正办得到的。不过，既然说出了那些贬低、蔑视中国固有文化的话，环绕着如何评估传统文化价值的问题，就无可避免地引起一波又一波的论战。20世纪前期所发生的"五四"前后的中西文化优劣长短之争、"国故"与"欧化"之争、20年代东西文化"路向"之争、30年代"本位文化"与"全盘西化"之争，都直接讨论到中国传统文化有什么价值、乃至有没有价值的问题。以后由于政局的激变，这种文化上的纷争被冲淡了，但是认识上原本存在的分歧并未解决。从20世纪80年代起，国是有了变化，对中国传统文化的价值重估问题，才又浮出水面，并逐步升温为人们关注的热门话题。

　　说到底，传统文化有无作用的这个本不成问题的问题，之所以忽而成了问题，只是人们对于传统究竟起什么样的作用这个问题，产生了认识上的误区。由此可见，传统文化对后世会起怎样的作用，很大程度上取决于人对传统文化性质的认识。

传统文化是人类文明延续与衍变的统一

传统文化对于后来的承受者，究竟有什么作用呢？

统而言之，还是章士钊说过的那一句最为简捷："旧为新基。"固然章士钊当年说这话是为着反对新文化运动，文化守旧的情绪偏执到极端，连白话文也极力反对，可是无论如何得承认"旧为新基"这句话是准确地讲出了文化的一种本质属性。

文化之能以成为传承至今的传统，就表明它具有内在的延续功能。也就是说，文化创造、文明成果的效益，不会只是暂时的，不会仅仅是在创造的当时当地起作用的；相反地，其中必然包含着可以传诸后世，在后世依然能够发挥效益的内容。固有文化中的不同内容所具效益的长期性，当然因其具体性能的差异而会有所不同，会有强弱长短的差异。但是可以肯定的是，任何有价值的文化创造，不仅必定包含着可以向后世传下去的成分，而且还可能包含着历经千百年而长盛不衰的、甚至是与一个民族的生存相始终的内容。更进一层说，人类文化史上的杰出建树，在人类社会中会具有的永恒的价值。

至为明显的是，文化只能是一个不断积累的过程。前人的文明积淀，是后人文明发展的基础。有没有这个基础，这个基础厚不厚，对于后来文明发展的影响有着决定意义。人类文明的总趋势固然是日新月异地进步着，但是文化发展的定律，无疑是立基于继承才能发展，起步于摹仿方能创新。基厚才本固，根深方叶茂。文化根基的厚薄，文化起点的高低，对于当事者来说，自是大不一样的。

传统文化具有毋庸置疑的延续性，但这并不意味着传统文化是停滞的一成不变的。我们有些学术界文化界的人士，往往把传统的中华文化有意无意地看做一个具有固定的不变性质的文明成果。这完全是一种误解。包括中华文化在内的一切传统文化，始终都是处在动态中。传统文化不是静态的事物，而是一个动态的过程。也就是说，处于连绵延续状态中的传统文化，始终又处在不停止的变化发展的状态中。

传统文化为什么是在不停的变化着发展着？简要说来，基本缘由无非两项：一是文化必然不断有流失，二是文化必然不断有新创。

文化的流失，从来是难以避免的。分析起来，造成文化流失的原因大致有三种。

一是，随着时间的推移，固有文化中总会有些内容过时了失效了，不能再原封不动地照搬照套了。古代视为金科玉律的，后世也不可能一概死守。"身体发肤，授之父母，不敢损伤。"这条"圣训"，从清朝立国不就打破了吗？"三年之丧"的礼数，"父母在不远游"的约定，这类载入《论语》的种种箴规，现在还具有人人都得遵守的约束力吗？更不必说列入"五经"的《礼》所罗列的大套礼仪，至今尚有时效的，不知道还能找出万分之几。

二是，固有文化中，不可避免地包含着一些为后人的实践和认识证明原本就是错误的内容。从天圆地方、天人感应、图符祥瑞、灾异妖术，到种种摧残人性的陋规鄙俗，不是都应该随着人类知识水准的提高而予以消除吗？"三寸金莲"，不也曾是流行了好久的可以算到文化范围中的中国民俗吗？怎么就长期不识其恶呢？无怪乎胡适曾经极其愤慨地说："中国八百年的理学工夫居然看不见二万万妇女缠足的惨无人道！"[1]

三是，不当的损毁或遗失。这样的状况，有的是人为的原因造成的，有的是自然的原因造成的，也有对后人来说是原因不明者。天灾或疾病，会对人类文明造成巨大的破坏。愈是古代，人们抵抗各种自然灾害的能力无疑就愈差，受到的损害也必然会愈大。至于人为的原因造成对文明的破坏，那在人类文明史上更是屡见不鲜。这种人为的破坏，一种是暴力的入侵，像蒙古灭西夏那样，把西夏这个国家灭亡了，把西夏的独特的文字也废除了。如今只有少数专家还能辨识西夏文。对文化的人为破坏，另一种常见的情况，就是处于弱势的落后的某种文化会被处于

---

[1] 《我们对于西洋文明的态度》，《现代评论》第4卷第83期（1926年7月10日）。引者按，胡适此处所用"二万万"的数字，用法是不恰当的。中国妇女缠足史既然长达千百年之久，那么受害人数自然该当累计，岂能按"当今四万万同胞"的一半计算。

强势的先进的某种文化所同化，被取而代之，渐渐消亡。满族那样一个掌握了中国统治权二百六十多年的民族，长期接受汉文化，终于在清亡之后，把满族的语言文字基本上也放弃了；如今只剩下极少的专门学者，还能认识满文文献。现在境内的人数很少的民族，也还面临着本民族语言消失的危机。①

综合以上所说的三种情况来看，固然应当力求防止和避免那些不应有的破坏，但是在历史长河中某些固有文化的流失是必定会发生的。传统，不可能历经数千载而原封不动。

决定传统文化处于不停变化的动态中的另一原因，或者说尤为重要的原因，是人类文化必然会有不断的新创。文化创新之因，大致可以归为两端。

第一，应新时代的需要，文化必定会有新创造。前一阵子，有些学术界人士极力推崇"原典"的重要性，且不说"原典"该如何定义，就拿"四书""五经"和先秦诸子书算作中华文化的"原典"来说，强调其在中华文明中的突出重要的地位，自是绝对正确的，甚至可以说离开了这些典籍，就谈不上中华文化。可是，必须看到这些典籍在其诞生时也是新创事物；在这些"原典"问世之前，世上是没有这些"原典"的。第二，这些"原典"问世之后，两千多年来，中华文明绝不是仅仅停留在教条式地重复、抄袭这些"原典"的水平上。"二十四史"，"原典"里有吗？汉赋、唐诗、宋词、元曲、明清小说，"原典"里有吗？后世对"经学"的注解阐释，不是也日新月异，不断添加上许多原本的典籍中所没有的新意吗？必须看到，作为文化主体的人，在文化发展的进程中，不是仅仅被动地接受文化传统的因袭和文化环境的塑造，而是具有充分的主动创造能力。王国维举出过汉代以降的五部巨著，誉其为"古今最大著述"，即："汉则司马迁之《史记》、许慎之《说文解字》，六朝则郦道元之《水经注》，唐则杜佑之《通典》，宋则沈括之《梦溪笔谈》。"他给这样的"最

---

① 中国社会科学院按照抢救和保护非物质文化遗产的宗旨，从 2001 年起发动了"中国濒危少数民族语言调查"的工作。目前已调查了畲族、满族、土家族、裕固族、怒族、赫哲族等八种语言；同时对新发现的五十多种少数民族语言进行了实地调查。对这些濒危的文化遗产，如何进行抢救、保护和传承，是一项颇为繁重的研究工作。

大著述"所作的定性是："一空依傍，自创新体。"① 老先生定的这标准，是不是过高过严，自可商榷。但是，毫无疑问，正是有赖于不断的独创性的文化建树，起源于远古的中华文明才在数千年间一直保持着活力与生机，没有变成只供人们把玩的古董。有鉴于此，陈寅恪在给王国维所写的遗书序言中，才特意强调道："自昔大师巨子，其关系于民族盛衰学术兴废者，不仅在能承续先哲将坠之业，为其托命之人，而尤在能开拓学术之区宇，补前修之未逮。故其著作可以转移一时之风气，而示来者以轨则也。"②

第二，不同派系的文化交流，必然催生出文化新成果。文化交流对于文化发展的促进作用至为明显。取长补短，把我所未有而别人已有的文明成果拿过来为我所用，而无须乎自己再去备尝从头探索的艰辛，这就是创造性劳动的节约。况且，不同特色的文化派系间的交流，还会激发出新的文化创造的活力，亦即创造出交流双方原本所没有的崭新的文化成就。印度的佛教文化传到中国来，和中华文化交流，创造出哲理的、文学的、艺术的、世俗的种种文明新成果，其中固然包含着中国的和印度的固有文化的因素，但已绝非中国文化和印度文化相加的简单之和，而是交流激发出的文明新成果。

文化发展过程中的流失与新创，证明了孔夫子"损益"说的正确。在"因"的过程中，既不停地"损"一些、又不停地"益"一些，恰是传统文化经历着的常规（参看《论语·为政》）。如此看来，对于传统文化仅仅说到"旧为新基"这一层是不够了，还应当看到它同时又是无尽的"新陈代谢"的过程。文化史上的任何显学，也逃脱不了分化、变化的命运。"儒分为八，墨离为三。"（《韩非子·显学》）说的是这种情况。"昔仲尼没而微言绝，七十子丧而大义乖。故《春秋》分为五，《诗》分为四，《易》有数家之传，战国从衡，真伪分争，诸子之言纷然殽乱。"

---

① 《蠛轩随录·古今最大著述》，《王国维学术随笔》，社会科学文献出版社 2000 年版。
② 《王静安先生遗书序》，《王国维遗书》，商务印书馆 1940 年版。

（《汉书·艺文志》）说的也是这种情况。[①] 现在被大家奉为新儒家宗师的梁漱溟先生，在赤诚地赞颂"孔家的路"时，却不但是辛亥革命的积极支持者，而且毫不含糊地赞同新文化运动提倡的民主、科学和白话文。这和孔孟程朱以维护君主政体的"君道臣纲"为最高使命的信念，当然是南其辕而北其辙了。再看"五四"新文化运动以来的白话文，现今不是已经成为中国汉文的基本文体了吗，这也就是说白话文体已经成了中华文化的新传统。尽管现在流行的白话文中还包含着许多文言文的词语、典故，甚至还常常利用和援引一些古典文献中的名言佳句精彩篇章，但是白话文取代文言文成为现代汉语基本的书面文体一事，业已不可逆转。老传统是传统，新传统也是传统，传统就在这样不停的新旧代谢中流动不息、损益不已。

传统文化只能是个过程，——只能是个在历史长河中不断实现延续与衍变统一的流程。认识传统文化的这种本性，才能清醒地估量传统文化的真实价值，不致陷于或宠新知而蔑旧学、或守陈规而拒创见的偏颇之两极。

传统文化是多元的复合体

现今世上存在的重要的文化体系，无一例外的都是多元的复合体。或者借用马克思对历史性质的定义，可以把它叫做"多样性的统一"。费孝通先生说，中华文化是"多元一体"，表达的也是同样的意思。

文化多元，约含二义：一是指其起源、源头，不是单一的而是多源的；二是指其构成、成分，不是单一的，而是多样的。

认识中华文化的多元复合性质，是清醒估量其价值的又一个决定性的前提条件。

---

① 1999 年 12 月，杨振宁先生在香港中文大学所作的一次讲演中，曾以宋儒的"天理"观"心性"说，诠释中国文化的特性。我对此论不敢苟同，写文章讲了自己的看法。大意是说，中国文化是动态的，不断发展变化。程朱理学的"天理"观"心性"说，代表不了中国文化的特性，也代表不了儒学的特性。两千年间儒学的变化大了，正如同孔孟代表不了程朱一样，程朱也代表不了孔孟。拙文发表于澳门理工学院的《中西文化研究》创刊号（2002 年 6 月）。

　　固然从人类学的角度，对于远古时东亚人种的来源，还有本土说和外来说的种种见解，不过至今那还都只能算是一些证据不够充分的假说。至于中华文化的起源，无论从它在远古时期受到东亚大陆地理环境的制约而言，还是从它传承五六千年来的文化所独具的特色来看，都足以确证中华文化不是依傍外来文化、而是独立自成的文明体系。但是，如此说来，中华文化是不是起于一源呢？中国考古学界曾经有过中华文明的起源是"一元"还是"多元"之争。持"一元"说者，认为中华文明只是起源于黄河中下游一带；持"多元"说者，则认为黄河中下游只是在某个时段上成为东亚大陆文明最高的地区，其实追溯其始，它仍是来自多种源头。有的学者说，中华文明也可以叫做东亚的"两河流域"的文明，即和黄河流域的文明并立着、大体平行发展着，还有长江流域的文明；这两种文明是华夏文明的主干，两者的融汇便形成了华夏文明。有的学者说，华夏文明的源头之多，多如"满天星斗"，或者就像康熙时考察江河之源时所下的结论："其源如帚"。近百年来的考古成绩，已经足可以证实华夏文化起自多源一说，是符合历史真相的。就拿黄河长江这"两河流域"文明来说，状况也相当复杂。从上游到下游，从马家窑到大汶口，从成都平原到太湖平原，都存在着远远超过两种的并非同源的远古文化遗存。至于北到红山，南至岭南，情况就更加复杂。何况，在漫长的岁月中，还有众多的文化融汇进来，宛如无数的支流汇入长江大河。曾经一度活跃于东亚这块大陆上的许多民族，连同他们的文化，经过几千年的磨合，已经融为一体。再加上外来的西域文化、佛教文化、伊斯兰文化等，中华文化源头的多样性，更属毋庸置疑。"海不辞东流，大之至也。"（《庄子·徐无鬼》）中华传统文化之所以是内容无比丰富多彩的多元复合体，正可做如是解。

　　文化内部构成的多样性，当然并不是仅仅取决于文化起源的多元性。文化多样性的成因，应当说更重要的，是来自文化体系内部的人的创造性贡献。正因为人具有不停息的文化创新能力，所以即使是在同一地区、同一民族、同一国家，其文化仍旧会是千姿百彩、流派纷呈。历经数千年融汇而成一体的中华文化，无疑形成了内在的共同性统一性，但是无论在历史上还是在现实中，作为整体的中华文化仍然始终包含着复杂的构成。不同民族的、不同学派的、不同教派的、不同地区的、不同文化领域的多种成分，水乳交融地汇集在一起，才构筑成大中华这一宏伟的文化大厦，并得以矗立于人世间垂数千年。总之，必须以开阔的眼光，充分认同中华文化的多样性。不管人们对其态度如何，黑陶彩陶、青铜白玉、甲骨简帛、诗书礼易、诸子百家、巫释道回、石窟摩崖、诗词曲赋、书画技艺、笔墨纸砚、农工医商、茶瓷丝绸、衣食住行、官制民俗，等等，一路下来，直至近代的民主、科学、白话文、标点符号、百年来众多的科学技术新成就，以及在国内风行一时的各种主义，都成了现今的中国人和今后的中国人所承受着的传统。传统的中华文化，就是如此博大而庞杂的多元的复合的文明体系。

正确认识中华传统文化的多元性，对于正确估量中华文化的功能和价值，具有关键意义。因为过去流行过、现今也还仍然在流行着一种将中华文化作单一的褊狭的解释的倾向。这是一种极其有害的错误的理论导向。最常见的是把汉族文化当作中华文化的全部（国外很长一段时间，就把中国问题研究叫做"汉学"），这当然不确切。汉族自然是中华民族最主要的组成部分，但是决不可忘记中华民族是多民族构成的共同体。孙中山先生都讲过"五族共和"，如今已是"五十六族共和"了（还有些人数甚少的族群没来得及做出鉴别）。汉族以外的各民族的文化，当然是中华文化的当之无愧的组成部分。何况汉族文化中，早已吸收和融汇了大量的其他民族的文化成果。当然这并不意味着否认或看轻汉族文化在中华文化中的重要地位；直到如今任何人要学中国文化，还不只能是从学汉语汉字汉文入手吗？应当说由于历史的积淀，汉族文化已成为中华文化的主要载体，只是不要把它错认作中国文化的全部而已。

既然不可简单地把中华文化只归结为"汉学"，那就更加不能把中华文化归结为"汉学"中的一种学说"儒学"。把"国学"解释为"儒学"的这种论断，目前有点纷纷扬扬，但是无论如何它也是站不住的。正如有的学者说的，不管你怎样估计儒学的价值，它也"只是中华文化一部分的一部分"。① 在中国传统文化中，儒学的地位无疑是很显赫的。截止到中华民国成立，两千多年里儒学享受着"独尊"的光荣。它不仅是庙堂之学，是官学，而且儒家的著述，也在相当长的时间里，是社会上最为普及的学文化、学知识、学做人道理的教科书。虽然近百年来，儒学屡屡遭劫，但是理应承认儒学在中华传统文化中的重要地位和重要功能，仍然不可抹煞。即便在孔子的素王和至圣的尊荣已被废除之后，儒学经籍也仍旧是中华文化的瑰宝。极而言之，时至今日，如果一点也不直接地或间接地接受一些儒学的学识、道理和语言文字，那就恐怕无法看懂中国文，无法说通中国话，没有资格做一个合格的中国文化人。说这样的话，大约算不上是危言耸听。

话说回来，我们尊重儒学在中华文化中的地位与价值，并不等于把它尊崇为中华文化的独一无二的内容和主导一切的灵魂。以孔子为创始人的儒学，也是特定历史的产物，在此之前当然就没有儒学（固然也有古"儒"为其秉承，但那算不上已经建立起学说或学派）。也就是说，儒学问世之前中国早已有当世相当发达的文化，那文化当然不属于儒家。② 春秋战国时期，儒学虽成显学，但也只是百家之一，况且一直不受各国当权者重视，其道并不行时。秦朝尊法；汉又承秦制，至多把儒学拿来装装门面。直到董仲舒提出"独尊"的建策，儒学的地位才一变而具高居庙堂之上的荣誉。可是不能不注意的是，建策"独尊"的人，不但把儒学明确地称为"儒术"，而且还掺杂进大量的阴阳谶纬的说教，并不符孔孟学说的本貌。更加具有讽刺意味的是，批准"独尊"的，不是"文帝"，而是穷兵黩武的那个"武帝"；至少可以肯定，汉武帝批准"独尊儒术"，只不过是要臣下们庶民们遵守，以求变得对君主更加忠诚和驯从而已，至于他本人却还是为所欲为，并没有想也去受"独尊儒术"的约束。自此而后的

---

① 早在道光年间，龚自珍就在所作诗里直言中国文化非儒家独霸之史。诗曰："兰台序九流，儒家但居一。诸师自有真，未肯附儒术。后代儒益尊，儒者颜益厚。洋洋朝野间，流亦不止九。不知古九流，存亡今孰多？或言儒先亡，此语又如何？"诗见龚氏于道光十五年所作《古体诗十五首之十》。词语实在犀利，连现存的"儒"究竟是不是原来的"九流之一"的"儒"，他也表示怀疑了。

② 朱熹为推崇孔子，曾经说过"天不生仲尼，万古如长夜"（语见《朱子语类》，但也有人说此乃董仲舒语）。后来便有人讥笑说："怪不得三代时人都秉烛日游！"

两千多年，儒学也并未能一统中国文化的天下。20 世纪 20 年代，历史学家柳诒徵在《学衡》上发表文章，反驳《新青年》派对孔子的批评。这篇文章，行文十分奇特。大意是说，彼等对孔子的批评是很浅陋可笑的；而其可笑处，倒不在于对孔子的诋毁，而在于崇信孔子太过。其实中国数千年来孔教根本没有认真实行过，惟赖极少数书呆子才把孔子之道不绝如缕地勉强延续下来。得志于社会、掌权于国家的人，至多不过是拿孔教当块金字招牌，欺人耳目罢了。他的结论是，中国的病根，不在于奉行孔子之教，而是在于根本未能奉行孔子之教。① 这结论固然很难令人赞同，可是所说历来的当权者并未真正实行过孔子之道，确是实情。试想，两千多年间，高居九五之尊的君主们，崇道者多有，佞佛者也多有，惟独真心实意地崇信儒学的那可是凤毛麟角，千百帝王里也难挑出一个来。正像有人说的，历代君王们相信并奉行的是"权谋文化"，而不是儒家的"以德治国"。至于世代相传的文化事业中，儒学显然也未能独霸。就拿文学来说，试想从楚辞、汉赋、唐诗、宋词、元曲，到明清小说，究竟有多少是纯粹按照"文以载道"的精神传布儒家之道的？《西游》、《水浒》，固不必说。一部《红楼梦》，精神寄托的最高象征，还不是茫茫大士和渺渺真人吗？正像不能仅仅用易、仅仅用禅、仅仅用老庄、仅仅用五行八卦、仅仅用太极阴阳来诠释中华文化的内容与精魂一样，也不能仅仅用孔孟、仅仅用程朱来诠释中华文化的内容与精魂。

近百年来，西方近代文化大规模输入，更造成了中华文化多元的新特色。如今西方文化的相当多的内容，已经融入中华文化当中，而且人们也没有可能再把它从今天的中华文化中剔除出去。还是那位批评新文化运动不遗余力的吴宓说得不错，在现代中国，对待中西文化的正确态度，理应是在两者间撷精取粹，融会贯通，熔铸一炉，以图"造成新文化融合东西两大文明之奇功"。② 这就是说，时至今日，再来谈中华文化，就必得有勇气承认它已经吸取了并包纳了众多西方的（以及东方的）外来文化的内容。20 世纪 30 年代，王新命等十教授发表《中国本位的文化建设宣言》，

① 《论中国近世之病源》，《学衡》1922 年第 3 期。
② 《论新文化运动》，《学衡》1922 年第 4 期。

在反对"全盘西化"的名义下，提倡建立排除外来文化的土生土长的中国本位的文化。[①] 在文化问题上，提出这种建设绝对排他的"纯之又纯"的中国本位文化的主张，当然是既不能说清楚中国文化的历史实情，也无法应对中国文化发展的现实需求。

中华文化具有丰富的、并且与日俱增的多样性，并没有妨碍中华文化作为中国文化的主体性和一体性。在中国，为什么那么多的学派教派，居然没有构成水火不容的敌对之势？（其间矛盾、争辩、乃至发生尖锐冲突的事，在历史上当然是屡有发生的，但大趋势却是以和解告终）。为什么那么多的势头强劲的外来文化，居然没有造成中国固有文化的衰败，没有把中华文化同化或奴化？究其原因，当然是由于中华文化自身具有深厚的底蕴，文明创建的源远流长，传承过程中又有累代的发扬和创新，所以中华文化才具有着宽厚的包容度和出众的亲和力。正因此，认清中华文化多元一体的性质，才能对中华文化的价值做出全面的估量，从而方可避免陷于用狭隘民族主义的眼光对中华文化进行以管窥豹式观测的偏见。

如何估量中国传统文化的作用与价值

长远的历史演进和多元的复合构成，使得中华传统文化在历史上和现实中究竟发挥着什么样的作用，具有怎样的价值，成了一个很难用几句话就能回答得上来的问题。

勉强地笼统解答，只好说它是世世代代的中国人赖以生存处世、安身立命的文化依据。

"社会存在决定社会意识"，这一概括是不够精确的。"社会存在"固然对"社会意识"影响至大，但是"社会意识"又受着"社会意识"自身传统的巨大影响。传统文化在人世间特具的意义，于此已彰显得十分清楚。

能不能对于传统文化的功能作出比较具体的归纳呢？众多学人做过尝试，其间不乏有价值的见解。例如张岱年先生有"文化五要素"说，所举

---

① 《中国本位的文化建设宣言》，《文化建设》1935 年第 1 期。

五要素为："正德、利用、厚生、致知、立制。"① 前"三事"，张先生是援引自《左传》，并且说明这"三事"在春秋时是受到各国比较普遍的重视的；"致知"与"立制"，是张先生所作的补充。他认为，概括为这样的五要素，对于文化的结构可以解析得比较完满了。他还进一步分析了中国古代文化之重"立德"和古希腊文化之重"致知"的不同特色。从立意和用词上看，"文化五要素"说，实际上着重讲的就是文化具备的五种基本功能。此说确是较为全面，可是似乎也还有不足之处，例如这里没有包括"审美"的这一要素、这一功能；而"审美"一事，在人类文化中的重要地位与作用，无论如何也不能忽略，这是尽人皆知的事。

放宽来说，在人类全部社会生活中，文化无处不在，无时不在，时时处处、方方面面都发挥着它的作用。如果抛开物质文明不谈，仅就精神文明而言，似乎把文化的功能，按照我们祖传的常规，概括为"真、善、美"三端，倒不失为一种方案。在精神领域里，就知识、伦理、美感问题，帮助人们辨真伪、别善恶、识美丑，大约可以算得上文化于人生在世最普遍也最珍贵的价值了。

中国的传统文化，当然也具备体现"真、善、美"要素的致知、立德、审美的品性和功能。不过，中国传统文化有着自己独具的特色，即使在对于"真、善、美"这种文化的普遍品格的阐释和讲求上，中华文化与其他文化系统相比，也显得与众不同。中国传统文化的特色，学术界多数人公认的是，它突出强调了道德的功能；而且应当特别指出的是，中国的道德观是非宗教的道德观。这样的特色，在世界文明史上，不说是独一无二的，也是极其罕见的。

世界上其他文明体系，当然不是不重视道德的，只不过其道德观往往附属于宗教的或实利的主旨下，像中国这样长期将人伦道德尊崇到精神境界中至高无上地位者，则未多见。中国传统文化之尚德，是有史以来的文化传承形成的，不过不能否认的是，其间儒学的倡导居功至伟。

作为中国古代最杰出的教育家，孔子的道德观，主要是通过"兴学育人"的角度做出阐发的。试读一部《论语》，给人最为强烈的第一印象，

---

① 《文化通诠》，《张岱年全集》第 1 卷，河北人民出版社 1996 年版。

无疑是孔子的重"学"。开篇就是："学而时习之，不亦说乎！"，接下去，便有连篇累牍的论"学"的名言："学而不思则罔，思而不学则殆"，"敏而好学，不耻下问"，"学而不厌，诲人不倦"，"见贤思齐"，"好古敏求"，"每事问"，"三人行必有我师"等，不一而足。

那么，需要进一步探讨的则是，儒家所极其重视和详加论述的"学"，所要学的主要内容究竟是什么？不难发现，主旨恰在"立德"。还拿《论语》为例，虽然也有不少学诗、学文、学语言、学知识的话，但是所提倡学习的中心内容首在做人的道理和准则，亦即处人处世必须遵循的道德规范。孝弟、忠恕、信义、仁爱等，一一都详加论列，并针对不同的对象从不同的角度做出阐释。这些如何自处如何处人的规范的总称，便是"德"；体现它的至高无上的真理性的范畴，便是"道"；而道德的精魂，便是"仁"；把道德制度化守则化，使之具有约束人的行为的强制性制度，便是"礼"；配合"礼"的施行，熏陶和感化人的尚德精神的优美声律，便是"乐"。现今能够见到的儒家文献中，其道德观固然均是片段的语录，而没有系统的长篇论著，但是略加梳理，便不难看出儒家的道德论确实是前无古人的文化贡献。姑不论其中论点的优劣长短，能够制定出并尽力阐释了这样一套处理人际关系的伦理原则，便是对后世留下了一份弥足珍贵的文化遗产。值得注意的是，儒家所倡导的以"仁"为主导精神的道德论，所论并不仅是局限于如何"律己"的个人修养之事，而是把道德的作用泛化为处理世间一切事务的最高准则。修、齐、治、平之事，一概道德化了；宗法家族关系，一概道德化了；政治体制及其等级序列，一概道德化了（梁启超说儒家的政治是"道德政治"，是不错的）。甚至有关文学艺术，也都拿道德的眼光加以审视。"乐"是要崇"韶乐"、"远郑声"；《诗三百》，是一言蔽之曰："思无邪。"这样把道德的意义抬高到统领一切人事的地位上，当然是过分。但是在两千多年前战火纷飞、列强争霸的时代，儒家提出这样的道德观，显然是在谋求建立一种稳定的和谐的社会秩序——当然和他们"爱有差等"的"仁"的道德观相对应，他们那时心目中的社会秩序，只能是以君主制度为核心的严守尊卑上下界限的等级秩序。不待言，在春秋战国诸侯逐鹿中原的年代，儒家的这套建立世间秩序的主张，还只能是理想主义的议论，不具备实施的可能。各国当政者充其量也只是敬而远之地听听而已，并不肯采纳。至于后世的历代君王谋求长治久安，需要建立约束社会成员行为的规范之际，"导之以德、约之以礼"的礼教，自然就成为统治者向臣民拼命灌输的做人处世的训条。况且儒家的道德中，还的确包括着许多人们在任何时代都理当遵守的普遍道德守则；其中既包括许多如何律己的私德，也包括许多如何利人的公德。儒家的道德观，在中国传统文化中占据着极为重要的地位，这是毋庸置疑的。当然，也无可避讳的是，以维护宗法社会尊卑上下的统治秩序为最高宗旨的儒家道德观，以及据此编制的全部礼教，都是排斥人权平等观念的；所极力推崇的道德信条，自然是渗透着充满着绝对驯服于长上的奴性观念。某些后世儒家信徒，用添字解经的手法，强作解人，硬想把古代儒学经典中确立的某些鄙陋的道德训条和礼教规矩，一律粉饰成圆满无疵的可以永远垂范后世的至理名言，实在是心劳日拙之举。公平地说，儒家的道德观，其价值是具有双重性的，既包含着如何做一个"智、仁、勇"兼备的具有高尚道德教养的人的重要提示，又包含着惟长上是从的愚民的奴化训条。而后者，经过程朱理学"存天理、灭人欲"式的极度渲染，确实变成了扼杀人的合理本性的枷锁。"五四"时反礼教运动的兴起，本质上的合理性，也正由于此。那时的"伦理革命"的欠缺是，既然把注意力都放到解除旧礼教给人们造成的因袭重担上，所以对于传统道德中的合理成分和普世有效成分，的确未能作出应有的肯定品评。虽有个别新文化运动的倡导者留心到此事（如陈独秀），但也只是捎带着说说而已，没有作出系统的论述。

中华传统文化中，关于道德观的贡献，自非儒学一家之功，其他各种学派教派以不同形式和不同理由论德性、别善恶的学说与教义，也是很多的。佛教与道教的善恶观，在民间影响尤大。虽然其间包含着我们难以苟同的有神论的报应观念和轮回观念，但是也应该承认其中确实含有"劝人向善"的有益精神。

"立德"，无疑是中华传统文化的重要价值。当然不好夸大其作用。"半部论语治天下"的事，从前根本没有出现过，如今更加不能靠着儒学伦理学来治理现代国家。"儒教立国论"，只不过是痴人说梦，不值得理会。如今值得学术界文化界关注的是：第一，不要把道德观在中华传统文化中的地位或比重过分夸大，把它说成中华文化的精魂所系的或惟一的内容。第二，不要把中华传统文化道德观中的某一内容或某种特色，加以片面的夸张的解释，并将其充当中华传统文化的独具的特性。

中华传统文化的价值，自然不能仅仅归结为建立道德观一事。中华精神文明遗产中，与讲求"善"的珍贵内容同时并存着求"真"求"美"的珍贵内容。何况我们还有大量不能划归的精神文明范围的物质文明遗产。先秦诸子，除儒家而外，其他各家几乎均不仅以提倡道德修养为标榜。那时候，哲学的玄理、美感的鉴赏、成就霸业的统治法术的讲求、军事战略战术的研讨、对农商诸业的关怀、对自然奥秘的探索，以及对人与自然关系的揣摩等，以各显其能的方式纷呈于世，绝不可将这些成就都装到伦理纲常的筐子里去。即使仅以儒家为例，那也应该看到，儒家学说里也还包含着"立德"之外的"致知"、"审美"等方面的内容。孔子不是也一再主张人们应该学礼、学诗、学易、学文，甚至提倡"游于艺"吗？学"礼"，当然与"立德"紧密联系在一起，但也不排斥包含着学知识的成分。至于其他诸项，则更不好简单地看成只是达到"立德"目的的途径。这都有孔子本人的解说为证。学《诗》，不是说为着懂得修辞、能"雅言"，会说话吗？（"不学诗无以言。"）不是说学诗是为着从政能够通达、承担外交使命能够独当一面吗？（"诵诗三百，授之以政，不达；使于四方，不能专对。虽多奚以为！"）不是甚至还说，学诗可以"多识草木鸟兽之名"吗？为什么要学"易"呢，孔子自己有答案："加我数年，五十以学易，可以无大过矣。"（《论语·述而》）可以避免"大过"，亦即可以掌握可靠的真知，这当然就不是仅限于道德范围内的话题了。由此可见，儒家的文化观中，也不是干巴巴地只讲道德修养；"致知"、"审美"一类的事项，他们还算是重视的。于是乃有"一事不知，儒者之耻"这样高标准的自我追求。不过，以道德论为核心的儒家文化观确有缺陷，其最大的弱点就在于忽视物质文明的价值，甚至将生产劳动轻视为君子不屑为的"贱事"、"鄙事"。儒家的学说中没有明确的发展经济，提高生产，增加社会财富的主张；顶多也不过想到应该让小民维持温饱。儒家的义利观，用之于培养人们的心性品德、砥砺人们的道德操守，其作用是不可低估的。可是，如果将其用之于"为政"或"为民"，却就不免偏执一端了。至于在现代社会中，如果还将义与利绝对对立起来的"天理人欲"观奉作行为准则，那就不仅无助于建立高尚的道德情操，而且对于正常的经济生活和社会秩序只会徒增干扰，麻痹公民维护自身权益的自觉，消解人们对于社会不公正行为的抗争。由此可见，不对传统的道德观进行批判性的分析和选择，笼统地一概奉做亘古不变、放之万世而皆准的真言，绝非对于传统文化所具价值的恰当估量。

尤其值得重视的是，近一个多世纪以来，在中西文化的交流与碰撞的过程中，不断出现从"人生态度"的差异来判别中西文化不同性质的主张。所谓人生态度，大意无非是说，人生于世，在某种文化环境的熏陶中，尤其是在某种道德信念和理想目标的培育下，养成的特有的精神状态和行为方式。这里包括了个人如何自处、如何处理人际关系，乃至如何处理人与自然的关系，总之是人生所遇的各种问题的基本态度。大约从严复起，一百多年来，中国文化论坛上，便不断有人出来按照人生态度、价值观念、性格情趣、心理特征等各方面，罗列出一大堆"中西文化之异"，用作论证如何对待中西文化的佐证。稀奇的是，不论提倡引进西方文化的人，还是提倡固守中国传统的人，双方都有人采取从"人生态度"不同上取证的这种论证方式；只不过一方是说，从人生态度上，正可以看出西方文化之进步，中国文化之落后（如陈独秀）；另一方则是说，从人生态度上，正可以看出中国文化之高明，西方文化之野蛮（如杜亚泉）。到了第一次世界大战时，资本主义世界破绽百出，"东方文化救世论"一度大为行时。20世纪20年代初，梁漱溟先生的早年成名之作《东西文化及其哲学》问世，引发了一阵"中华文化复兴"热。梁漱溟对中西文化特征的概括，也是从人生态度着眼，把文化直接定义为"人类生活的样法"。并且解释说，生活不过就是"没尽的意欲"。他认定，西方文化与中国文化的本质差别乃在于："西方文化是以意欲向前，为其根本精神的"，"中国文化是以意欲自为调和持中，为其根本精神的"。[1] 梁氏的这种文化定义，应当说算得上以"人生态度"判定文化性质的诸种论说中最具哲理味道的概括。此后凡持"中华文化救国论"或"中华文化救世论"者，立论的

---

① 《东西文化及其哲学》，《梁漱溟全集》第1卷，山东人民出版社1989年版。

要义，基本上没有出此路数。近二三十年来，振兴国学论者最为强调的中国传统文化的精粹，前些年的热门是讲"天人合一"，近几年的热门是讲"和"的人生哲学，主旨仍然是在强调中国人历来遵循着正确的"人生态度"。这种议论中包含的爱国之情、理想之境，固无可厚非，但是，对于所讲述的中国文化之精义，未免多有断以己意的夸饰；用以代表灿烂丰富的中华传统文化的全部精华，更形挂一漏万，牵强而难以服人。

懂得人与自然需要和谐相处，懂得保护生态环境的重要，这些认知都是现代科学发达的产物，都是现代科学促成的对人与自然关系认识的新觉醒。古代缺乏科学洞察力的人，至多只能认识到在一小片水域"竭泽而渔"会造成鱼种断绝，哪里会认识到人类对大自然的索取会酿成多么严重的后果。古代中国学人心目中的"天"，基本上是看做对人具有不可抗拒的主宰能力的神秘力量，只是在与"人为"对称时才偶取其"自然天成"之义。因此，所论述的"天人关系"中，人对"天命"只有畏惧与驯从，根本谈不上已经具有人与自然和谐相处的理念。更不必说董仲舒"天人一"论里所宣扬的那种荒诞的"天人感应"之类。所以，固然可以说关注"天人关系"，算得上是中国传统文化的一大特色，但它绝非现代科学意义上的人与自然和谐主张的先知。

20世纪80年代起，哲学界的朋友们开始提倡"和"的哲学，并且说这就是中国传统的精华。当时我的感触是，"斗争哲学"肆虐之后，提倡"和"的哲学，实在是大好事。平民百姓们，谁不想人间世变得友善、协调、平安、祥和？与人相处要和平，自我品性要平和，这的确是我们的传统中历来倡导的文化素养。可是，当我们充分评估崇尚"和平"的传统理念时，不能不同时对这一理念置于现实的社会环境中，予以冷静的解析。第一，我们不得不清醒地看到，我们所处的现实人间，还远没有成为一个理想中的完全和平的"大同世界"。人们不得不时时想到："我爱和平，可是别人要来破坏我所爱的和平该怎么办？"第二，不要误以为热爱和平只是中华文化的独家秘方，不要误以为世上其他文明体系就不如我们热爱和平，更不能误认为人家的文化精神是不爱和平。不要忘记，和平鸽口含橄榄枝的形象，并不是创自中国人之手。遗憾的是，我们有些提倡"和"的传统的学者发表议论时，常常陷入忘掉这些常识的冲动中。例如一位哲学家在某大学的国学讲学中，竟然就中西文化价值观的不同，大讲了一通"五和"对"三斗"的妙论。其大意是说，"'和'是五千年中华文明最核心的价值观，中国传统意义上的'和'包含人与自然之间的大和谐、国家与国家之间的和平共处、国内社会阶层之间与家庭内部的和睦，以及个人心态的平和等五重要义。它与西方文明中的'三争'（人与人之间竞争、社会阶层或组织之间斗争、国家民族之间战争）是根本不同的"①。"五和"之说，并无新意，无非是在修、齐、治、平之上，添了一条"天人合一"。而且这番议论，不过是 20 世纪"五四"前后杜亚泉、梁漱溟式的东西文化优劣论的简单翻版。当年杜亚泉为着反对新文化运动，就曾经强词夺理地发表议论说：西洋重人为，反自然；中国循天理，顺自然。西洋重胜利而蔑道德；中国蔑胜利而重道德——以道德消灭竞争，与世无争，与人无争。西洋以战争为常态，以和平为变态；中国以和平为常态，以战争为变态。② 如果说，当年杜亚泉发表那样的议论时，正值欧洲处于大战的特殊环境中，由而激发出带有偏激情绪的感慨，还情有可原的话，那么在现今的时代条件下，还要重复这种既违背中国和西方双方的历史真实，又歪曲中国文化和西方文化双方的价值观实质的言论，实在令人无从理解其对于世界的和平共处，对于世界不同文化间的和平相处，究竟会起怎样的作用。人们不要忘记，六十多年前的大战，一个主战场固然是在欧洲，可另一个主战场却恰恰就在"儒学文化圈"的东亚。那时候热爱和平的深受儒学熏陶的中国人，面对凶残的侵略者，还不是只有武装抗战的一条路可以走吗？

话说回来，我们大力弘扬中国传统文化中的和平与和谐的理念，是完全正确的。在世界范围内，建立和平和谐的人际关系和社会秩序，永远是中华儿女心向往之的崇高目标。只是，第一不要忘记现今世上还有反对和平的势力，第二不要以为别的国家别的民族的文化就不重视和平的价值。把"和"说成中华传统文化独一无二的精神，未免言过其实。

从以上的论述中，理应引起我们重视的一个重大问题，这就是当着我

---

① 参见 2005 年 11 月 23 日《中华读书报》第 1 版。
② 《静的文明与动的文明》，《东方杂志》第 13 卷第 10 号（1916 年 10 月）。

们提倡弘扬中华传统文化之时，既要保持充分的民族自尊心和民族自信心，同时又切切不可沾染狭隘的排他的民族偏见，不能以为我们之所长必定就是别家之所短或所无。世界上不同文化体系间之所以能够和平相处，之所以能够相互交流，就是由于彼此间本来就有着许多相同的或相近的文化观念，也有着可以相互学习的相通的文化观念。"文明冲突论"之不能成立，不能成为现今世界发生冲突的必然定律，根据即在于此。"全球化"的口号，仅就对于文化的发展趋势而言，充其量也不过只是表明世界范围内文化交流的规模将会加大，速度将会加快，而绝非意味着全世界文化就会完全溶解成一个无差别的单一的文化，变成一个模样。有些人总是以为不同文化间交流的加深，必定会引起民族文化特色的衰退，必定会使得人类文化多样性消失。这样的危险倾向，不能说就不存在，但是一则人们可以自觉地主动地予以防止和抵制，二则还应当认识到恰恰正是不同文化间交流的日益扩展，极大地启发和促进了各派文化内在的创造活力。文化交流的效益，不仅在于使得世界各派文化间日益趋同，而且也激发着各派文化的创新能量。既然作为文化主体的人，拥有无限的创造能力，那么在文化交流使得"你中有我，我中有你"的全球文化大格局中，人类文化的多样性多元性将肯定不会日益衰减，相反地会是越来越新创迭出，越来越灿烂多姿。正因此，对于人类文明的前景，有理由抱乐观的态度；不管前边的路途上还会有多少曲折和险阻，也无须陷入"文明灭绝"的悲观估计中。

中华传统文化的价值究竟是什么？这是一个三言两语难以回答得清楚的天大问题。对于一个民族而言，传统文化能否得到积极的继承和发扬，关系到民族现状与前途的盛衰兴亡。假如中华传统文化完全被遗弃被淡忘，中华民族当然也就不再称其为中华民族。对于中华民族的每个后继者个人而言，传统文化的价值无疑同样是多方面的、全方位的。传统文化是门大学问，它对于人的知识、品德、性情、才能的影响发挥着巨大作用；懂不懂得自觉地向传统文化学习，那效果可是天差地别。说到底，对于每一个中国人而言，学习传统文化，是提高人的文化素质的重要途径。而文化素质的高下，对于人一生事业的大小成败，自然有着决定性的影响。一个国家或一个民族，它拥有的公民文化素质的高下，对于国家民族的兴衰，自然更是具有决定性的意义。

面对中华民族的文化遗产这个瑰丽宏伟的宝库，最重要的不是说些大而无当的空话，而是要唤醒人们向它学习的自觉和诚意，而且首先要弄明白传统文化这门"学问"的重要，弄明白学它的好处、不学的危害。还是引用孔子在《论语》中说过、但不大为人怎么注意的一段话，来结束本文议论的话题吧。这话就是他对子路讲的"六言六蔽"。

"好仁不好学，其蔽也愚。好知不好学，其蔽也荡。好信不好学，其蔽也贼。好直不好学，其蔽也绞。好勇不好学，其蔽也乱。好刚不好学，其蔽也狂。"（《阳货》）

这段话文字简约，今译较难，但立意是清楚的，就是强调"学问"对于各种各样品性的人的健康成长，都具有无比重要的意义。现今将其移来表达我们对于传统文化应当认真学习的认识，恐怕是有益的。

（本文原系 2006 年 3 月为"二十一世纪中华文化论坛"提供的论文，发表于《炎黄文化研究》2007 年第 5 辑）

晚　清　篇

《校邠庐抗议》与中国文化近代化

太平军起义，成为 19 世纪 50 年代中国政治生活中的头等大事。农民起义势力在南方的迅猛推进，构成了对清王朝的致命威胁。政治上和军事上的这场生死存亡的大搏斗，不能不给中国的文化领域也造成猛烈的震荡。但是，冷静观察这个时期中国文化论坛，当可发现，这场悲壮的农民大起义，除了在政治上对后世反对清王朝的民族革命有着重大的启动作用之外，在文化上并没有给中国带来重大改观，没有能够开拓出一个中国文化的新生之局。

太平天国走了旧式农民起义的道路，自身逐步封建化。封建宗法的等级制度成为其统治的基石。起初反对孔孟之道、反对传统旧礼俗的叛逆精神，一步步消退殆尽。充满均平理想的《天朝田亩制度》，虽经若干实验，而终归失败。洪仁玕提倡仿行资本主义制度的《资政新篇》，全无付诸实行的机会，落得只成为留给后人评说的一纸空文。洪仁玕由于有着旅居香港，和外国人交往颇多的经历，所以在《资政新篇》中对于资本主义国家的介绍之精确，见地之高明，在 19 世纪的中国是难能可贵的。无怪乎天京失陷后，曾国藩的重要谋士赵烈文读了《资政新篇》后，也不禁说："贼中不为无人。"（《太平天国史料简集》三，第 162 页）洪仁玕在《资政新篇》中介绍了欧美十几个重要的资本主义国家的概况，称赞了这些国家的富强和文明。他不仅把资本主义国家中先进的科学技术成就评价为"永古可行"的"堂堂正正之技"，而且赞赏在物质文明发达的前提下造成的社会福利设施的周全、教育的发达和社会风俗人情的进步。他还着重介绍了资本主义国家法治建国的成就，称赞其"上下情通"的治绩、新闻言论的监督作用。他主张摒弃"天朝""四夷"之类的旧观念，与西方国家友好相处。他明确提出，中国应从这些先进国家的成功经验中，学习

"纲常大典，教养大法"，在中国先创立大体，然后"扩充其制，精巧其技，因时制宜，度势行法"，以建立"永远不替"的"太平一统江山"。《资政新篇》可以说得上是中国史上第一部资本主义的建国纲领。当然它有着明显的弱点，洪仁玕没有认识到资本主义内在的矛盾，更没有认识到资本主义列强侵略盘剥落后国家的事实，不懂得中国已在列强欺凌下所处的危亡局势。这也是《资政新篇》难以在中国付诸实行的一个原因。①

　　起初，太平军起事，以摧枯拉朽之势，挺进华南，把清王朝打得措手不及。张皇间，清朝当局也曾竭力寻找一些思想武器来正视听、拢人心、造舆论，他们首先想到的是搬出官方一向推崇的程朱理学。1851 年，咸丰帝登基后，在忙着调兵遣将的同时，赶忙下了一道"上谕"，强调"崇正学以黜邪教"的必要，命令各地以《御纂性理精义》、《圣谕广训》为"课读讲习之要"，"导民正轨"，以期"礼义廉耻油然自生，斯邪教不禁而自化"。② 师承当世理学大师唐鉴、倭仁的曾国藩，在投身镇压太平军的血腥战争时，也是以心性理学为信条，制造舆论，激励士气。这种依赖程朱理学的办法，除了在理学信徒的小圈子内起过一些自我打气的作用外，实用价值已经是微乎其微了。这正像郭嵩焘在后来的一封信中回顾洋务初期大臣们以理学反洋务时所发的议论："宋明之季之议论，在当时已为不揣情势，施之今日尤为不伦，诚当引以为鉴戒，不当反据以相崇奖，误国贻羞而不知悟也。"③ 时值 19 世纪 50 年代，面对内外交困的严峻危局，统治集团中部分比较清醒的人士，也开始明白他们的处境已经十分险恶，不得不考虑采用什么措施，才可以取得既能"剿平内患"又能"防御外侮"的双重实效。他们在和太平军的作战中，逐渐把眼光转向外国的船炮，捡起了林则徐、魏源当年提倡的"师夷长技"的路数，并且一步步形成以

---

　　① 留学归来的容闳，向洪仁玕建言实行包括资本主义文化教育制度在内的七事，亦均如入海泥牛。太平天国虽然留下了许多弥足珍贵的近代思想史的文献资料，但是在中国文化近代化的实际进程中，它并没有做出什么切实可观的建树。在战场上英勇无畏的农民，却不能成为文化新军，不能负荷起中国文化近代化的历史使命。受具体的历史条件和社会环境的制约，中国文化近代化的历史使命，仍然只能靠着统治阶级旧文化营垒中分化出来的开明人士步履艰难地勉力承担起来。

　　② 下这道上谕时，尚未改元，为道光三十年十二月十二日（1851 年 1 月 13 日）。

　　③ 《复姚彦嘉》，《养知书屋遗集》卷一一。见《洋务运动》（一），上海人民出版社 1959 年版，第 312 页。

"自强"为标榜的洋务运动。一个以制造近代军事装备为开端，进而以建立近代工业、学习西方近代科学技术、教育文化为内容的活动，终于在中国大地上蹒跚地迈出了第一步。如果说林则徐、魏源"师夷长技"说的提出标志着中国开始了引进西方文化的号召期，那么，可以说洋务运动的兴起标志着中国进入了引进西方近代文化的实践期。中西文化交流的新时期开始了，文化观念激烈冲突与急剧变化的一个新阶段开始了。

《校邠庐抗议》论国家危机与自强之道

咸丰十年十二月（1861 年 1 月），清朝当局在北京正式设立总理各国事务衙门，洋务运动以合法身份正式开场。清朝当局设立总理各国事务衙门，只不过是清朝当局屈服外国侵略者强权的权宜之举，自然算不上是什么革新措施。在英法联军的胁迫下，清朝政府极端屈辱地以出卖国家主权为条件签订"和约"之后，决定采取"善后措施"，保证不平等条约的兑现，借以换得外国侵略者对这个腐败透顶的小朝廷的承认和支持，所以才正式成立了这么一个总理衙门。这个衙门最早的正式名称是叫做"总理各国通商事务衙门"，标明"通商事务"就是规定其主要职能只在处理"通商善后"事宜。① 十分明显，清朝最高统治集团决策兴办洋务之初衷，只有"款夷"之心，而毫无"制夷"之意；只有如何同侵略者打好交道，满足其侵华的权利要求，以换得保全小朝廷的安排，而没有任何防御和抵抗外国侵略的设想与筹划。

奕訢、桂良、文祥当时上奏的"统计全局"的六条章程，无一项含有防止外国侵略的内容。事实表明，清朝中央统治集团里分化出来的洋务派，他们办洋务，宗旨仅在于筹措如何才能更"妥当"地"媚外"，根本没有考虑如何才能更有力地"御侮"。正因此，《统计全局折》中，一点也没有学习西方"长技"以谋中国自强的意思。他们建议设立学习外国语

---

① 咸丰十年十二月二十六日，"总理"们觉察"通商"二字限制了总理衙门的权限，经奕訢奏请，才把"通商"二字删去。见《筹办夷务始末（咸丰朝）》卷七二，中华书局 1979 年版，第 2710 页。

言文字的学馆，用意也不在培养掌握外国科学技术的人才，而只是为了培养一些帮他们办理"与外国交涉事件"的翻译。

和奕訢等"统计全局"的洋务纲领中只字不提向外国学习的状况不同，曾国藩在咸丰十年十一月（1860 年 12 月）议复"俄法助战"之议的奏折中，顺便提出了"将来师事夷智以造炮制船，尤可期永远之利"的主张。① 这大约可以看作洋务运动开始时推重林魏"师夷长技"说，并准备付诸实行的信号。曾国藩的建议得到了奕訢的认可，不过奕訢主张把造船炮的目的加以限定，说是"用以剿贼，势属可行"，② 把"制夷"之意仍旧摒除在外。不管目的如何，"师夷"之说的重新提出，才是本义上的洋务运动的正式开端。要在中国造炮制船，就得按照西方资本主义的办法办工厂，就得学习西方的技术和科学。中国经济的近代化和文化的近代化，以此为开端，实际地推上了中国的历史进程。一股以重新认识和处理中西文化关系为特色的新的文化思潮，也从此兴起。这股文化思潮的最早代表作，是冯桂芬的《校邠庐抗议》一书。③

《校邠庐抗议》初稿收入议论文四十篇，据冯桂芬自述，这是他在咸丰十年避难上海后所撰。稿成后，作者即抄送曾国藩乞序，也请友人审正。咸丰十一年冬（1861 年），冯桂芬又增添"旧作"七篇，辑结成书，并撰写了《自序》，不过未能付印。从内容看，后增七篇中实际上也有序稿写成后的"新作"，如《上海设同文馆议》即为同治元年（1862 年）夏，清朝政府决定设立"京师同文馆"之后所写。④ 大致可以判定，《抗议》初稿四十篇是在洋务运动正式展开之前的著作。虽然直到冯桂芬去世（1874 年）后多年，于 1885 年《校邠庐抗议》才正式刊印，⑤ 但书稿对于

---

① 见《筹办夷务始末（咸丰朝）》卷七一，第 2669 页。

② 同上书卷七二，第 2696 页。

③ 《校邠庐抗议》之所以定名为《抗议》，冯桂芬在自序中有说明，即"位卑而言高"之意。见《校邠庐抗议·自序》，光绪戊戌本。

④ 《校邠庐抗议·上海设同文馆议》，以下凡引自该书之引文只注篇名。

⑤ 冯桂芬去世后，其子编选他的遗著成《显志堂稿》十卷，光绪二年刊。《显志堂稿》仅收入《校邠庐抗议》四十篇中的十五篇，删去未收的恰为冯桂芬批评时政、提倡西学的精华部分。这除了表明其子识见的低下之外，大约也是受了当时舆论的压力。这一类言论的牵制，可能是冯桂芬在世时把书稿长期"私匿不出"的原因，也是他身后儿子们不敢把《抗议》全书刊行的原因。

曾国藩、李鸿章等的影响不可低估。冯桂芬受知于曾国藩，曾多次召冯入幕未成，但《抗议》书稿颇受曾重视。其议论对于曾国藩为首的一批掌握实权的大员迅速倾心于洋务，有着重要影响。[①] 李鸿章于同治元年抵上海后，立即将冯桂芬延揽入幕，引为得力助手，"有大事或遇事变，得所咨度"。[②] 此后李鸿章才逐渐提倡洋务。李鸿章就任江苏巡抚后，许多减漕赋、兴试院、复书院、设会防局、创广方言馆等诸多政事，常委任冯桂芬参与筹划或主持实施。至于李氏早期倡办洋务、变法自强的言论，以及制洋器、改科举的具体主张，更是在在可见《抗议》的痕迹。冯桂芬去世后，李鸿章为其亲撰《墓志铭》，奏请建"专祠"，左宗棠亲自为其写传，都证明了洋务运动的倡导者对冯桂芬的推重。李鸿章在为冯桂芬所写的《墓志铭》中说，冯氏"于学无所不窥，而期于实用"。又说："予至沪，奏辟君自随。君设会防局，调合中外；又设广方言馆，求博通西学之才，储以济变。"可以看出，无论在洋务思想还是在洋务实践上，冯桂芬均为李的重要助手。[③] 应当说，《校邠庐抗议》的主张，在洋务运动兴起时已经不胫而走，并且通过洋务大员广为散播，因此，正如李鸿章所说，冯氏"每一书成，远近学者争快睹焉"。[④] 无论是从著作的时机和它发生的实际作用看，还是从著作的内容看，都应当说，《校邠庐抗议》已具有不同于林魏等先驱者思想的新的时代性质，它不是洋务思想的一般启蒙读物，而是新兴的"学西方，谋自强"的时代精神的论纲。当时郭嵩焘的洋务思想尚未成熟，王韬则在英国人办的墨海书馆中做编译，也未及大发议论，因而《校邠庐抗议》就成为最早问世的洋务思潮的惟一代表作。

---

① 曾国藩致冯桂芬函，对于《校邠庐抗议》四十篇，做了很高的评价。他写道："校邠庐大论四十首，……足以通难解之结，释古今之纷。至其拊心外患，究极世变，则又敷天义士所切齿而不得一当者，一旦昭若发蒙，游刃有地，岂胜快慰。"又说："自大著珍藏敝斋，传钞日广，京师暨长沙均有友人写去副本。"（《复冯官允书》，引自《校邠庐抗议》光绪戊戌本）曾国藩这些话，看来是真心实意的，并不只是场面上的应酬之词。

② 李鸿章：《三品衔詹事府右春坊中允冯君墓志铭》，见《李文忠公遗集》卷三，第1—3页。又见《显志堂稿》。

③ 同上。

④ 同上。

　　洋务运动以"自强"为号召，这不能只看成是洋务派官僚们的自吹自擂、欺世盗名。"自强"口号的提出，表明终于有这么一些人承认了西方列强与中国力量对比强弱悬殊的事实。尽管这种认识，是在极端屈辱的国耻中得到的，是抱着无可奈何的痛切心绪面对无情的现实，但是，这毕竟是对资本主义国家和对自己国家认识上的一大进步。提出中国要自强，无疑就是承认了中国落后于列强的现状。和林魏当年承认在军事技术上西方有所长、中国有所短相比，对中西双方的认识显然上了一个新台阶。"自强"口号的提出，标志着人们开始真正突破以"天朝上国"自居的自欺欺人的观念，开始从世界范围内观察中国所处的地位与前景，在严酷的形势下稍稍清醒起来，初步具有了国家民族已处于危难关头的危机感。更重要的是，既以自强为号召，那就表明不但承认落后，而且不甘于落后，期于奋起直追，以达富强。不从洋务派官僚的品格去评判，而从一种时代思潮的兴起来衡量，以自强相号召的主张之出现，无疑是民族自救观念觉醒的一种表现。

　　作为时代思潮来考察，"自强"一词是什么人最早使用，实属末事。① 值得注意的是较早使用"自强"一词的奕訢等人，起初在使用这个用语时，所寓含义是非常浅薄的。奕訢等在上《统计全局折》之后，又补充奏折，其中《奏请八旗禁军训练枪炮片》中写道："窃臣等酌议大局章程六条，其要在于审敌防边，以弭后患。然治其标而未探其源也。探源之策，在于自强；自强之术，必先练兵。"② 以为加强练兵就是谋自强的首要之术，自然仍旧是不得要领的皮毛之见。真正对于自强主张最早作出充分论说的，是冯桂芬的《校邠庐抗议》。冯桂芬虽然毕生未曾出国门一步，但年

---

　　① 费正清主编之《剑桥中国晚清史》于此有两种不同的说法。一说，"自强一词是1860年英法联军占领北京以后第一次出现的。""北京领导人从与西方列强的妥协中找到了暂时的好处，但他们认识到仍需要一项更积极和更长远的政策。1861年年初，他们把这一政策概括成'自强'一词。"（见中国社会科学出版社译本，上册，第532、533页）另一说，"李鸿章最先使用了'自强'一词"（同上书，第467页）。李鸿章于1862年年末率淮军赴沪前夕分别致函李桓、沈葆桢，都曾说到"求自强之术"（见《李文忠公全书·朋僚函稿》卷一），但只是泛泛而言，时间也较晚。

　　② 《筹办夷务始末（咸丰朝）》卷七二，第2700页。

轻时即受知于林则徐，对林则徐、姚莹的渊博学识和爱国精神崇敬不已，并且仔细研读过魏源的《海国图志》，留心西方资本主义国家的社会状况，注意学习西方的科学技术成就，积累了相当丰富的域外知识。固然他也有听信讹传，发生误认中国是"地球中第一大国"之类的知识性错误，①但是这并没有妨碍他对国际大势作出清醒判断。他以昂扬的爱国激情，抒发着对于国家蒙受外侮的悲愤："有天地开辟以来未有之奇愤，凡有心知血气莫不冲冠发上指者，则今日之广运万里地球中之第一大国而受制于小夷也。"冯桂芬没有停留在情感的悲痛中，而是积极进行着冷静的考察。他对于列强与中国间存在的强弱悬殊之势，不仅敢于正视，而且苦苦探索造成"第一大国受制于小夷"这种局面的原因。"国最大，天时地利物产无不甲于地球"的中华，现今何以"靦然屈于"俄、英、法、米四国之下呢？冯桂芬大胆回答说："则非天时地利物产之不如也，人实不如耳。"这个骇人听闻的"人实不如耳"的结论，是什么意思呢？他先设问："彼人非供首重瞳之奇，我人非僬侥三尺之弱，人奚不如？且中华扶舆灵秀，磅礴而郁积；巢、燧、羲、轩数神圣，前民利用所创始。诸夷晚出，何尝不窃我绪余，人又奚不如？"接着，作出判断道："则非天赋人以不如也，人自不如耳。天赋人以不如，可耻也，可耻而无可为也。人自不如，尤可耻也，然可耻而有可为也。"说到这里，冯桂芬所谓"人实不如耳"的意思，已经讲得非常透彻。所谓"人不如"，不是说人的天然条件不如，而是指的"人自不如"，就是说，人们没有奋发起来励精图治，没有能够尽人事。总之，中国之落后，不是任何的自然的客观的条件不如人，而是人们主观努力不如人。据此，他才充满信心地认定，解决中国落后的办法是有的，这就是知耻而自强。他以正视现实的态度力证要想改变中国的落后状态，舍自强而别无他途。他斩钉截铁地宣布其他态度的错误，写道："夫所谓不如，实不如也。忌嫉之无益，文饰之不能，勉强之无庸，向时中国积习长技俱无所施。"这样老老实实地承认己不如人，和当时仍旧弥漫

① 例如，他写道："我中华幅员八倍于俄、十倍于米、百倍于法、二百倍于英，地之大如是；五洲之内，日用百需无求于他国而自足者，独有一中华，地之善又如是。"见《制洋器议》。

论坛的虚骄自大的风气，构成了鲜明对照。他指出，只有正视这种落后的现实，并探求其所以落后的原因，才是惟一正确的态度："道在实知其不如之所在，彼何以小而强，我何以大而弱，必求所以如之，仍亦存乎人而已矣。"这样，冯桂芬对中国和西方资本主义列强间的强弱长短的认识，就在林魏"技不如人"的基础上，又向前大大推进了一步。他作出了中西现状比较的著名论断："以今论之，约有数端：人无弃才不如夷，地无遗利不如夷，君民不隔不如夷，名实必符不如夷。"接着他也比较中西"军旅之事"，说中国在这方面，"船坚炮利不如夷，有进无退不如夷，而人才健壮未必不如夷"。这种看法，在当时自然是出格的激烈言论了。这几乎是在说，中国之所以要自强，就是因为中国现在已经处处不如人。弱，是全面的，因此局势也就是危险的、急迫的。所以他疾呼道：中国如果不赶快谋求"自立于天下"之策，如果麻木不仁，"有可自强之道，暴弃之而不知自惜；有可雪耻之道，隐忍之而不知所为计"，那么就不只是"独俄、英、法、米之为患"了，而是会导致"我中华且将为天下万国所鱼肉"的结局。于此可见，冯桂芬在《抗议》中对于官制吏治、教育科举、赋税财用、漕运盐政、水利农事，以及户口管理、贫民收养诸内政，无不一一加以尖锐评议，并逐项设计改进措施，其含义已不仅限于继承经世致用派评议时政的传统精神，而是在探讨中西弱强悬殊的现状和原因，并在形成强烈危机意识的前提下，精心拟制的有针对性的自强自救的献策。①

冯桂芬继魏源之后，引证了俄国彼得大帝（《抗议》中译名为"比达王"）学西方兴国家的实例，并且肯定评价了日本明治维新的成功经验，接着就感慨万千地愤然问道："日本蕞尔国耳，尚知发愤为雄，独我大国将纳污含垢以终古哉？"②冯桂芬的这番议论，不但为洋务大员所接受，③而且对于后来康有为在戊戌时期提出"以俄日为法"实行变法的主张，也

---

①　本段所引冯桂芬言论，均出自《制洋器议》。

②　同上。

③　例如，同治五年十二月奕訢等人的奏折中，即引用"日本蕞尔国尔尚知发愤为雄"的例子，论证师法西人的必要。见《筹办夷务始末（同治朝）》卷四六，第46页。

有着直接的启导作用。①

冯桂芬认为，中国自强不仅有先例可援，而且正处于可以实现自强的好时机，机不可失。他说："今者诸夷互市聚于中土，适有此和好无事之间隙，殆天与我以自强之时也；不于此急起乘之，只迓天休命，后悔晚矣！"② 不管他对"和局"的认识有什么偏差，总要承认，他主张抓紧时机，急起直追，反对"迓天休命"，无疑是一种积极进取的远见卓识。况且，他对于未来国际形势也还颇有警惕。例如，他敏感到英国势力之于西藏和天山南路，俄国势力在东起兴安岭西至科布多昆连数千里边境，都是很可虑的事。有鉴于还存有险恶的前景，所以他更认为"自强之道，诚不可须臾缓矣"。他论证说，"不自强而有事，危道也；不自强而无事，幸也，而不能久幸也"。"自强而有事，则我有以待之"，"自强而无事，则我不为祸始"③。只有立即筹谋自强，才能有备无患，乃至消弭祸事于未萌。

《校邠庐抗议》对"师夷长技"说的继承和突破

冯桂芬不仅认为当时恰值中国"自强之时"，而且还认为确实已经找到了"自强之道"。这个"自强之道"，就是林魏提倡的"师长"主张。他结合对国际局势的认识，对魏源的论说作了分析，认为魏源"以夷攻夷、以夷款夷"的策略是不可行的，说那是魏源为"喜自居于纵横家"的旧习所蔽，"欲以战国视诸夷，而不知其情事大不侔也"。他认为，那样做不能自强，相反地会"适足取败"；正确对策，"独'师夷长技以制夷'

---

① 戊戌（1898年）五月，维新高潮中，光绪帝批准孙家鼐重印"最为精良"的《校邠庐抗议》一书的建议（见《戊戌变法》二，第430页），命荣禄在天津立即将该书印刷一千部，颁发各衙门，并敕各衙门"逐条签出，各注明简论说，分别可行不可行，限十日咨送军机处汇核进呈以备采择"（见《校邠庐抗议》光绪戊戌本）。可见，《校邠庐抗议》于戊戌变法确有重要影响。故宫博物院明清档案馆曾于20世纪70年代末查出戊戌时各级官员签注和评论《校邠庐抗议》的复奏件，书五十余部，437册。李侃、龚书铎研究了这批材料，写过《戊戌变法时期对校邠庐抗议的一次评论》一文，见龚书铎《中国近代文化探源》，北京师范大学出版社1988年版，第124—136页。

② 《制洋器议》。

③ 《善御夷议》。

一语得之"。① 总的说来，冯桂芬拥护"师长"说的态度，是鲜明而坚决的。固然他还常常借助"礼失求诸野"的原则作庇护，但是他已经敢于断然主张"法苟不善，虽古先吾斥之；法苟善，虽蛮貊吾师之"。② 他信心十足地认定，实行"师长"的办法，效果必定良好："始则师而法之，继则比而齐之，终则驾而上之。自强之道，实在乎是。"③ 这种"师夷"以自强的自强之道，自然和传统的"尊王攘夷"观念发生冲突。冯桂芬对于来自维护传统的责难，没有畏缩回避，而是正面回答，坚决顶将回去。他回答道："或曰：'管仲攘夷狄，夫子仁之，邾用夷礼，《春秋》贬之。今之所议，毋乃非圣人之道耶？'是不然，夫所谓攘者必实有以攘之，……所谓不用者亦实见其不足用，非迂阔之论也。"④ 这就是说，要防外患，也得凭靠实力，绝非空口大话可以奏效的。更进一步，冯桂芬以历史进化的观念，驳斥了愚蠢排外的保守观念，他写道："夫世变代嬗，质趋文，拙趋巧，其势然也。时宪之历，钟表枪炮之器，皆西法也。居今日而据六历以颁朔，修刻漏以激时，挟弩矢以临戎，曰：'吾不用夷礼也'，可乎？"⑤ 论辩的词锋是犀利的，他嘲笑了在新时代以"不用夷礼"为口实拒绝使用新的科学技术成果，是何等愚不可及！而他引证的这种守旧腔调，恰恰惟妙惟肖地勾勒出了当时以及此后半个世纪中守旧势力顽固反对一切洋务、反对一切西方文明成果的基本腔调。

冯桂芬的议论表明，关于应否"师夷"，确已深入文化观念冲突的层次。一场环绕着应不应该通过办洋务求自强这个中心议题的文化论争开始了；这场争论，从冯桂芬发表议论算起，拖拖拉拉，整整打了三十五年笔墨口舌的持久战。

这是中国近代文化思想史上一个很具特色的阶段。它和鸦片战争前后的文化思潮有着承续关系，但又有了新的时代特点。如果说从论战的保守一方看，因其排拒外来文化的态度一贯而论调变化不大的话，那么持开明

---

① 《制洋器议》。
② 《收贫民议》。
③ 《制洋器议》。
④ 同上。
⑤ 同上。

态度的另一方，对待西方文化的认识，却有着明显的进展。作为洋务思想的始倡者，冯桂芬在《抗议》中所发的议论，鲜明地体现出对林魏"师长"说既继承又发展的文化观念的新进展。关于这一点，只要具体分析一下冯桂芬对于他所挑明并力图解决的文化观念上的矛盾，就可了然。于上引冯氏言论中可见，他对于以"攘夷"为由主张排外的观点的驳斥是很坚决的，"师夷"的态度是很鲜明的，可是他在嘲笑守旧派"不用夷礼"的言论之后，却立即声明道："且用其器，非用其礼也，用之乃所以攘之也。"① 这种表白性的守势的辩解，表明他当时主张学习西方文化，基本上还是局限在"器"的层次，把涉及根本制度的"礼"小心翼翼地排除在外。② 冯桂芬列举人才、地利、君民、名实四个方面"不如夷"，军事上船炮、进退两个方面"不如夷"，按说他理应主张从这六个方面去"师夷之长"，可事实上他却只挑出船炮一项，说这是惟一"有待于夷"，即需要向外国学习的。其余五项，他则一概说，"道在反求"，而"无待于夷"，"惟皇上振刷纲纪，一转移间耳"。③ 这就是说，这些方面"不如夷"，虽然是构成中国之弱的原因，但它是属于最高当局如何决策范围内的事，只要皇上下决心，"一转移间"就可迎刃而解，用不到大家操心。④ 就此而言，冯桂芬大体上还是在遵循林魏"师夷长技"的路数，所议"制洋器"大致就是"师夷长技"的意思；而且他所说的"洋器"中，着重要制的仍然是船炮。——虽然他把"自造、自修、自用"船炮，看得意义特别重大，说是只要办好这件事就奠定了富强的前提，一劳多得，一劳永逸："夫而后内可以荡平区宇，夫而后外可以雄长瀛寰，夫而后可以复本有之强，夫而后可以雪从前之耻，夫而后完然为广运万里地球中第一大国，而正本清源之治、久安长治之规，可以从容议也。"⑤ 冯桂芬的这番议

---

① 《制洋器议》。

② 有时他也说"礼失求诸野"，但那只是一般说说这个失传的古之所长，可以从流传于外国的事物中找回来，并无突出求"礼"之意。

③ 《制洋器议》。

④ 于此，又可看出冯桂芬这种观点对康有为变法观念的影响，康有为正是把变法说成只是要皇上下决心，"一转瞬间"就可以解决的事。

⑤ 《制洋器议》。

论，反映的完全是洋务运动初起阶段只把制作船炮看做洋务惟一大事的见解，从文化观念上衡量，自然仍是"师夷长技"水平。但是对"而后"想得那么远，认定只要"自造自修自用""洋器"，就会给国家引出那样富强太平的光明前景，也未尝不可以说，冯桂芬之《制洋器议》是把"师夷长技"作为向西方学习以求富强的开端，实现自强的第一步。曾国藩正是在冯桂芬著《校邠庐抗议》的时候开始提倡以学造船炮为求自强之道的"下手工夫"，并于 1861 年创立安庆军械所。① 李鸿章到上海后属意兴办洋务，也是以"讲求洋器"开始，从购置逐步发展到设局仿造，从而争得清廷的支持，认可它是有希望的"自强之计"。②

能不能认为，冯桂芬的功绩，仅限于重振"师夷长技"之说并将其推向实施呢？显然不止于此。必须承认，冯桂芬能够发表军事之外还有四个"不如夷"的议论，本身就是眼界已比林魏开阔得多的明证。事实上，就"器艺"而言，冯桂芬也不仅仅看到西方军事技术器械之精良。他不顾立论上的悖反，一方面在说着只有枪炮技术"有待于夷"，另一方面却又大胆倡议学习西方以外的其他"长技"。例如，他十分重视农桑丝茶事业的发展，并且提倡引进和运用西洋的农业机械。他主张，在战后地旷田荒的地方，"宜以西人耕具济之，或用马，或用火轮机，一人可耕百亩"。③ 又说："西人书有火轮机开垦之法，用力少而成功多，……更佐以龙尾车等器，而后荒田无不垦，熟田无不耕，居今日而论补救，殆非此不可矣。"④为了富国富民，他还主张改变中国"地多遗利"的状况，鼓励民众开矿，并以西方开矿成功的先例驳斥了"矿税病民，矿徒扰民，且碍风水"一类反对开矿的不经之谈。⑤ 难能可贵的是，他当时已经明确认识到大机器生产有利于国计民生的重大意义。他强调，中国向西方学习，就是应当专取西学这方面的科技成果。他举例说，"西人见用地动新术，与天行密合，是可资以授时。""百龙搜沙之器"（当是挖泥船），"是可资以行水"。

---

① 可参考朱东安著《曾国藩传》，四川人民出版社 1985 年版，第 315—325 页。
② 可参考苑书义著《李鸿章传》，人民出版社 1991 年版，第 66—70 页。
③ 《筹国用议》。
④ 《垦荒议》。
⑤ 《采西学议》。

"又如农具织具，百工所需，多用机轮，用力少而成功多，是可资以治生。其他凡有益于国计民生者皆是，而奇技淫巧不与焉。"① 显然，冯桂芬对"洋器"价值的认识，事实上已经大大突破了船坚炮利的范围，他不但懂得"洋器"在军事上的效用，而且也了解到"洋器"在整个国计民生中所能发挥的巨大效益。这种认识，就已经是试图从发展生产力的角度来观察、评估和吸取资本主义的文明成果了。

尤其重要的是，冯桂芬从"制洋器"起步，迈上了一个向西方先进文化学习的新阶段，这就是提出了"采西学"。他肯定西学的丰富与先进，并且指出，明末清初翻译的意大利书籍和当时翻译的英国书籍已有数十种，除去宗教书无足道，"此外如算学、重学、视学、光学、化学等，皆得格物至理。舆地书备列百国山川、阨塞、风土、物产，多中人所不及"②。他并且依据"夫学问者，经济所以从出也"的道理，观察到先进的西学正是产生先进的技术和机器的基础。例如他推重算学，说"一切西学皆从算学出。西人十岁外无人不学算，今欲采西学，自不可不学算"③。他主张，设翻译公所培养青年，从西方学术著作中"择其有理者而译之"，借以扩充采用西学之范围："由是而历算之术，而格致之理，而制器尚象之法，兼综条贯，轮船火器之外，正非一端。"冯桂芬列举出西方用"地动心术"研究天文历法，以"海港刷沙"之法疏通海口河道，用机轮于"农具织具，百工所需"，以及"其他凡有益于国计民生者皆是"。④ 由此可见，冯桂芬对"师长"之说作出了重大突破，不仅所说的"器"与"技"已不限于船炮，而且着眼处已从"器""技"层次进到学理层次，即自然科学层次。严格说来，这已经不只是在提倡"师夷长技"，而是在提倡"师夷长学"，或"长技""长学"兼而师之了。

此一进展，标志着中西近代文化交流史上发生了一个阶段性的进展。当年林魏"师夷长技"说，固然已经隐含着中西文化的局部比较，但毕竟没有从总体上正面提出和回答如何处理中西文化的关系问题。冯桂芬既然

① 《筹国用议》。
② 《采西学议》。
③ 同上。
④ 同上。

从主张"制洋器"进而主张"采西学",那就无法回避这个如何对待"西学"与"中学"的关系的大问题。冯桂芬提出了"以中国伦常名教为原本,辅以诸国富强之术"的著名论断,这一论断成为此后洋务运动中处理中西文化的基本模式——"中学为体,西学为用"的蓝本。后世研究者,不论对"中体西用"论持何种褒贬意见,其分析却往往限于就"本末""体用"概念、范畴的含义与表述泛而论之,其实,冯桂芬上述论断的具体用意是需要具体分析的。试看《采西学议》中这一小段原文的全貌:

> 夫学问者,经济所从出也。太史公论治曰:"法后王(本荀子),为其近己而俗变相类,议卑而易行也。"愚以为在今日,又宜曰:鉴诸国。诸国同时并域,独能自致富强,岂非相类而易行之尤大彰明较著者。如以中国之伦常名教为原本,辅以诸国富强之术,不更善之善者哉!

这段话比较完整地表达了冯桂芬当时对中西文化的认识。只要稍加留意,不难发现,这段话最值得重视的惟在以下两点。

第一,是在阐明采用以"富强之术"为内容的西学之理由,而不是在宣扬固守以"伦常名教"为原本的"中学"之必要。冯桂芬的见解,在这里讲得简练而坦率:一是西方诸国富强之术已是成功先例,中国想去贫弱、致富强,理应学习仿效;二是中国与西方诸国"同时并域",其富强之术对中国来说有"相类而易行"的方便。尤其难得的是,他在此处不再以鄙夷的态度对待要师从的西方诸国,不说什么"礼失求诸野",也不说"虽蛮夷吾师之",而是公然引证出"法后王"的主张作为立论的依据。至少可以说,冯桂芬对待西方诸国致富强的先进文明,采取的是平等而尊重的态度。"夷夏之辨",在这里确实不存在了。至于提出"以中国之伦常名教为原本",显然不是在强调这个原本之重要,而是在强调说明,只有"辅之以诸国富强之术"才会取得"更善之善"的效果。由此看来,冯桂芬讲出"本""辅"关系这段话,并不是着意论证中学与西学的关系、地位、比重,而是着意于说明西学之可采、应采、宜采而已。

第二,虽说主要意向不在论证中学西学的关系,但毕竟涉及并且明确

地概括出中学西学结合的一种方案。在冯桂芬的论断中，一则肯定了中国
"伦常名教"和西方的"富强之术"是可以协调，并且可以结合得很好
的；二则肯定了前者为"原本"、后者为"辅"的这种相互配搭的关系、
地位和各自的作用。所以，这一著名论断的问世，是西方文化开始大规模
进入中国，从而使中西文化问题成为不可回避的时代课题的产物。说它是
"中体西用"的雏形，亦不牵强。但是与其说这是一种新的文化观的出现，
毋宁说它是一种为了接受新文化而向强大的传统作出的妥协和退让。讲
"伦常名教为原本"，是为了阐明采用西学之可行与当行。

　　这种重在提倡西学的意向，如果说在《采西学议》中的论述，还叫人
看不太明白的话，那么在《校邠庐抗议》的《自序》里，冯桂芬则把这
一层意思作了一番欲盖弥彰式的表白。《自序》写于咸丰十一年冬十月
（1861 年 11 月，咸丰已去世），当是把《抗议》原稿征询过师友意见后所
作。多半是鉴于"立论稍激"一类意见的劝告，冯桂芬在《自序》中特
意大加宣讲"三代圣人之法"，一口气接连列举十二项"圣人之法"，称
颂倍加，并且主张根据时势的变异而有选择地将其恢复于今世。他说这样
一大套是什么意思呢？当然是在表白他的《抗议》中的议论，都是以
"圣人之法"为根本依据的。他表白说，自己的议论"不能无参以杂家，
佐以私臆，甚且羼以夷说，而要以不畔于三代圣人之法为宗旨"。① 现在有
的学者以为冯桂芬的这番关于"圣人之法"的议论，是冯桂芬的政治思想
之纲，其实冯桂芬未必有此诚意。过于坐实，反显牵强。把这篇《自序》
和《抗议》的内容对照来看，便可发现其论调是大相径庭的。《抗议》发
表改革时政的议论时，间或也标榜"三代圣人之法"，但全书精神重在务
实经世而无泥古复古习气，况且，书中最尖锐最有新意的篇章，如《制洋
器议》《采西学议》一类，更与"三代圣人之法"显非不畔，而恰恰是背
道而驰的。所以，通体读完《抗议》，再看《自序》，便会明白《自序》
乃是一篇言不由衷的自我表白罢了。或者冯桂芬并不认为自己提倡西学的
言论不合"三代圣人之法"，他本人可能没有觉察到两者之间存在巨大冲
突。但是，这篇《自序》事实上的确起的是一种自我保护性的包装作用，

---

① 《校邠庐抗议·自序》。

既掩饰了本文提倡西学的激烈倾向，又堵塞住已经发生的和将会遭到的"离经叛道"一类责难。不管冯桂芬主观上对于"伦常名教"、"圣人之法"为代表的中国文化传统，抱着何等程度的崇敬和虔诚，他的自我洗刷式的《自序》，恰恰反衬出《抗议》中提倡西学的议论才是最为传统旧见和社会舆论所难容、最易引起物议的新型文化观念。愈加声明自己的议论"要以不畔于三代圣人之法为宗旨"，愈加证实了"羼以夷说"才是其独步中国近代文化论坛的贡献之所在。曾国藩的重要谋士赵烈文，秉曾国藩命阅读《校邠庐抗议》书稿后，所做的总评是一针见血的。他说："全书精当处，皆在师夷法；而参用中国前人之说，然凑数而已，不如法夷之为得。"①

《校邠庐抗议》对"西学"教育的启动和同文馆的设立

同文馆之设，创自咸丰十年十二月（1861 年 1 月）奕訢等《统计全局》之议。当时奕訢等在奏折中讲得明白，他们之所以建议挑选一些八旗子弟，学习外国文字语言，是为着解决"与外国交涉事件"中，"语言不通、文字难辨"的难题。② 1862 年 7 月，清廷决定正式成立的京师同文馆，聘请西人教习，教授八旗学生外国语言文字。其办学宗旨大致仍是遵照前议，即为培养译员而设之外语学校。③ 懂得了要培养外语人才，这算是开风气的事，何况这一主张还包含着要了解外国情况的意图。④ 不过，这也反映出清朝当局决定创办同文馆，还是仅仅出自外交实用的考虑，连"师夷长技"的念头都没有，实在算不上是什么学习西学的措施。同文馆

---

① 《能静居日记》，台湾学生书局 1964 年影印本，第 1125 页。

② 《咸丰朝筹办夷务始末》卷七一，第 2679 页。

③ 《洋务运动》（一），第 8—9 页。

④ 冯桂芬在《采西学议》中已经提出了在广东、上海设立"翻译公所"进行外语教学的方案。郭嵩焘在咸丰九年（1859 年）正月，也上奏折建议"广求通夷语人才"："今英夷诪张于南，俄夷桀骜于北，中国情形虚实，皆所周知，无复顾忌。而通市二百余年，交兵议款又二十年，始终无一人通知夷情，熟悉其语言文字者。窃以为今日御夷之款要，莫切于是。"他建议清廷赶快采取措施推求懂得英俄语言文字的人才，资送入京，使转相传习。郭嵩焘的建议，清廷没有理睬。见《四国新档·英语档》，台湾近代史研究所编，1966 年台北南港版，第 854—855 页。

办学性质局限于此，规模又极小（同治元年拟制的《同文馆章程》规定，学生最高数额为二十四名，初创时又规定"先传十名"）。所以这一"师从洋人"之举，总算没有受到太大抵制，得以付诸实施。

引起轩然大波的，是同治五年（1866年）十一月总理各国事务衙门奕訢等又提出了在同文馆中增设专习西方天文算学馆的新方案。看来无非是在一所学校中增添一些学习科目这么一件平常事，为什么会引出一场为当时朝野舆论关注的重大争论呢？说到底，是由于这一新方案的出台，的确标志着清朝当权的洋务派对于西方文化态度的一次实质性变化。原本只是允许学习作为对外交涉工具的外国语文，现今改变为提倡学习科学和技术为内容的西学，这就表明了洋务派正式采纳了"采西学"的文化政策。这样的做法，对于恪守传统的旧文化营垒，自然是一次异乎寻常的震动。于是，应不应该采用西学，终于成为时代文化观念大论辩的公开主题。

奕訢等设立天文算学馆的动议，并非空穴来风，而是接受了地方实力派洋务领袖李鸿章的建议。更进一步说，是李鸿章采纳了洋务思想的先行者冯桂芬等人的主张，而积极推动总理各国事务衙门实施的一次文化革新措施。

先是，冯桂芬在咸丰末年写出了著名的《采西学议》。在这篇议论中，他提出的"采西学"的一条主要实际措施，就是建议在广东、上海设立"翻译公所"。所说"翻译公所"，实指教授西学的新式学校。冯桂芬给这种学校设计出一个办学的基本方案，他写道："今欲采西学，……宜倍其廪饩，住院肄业。聘西人课以诸国语言文字，又聘内地各师课以经史等学，兼习算学。"他并且主张翻译西方学术著作，扩大教学范围，"由是而历算之术，而格致之理，而制器尚象之法，兼综条贯"。除轮船火器的制造外，还要广泛学习一切"有益于国计民生者"，如历法及各种实用技术等；所要排除的，只是这些内容之外的"奇技淫巧"而已。他设计的学制是："三年之后诸文童于诸国书应口成诵者，借补本学；诸生如有神明变化能见之行事者，由通商大臣赏给举人。"可见，冯桂芬设计筹建的机构，名为"翻译公所"，事实上却是正规的学习西学的学堂。他认定这样办学堂学西学，肯定能取得成功："中国多秀民，必有出于夷而转胜于夷者。"

所以他说，办这种"翻译公所""诚今日论学一要务矣"。①

　　冯桂芬设计的这种"翻译公所"与同治初年创办的"京师同文馆"，在办学宗旨和办学内容上存在着实质性差别，这是至为明显的。但是，冯桂芬得悉京师设立同文馆之后，看到这给实现他的办学设想毕竟是提供了一个良好机遇，于是立刻积极响应，写出《上海设立同文馆议》。他在所提出的具体建议中，顺势把自己的《采西学议》中的办学方案巧妙地纳进了"上海同文馆"的办学章程中。他首先充分肯定设立同文馆的意义，说："前见总理衙门文，新设同文馆，招八旗学生，聘西人教习诸国语言文字，与汉教习相辅而行，此举最为善法。行之既久，能之者必多，必有端人正士、奇尤异敏之资，出于其中。然后得西人之要领而驭之，绥靖边陲之原本，实在于是。"接着，冯桂芬婉转地提出在上海、广东建立同文馆的建议和理由，说惟有上海、广州二口是"洋人总汇之地"，在那里接触西方事宜，"种类较多，书籍较富"。如果是想学"语言文字之浅者"，那么请个教习就够了；若要深入学习，"博采周咨，集思广益"，则非到上海、广州不可。况且总理衙门也只能掌握"通商纲领"，具体的中外交涉事件，也是在二海口为多，这显非学外语的八旗子弟所能兼顾得来的。于是，他建议道："愚以为莫如推广同文馆之法，令上海、广州仿照办理，各为一馆，募近郡年十五岁以下之颖悟诚实文童，聘西人如法教习，仍聘品学兼优之举贡生监，兼课经史文艺，不碍其上进之路。三年为期，学习有成，调京考试，量予录用。"好个"仿照办理"，一举便把他在《采西学议》中设计的"翻译公所"的框架，合法地列为正式方案。不仅扩大了"京师同文馆"所定的招生范围，并且隐约地表示了加深教学内容的意图。更妙的是他把《采西学议》中所提到的西学内容概括列举出来："至西人之擅长者，历算之学、格物之理、制器尚象之法，皆有成书，经译者十之一二耳。必能尽见其未译之书，方能探赜索引，由粗迹而入精微。我中华巧智聪明必不出西人之下，安知不冰寒于水，青出于蓝。轮船火器等制，尽羿之道，似亦无难于洋务，岂曰小补之哉？"② 上海、广州同文馆的

---

①　《采西学议》。

②　以上引文均见《上海设立同文馆议》。

教学，是不是要增添这些西学内容呢，他没有直说。但是，意思已经昭然，所谓上海、广州设立同文馆的优势，正在于有较方便的条件，能够"探赜索引"由粗入精地进行多学科的西学学习。这就是说，冯桂芬之建议，已经不是简单主张在上海、广州"仿照"和"推广"京师同文馆的办学宗旨和办学章程，而是要把单纯的外语学校变作全面学习西学的学校。

冯桂芬的建议得到李鸿章的支持。同治二年（1863年）二月，李鸿章以江苏巡抚名义上奏，请于上海、广州设外国语言文字学馆。在该奏折中，他把冯桂芬建议的内容乃至文字，略作润色，全部录进（不知此折是否冯桂芬所拟，待考）。在阐明"西人所擅长"的各科西学时，指出应尽译其未译之书以后，还特意点明："果有精熟西文者转相传习，一切轮船火器等巧技，当可由渐通晓，于中国自强之道似有裨助。"① 清朝当局于二月初十日下达《上谕》，批准李鸿章建议，同意在上海仿照同文馆设立学馆。同日，又下达《上谕》给广州将军库克吉泰等，着在广州照上海办法办理。作为正式批准文件的《上谕》，采用了冯桂芬建议的基本理由，如说"因思总理衙门固为通商纲领，而中外交涉事件，则广东上海为总汇之所"一类。但是，关于教学内容，并未理睬李鸿章的（亦即冯桂芬的）实质性建议，仍重申"该馆学生专习外国语言文字"，并且还特意限定："不准西人藉端影射，将天主教暗中传习。"对于各科西学可不可以学，《上谕》没有表态，这说明，当时总理衙门对于同文馆内开设西学的事，还态度暧昧。② 不过，既然没有明确驳回，李鸿章在冯桂芬、郭嵩焘等人的协助下，在上海借着"圣旨"批准的威势，按照原来的设计，拟定章程，③ 设立学馆，并定名为"上海广方言馆"。就教学内容的改革而言，李鸿章采纳冯桂芬"一切西学皆从算学出"，"今欲采西学，自不可不学算"的见解，认定学算学是学西学的基础："西人制器尚象之法，皆从算

---

①　《洋务运动》（二）。

②　同上。

③　据《郭嵩焘日记》同治二年四月初九日"拟同文馆章程十四条"，湖南人民出版社 1983年版。

学出，若不通算学，即精熟西文亦难施之实用。"① 据此，上海广方言馆《试办章程》规定："凡肄业者，算学与西文并须逐日讲习，其余经史各类，随其资禀所近分习之。专习算学者，听从其便。"② 算学与外文，一并列为必修课；算学专业，还可以"听便"不学经史各类。可见，他们是把算学郑重地作为学习西方自然科学和制造技术的基础学科看待的，这当是近代教育史、近代文化史上一桩重大改革之举。1864 年 6 月，郭嵩焘在广东巡抚任上，正式主持广州同文馆开馆。章程是仿照"上海定章"，其中讲到延聘教习时，指出"取能算学，有裨西学之实用者"为条件。可见，算学也是被看作学西学的基础学科。

　　李鸿章等提倡实行自然科学和机器制造为内容的西学教学，是为了适应建立军火工业为主的机器制造业之急需。因此，他们利用各种机会向总理衙门进言，希望把这种措施立为政府正式决策，给予政治上和经费上的支持。例如，同治三年（1864 年），即上海广方言馆成立的次年，李鸿章即向总理衙门正式建议，改进科举，选用能够掌握机器制造技术的中国自己的人才。他阐明的理由非常明快："中国欲自强，则莫如学习外国利器。欲学外国利器，则莫如觅制器之器，师其法而不必尽用其人。"不"尽用其人"，又怎么办呢？办法是："欲觅制器之器与制器之人，则或设一科取士，士终身悬以为富贵功名之鹄，则业可成，艺可精，而才亦可集。"③ 不言而喻，要特科录取技术人才，那就首先需要培养技术人才。在专门学校中开展科学技术为内容的西学教学，自是题中应有之义。同年十二月，在京师有通洋务、敢直言名声的监察御史陈廷经，在李鸿章的推动下，上疏奏请改革兵制、筹划海防，建议兴办军火工业和机器制造业，并以彼得大帝为例强调学校西洋科技之重要。疏中强调："天下无不可学之事，无不可成之功。""今西洋器械，借风力、水力、火力，夺造化，通神明，无非竭耳目心思之力，以前民用。我师其所长而用之，则西洋之长技皆可为中

---

　　① 《李文忠公全书·奏稿》卷三，第 12 页。

　　② 《中国近代学制史料》第一辑上册，台湾近代史研究所编，1964 年台北南港版，第 217 页。

　　③ 《同治三年四月二十八日总理各国事务衙门奏折附江苏巡抚李鸿章致总理各国事务衙门函》，《筹办夷务始末（同治朝）》卷二五，第 4—10 页。

国之长技，诚万世之至计也。"① 同治四年（1865 年）四月八日，李鸿章在回复总理衙门密函征询派旗兵赴外国学机器制造一事有何利弊、是否可行的意见时，趁机畅论学习西方科学技术的必要。他说，通商以来，洋人到中国来的很多，于中国文物声名已经有所了解；"而中朝迄未遣一介行李驶出外洋，游其都肆，一探其巧技造作之原"，实在是一憾事。他断定，派人出洋学习制造的事，"以理与势观之，亦为将来必有之举"。他极力支持采取这一振积弱、图久安的措施，说"国家大计，无逾于此"。他反复议论，试图打消总理衙门对此事举棋不定的种种顾虑。李鸿章的论述固然着力于说明派人出洋学习机器制造的可行性，但在实际上这同时也就论证了学习科学技术的重要性。此外，李鸿章还出了一个避免西方不肯传授军火工业技术的"盗法"主意，说："机器之巧，兼备百工之妙，入门有得，自归一贯之中。在我心追手摹固专注于军火制造，而向彼开宗明义当旁参于日用便民。如纺织、印刷、陶埴、代耕、浚河之类，必有机器房分往学习，而军火自可类及。"这种掩盖"机心"的献策，其巧拙无须评论，值得注意的是借着这个理由，把学习西方的内容扩大了，扩大到冯桂芬所主张的"凡有益于国计民生"的范围。以上所说的虽是派人出国应该学习的内容，对于国内培养"制器之人"，无疑也同此道理。所以他借机特别提倡在国内普及"算造之学"，说如果能达到"人自为师，家自为学"的程度，则可以"备国家缓急之用"。②

李鸿章正在誊缮这件复函时，接到总理衙门的又一封密函，收回原议，说是要"从长计议"，"方可见诸施行"。李鸿章看到朝廷把派人出国学习制造的事搁浅了，只好顺水推舟，转而倡议在国内"开局延请教师"。他建议仿照同文馆之例，于京师或通商海口，设立外国机器局，购买洋人机器，延请洋匠教习制造，同时也"别选中国精于算术之士"分充教习，"以洋匠指示制造之法，以中士探明作法之原"。③ 郭嵩焘在广东，也以同样理由，推荐数学家李善兰，以及深研数学、物理和机器制造的邹伯奇，

---

① 《洋务运动》（二），第 11—14 页。
② 《海防档·机器局》（一），台湾近代史研究所编，1957 年台北南港版，第 13—21 页。
③ 同上。

到京师同文馆任职。同治五年（1866 年）八月二十四日，清廷批准调邹、李赴京。① 可见此时清朝当局已接受李鸿章等人的意见，着手考虑在同文馆讲授算学等科目的西学。当年十一月初五日，奕訢等终于下了决心，置物议于不顾，正式奏请在同文馆内增设天文算学馆，并建议考选"科甲正途出身"人员入学。

以上过程，足以表明奕訢为首的总理各国事务衙门对于增设天文算学馆一事，确实是经过反复酝酿后郑重其事地作出的重大决策。后来奕訢在同倭仁辩论时，曾在奏折（同治六年三月二日）中说明提出这些建议的认真筹划过程，说这是"与曾国藩、李鸿章、左宗棠、英桂、郭嵩焘、蒋益澧等往返函商，金谓制造巧法，必由算学入手，其议论皆精凿有据。……臣等详加体察，此举实属有益，因而奏请开设天文算学馆，以为制造轮船各机器张本"。奕訢等这些说法，当属事实。

奕訢等在奏请增设同文算学馆的奏折中强调的理由是："因思洋人制造机器火器等件，以及行船行军，无一不自天文算学中来，……若不从根本上用着实功夫，即习学皮毛，仍无裨于实用。……现拟添设一馆，……延聘西人在馆教习，务期天文算学均能洞彻根源。斯道成于上，即艺成于下。数年以来，必有成效。"更进一层，则泛论到引进西学于国家自强的决定意义："华人之智巧聪明，不在西人以下，举凡推算学格致之理，制器尚象之法，钩河摘洛之方，傥能专精务实，尽得其妙，则中国自强之道在此矣！"② 不难看出，其基本观点乃至所用语汇文字，不但出自李鸿章奏折，而且还有许多是径自采撷于冯桂芬《采西学议》、《上海设立同文馆议》诸篇。可见，增设天文算学馆之议，是清朝当局在提倡洋务的地方实力派的推动下，开始接受洋务思想家不但要"师夷长技"，而且要采用西学的观念，开始改变对于西方资本主义文明成果的态度的一个标志。清朝当局正式以官方身份开始对自然科学为内容的西学成果的价值予以肯定，不但不再以"奇技淫巧"看待，而且懂得了只有掌握这些科学原理才能从

---

① 《洋务运动》（二），第 22 页。1868 年李善兰被任命为同文馆算学总教习，执教凡十三年。邹伯奇以疾辞。参见曾永玲著《郭嵩焘大传》，辽宁人民出版社 1989 年版，第 138 页。

② 《筹办夷务始末（同治朝）》卷四八，第 2 页。

根本上掌握其军事及其他技艺"长技"的道理，从而才正式采取措施讲习和推广这种西学。可见，清朝当局虽然并不能看清这一举措带来的深刻文化变革的历史意义，但是他们在自己认识的范围内，确实是把它当成大事来办的。应当说，增设天文算学馆之决策，确是洋务派为适应洋务自强活动的实际需要，首先是适应正在兴办的机器制造工业的实际需要，而改变成法的一次文化政策的变革。

同治五年十二月（1867 年 1 月）二十三日，总理各国事务衙门的奕訢等大员，在《奏陈筹添学习天文算学馆之因》的奏折中写道："夫中国之宜谋自强，至今而已亟矣。识时务者莫不以采西学制洋器为自强之道。疆臣如左宗棠、李鸿章等，皆能深明其理，坚持其说，时于奏牍中详陈之。"① 冯桂芬的《校邠庐抗议》此时尚未正式刊行，可是从奕訢等的这份奏折来看，其内容（或其抄本）无疑已流布京师。《抗议》所陈述的关于自强之道的见解乃至所使用的词汇，均已为清朝政府中从中央到地方的洋务实力派所普遍接受，奉为"识时务者"的共识。可见，视《校邠庐抗议》为采西学、办洋务、谋自强思潮兴起的宣言书，当是名副其实。冯桂芬的文化开放主张，承前启后，对于中国文化的近代化进程进入一个新的历史阶段，发挥了重要的启动作用。

（本文原载《历史研究》1993 年第 5 期）

---

① 《筹办夷务始末（同治朝）》卷四六，第 44 页。

"中体西用"论在洋务运动
时期的形成与发展

　　"中学为体，西学为用"的文化观，在 19 世纪后期的中国风头甚健，成为部分官方或非官方、主流派或非主流派文化人士尊奉的文化观念准则、规范。辛亥以后，这种文化观逐渐式微，但是它于中国文化界仍有着强烈影响；与"中体西用"文化观实质相同的或近似的文化理论，此后仍滋生繁衍，不绝如缕，或此去而彼来，或此隐而彼起。可见，"中体西用"文化观在中国近现代文化思想史上所起的历史作用，很值得认真研究。

　　海内外学人对于"中体西用"的研究，成果已经很多，深知灼见时见于报刊。不过必须说，有一种论证方法，是难以令人苟同的，这就是把"中体西用"当成一种具有单一的、固定不变内容的文化观念，来评论其是非得失。其实，在"中体西用"这样一种论式下，包含着大量因人因时而异的庞杂的思想和不同的见解。尤其重要的是，"中体西用"文化观也时时发生着大大小小的变化。所以，如果想把"中体西用"文化观研究清楚，就必须对它进行一番具体的历史考察。

　　约略划分，"中体西用"文化观在晚清大体经历了洋务运动和维新变法两个历史阶段。在这两个不同的历史阶段上，"中体西用"文化观的具体内容和精神实质各具特色，构成了颇有差异的观念形态。应当说，"中体西用"文化观的这种历史演变，从一个很重要的角度，反映着晚清中国文化近代化的历程。

　　这里，先来分析在洋务运动时期"中体西用"文化观的形成与发展。

"中体西用"文化观形成的时代背景

"中体西用"文化观，是在洋务运动中形成定型的，所以应当把它看成一种时代的思潮、时代的产物。

在中国而讲求洋务，本身就包含着一个必须解决的前提性问题，即所讲求之洋务是否适用于中国的问题。只有证实在洋务名义下所介绍的在西方行之有效的一套，如技艺、学理、经验、制度等，施之于中国同样有效，能够解决国家民族面临的重大困难，西方的这些文明成果方能为国人所接受。对于任何一个国家来说，引进任何外来文明成果，无论这种文明成果具有如何先进的性质，也只有在解决好它与本土情况的结合问题的前提下，方能显示出它所具有的先进效能。这里自然包含着不同的文化传统和价值观念方面的种种矛盾和冲突，需要加以妥善解决。而对于中国这样一个有着长期独立发展的大国，尤其是有着卓越而悠久传统文化的大国来说，这桩从西方引进文明成果的大举动，无疑更是要引起文化观念上的巨大震撼和猛烈冲突。在这里，人们面对着一个由几千年文明结成的文化纽结，不解开它，就休想在中西文化交流的新潮中前进一步。在这样一种文化大背景下，鸦片战争后举凡提倡学习西方文化的创议，都无例外地必须回答如何对待这个传统文化的问题。于是，如何对待"中学"，成为如何对待"西学"的不可分割的另一面，俨然构成一幅阴阳交错的太极图。这就是说，如何实现把西学引入中国这一时代文化命题，直接呈现为怎样解决好中学和西学的关系，使之融汇为一个新的文化统一体的问题。假如中学与西学是绝对排斥的、不能并容的，那么西学就进入不了中华文化圈，不可能与中学构成合二而一的文化统一体。

促使"中体西用"文化观问世的一个直接导因，是守旧派对西学的顽固拒绝。守旧派在对待中学和西学的关系问题上比较开明派更加敏感，开明派往往只看到西学之有用，而未曾深思其与中学会造成什么冲突；守旧派则截然不同，他们是从一开始就断然认定西学是与中学的传统不能并容的异端。对"天朝上国"的盲目自信，对域外世界的无端轻蔑，对本国典章文物古老传统的崇敬，对西方近代科学文化巨大发展的无知，使得他们偏执僵化，拒绝新知，从感情上就抱定与西学不共戴天的态度。在他们当中，怀着十分恐惧的心理，敏感到西学的传入行将引发社会巨变的，也不乏其人。一些守旧派人士固然没有办法从具体利弊上解释明白洋务何以不能行，西学何以不能用，但是他们直觉到"舍己从人"、"侈谈洋务"，必将动摇传统的纲纪法度、道义准则，必将破坏"中国数千年相承之治法"，从而使整个上层社会安身立命之所受到致命威胁，于是他们才抱着卫道的心理和认识，站出来作死守中学阵地的决斗。守旧派借势于博大而悠久的传统文化对国人的深厚影响，又借势于把伦理纲常视为华夏文化精髓的观念在当时的思想界还是一统天下，所以他们反对采用西学的气焰是很盛的。

正因为这样，有关洋务兴废、西学利弊的所有争论中，在具体理由上，守旧派完全处于只能用空话应付的被动状态，而在道义信念上，洋务派却遇到了守旧派的有力挑战。守旧派既然用西学对中学构成破坏为理由，捍卫中学排斥西学，洋务派在提倡西学之际，便不能回避开引进西学会对中学带来何种影响这道难题。他们的主观状况，使得他们在解决这道难题时，瞻前顾后，十分拘谨。洋务派中的代表人物，无例外地都还是心存庙堂的忠实于朝廷的臣仆，在思想上和道义上他们也都是以孔孟之道的信徒自命。如果说他们当中有些人对于"成法"，还敢于以"有常有权"为由，主张因时更新的话，那么对于"正学"，他们就和守旧派一样，奉之为万世不变的圭臬，不敢也不肯触动其丝毫了。正因为这样，洋务派自然就无法放开手脚去客观地阐明中学与西学的关系，也就不敢正面承认西学之引进会对中学造成冲击，带来变动。所以，洋务派在解决中学与西学的关系这道难题上，剩下来的只有一条路可走，这就是千方百计去设法证明中学西学不但不会发生冲突，而且能够相通相容、相辅相成，故尔西学之引进对于中学乃是无害而有益的大好事。

证明西学与中学可以相容、可以互补的最简便的办法，就是利用"西学中源"说。守旧派屡屡用西方学理技艺均乃剽中国古学之绪余为由贬斥西学，洋务派则反其道而用之，用"西学中源"证明西学之可用。这里使用的逻辑至为明快：西学既然是中国古已有之而后传到西方去的，可见，学西学无非是"礼失求诸野"，找回自己祖宗所创而后来丢失了的文化遗产。这样一来，什么"严夷夏之防"的禁忌，什么"用夷变夏"的罪名，统统不攻自破；提倡西学也由之显得理直而气壮了。"西学中源"说，因其逻辑简洁有力，加以适应文明古国的国人的心理，因此洋务派的代表人物在与守旧派的论战中，常常据以为论据以振声壮气。后来，康梁等维新派人士也屡屡借"西学中源"说作变法的依据。① 可是，"西学中源"说显然存在着重大缺陷，由于过分强调文化的传承关系，过于忽视或者根本不懂得经济社会状况于文化发展程度的决定性影响，因此，即使能够确切无误地证明西学确实源出中国，也仍然解释不出何以形成现今西学如此先进而中学如此落后的原因。在实践上，"西学中源"说具有将近代西学混同于古代中学的倾向，把近代西学的一切成就说成都是中国古已有之的，说西学未超出中国典籍所载的范围和水平，这些绝对化的论断恰恰更使得守旧派得以用子之矛攻子之盾，他们可以据此振振有词地申斥提倡西学是故意生事的多此一举。不过，总体说来，洋务派所阐发的"西学中源"说，不仅在辩难中起了积极作用，而且对于研讨中西文化交流史也具有学理上的价值。它不但提供了若干中国古代文明成果西传的极有价值的线索，更重要的是它从宏观上论证了中西文化间事实上长期存在着交流，从而证明了两者之间无疑是可以互补，可以相融。

"西学中源"说明显的短处在于，它虽然证明了中西文化可以交流，可以互补，可以相融，但是并没有能够阐释清楚中西文化的全部关系。西学进入中国，西学和中学究竟会构成一种什么样的关系？这里存在着中西文化交流中两种文化各处于什么样地位的问题，两种文化相互起什么样作用的问题。这无疑是直接决定着中西文化交流性质的重要问题。而两种文化在交流中所处的地位和所发挥的作用，归根结底又取决于两种文化各自的性质，取决于它们自身的优劣短长。于此可见，要全面阐释清楚西学和中学的关系，只靠"西学中源"说是不够用的。仅仅从文化源头上作解释，而不从文化现有性质上作分析，是难以充分说明中西文化交流的必要性的。这就是说，把中国传统文化与西方近代文化在比较中作出性质分析

---

① 中国近代文化思想史上的"西学中源"论，是一个内容颇多，也很有趣的题目，需专文讨论，这里不能展开来细说端详。

和价值判断，是回答中西文化应该不应该进行交流这个时代大课题时，无从回避的、必须作出明确判断的前提。于是，产生了用"主辅"、"体用"、"本末"这些概念来界定中学西学关系的议论。"中体西用"式的文化观，作为一种时代思潮，也就应运而生了。

"中体西用"文化观的思想渊源

"主辅"、"本末"、"体用"这些概念，这些范畴，无疑是取之于中国传统典籍，其含义及其引申义，哲学家们多有探究。但是，究其实，在洋务运动时期的文化论争中，不管哪一方人士使用这些范畴时，并没有精心推敲它的内含，而只不过是在通俗意义上使用它们罢了。他们无非是借用这些人们用惯的字眼、术语，表示中学和西学哪个重要哪个次要，哪个是主干哪个是枝节，哪个起主导作用哪个起从属作用，哪个是最高准则哪个是应用方法，诸如此类的一些界限并不十分明确的意思而已。至于从这类意义上说明中学和西学的关系，并不是洋务运动所首创，也不是晚清才形成的。作为一种时代思潮来看，"中体西用"论是洋务运动时期形成的，可是作为按照主次轻重的模式评估中学与西学，确定对待两者的不同态度，却是在洋务运动之前早已有之，不能把它看成在洋务运动中骤然编造出来的应急丹方。

早在明清之际，耶稣会士到中国以学术传播为手段进行传教，中国人便开始把西方学术（主要是自然科学和技术）概称其为"西学"。例如，直接以"西学"为书名就有耶稣会士艾儒略所著分科介绍西学的《西学凡》，[1] 此外还有《西学治平》、《民治西学》、《修身西学》之类。[2] 那时西学传入的规模虽然还不大，但是已经陆续引起如何对待西学的一些争论。至乾隆年间，纪晓岚受命编纂的《四库全书》，他在所主持编著的《四库全书总目提要》中，直接对西学性质下了褒贬兼有的断语。《杂家

---

① 天启三年（1623 年）刊。参见徐宗泽编著《明清间耶稣会士译著提要》，中华民国三十八年版，第 289—294 页。

② 同前引书，第 214—218 页。

类·存目》中评价《西学凡》一书时，写道：

> 是书成于天启癸亥，《天学初函》之第一种也。所述皆其国建学育才之法，凡分六科：所谓勒铎理加者文科也，斐録所费亚者理科也，默第济納者医科也，勒义斯者法科也，加诺揭斯者教科也，陆禄日亚者道科也。其教授各有次第，大抵从文入理，而理为之纲。文科如中国之小学，理科则如中国之大学。医科、法科、教科者，皆其事业；道科则在彼法中所谓尽性命之极也。其致力亦以格物穷理为本，以明体达用为功，与儒学次序略似。特所格之物皆器数之末，而所穷之理又支离神怪而不可诘，是所以为异学耳。①

《四库全书总目提要》在介绍明末耶稣会士傅汎际译《寰有铨（诠）》条目中，又评论西学道：

> 案：欧逻巴人，天文算学之密，工匠制作之巧，实逾前古；其议论夸诈迂怪，亦为异端之尤。国朝节取其技能，而禁传其学术，具存深意。其书本不足登册府之编，然如《寰有诠》之类，《明史艺文志》中已列其名，削而不论，转虑惑诬。故著于录而辟斥之。又《明史》载其书于道家，今考所言兼剽三教之理，而又举三教全排之，变幻支离，莫可究诘，真杂学也。故存其目于杂家焉。②

《四库全书总目提要》于乾隆四十七年（1782 年）完成初稿，五十四年（1789 年）刻板付印。可见，至少在鸦片战争爆发的半个世纪以前，清朝官方已经对西学作出了一种评估，并且据此施行着一种文化政策。从上边两段很有代表性的文字中可以看出，当时官方对西学的基本评估是：判定西学"所格之物皆器数之末"，不过还是肯定了它在科学技术方面的

---

① 《四库全书总目提要》卷 125，《子部·杂家类·存目二》，中华书局 1964 年影印本，第 1080—1081 页。

② 同上书，第 1081 页。《寰有诠》，其意为"宇宙论"，原为葡萄牙耶稣会课本，傅汎际节译大意成汉译本，《四库全书总目提要》误为傅汎际撰。

成就，甚至推崇为"实逾前古"的程度。与此同时，又否定其学理，斥其为"夸诈迂怪"、"变幻支离"之"异学"、"杂学"。他们对待西学的文化对策是："节取其技能，而禁传其学术。"这种对西学的评估和对策的潜台词，自然就是认定学理之正宗惟在中国的圣贤名教，这是不言而喻的事。引人注目的是，《四库全书总目提要》对西学的评估原则及其遵循的文化政策，居然颇有后来洋务运动中形成的"中体西用"论式之大样。纪昀一班人，是文化专制主义的忠实执行者，对于西方的"学理"、"教义"是严加防范的，但是他们并没有迂腐到死守文化排外主义，没有把西方文化简单斥之为只会招致丧国亡邦后果的奇技淫巧，而予以一律拒绝。

尤其值得注意的是，魏源在《海国图志》中一字不差地抄录了《四库全书总目提要》的这两段话，同时还收录康熙时杨光先维护孔孟之道、申斥天主教的《辟邪论》。① 正在着力提倡"师夷长技"的魏源，引证这些文献，用意何在呢？显然可以判定，他在提倡"师夷长技"时，是想到了对于西学如何进行评估的这个大问题，亦即学它什么不学它什么，这样一个大问题。可以推想，在当时风气未开的环境中，魏源冒天下之大不韪提出"师夷长技"的主张，是不能不考虑当时舆论的压力的。收录并肯定《辟邪论》，是表明自己虽主张"师夷长技"，但还是坚决反对"夷教"的。收录《四库全书总目提要》的两段话，意味更为深长，他从这里面似乎找到了不学西学之义理但可学西学之技艺的经典依据。有了"节取其技能，而禁传其学术"这条原则在案，"师夷长技"的主张自然是合理合法的了。因此可以推断，魏源著《海国图志》时，虽然没有形成明确的"中体西用"一类的论式，但是已经有了一种近似的意念，从而才采取了引录历史文献的这种迂回的表达方式。

《四库全书总目提要》所阐述的和《海国图志》所转述的有关西学的评估，对于晚清西学提倡者的影响之大，是可想而知的。因此，应当把清代早已形成的这种对西学的评估，看做"中体西用"文化观诞生的思想渊源。正是在这样的文化背景下，冯桂芬的《校邠庐抗议》对于"中学为体，西学为用"论式的形成起了承前启后的作用。他为着论证"采西学"

---

① 《海国图志》卷 27。

的必要性，以"法后王"为依据，主张借鉴和中国"同时并域"的西方
诸国"自治富强"的成功经验，认为如果能够"以中国伦常名教为原本，
辅以诸国富强之术"，必将收到"更善之善"的效果。这一论述，无疑应
当看做"中体西用"文化观的雏形。①

　　因此可以推定，冯桂芬的"本辅"说并非独出心裁，而是袭用并变通
前人成说，用以证明自己主张的妥当。不过，必须注意到，冯桂芬"本
辅"说与《四库全书总目提要》对于西学的看法，存在着很大的差异。
《总目提要》虽对西方科技之长有所肯定，但总体上对西学是贬大于褒，
目为异端。上引之《西学凡》《寰有诠》二书，并没有收入《四库全书》，
只不过在《总目提要》中列入《杂家类·存目》栏中略加评价。这种打
入另册的办法，就是官方对西学基本上持否定态度的明证。至于所说乾嘉
以来的清朝文化政策，真正做到的更只是"禁传其学术"，而根本没有认
真去"节取其技能"；假如从乾隆时起清朝当局对西方科技果真注意"节
取其技能"，那么鸦片战争时"师长"之说的出现，也不会成为震动论坛
的惊蛰冻雷了。与《四库全书总目提要》对待西学的态度不同，冯桂芬的
"本辅"说，是在真心实意地提倡"采西学"。他在论述中，不仅根本没
有"禁传其学术"之类的说法，而且所提倡的内容已突破"节取其技能"
的范围，甚至还突破了自然科学的范围。冯桂芬提出的四"不如夷"的论
断，虽然没有直接引申出在这些方面均要一一学习西方的具体主张，但是
其中也未尝不寓有启人留心考察西方诸国这些优长情况及其成因，以便在
中国效仿推行之意。况且他在所著《收贫民议》中，明确主张效法荷兰设
立收养和教育贫民的机构（"养贫教贫局"），效法瑞典设立强制性义务教
育学校（"小书院"），这就表明他已经留心考察西方各国政治和社会方面
的政策与措施，并希望中国能够择善而从之。②

　　总之，冯桂芬之论中学与西学，对传统说法固然有所承袭，但更重要
的是有所变异，或者说形似而实异。不管他的"本辅"说还怎样奉"伦
常名教"为"原本"，它的时代作用却惟在于首创出以"中体西用"类型

---

① 参见拙作《校邠庐抗议与中国文化近代化》，《历史研究》1993 年第 5 期。

② 同上。

的论式来提倡西学，开一代新风。

洋务前期"中体西用"文化观的成型

从冯桂芬提倡"本辅"说起，"中体西用"文化观的基本构架已经成型。它的最基本的特征是：在中学和西学兼蓄并容的文化结构中，以突出中学的主导地位为条件，确认西学的辅助作用之价值。换句话说，这个"中体西用"论式的问世，是在信誓旦旦地确保"伦常名教"所代表的既有政治秩序和道义信念不变的前提下，主张破除成规习见，采用西方近代文化成果以为富强之术。形式上的重点是在强调中学之为"体"，事实上的重点却在强调西学之需"用"，——从洋务派创导的这种文化新观念的主旨而言，应当说，"中体西用"，意在"西用"。

不过，这又产生出一个新问题，强调"中体西用"既然是为着强调"西学为用"，岂不是可以直截了当地揭示西学的重要价值，何苦绕个圈子抬高中学的价值来做铺垫呢？

一方面，这是受洋务派（尤其是前期洋务派）的价值观念及其对西方认识水准所制约。洋务运动的倡导人曾国藩、李鸿章辈，是为着保皇室、卫名教，对起义农民军进行殊死苦战，并以此而功成名就的人，而且他们主要是在这种对农民军的镇压中认识到西方军工火器之长，随后才懂得了西方数算天文之类学理的有用。他们当然看不到中国的纲纪法度、道义准则，存在着什么需要取法西方而大事更张之处。[①] 他们对于中国传统的声名文物、伦理纲常的信仰，并没有改变，对中国固有文化没有形成反省考察的自觉。

另一方面，洋务派也未尝没有策略上的考虑。"中体西用"之说，是在提倡西学和反对西学的论战中形成的，是争论的产物。提倡西学者，之所以要借助"中体西用"的文化观来抬高中学的地位，并在形式上适当压低西学之作用，恰恰是为着防卫对手的攻击，减少由于重视西学所招致的

---

① 如梁廷枏、徐继畲、冯桂芬等，对欧美的政教制度固然多有赞赏之词，但是并没有认为中国也急需如式仿行。

重大阻力。例如，在兴办洋务之初，李鸿章在奏折中，正是用"中体西用"一类的方式，把学习西方技艺的理由说得非常委婉，他写道："中国文物制度迥异于外洋獉狉之俗，所以郅治保邦，固丕基于勿坏者，固有自在；必谓转危为安，转弱为强之道，全由于仿习机器，臣亦不存此方隅之见。"那么，为什么又要提倡向西方"仿习机器"呢？他的理由是："顾经国之路，有全体，有偏端，有本有末。如病方疾，不得不治标，非谓培补修养之方即在是也。如水大至。不得不缮防，非谓浚川浍、经田畴之策可不讲也。"① 李鸿章不是在着意论述中学和西学的关系，而是为着给置办铁矿机器提出一个名正言顺的理由，用来说服朝廷，也借以堵住守旧派的嘴巴。可是，恰恰从这种办洋务的议论中，可以清楚地看明白，"中体西用"论的形成，绝非书斋中想出来的学术新见，它是现实的时代潮流趋向所至而催生的应时的文化观念。

从冯桂芬、李鸿章在洋务早期所发表的议论中，已经勾画出"中体西用"论的基本格局。此后讲"体用"、讲"本末"、讲"道器"、讲"形上形下"，衍化虽多，但是就形式而言，大路数再也没有离开过这种格局。不过，也应当说，就"中体西用"文化观的内容而言，在洋务运动的三十年中还是大有发展的，分析论证也越来越细密周详。"中体西用"文化观的发展，主要是由于两方面的原因促成的，一是守旧派反对西学言论的刺激，二是洋务派对于西学认识的加深。

在关于中学与西学长达三十年的漫长争议中，守旧派反复声言，只要整纲纪、举圣道、厉气节、振民心，中国定可强盛起来，无须乎他求，更不应该效仿西人，舍本逐末，讲求技艺数术。他们或者说，中国从来不用这样一些奇巧末技，照样出现过全盛之世；或者说，引诱人们以末技为奇，只会败坏立国大本而祸国殃民。总之，极力贬低乃至完全抹杀这种"技巧之末"的西学对于振兴中国的事业能起任何积极作用，这是守旧派立论的主要着力点。面对这样的非难，洋务派不得不极力表白自己坚信礼教立国的中学具有主导作用，同时又要想方设法论证西学对于富国强兵具有不可替代的作用。前者不是分歧之所在，只需作表态性说明，而后者才

---

① 《置办外国铁矿机器折》（同治四年十月），《李文忠公全集·奏稿》卷9，第31—35页。

是决定争论胜败的关键，只有力求作出有说服力的证明。正因此，洋务派在所谓"中学西学之争"中着力论述的，就是证明引进西学乃是中国惟一可取的富强之道，而为此他们就必须全力证明西学不仅可以和中学并容互补，采用西学无害于作为主体的中学，而且还要进一步证明采用西学对于中学还能起"固本"的作用。换言之，洋务派提出"中体西用"的文化观，意图并不在于说明"西用"离不开"中体"，而是在于说明"中体"离不开"西用"。这里的着重点是很清楚的。

李鸿章在光绪二年（1876 年）致友人信中，试图从道器关系上阐明西学具有的效能，他写道：

> 尝谓自有天地以来，所以弥纶于不敝者，道与器二者而已。……中国所尚者道为重，而西方所精者器为多。……欲求御外之术，惟有力图自治，修明前圣制度，勿使有名无实；而外人所长，亦勿设藩篱以自隘，斯乃道器兼备，不难合四海为一家。盖中国人民之众，物产之丰，才力聪明，礼仪纲常之盛，甲于地球诸国，既为天地精灵所聚，则诸国之络绎而来合者，亦理之然也。[①]

话虽和平，意向却很清楚。标榜"道器兼备"，即在于说明"勿设藩篱以自隘"，不要排斥"外人所长"；排斥"外人所长"，岂不就道器不能兼备了吗？薛福成在《筹洋刍议》里论证中国亟应变法时，把以"器"卫"道"的这层意思表达得更为明快，他在说明需要"效法西人"的理由时，写道：

> 今诚取西人器数之学，以卫吾尧舜禹汤文武周孔之道，俾西人不敢蔑视中华。吾知尧舜禹汤文武周孔复生，未使不有事乎此，而其道亦必将渐被乎八荒，是乃所谓用夏变夷者也。[②]

---

① 引自《庸庵全集·文编》卷2。
② 《筹洋刍议·变法》，《戊戌变法》（一），上海人民出版社 1953 年版，第 160 页。

这是从正面说明,用"西方器数之学",卫"中国固有之道"可收实效;反过来说,不用"西方器数之学"能不能用别的办法来卫道呢?汤震回答了这个尖锐的问题,他写道:"盖中国所宗者,形上之道;西人所专者,形下之器。中国自以为道,而渐失其所谓器;西人毕力于器,而有时暗合于道。"两者之得失,汤震于语言间已露出贬褒倾向。他更进一步直陈,中国正是由于"失器",而造成了"创巨痛深"的后果。他说,面对这种严峻的形势,中国"自议振新"、"自愤积弱"的惟一办法只能是:"善用其议,善法其器,求形下之器,以卫形上之道。"反之,如果顽固地认定西学不必学不屑学,结果只会是:"士夫以口舌相胜而立穷,将士以血肉相薄而立陨,是直医者执古方而咎病之不愈也。"① 这是说,不要看中学虽被尊为统御一切的不变之道,其实,光靠它不但治不了病,而且必定招致国家"立穷"、"立陨"的恶果。国之不存,中学那个"形上之道"当然也就难以自保了。洋务派虽然偶尔也讲讲进行纲纪伦常教育的重要性,可是它们连篇累牍议论中学西学关系,其用心显然不是在于说明中学和西学间地位的高低主次,不是在于说明西学需要依靠中学来主宰来统摄,而是在竭力证明"道义大本"必须用西学来辅助来保卫,国家社稷只有靠西法才能够振衰起颓。立意之明,真是洞若观火。

洋务后期"中体西用"文化观的发展

洋务派为强调西学之可用和当用而标榜的"中体西用"论,随着他们对于西学知识的加深,逐渐有所发展。当着他们明白了西方富强之因是由于实行"重商富民"政策,并建立了相应的法度时,他们心目中的"中体西用"论式中的"西用"无疑已迥然不同于当年所说的洋器洋技之长。他们所要学的内容,已不再拘守于"不师其法,惟仿其器"的狭小范围。这样一来,西学的性质和作用是否仅限于形而下的器技之末,就成了开明人士不得不正面回答的重要问题。郭嵩焘在"海防之议"后期,终于作出了"西洋立国有本有末"的明确论断。

---

① 《论中学西学》,《危言》卷1。

鸦片战争后，"师夷长技"主张初起时，所重惟在强兵，富国一事是没有看重的，当时的先行者还不大懂得"强"与"富"之间的连系。洋务初兴，冯桂芬开始提出中国应"辅以诸国富强之术"以谋自强，但注意的重心仍在应用技术为主要内容的"西学"、"洋器"。洋务派在实践中才逐步弄懂了"强"与"富"的不可分割，明白了西方列强之强，是由于有着雄厚的经济实力为后盾，从而才认识到中国也只有视富强为一体，走"寓强于富"、"先富后强"这条路。所以，在光绪初年发生"海防之议"前后，兴起了"重商富民"思潮。

所谓"重商"（亦即李鸿章所说"振兴商务"），其含义已不限于传统上狭义的重视商业，而是表示注重提倡和大力发展工矿、贸易、交通、电讯、金融等实业。事实上，这就是以西方资本主义国家建立的机器大工业为主干的近代工业社会为模式，来改造中国的宗法社会的个体农业和手工业相结合的经济机制和社会构成。可见，这种重商主张的形成，标志着向西方先进文化学习的思潮发生了实质性的进展。中国人对于资本主义性质的西方文化的认识，至此已经历了三个阶段：从认识其船之坚炮之利而致力于提倡引进西方先进军事器械的阶段，进展到认识其自然科学和制造工艺的领先而主张学习西方科学技术的阶段，再进展到认识其富国有方而建议取法西方的经济模式，振兴工商，发展生产，改造经济社会构成，在中国实行经济制度改革的阶段。历来认为洋务运动只懂得学习技艺之皮毛，其实并不完全符合事实。当然，"海防之议"兴起之前，李鸿章等人所主张的，还只是孤立地一项项提出办这个"制造局"那个"招商局"，开这个煤矿那个铁矿，以及创设其他民用工业的个别工厂。零敲碎打，没有总体规划，更没有系统理论，"统筹"之称徒具虚名。"海防之议"后期，郭嵩焘于光绪元年（1875 年）所上条议中提出了"重商贾以为循用西法立基"的主张，以此为开端，重商以致富的总体经济思想才逐步成为洋务派富强论的主调之一。

郭嵩焘的《条议》，题目是作在筹措海防事宜上，不过着眼点却远不限于就海防议海防。他说，总税务司赫德所陈海防建议的实际意图，是"欲以西洋之规模施之中国，而以海防引其端"。郭嵩焘就此发表议论说，西洋现今达到的国力，不是中国所能及的，不可能按赫德的主张办。但是他不仅不反对中国采用"西洋之法",而且是力主"循西洋之法以求日进于富强"。他所强调的意思,是要人明了中国与西洋贫富之悬殊,中国不可"骤立法程"以求自强,而只能从中国实情出发,以循序渐进的办法来学习"西洋之法"。于是,他以十分明朗的态度阐发了"西洋立国有本有末"的见解:

> 嵩焘窃谓西洋立国有本有末,其本在朝廷政教,其末在商贾。造船、制器,相辅以益其强,又末中之一节也。故先欲通商贾之气,以立循用西法之基,所谓其本未遑而姑务其末者。①

郭嵩焘这时还未走出过国门,但是借助于担任过广东巡抚的经历和对西洋事务的经意考察,他对西方列强的见解,不但比守旧派,而且比洋务派领袖们也高出了一头。他在这里提出的"西洋立国有本有末"的论断,在中国近代文化交流史上是石破天惊的创见。正在守旧派以他们的"崇本抑末"论为武器,推崇和捍卫圣道祖训、贬抑和反对引进"洋学"、"洋器"的档口上,郭嵩焘提出的西洋"有本有末"论,就成了对守旧派"崇本抑末"论的有力驳斥。虽然他没有直接回答中学与西学的关系问题,但是其立意是深刻而明确的:第一,既然肯定西洋"有本有末",那就意味着西学不只是"末"。由此可见,以中西分本末的论断不能成立。第二,既然肯定了西洋立国有"本",那就等于说西洋的那个"本",亦即西洋的"朝廷政教",恰恰是中国应该学习的目标。由此可见,拘守自己国家古老的"政教",以之为不可变动的"大本大原"之说,也不能成立。第三,"西洋立国"的"本"和"末",是配套的、相辅相成的,因此当前中国虽还无力学习其"本",但并不等于说就该排斥先学习其"末";先学其"末",为的是打下"循用西法之基","姑务其末"是为着进而务其"本"。由此可见,学"洋学洋器","通商贾之气"等,都不能看成微不足道的、有害无益的、理应排斥的"末事",相反地它乃是中国用西洋之法以求进于富强的一个步骤,一个初步的打基础的阶段。毫无疑问,只要

---

① 《福建按察使郭嵩焘条议海防事宜》,《洋务运动》(一),第142页。

这个道理一旦成立，守旧派以纲常名教为"大本大原"、为惟一"治国之道"的高调，自然可以休矣。

不难看出，郭嵩焘的这套"西洋立国有本有末"论，以及由此派生出来的"姑务其末"以为"循用西法立基"论，显然是超过了当时包括李鸿章在内的洋务派人士达到的认识程度。它已经远远超过李鸿章的比较空泛肤浅而不得要领的"变通"论。就当时中国文化思想的发展程度而言，应当说郭嵩焘关于"西洋立国有本有末"之论，是超前的。正因此，当时洋务派人士也未敢立即接受和宣扬这种观点。他们当中的多数人，仍然是把提倡西学的主张塞到"中学为体，西学为用"一类模式中去，以求合法的生存地位。

在这里，郭嵩焘只是想说明，中国向西方学习富强之道，应由浅入深，通过掌握西方立国之"末"，将来才能摹及其立国之"本"。至于把西方的立国之"本末"都学过来，中国自己的那个"本"应该怎么处置呢？郭嵩焘没有想到这一层。不过，随着对于西方的政治经济体制了解越多，这个"西洋立国有本有末"和"中体西用"论式如何协调的难题，也就愈加成为洋务运动中开明人士无法回避的尖锐问题。

正是在郭嵩焘发表上述议论的前后，王韬、郑观应、钟天纬等人开始批评洋务事业中的失误。他们认为，洋务所失在于仅仅学了西方皮毛之末，故而他们倡议改变学习重点，从经济和国政等立国根本上，学西方，谋自强。他们主张向西方学习的，已经不限于西学之"用"。例如，郑观应在《盛世危言初刊自序》中，借着担任过两广总督的张树声的言论，表达自己的见解说：

> 善夫张靖达公云："西人立国具有本末，虽礼数教化远逊中华，然其驯致富强亦具有体用。育才于学堂，论政于议院，君民一体，上下同心，务实而戒虚，谋定而后动，此其体也。轮船、火炮、洋枪、水雷、铁路、电线，此其用也。中国遗其体而求其用，无论竭蹶步趋，常不相及，就令铁轨成行、铁路四达，果足恃欤？"①

----

① 《盛世危言初稿自序》，《戊戌变法》（一），第41页。

这番议论，发挥了郭嵩焘所说"西洋立国有本有末"论，并且把它进一步具体化了，特别是突出地指明"西人立国"之"体"中包含"论政于议院，君民一体，上下同心"这样关于政治制度的内容。用这样的标准来批评洋务运动是"遗其体而求其用"，无疑就是在讲，中国今后向西方学习的重点，应该是放在去学"西人立国"的"君民一体"的那种"西体"了。

钟天纬把这重意思阐述得更为直言不讳。他批评办洋务的短处，是在于"不从大本大原处着手，而仅就外面张皇，不揣本齐末"。因此，所办洋务的实效就很差了："如遣使、肄业、练兵、制器、开矿等等，非不竭力经营，仍治标而非治本，则不过小小补直，终无救于存亡大计。"西方国家致富强的"大本大原"安在呢？他明确陈述道：

> 统观欧洲各国，无不政教修明，民生熙皞，国势日臻富强，而究其本源，不外乎通民情、参民政而已。盖泰西通例，国之律法最尊，而君次之；君亦受辖于律法之下，但能奉法而行，不能权威自恣。而国之律法，则集亿兆公议而定；君之威权亦本亿兆公助而成，是以君权虽有所限制，反能常保其尊荣。民情得以自申，不致受困于虐政，则不必袭揖让之虚名，而阴已得官天下之实际。此则国势强弱、民生休戚之大关键也。

这就是说，建立一种"通民情、参民政"的政治制度，才是欧洲各国得以臻于富强的"大本大原"、"大关键"。接着，他就列举欧洲各国由于抓住了这种"本"，而带动各种"目"的实施，所取得的普遍实效：

> 只有通民情、参民政之目。则如开公议堂，而闾阎无不达之情；创新闻纸而草野无不言之隐；立讼师陪审之员，则是非一秉大公，而民无冤狱；设乡举里选之法，则好恶参诸舆论，而野无遗才。若夫赋税由民定，则不困诛求；工役由民办，则乐于从事；教养由民捐，则朝廷无博施济众之病；巡逻由民派，则官府无精神不到之区；……驯

至道不拾遗，夜不闭户，几几乎三代刑错之风，断未可以无本之治目
之矣。至于武备之精、吏治之懋、学术之隆、人才之盛、刑罚之公、
财用之足、商务之兴、制造之利、水利之修、农功之治，胥本此道以
行之，故能造其精微，睹其成效耳，非即其致治之本源也。

钟天纬不但把欧洲各国立国的"本"和"目"作出了这样清楚的划
分，并且还把他所描绘成一片光明的欧洲各国的全部成就，都归结为"本
举"乃得"目张"。这自然是在明白主张，学习西方，就要学习西方"通
民情、参民政"这种"大本大原"。他认为只有这样，才是找到了一种可
以使中国"救于存亡"的治本大计。钟天纬通过这番议论，把"体"
"末"之说的重大现实意义作了相当充分的表述，同时也就把由此而带来
的应该如何对待"中体"的问题，更尖锐地提到人们面前：引进"西
体"，"中体"怎么办？"中体"不改动，"西体"怎么能有立足之地？钟
天纬没有回避这道难题，他以当时罕见的勇气直言不讳地说，中国的贫弱
是由于"本源之地，受病最深"所致。他对照欧洲各国"通民情、参民
政"取得全面成功，发表议论道：

　　……乃中国事事与之相反，由于堂帘太隔，太阿独操，所以易治
者以此，所以易乱者亦以此。望君门如万里，则壅蔽日深，操政柄于
一人，则民心日涣，虽有九州十八省，实则家自为政，人各有心，不
啻瓜分为千百万国。如此则国势安得不削弱，君民安能关痛痒乎？①

钟天纬的这些言论，著述于 1880 年前后，它表明在 19 世纪 80 年代，
洋务派中的激进分子，已经意识到要想学习西方致富强之"体"，就必须
对中国自己固有的君主专制的"体"，进行一番"大有所更张"的改革。
这些议论当时还未能形成重大影响，但应当说，它是维新变法思潮的前驱
先觉。对西方资本主义的认识发展到这个层次，"中体西用"文化观本身
自然就面临着尖锐的挑战。当然，如何从学理的角度，即从文化观念的层

────────
　①　上引钟天纬言论，均出自《综论时务》，见《刖足集·内篇》，光绪二十七年本。

次上，作出接受"西体"的合理阐释，对于洋务派思想家来说，还是很难解开的一道难题。

薛福成对于中西文化的理性认识，达到了较高层次，他突破了把中学和西学看做长短可以互补的两个独立文化实体的看法，认识到中西文化之间存在着共同性。他认为，是由于西学体现着"公共之理"，所以中国才理应引进西学。他写道：

> 或曰以堂堂中国而效法西人，不且用夷变乎？是不然。夫衣冠、语言、风俗，中外所异也；假造化之灵，利生民之用，中外所同也。彼西人偶得风气之先耳，安得以天地将泄之秘，而谓西人独擅乎？①

在实地考察欧洲情况后，薛福成进一步发挥了这一见解，公然倡"西法为公共之理说"：

> 夫西人之商政兵法、造船机器及农渔牧矿诸务，实无不精，而皆导其源于汽学、光学、电学、化学，以得御水、御火、御电之法。斯殆教化之灵机，无久而不泄之理，特假西人专门名家以阐之，乃天地间公共之理，非西人所得而私也。②

西学既然体现着天地间固有的"造化之灵机"，是"中外所同"的"公共之理"，那么把它作为"体用兼备"的文化整体引入中国，自然是理所当然事；而对西学抱民族畛域之歧视，作术数末技之贬抑，则除了暴露自身之讳疾忌医、因噎废食而外，再也找不到站得住的理由了。

事实证明，随着洋务运动的进展，到了19世纪80年代，"中体西用"文化观这种论式已经暴露出无法容下向西方学习经济政教的新内容。可是，薛福成、王韬、钟天纬、郑观应等，并没有改变祖宗法统与圣贤名教的自觉和勇气，他们陷入既想引进"西体"、又不敢公开革新"中体"的

---

① 《筹洋刍议·变法》，见《戊戌变法》（一），第160页。
② 《西法为公共之力说》，《海外文编》卷4，第1页。

两难中，郑观应论西学，特别强调应学习西学的"精微广大之处"，说：

> 故善学者，必先明本末，更明大本而后可。①

这是公开主张着重学习的"大本"了，可是这样一来又该如何对待一向坚守的中学之"大本"呢？郑观应设计出一种难以自圆其说的奇特方案：

> 以西学言之，如格致制造等学，其本也；……语言文字，其末也。合而言之，则中学其本也，西学其末也。主以中学，辅以西学，知其缓急，审其变通，操纵刚柔，洞达政体，教学之效，其在兹乎！②

直接论题虽在办学宗旨，但还是泛论到中学和西学的关系。至于为什么"分而言"西学，承认西学有"本末"，"合而言"中学西学，却就只能是"中本西末"了呢？郑观应没做说明，似乎这是理所当然而无须解释的事。事实上郑观应这是在维护"中体西用"的前提下，试图拟制一种把"中体"缩小，把"西用"扩大的变通方案，借以绕开理论上和逻辑上的难题。他在《道器》一文中发表了一通中西文化可以融合，可以"本末具、虚实备"的议论之后向清廷提出了如下建策：

> 《新序》曰："强必以霸服，霸必以王服。"今西人所用，皆霸术之绪余耳。恭维我皇上天亶聪明宅中驭外，守尧舜文武之法，绍危微精一之传，宪章王道，抚揖列邦，总揽政教之权衡，博采泰西之技艺，诚使设大小学馆以育英才，开上下议院以集众益，精理商务藉植富国之本，简练水陆用伐强敌之谋，建皇极于黄农虞夏，责臣工以稷契皋夔。由强企霸，由霸图王，四海归仁，万物得所，于以拓车书大

---

① 《西学》，《盛世危言》卷1。又见《戊戌变法》（一），第49页。
② 同上。

一统之宏观而无难矣。①

　　郑观应把西学贬抑作"霸术之绪余"，然后论证采用它是中国走上富强的惟一途径，主张在科技、教育、政治、经济、军事诸领域，一概采用"西法"。这就是说，郑观应是主张改变洋务运动以来对于西学"遗其体而求其用"的偏颇，讲西学的"体"与"用"一并实施于中国，而其表达方式则是把西学的"体"也算到"霸术绪余"的名下，归之于"用"的范畴；事实上就是把"西用"的范围扩大到连"西体"也都囊括进去的程度。西学之体用既然都归到了"西用"名下，于是就为"分而言之"，西学有"本"有"末"，"合而言之"，"中学其体"、"西学其末"的论式，打了一个圆场，作出了一种解释。法度政教都主张学西方了，那么"中体"还有什么实际内容可言呢？郑观应的方案中还算有的，这就是所谓"守尧舜文武之法，绍危微精一之传"。郑观应作这种解释的结果，无疑是把"中学为体"的内容大大缩小了，抽象化了。在这里，"中体"也者，内容上已经不再是相当于"有体有用"的那个"西体"，具体的政教法度已经不在其中，剩下的只是传统的学理原则和伦理信念，只是理学家一贯宣扬的世代相承的"尧舜文武"的法统和"危微精一"的道统。

　　按理说，既然承认西学有"本"有"末"，那么同时就应该承认中学不能只是"本"，而是也有"本"有"末"。有人曾经试图超越中学西学的分界，泛论"本末之别"，说道：

　　　　今之天下，欲弭外患非自强不可，人能知之；而自强之要之本，人固不能尽知也。简器、造船、防陆、防海，末也；练兵、选将、丰财、利众，方为末中之本；修政事、革弊法、用才能、崇朴实，本也；正人心、移风俗、新主德、精爱立，方为本中之本。得末中之本者尚难勉支强散，得本中之本者足以永奠苞桑。②

────────

① 《道器》，《盛世危言》卷1。又见《戊戌变法》（一），第44页。
② 朱采：《复许竹篔》，《清芬阁集》卷4，第23页上。又见《洋务运动》（一），第252—253页。

这种说法中已经包含着中学也是有"本"有"末"的意思，按照这种意见，"九重之主"的"本中之本"就是"正人心、移风俗"。进一步解释，则是："人心何以正？躬化导、尊名教，其大纲也，风俗何以变？崇师儒、辨学术，其大要也。"① 这样一来，理学化了的儒学名教，就成了中学的"本中之本"，就成了高于一切的"大经大本"，就成了中学的灵魂、中学的精神实质之所在。"中体西用"论者，就是这样在不断扩充"西用"范围的同时，一步步把作为"体"的中学变成了这种所谓"本中之本"的理学精神。

郑观应在《盛世危言》中，一再提倡全面吸取西方治国的政教法度，同时却又一再坚持"尧舜周孔之道"乃"万世不易之大经大本"。钟天纬极力提倡学习欧洲各国"通民情、参民政"那种"大本大原"，高度评价西方格致之学的成就，同时却又鼓吹"惟我孔子之教，如日月经天、江河亘地，万古不废"。② 他们运用的论证方式，正是这种扩大了"西用"和缩小了"中体"结合而成的、名存而实变的"中体西用"文化观。"中学为体，西学为用"的论式未变，实际内容却大变了。

一个要求在中国仿照西法进行经济体制和政治法度全面变革的主张，已经在郑观应、王韬、钟天纬等人的议论中酝酿成型，这当然绝非过去借"体用"、"主辅"之名来提倡西洋船炮技艺既可同日而语了。"中体西用"文化观论式所含内容多变化，反映着洋务运动实践活动的变化，反映着向西方学习的内容的扩大和在中国实行变革的内容的深化。

不言而喻，既要坚守假儒学名教名义传承数千年的法统和道统，又要学习西方的政教法度，这是自相矛盾的。事实表明，郑观应等人虽然已有学习资本主义政教法度之议，但仍无力突破三纲为核心的伦理纲常的束缚，尤其不敢丝毫触及"君道臣纲"这条君权专制主义的灵魂。这也正是他们在变法改制的维新思潮兴起时，反而噤若寒蝉，不敢投身到仿行西方政教法度的实际政治活动中去的思想上的重要原因。

当然也应当看到，郑观应等人在主张大幅度扩充向西方学习的内容时

---

① 朱采：《复许竹筼》，《洋务运动》（一），第 253 页。

② 《格致之学中西异同论》，《刜足集·内篇》。

表现出来的这种矛盾心态和并不圆满的论述中，的确也包含着一种合理的考虑，这就是充分吸取西方文明成果时究竟应该如何珍重对待本民族的固有文化。

　　传统文化哺育出来的中国广大知识群，尤其是一向笃信儒学的人士，对于西学输入给中学构成的冲击，感触最大，忧虑最深。著名学者俞樾的一段议论，非常典型地反映出当时士大夫中普遍存在的这种心态。他写道：

　　　　今士大夫读孔圣之书，而孜孜所讲求者则在外国之学。京师首善之地，建立馆舍号召生徒，甚至选吾国之秀民，至海外而受业焉。岂中国礼乐诗书不足为学乎？海外之书，译行于中国者日以益增，推论微妙，创造新奇，诚若可愕可喜，而视孔子之书反觉平淡而无奇闻。彼中人或讥孔子守旧而不能出新法。如此议论，汉唐以来未之前闻，风会流迁，不知其所既极。故曰孔子之道将废也！①

　　在当时中国知识界中，像俞樾这样面临西学的强烈冲击，对于中学的命运忧心忡忡而又抱着无可奈何的态度的大有人在，可是并没有一个人能够拿出一种正确对待传统文化的合理方案。尽管是一些极其热衷提倡学习西学的人士，一旦念及中学的价值时，也立地变成了迂腐顽固的卫道者。这种状况，是与长期作为官方哲学的程朱理学对于有清一代官宦士庶造成的巨大影响分不开的。由于统治集团的倡导，借着孔孟之道的名义把体现宗法秩序的纲常名教神圣化、绝对化起来，乃得以造成了学术文化定于一尊的社会舆论环境。在这样的舆论环境中，在纲常名教已被塑造成普遍信仰的气氛的笼罩下，人们一时自然难于解除思想上的传统偏见，难于挣脱长期形成的约定俗成式的束缚。因此，在"中学与西学之争"中，反对西学的一方，固然以维护纲常名教为旗帜，而提倡西学的另一方，也无不以无害而有益于维护纲常名教为其采西学的立论前提。论战双方都在力证自己才是真正的卫道之士。至于洋务派之尊崇纲常名教，在何种程度上是出

---

　　① 《三大忧论》，《春在堂全书·宾明集》卷6，光绪二十五年本。

自信仰之真诚，何种程度上是出自策略之需要，则因人而异，且难以分割得清楚。不过，其间也有个一致之处，这就是他们把作为"大本"而推重的中学，并不解释为内容极其丰富博大的中国传统文化的全体，而是只把它归结为孔孟传承的礼乐教化、纲纪伦常。这和守旧派心目中的中学，并无二致。可以说，把中学归结为理学家所宣扬的道统，归结为儒学的伦理政治观，这是洋务运动时期文化论战中论战双方都难以超越观念定式。这样也就造成了论战双方具有一种共同存在的认识上的误区，似乎儒学的伦理政治观念与西方资本主义近代文化之间的关系，就等于中西文化的全部关系。不论儒学伦理政治观，于人际关系之协调、高尚情操之激励，在历史发展的新阶段上仍具有何等积极内容，也不能不指出，把精深博大、灿烂多彩的中华文化削删成儒学伦理政治的信条，总是一种愚陋褊狭的文化见解。这种把中国传统文化解作儒学伦理政治观的褊狭之见，在中西文化论战中恰恰是一着败招。它使得守旧一方无法用以抵挡住西学的涌入，空泛的礼乐教化、纲纪伦常的说教，显然不能代替西方近代文明成果的作用，致国家于富强。同时，这种对于中国传统文化的褊狭解释，又使得提倡西学的"中体西用"论者，陷于无法自圆其说的逻辑混乱中，既然把中国传统文化的丰富内容淘涮得只剩下礼乐教化、纲纪伦常的信条，那就愈加解释不清楚中国传统文化的现实价值之所在，从而也就愈加解释不清楚既要引进"有本有用"的西学，又何以还要死死维持那个礼乐纲常做"中体"。

"中体西用"，是洋务运动中兴起的一种旨在提倡西学的独特的文化观念形态。综观它在洋务运动全过程中所起的作用，"中体西用"论无疑是一种反对守旧排外、提倡文化革新的一种文化新论。它以"体用"、"本末"的关系，努力论证着中西文化可以相容、可以互补，努力论证着中国固有文化通过采纳西学而增益新知、焕发生机。因此可以说，"中体西用"论在洋务运动时期，对于传播西方近代文明，对于中国文化的近代化，起的是积极作用。不过，随着国家危机的日益加深，随着人们对于中国贫弱症结所在认识的加深和对于资本主义国家富强成因认识的加深，"中体西用"这种论式的局限性便日益显露出来。洋务派中的激进人士所提倡的西学，范围日益扩大，层次日益深入，从而也就把"中体西用"论的内容一步步扩充到了这种理论形式难以容纳的地步。当着要求全面学习"体用兼备"的西学，在中国实行变法改制的思潮萌动的时候，"中体西用"论式的实际作用便发生了微妙的变化。原本是作为论证采用西学的一条有力理由，这时却渐渐变成了妨碍着从"大本大原"处学习西方的羁绊。洋务派中激进人士虽然费尽心机，想把激进的改革主张和"中体西用"论协调起来，但一概无济于事，反而更证实了执意要用"体用"、"本末"、"主辅"、"道器"之类概念来界定中西文化在中国结合的模式，到头来必定会闹得左支右绌，破绽百出。

事实证明，对于传播西方近代文明起了积极作用的"中体西用"文化观，因其自身的局限性和内在的矛盾，无法构成一种严整的新型的文化观念体系。这也恰恰表明，中国社会发展的实际，需要创造一种既符合时代进程又符合中国国情的新文化观的时代使命，已经提上了中国近代历史发展的日程。

（本文发表于《中国社会科学》1994 年第 1 期）

"中体西用"论在戊戌
维新时期的嬗变

　　甲午战争的惨重失败，引起举国上下的震惊与悲愤。如何从亡国灭种的险恶前景中挣脱出来，已成为朝野上下一切有识之士所共虑的迫切课题。一场以救亡保国为宗旨的维新变法运动终于兴起，并异常迅速地形成高潮。与这场政治运动相适应，一场为维新变法寻求学理根据和指导思想的新型文化运动，也以狂飙之势，席卷中国大地。

　　早在甲午战争之前的十年间，以"不败自败"的中法战争为导线，在洋务派内部对于洋务运动失误的检讨批评已经渐成气候，如今更加一发而不可遏止。洋务派的"中体西用"文化观，面临着严重挑战，如何对待中西文化的问题再一次成为舆论关注的焦点，时代的新课题要求人们从文化的高度重新作出抉择。正是在这种形势下，"中体西用"文化观发生了实质性的变化，具有了洋务运动时期所没有的新性质和新内容。"中体西用"文化观进入了它发展的第二阶段。

"中体西用"怎样变成了反对维新的文化纲领

　　甲午前后维新思想萌动时，变法改制的旗帜还不鲜明，洋务派和维新派之间门限不严，洋务派的大员们也常常对维新派的一些主张与行动表示同情或授以援手。尤其是在地方上建企业办学堂做出了成绩的张之洞，于甲午前后更以青出于蓝的势头，俨然崛起为洋务派的新领袖。加之他在政治见解上始终保持着激昂的抗御外侮的基本态度，所以当甲午之后洋务派失势之际，张之洞却声誉日隆起来。康梁等发起维新变法之初，无不对张之洞寄予厚望。在这样一种政治上还没有形成明确的新分野的时候，"中体西用"也就依然充当着一切不完全反对西学的各色人等的共同口号。①诚如梁启超所说，这个口号一时还颇为风行：

> 甲午丧师，举国震动。年少气盛之士，疾首扼腕言"维新变法"。而疆吏若李鸿章、张之洞辈，亦稍稍和之。而其流行语，则有所谓"中学为体，西学为用"者，张之洞最乐道之，而举国以为至言。②

梁启超的这种描绘，大致符合事实。不过举国把"中体西用"当做至言，这只能算是一种表面现象，事实上在共同尊崇"中体西用"的表面现象下已经产生出实质性的尖锐分歧。梁启超的上述描述，是过于肤浅了。

洋务后期，一批通过亲身经历或各种媒介手段而较为了解西方资本主义状况的新型知识分子，逐步在洋务派中培育出来。以薛福成、马建忠、郑观应、钟天纬等人为代表的激进人士，虽然在政治上、职分上和隶属关系上仍然是洋务派营垒中人，但在思想见解上已经开始明白办洋务的路数之不可恃，开始议论如何才能突破摹习西方器物技艺框架、谋求从根本上学习西方的救国新方案。在文化观上，他们口口声声维护着"中体"，实际上却把注意力投放到如何才能学习那个一向以为绝无可取之处的"西体"上去。到了甲午丧师之后，批评舍本逐末的议论，更是蜂拥而起，洋务派内部也阵脚大乱。例如，光绪二十二年秋（1896年），曾是曾国藩、李鸿章重要幕僚的吴汝纶，在一封信中就大加批驳"不悖正道，兼启新法，收礼失求诸野之近效，峻用夷变夏之大防"的论调。其实这种论调，如果放在洋务前期，也还算得上一种颇为开明的"中体西用"式主张，可

---

① 这个口号，也正是戊戌前才趋向规范，以"中学为体，西学为用"为基本表述模式。如《万国公报》曾连续发表文章，论及"中体西用"。1885年该报第75卷发表的沈康彭《救时策》一文中说："中西学问，本自互有得失，为华人计，宜以中学为体，西学为用。"次年该报第84卷发表的吴之榛《上张香帅请设中西学堂书》中也写道："请于大贤者，则'中学为体，西学为用'，冀开海内风气。昔汉家之治，王霸杂糅，今运会而遭，酌征中外，名虽变而实不易。舍是谋富强，戛戛乎其难之。"

② 《清代学术概论》，《饮冰室合集·饮冰室专集之三十四》，中华书局1989年版，第71页。

是到了 90 年代情形大变，洋务派中像吴汝纶这样的较有知识的人也视其
为大谬不然了。吴汝纶写道：

> 天算格致等学本非邪道，何谓不悖正道？西学乃西人所独擅，中
> 国自古圣人所未言，非中国旧法流传彼土，何谓礼失求野？周时所谓
> 东夷、北狄、西戎、南蛮，皆中国近边朝贡之蕃，且有杂处中土者。
> 蛮夷僭窃，故《春秋》内中国，外夷狄。孟子所谓"用夷"，"夷"
> 谓荆楚。楚，周之臣子而僭天子，宜桓文之攘之也。今欧美二洲，与
> 中国古不通，初无君臣之分，又无僭窃之失，此但如春秋列国相交，
> 安有所谓夷夏大防者？此等皆中儒谬论。以此边见讲求西学，是所谓
> 适燕而南辕者也。①

吴汝纶虽然还是把西学限在天算格致的范围内，但是这种认识的出
现，无疑是对按照"中体西用"、"中本西末"为模式讲求西学的"边见"
（偏见）的批判，只不过他没有公开提出参照"西体"实行变法的主张，
没有公开主张改变"中体西用"的观念而已。洋务派中出现这样一些议
论，说明了在戊戌变法的前夕，中国文化论坛上，有别于惟以办洋务为事
的"向西方学习"的新高潮已经兴起，"中体西用"的模式已经无法框住
这种新的文化主张、新的思想内容。

不过，康有为、梁启超为代表的维新派人士，为着提出变法的学理和
根据，而"冥思枯索，欲以构成一种'不中不西即中即西'之新学派"②
时，还是小心翼翼地打着"中体西用"的旗号。从光绪到康有为，他们在
决心推行变法措施、发表变法议论的时候，常常是先把"中体西用"当做
天经地义的口号打出来，充当护身符。光绪在下决心"变法自强"的著名
的《明定国是诏》中，号召王公士庶"博采西学之切于时务者实力讲求"
时，就在前面先写上一句限制性的导语："以圣贤义理之学植其根本。③"

---

① 《桐城吴先生尺牍》卷一，第143—145页。
② 《清代学术概论》，《饮冰室合集·饮冰室专集之三十四》，第7页。
③ 《大清德宗景皇帝实录》卷四一八，第15页。

当然，光绪说这番话的主要目的，是在于提倡实力讲求西学，这是很清楚的。下决心要把大小书院一律改为兼习中西学的学校，就足以表明当时他的基本倾向，何况他还有将"不在祀典"的民间祠庙一律改为学堂的激进主张；至于所定需兼习之中学与西学，他也没有做任何"主辅"、"本末"之类的规定。① 康有为在代宋伯鲁所拟关于改革科举制的奏折中说："夫中学体也，西学用也；无体不立，无用不行。二者相需，缺一不可。"② 梁启超也说："舍西学而言中学，其中学必为无用；舍中学而言西学，其西学必为无本。无用无本，皆不足以治天下，虽庠序如林，逢掖如鲫，适以蠹国，无救危亡。"③ 不难看出，康梁的这种"中体西用"论，只不过是在以不偏不倚的态度，表示他们对中学西学的并重，主张两者相需不能偏废，也就是说，这只能看做一种表态式的言辞罢了。其实，康有为所力倡并为光绪基本采纳的以彼得改制、明治维新为蓝本的变法方案，决心改变祖制之意图，这时已成为路人皆知的事。相应地，托古改制的康梁"新学"对于"中体西用"论式的突破已经无从掩饰，再做什么拥护"中体西用"之类的声明，也难以使人相信了。与洋务派激进分子不同，维新派思想家毫不含糊地挑明，他们和洋务派之间，不仅在政治见解上，而且在文化观念上，存在着尖锐分歧。在他们看来，洋务派正是由于文化观念上的错误——对于西方文化认识上的错误，才导致出政治见解上的错误。维新派抨击洋务派学西方只是学其枝节，而未学其根本，所以"只知变事，不知变法"，于救国事业无补。康有为说他们"稍言变法，而成效莫睹，徒增丧师割地之辱者，不知全变之道。或逐末而舍本，或扶东而倒西，故愈治愈棼，万变而万不当也"④。严复说得更尖锐，把办洋务叫做"盗西法之虚名，而沿中土之实弊"。⑤ 他还说洋务派所见所闻，不过是西学

---

① 《大清德宗景皇帝实录》卷四二〇，第9页。
② 《奏请经济岁举归并正科并各省岁科迅即改试策论折》（光绪二十四年五月二十日），《东华续录》卷一四五，第6—7页。
③ 《西学书目表后序》，《饮冰室合集·饮冰室文集之一》，第129页。
④ 《日本政变考》卷九。
⑤ 《救亡决论》，《侯官严氏丛刊》卷四。

"形下之粗迹"，而非"命脉之所在"。① 梁启超则说："中国向于西学，仅袭皮毛，震其技艺之片长，忽其政本之大法。"② 谭嗣同更对洋务派的西学观，作了辛辣的嘲笑，他写道："中国数十年来，何尝有洋务哉？……足下所谓洋务，第就所见之轮船已而，电线已而，火车已而，枪炮、水雷及织布炼铁诸机器已而。于其法度政令之美备，曾未梦见。……凡此皆洋务之枝叶，非其根本。执枝叶而责根本之成效，何为不绝无哉？"③ 维新派人士发表这类言论，政治目的是明快而直露的，无非是在说，靠着补漏弥缺的办法无法克服中国面临的危机，只有立即实施"扫除更张，再立堂构"的大变全变之治本办法，改制变法，才是惟一出路。维新派既然批评了洋务派只学西学枝叶，那就不能不把一个重大的关于文化观念的新争端推上前台。事实上，当着维新思潮兴起之际，长期以来"举国奉为至言"的"中体西用"文化观，立即受到尖锐的挑战。虽然维新派还利用着"中体西用"的口号，但是通过他们对洋务派的批评，实际上也就在中西文化关系问题上，提出了一系列连锁性的问题，迫使人们去思考和觅求答案。

既然指出西学有枝节、皮毛，那么就必须明确说明究竟什么是西学的主干、本体？

既然认为西方导致富强的根本原因，不在器物技艺之"末"，而在政法学理之"本"，那么中国为着也像西方国家一样走上富强之路，究竟应该怎样对待西学之"本"？

既然吸取西学之"本"的重要性大于摹习西学之"末"，那么在引进西学的过程中，究竟应该怎样处理中学和西学的关系？究竟应该怎样看待中学，它能不能成为维新派所提倡的"新学"的"体"或"本"？

这些在洋务后期已经开始引人注目的问题，这时以更加逼人的势态，摆到人们面前。维新派思想家们，以革新者的勇气和自信，奋力破除成见，就哲学文化观念问题，作出了当时社会状态下惊世骇俗的回答。尽管为时代条件所限，他们着力新建的文化观中包含着众多的杂质、惊人的混

---

① 《论世变之亟》，《侯官严氏丛刊》卷五。
② 《上张南皮尚书书》，《饮冰室合集·饮冰室文集之一》，第 165 页。
③ 《报贝元徵》，《谭嗣同全集》卷三，中华书局 1981 年版。

乱、纷纭的歧见，以及随着政治气候的变化而不断产生着摇摆与分化，但是应当说，作为维新思潮主体的康梁"新学"，就其实质而不就其声明来看，它已经不是"中体西用"的拥戴者，相反地，它事实上已经成为"中体西用"论的掘墓人。康有为固然为着变法改制而时时不忘托古、尊圣、崇经，但是他在中西会通的基本思想的指导下，力主"折取""泰西政教"之长，用来变中国之成法，这是始终一贯而从不含糊的。所以，以康有为为代表的维新人士所提倡的"会通中西"文化观，并不是仅仅停留在泛泛地论述中西文化可以互补，更不是在标榜"中体西用"。这时康有为等对于西方文化的认识，已经进展到确认"泰西之强不在军兵炮械之末，而在其士人之学"。他认为，西方国家之所以能够"开辟地球，横绝宇内"，根本原因是在于"新法之书，一名一器，莫不有学"。① 因而他们提倡"会通中西"的实际用意，无非是在提倡学习西方资本主义国家治国建邦的西学，推进中国的变法改制，以求达到"欧美之新法，日本之良规，悉现于我中国大陆"的目的。可见，康梁"新学"的中西文化观已远非"中体西用"论所可包容，即使说他们还打着"中体西用"的招牌，也是名存而实亡、名是而实非了。在反对变法改制的一些人士看来，维新派的"中体西用"之类的声明，无疑是口是心非的。他们看穿了维新派口头上表示尊奉"中体西用"原则，实际上却是要在"西用"的名义下引进作为"西体"的根本政教法度，并以之改变"中体"旧制，因此他们才愤然以"中体"卫道者的姿态站出来，宣讲他们心目中真正的"中体西用"，用以反对康梁"新学"。

可见，当着维新思潮兴起之际，"中体西用"论的现实作用起了重大变化。对于维新派来说，它确实已经成为一种不起实质性作用的套语，可是当时它在文化论坛上确确实实还有很大作用，只不过这并不是推动维新的作用，而是反对维新的作用了。梁启超所说的最乐道"中体西用"的张之洞，恰恰就是用这种"中体西用"论来反对康梁"新学"、反对维新变法的主要代表。"中体西用"的形式未变，但基调变了，从提倡西学的革新基调一变而为反对以西方为模式实行变法改制的保守基调。

---

① 《日本书目序》，上海大同书局版，第 2 页。

　　"中体西用"文化观发生这一实质性嬗变，有着具体的时代背景。甲午之后，随着维新思潮的勃兴，文化战线上的老对手——守旧派与洋务派之间的关系，相对缓解下来，他们在文化思想上渐趋合流。这种合流的趋势是双向的：一方面，守旧派观念的主调，渐从"排外拒洋"转为"中体西用"；坚持"排外拒洋"者，固然有之，但已较为沉寂，或者说暂时缄默。另一方面，洋务派的"中体西用"文化观，形式上虽无变化，实际上却逐渐发生了重点转移，从强调"西用"以反对守旧派，逐渐转为强调"中体"以反对维新派。特别是随着变法高潮的到来，旧的统治秩序受到致命震撼之际，维新与洋务立呈分道扬镳的阵势，这时候洋务派中有些已具有相当激进的改革见解的人士，并没有因时俱进成为维新变法的中坚；而以张之洞为主要代表的一些洋务派头面人物，则公然出面和维新思潮划清界限，变成了反对维新变法的卫道者。他们的这种做法，固然是从现实政治力量的对比出发而采取的一种保身之谋，但也确实表露出他们在文化观念、价值取向上，与康梁"新学"存在着本质差异。

　　在张之洞幕府中干了二十多年，并且深受张之洞倚重的辜鸿铭，在《张文襄公幕府纪闻》中对张之洞思想倾向的演变，做过概括的描述。他说，张之洞一派"清流党"，早年便不满曾、李；而所不满者，是认为曾、李"所定天下之大计"，"仅计及于政，而不计及于教"。"清流党"不同，是以维持名教为己任的。接着，辜鸿铭写道：

　　　　洎甲申马江一败，天下大局一变，而文襄之宗旨亦一变。其意以为非效西法图富强无以保中国，无以保中国即无以保名教。显然，文襄之效西法，非慕欧化也；文襄之图富强，志不在富强也。盖欲借富强以保中国，保中国即所以保名教。吾谓文襄儒臣者以此。厥后文襄门下如康有为辈，误会宗旨，不知文襄一片不得已之苦心，遂倡言变法行新政，卒酿成戊戌庚子之祸。东坡所谓"其父杀人报仇，其子必且行劫。"呜呼，文襄之作《劝学篇》，又文襄之不得已也，绝康梁并以谢天下尔。韩子曰："荀子大醇而小疵"，吾谓文襄亦云然。①

----

① 《张文襄公幕府纪闻》卷上，《辜鸿铭文集》岳麓书社1985年版，第7—8页。

　　辜鸿铭说张之洞"效西法"、"图富强"的最终目的是在"保名教"，这种逻辑未免牵强可笑，至于婉转指责张之洞不得已"效西法"而构成"小疵"，于"戊戌庚子之祸"的形成有责，乃不得不作《劝学篇》以"绝康梁"、"谢天下"，这倒是颇为生动地描述出戊戌时张之洞一派人士之所以大事张扬地鼓吹"明纲""保教"的心理状态。他们是在借此以划清与康梁的界限，保全自己。张之洞等这时倾力宣讲"中体西用"，正是为着向康梁"新学"揭立敌帜。

　　在洋务运动时期，"中体西用"论虽逐步有所发展，但其基本宗旨却始终是着眼于阐释在不触动"中学为体"的前提下，采纳西学以为用的必要。而今在维新派起来提倡变法改制的新形势下，张之洞等洋务派人士依旧把"中体西用"作为他们的文化论纲，不过这时他们标榜"中体西用"的意图，已经变成是在强调采纳西学以为用的时候，必须把中学确立为思想行为的准则了。光绪二十三年年初（1897 年）管理书局大臣孙家鼐奉旨筹办京师大学堂。筹办京师大学堂，这是实行新法新政的一项重要措施，旨在提倡中西兼学，尤重于讲求西学。[①] 可是，孙家鼐为京师大学堂所拟的宗旨，却是与康有为提倡的"以日为师"变法改制的精神大相径庭。他在向皇帝所上奏章中，关于筹办京师大学堂"六事"的第一项，即是：

　　　　一曰，宗旨宜先定也。中国五千年来，圣神相继，政教昌明，决不能如日本之舍己芸人，尽弃其学而学西法。今中国京师创立大学堂，自应以中学为主，西学为辅，中学为体，西学为用。中学有未备者，以西学辅之；中学其失传者，以西学还之。以中学包罗西学，不能以西学凌驾中学，此是立学宗旨。日后分科设教，及推广各省，一切均应抱定此意，千变万化，语不离宗。[②]

_____

　　① 参见光绪二十四年四月二十三日、五月二十二日《上谕》，《大清德宗景皇帝实录》卷四一八，第 15 页；卷四二〇，第 9 页。
　　② 《议复开办京师大学堂折》，《皇朝经世文新编》第五上，第 17—20 页。

可以看出，孙家鼐讲"体"、"用"之别，是为着明确"主"、"辅"地位的不同。他坚持的原则是，只能"以中学包罗西学"，不允许"以西学凌驾中学"，反对像日本那样"舍己芸人"，"尽弃其学而学西法"。这种在承办提倡西学的事务时，偏要强调"中学为体"的议论，是表达了认识仍停留在早期洋务观念的当权大员们对变法改制的担心。孙家鼐在上奏折请求印发《校邠庐抗议》供变法参考的同一天（光绪二十四年五月二十九日），还上了一道《奏译书局编纂各书请候钦定颁发并请严禁悖书疏》，疏中对一般中西书籍均持宽容态度，惟有对康有为著述中有关"孔子改制称王"的言论极力抨击，主张加以严禁，理由是："窃恐以此为教，人人存改制之心，人人谓素王可作。是学堂之设，本以教育人才，而转以蛊惑民志，是导天下于乱也。"① 可见，在变法高潮中，在执行和实施新政的过程中，打起当时为统治阶层所不敢非议的"尊崇中学，以立根本"的这面旗帜，无论就其所具的合法性来看，还是就当时广大知识层所宜于接受的程度来看，都无疑是架起了一道维新派最难突破的思想防线。② 况且，正在热衷于推行新政的光绪帝，对于张之洞的《劝学篇》也大加赞许。光绪二十四年（1898年）六月初七下达的《上谕》说它"持论平正通达，于学术人心大有裨益"，并且着令印发各省督抚学政各一部，"广为刊布，实力劝导，以重名教而杜卮言"。③ 于是《劝学篇》乃得以挟朝廷之令而风行海内，十日中三易其版，俨然成为处理中西文化问题的官方定论。康梁等维新派人士当时的确也没有公开否定"中学为体"的见识和胆略，因此面对张之洞诸人以"中体西用"为堂皇旗号发动对"新学"的攻击时，康梁等就处在了一种无力反驳的尴尬境地。而守旧派则从张之洞"明纲"

---

① 见《戊戌变法》（二），第431页。

② 这里是就"中体西用"文化观在当时所具的舆论倾向而言，至于就孙家鼐个人来说，他在办学态度上并不是事事都奉中学为"宗主"，也还没有硬要用中学包罗西学。例如，他在办医学堂的问题上，毫不含糊地指出中国医学衰落的事实，批评儒家把医学当做小学的错误，称赞泰西把医科列于大学、重视医药事业的做法。他在办医学堂的宗旨上，明确主张中西并重。他写道："臣考中西医学各有所长，考验脏腑，抉去壅滞，中不如西；培养根本，辨别虚实，西不如中。"这种态度，不能不说还是颇为开明，颇有革新精神和首创精神的（见《遵旨详拟医学堂办法折》，光绪二十四年七月二十九日）。

③ 光绪二十四年六月初一《上谕》，见《戊戌变法》（二），第43页。

"宗经"的论说中得到了支持和鼓舞，他们对《劝学篇》交口称誉，引为同道，有的人则干脆把张之洞奉若讨伐康梁"新学"的盟主了。

张之洞编著《劝学篇》，是针对康梁"新学"而发的，这在其《序》中已经讲得很明白。张之洞明言，他所反对的重点，在于那些"恢诡倾危乱名改作之流"制造出来并横流天下的"邪说暴行"。《劝学篇》虽未曾提及"中体西用"的术语。但是"中体西用"确为《劝学篇》贯彻全书的基本思路。也可以说，"中体西用"就是张之洞在《劝学篇》中提出的与康梁"新学"相对立的文化纲领。例如，《劝学篇》批评治学的偏颇，则说："旧者不知通，新者不知本。不知通则无应敌制变之术，不知本则有菲薄名教之心。"介绍该书的体例，则说："内篇务本以正人心，外篇务通以开风气。"又说："内篇所言皆求仁之事也，外篇所言皆求智求勇之事也。"① 不偏不倚的口气里，"本"与"末"、"体"与"用"区分得是一清二楚的。《劝学篇》批评康梁"新学"的理由，无一不是按照这种文化观推演出来的。

在《劝学篇》中，对康梁"新学"的批评，集中于《内篇》，其议论的重点是两个：一是推崇纲常，二是反对民权。两者相呼应，再加以其他角度的论证衬托，便把坚持还是反对"中学为体"，作为他们和康梁"新学"的根本分歧所在，表达清楚了。

"明纲"说，是从论证三纲为神圣原则的角度，说明"中学为体"具有绝对性质。张之洞在论述这个问题时，与一切守旧人士有个共同之处，就是只管宣布三纲必然具有不可变易的神圣性质，而根本不去回答三纲何以神圣、何以不会变易的问题。他说，"三纲为中国神圣相传之至教，礼政之原本，人禽之大防"②。又说，三纲乃"五伦之要，百行之原，相传数千年，更无异议"③。这都是为着证明三纲是"不可与民变革"的政治的本原、文化的主体。按照这样的准则，举凡鼓吹资本主义性质的文化观念、主张实行资本主义性质的政治改革，自然均属荒诞悖谬之论。所以他

---

① 《劝学篇·序》，《张文襄公全集》卷二〇二，第14页。以下凡引自该篇者，仅注各章题目。
② 同上。
③ 《明纲》。

写道："故知君臣之纲，则民权之说不可行也；知父子之纲，则父子同罪、免丧、废祀之说不可行也；知夫妇之纲，则男女平权之说不可行也。"① 这种非常霸道的宣判，与守旧派言论是毫无二致的，他只不过是凭借长期居于统治地位的宗法专制制度及其相应的文化与习俗，来垄断舆论，震慑人心。不过，张之洞确有高明于守旧派之处，由于他毕竟对外国情况有较多的了解，所以他没有再用"严夷夏大防"的理由来论证中国纲常名教的优越。虽然他也说尊崇不变的纲常，"乃是圣人之所以为圣人，中国之所以为中国"的根据所在，但是他不仅不说外国都是不懂礼义、没有伦常的夷狄蛮邦，相反地却努力证明外国也是尊崇君臣、父子、夫妇三纲的。他说，西方各国和中国有差别，礼仪文明不及中国，不过"西人礼制虽略，而礼意未尝尽废"，"西国固有君臣之伦"，"西国固有父子之伦"，"西国固有夫妇之伦"。这样说来，三纲就真像是具有与人类社会共在的绝对普遍性质，不仅古今不易，而且中外相通。张之洞正是依据这样的论证，以十分自信的口吻宣称："诚以天秩民彝，中外大同，人君非此不能立国，人师非此不能立教。"他说，一切提倡民权平等观念、希图改变纲常礼制的主张，不过都是专门援引西方的"秕政败俗"，"欲尽弃吾教吾政以从之"。至于"创废三纲之议"，更是"怵心骇耳"的"非驴非马"谬论。他断言："中无此政，西无此教"，"地球万国将众恶而共弃之"。② 如果说把三纲看做中外共有的通则，是张之洞较诸顽固守旧派的高明之处，那么也应当说，张之洞对西方情况的这种理解，在逻辑上也就给"中体西用"论式自身埋下了无法克服的矛盾：既然西方也普遍存在并推崇三纲，那又何必独标"中学为体"，而把西学的意义只限定于"用"呢？如此说来，中国按照符合三纲的西政西教，改革变法，以求富强，又有何不可呢？张之洞陷入无法解脱的悖论中。

应当承认，在晚清的具体时代背景中，认识到西方社会和中国一样，也有其处理人与人关系的道德准则，而中西道德准则间也存在着某种共同性，这就是中西文化认识上的一大进步。文化观念的这种进步，是随着风

---

① 《明纲》。
② 同上。

气的逐渐开通，许多人对西方的实际状况有了较为切实的了解而形成的。如果把张之洞这样的文化观念和谭嗣同在这个问题上的文化观念作一比较，便会看到他们之间存在着惊人的相似之处。谭嗣同在著名的《报贝元徵》书中，花了很大篇幅，论证圣人之道的普遍性。他极力证明"道非圣人所独有"，"尤非中国所私有"。他说："彼外洋莫不有之"，理由是："夫伦常者，天道之所以生生，人道之所以存存，上下四旁亲疏远迩之所以相维相系，俾不至瓦解而土崩。"他认为，外国也有君臣、父子、夫妇关系，他们的伦常习俗虽不同于中国，但是仁、义、礼、智、信五伦具备，"果未有一举伦常而无之也"。"使彼无伦常，则不相爱，不相育。彼吞此噬，攻斗涣散，族类澌灭久矣。尚安能举国一心，孜孜图治，一旦远出中国上，如今日乎？"他的结论是，把外国看成禽兽，把"放之四海而皆准"的"圣人之道"看成"中国所独有"，"仅足以行于中国"，那就不是尊圣人，而是"自小而小圣人"了。① 这番议论，虽然偏重于论证五常的普遍性，而不是着重论证三纲的普遍性，但是，就其总体而言，无论在内容上，还是在逻辑上和形式上，与《劝学篇》的"明纲"说，都是极其相似的。不过，绝妙之处却在于，张之洞和谭嗣同从关于中西文化有着共同伦理原则的相似的论述中，各自引出的是非判断、行为宗旨，竟是截然相反。张之洞是以西方尊重纲常为论据，证明中国的政治文化举措更应以尊崇三纲为宗旨，不得借口学西方而改变和破坏古圣先贤奠立并传承数千年的圣人之道、法度政体；而谭嗣同则是以西方的民主制度合乎圣人之道为论据，证明中国完全可以放手学习符合圣人之道的西方美备的"政令法度"，彻底改变"二千余年暴秦之弊法"，变法图治，并且说这才算是真正在中国维护和恢复圣人之道。结论何以如此南辕北辙？其分水岭无疑在于反对还是赞成西方资本主义的民权观念；反对还是主张在中国彻底改变君主专制的政治制度，实行民主的或"君民共主"的新制度。

尽管康有为在推行变法前后均未公开发表过提倡民权的言论，但是反变法的各派一致把民权说看成康梁"新学"的要害——变法改制的理论依据。反变法派的这种判断，不能说是没有道理的。早在洋务后期，有些激

①　《报贝元徵》，《谭嗣同全集》卷一。

进人士已经看到西方国家政序人伦的特色。他们不同于张之洞，不是从相同处，而是从相异处，看到了中西文化的差异，看到了资本主义社会革新除中国一贯尊崇的那种宗法纲常的事实。例如钟天纬在给友人的一封信中，便以相当明朗的赞赏态度介绍了西方"人伦三变"（即君权民授、成年子女独立、男女平等婚姻自由）的情况。① 维新变法思潮兴起，康有为的众多门徒和支持者，更是屡屡在报刊上和讲堂上公开鼓吹民权说，私下的言论那就更为激烈。康有为本人，也早在戊戌变法十年前就做过"吾谓百年之后必变者三：君不专臣不卑，男女轻重同，良贱齐一"的预言。② 所有这些或直爽或委婉的说法，无疑都是民权观念在中国的萌芽。况且维新派提倡的变法改制本身所图谋实施的实质性改革，就是要变君主专制的政治制度为君主立宪的政治制度；而君主立宪自然是要通过采取限制君权扩大民权的设议院、立宪法一类措施，把宗法的专制政权改变为资本主义性质的政权。所以，维新派变法改制的主张，不管其公开口号和实践手段是主张直接实行"君民共主"，还是推重君权而寄希望于"乾纲独断"，也不管变法的首领如康有为，主观上如何回避民权观念，其实质上却只能是以承认民权在国家政治生活中具有举足轻重的作用，作为他们的政治主张立论的前提。这是因为，只有承认民权的作用和价值，才得以推断出中国沿袭几千年的君权专制的旧制已为时代所不容，成为国家发达兴旺的最大障碍，除变法改制，别无出路。

张之洞之所以在《劝学篇》专辟"正权"一章，反复驳斥民权观念，正是由于他意识到如何对待民权问题，乃是他们与康梁"新学"间分歧的焦点所在。在维新变法高潮中，张之洞抨击民权说是不遗余力的。他和一切守旧派一样，以不容置疑的口吻，把民权说宣布为"无一益而有百害"的"召乱之道"，并且预言"使民权之说一倡，愚民必喜，乱民必作，纪纲不行，大乱四起"③。对民权说的仇视与恐惧，真是溢于言表。足见《劝学篇》的主旨，就是在主张中西兼习的大题目下，借助"中体西用"

---

① 《与程禧之书》（庚辰辛巳），《刖足集·内篇》。
② 《康子内外篇·自我篇》。
③ 《正权》。

的论式，反对西方资本主义文化中的民主主义精华。洋务运动中兴起的"中体西用"文化观，它的宗旨，它的社会作用，终于在维新高潮中发生蜕变。"中体西用"已经不再是领导社会革新的新思潮，而是变成了一道阻挡汹涌的维新大潮的拦河坝。这时的"中体西用"论，才变成了一种以保守为基本倾向的文化观。

洋务派文化观的新矛盾：反维新而倡西学

虽然守旧派把张之洞为代表的洋务派人士看成反对维新派的同盟军。可是如果说戊戌期间张之洞为代表的洋务派，在文化观上已经完全与顽固守旧派沆瀣一气，那也是不公道的。《劝学篇》还是十分期待学习西学的。虽然张之洞所主张的是在"三纲为纲"的前提下学习西学，但他毕竟非常明确地认识到对于当时的中国来说，大力学习西学已是一项极端重要并极端迫切的当务之急。在这一点上，张之洞的见识，与守旧派那种无知而蛮横地鄙薄和排拒西学，显然是不一样的。《劝学篇》在驳斥维新派的大前提下，还是相当郑重地阐述了学习西学的重要性，颇为详尽地介绍和解释了他所提倡的学习西学的内容与方法。

从这种意义上可以说，张之洞通过《劝学篇》想达到双重目的：固然要借此和维新派划清界限，但同时也委婉地有保留地表达他对新法新政的若干赞同之处。所以，并不能说他在提倡"务本以正人心"的同时又提倡"务通以开风气"纯属故作姿态、伪装开明。事实上，张之洞在他认可的范围内提倡中西学并重，的确也不能说完全没有诚意。《劝学篇》分作内外二篇的这种结构，已经表明其"中体西用"的宗旨，是具有双重性的，也就是说，他的"中体西用"论包含着"中体"与"西用"兼纳并取的这层意图。所以，仅仅指出张之洞的"中体西用"论是反对维新学说的保守的文化观，还是不够全面的。就反对维新派变法改制的主张而言，《劝学篇》重在强调"中体"；但是张之洞并不因此而轻视"西用"，他不像叶德辉之流，把西学完全看成无用邪说，以为只靠"正人心"，就可以振衰起颓救中国。

应当承认，从《劝学篇·外篇》所列章目看，张之洞支持和提倡的西学，范围是颇为广泛的。从益民智的原则设想，到兴学堂、广游学、译书办报、改革科举、开矿修路、设立农工商兵诸学等新政事项，均有所设计策划。这些都表明，张之洞的确认为在他所认定的不会触动"三纲"礼教原本的限度内，这些新政还是该实施的，并且认为这种有限度的变法恰为中国之急务。正因为这样，张之洞才把内外篇二十四章的总精神，概括为"五知"："一知耻。耻不如日本，耻不如土耳其，耻不如暹罗，耻不如古巴。二知惧。惧为印度，惧为越南、缅甸、朝鲜，惧为埃及，惧为波兰。三知变。不变其习，不能变法；不变其法，不能变器。四知要。中学考古非要，致用为要。西学亦有别，西艺非要，西政为要。五知本。在海外不忘国，见异俗不忘亲，多智巧不忘圣。"① 其间含糊不清的观念姑且不论，从这段论述中大体可以看出，张之洞对国际大势和中国所处的危亡处境，还是有所认识的。他之所以要强调学西学的重要性，也正是从这种对现实形势的观察中得到的结论。《内篇》中《循序》一章。立意本是要讲学习西学必须先学好中学，打好底子，以免误入歧途；可是开篇第一句，却是强调必须学习西学，赫然写道："今欲强中国、存中国，则不得不讲西学。"② 把学西学的意义，明确规定为决定国家前途，救亡图存的必经途径，这不能不说他对西学的重视程度是相当高的。

当然，张之洞挖掉民权之魂，来谈论讲西学、致富强的道理，未免遗珠买椟，无法把近代资本主义文化的精华所在，真正用到解决中华民族命运的根本大计上来。可是也应当看到，张之洞当时重视西学、试图调和中西的设想中，也包含着合理的积极的文化观念成分。这一点，在《外篇》的《会通》一章中，表达得比较充分。

由于有推崇"中体"的思想在作怪，所以张之洞主张的中西会通思想，与康有为的中西会通思想，是有差别的。张之洞的会通观，没有破除中西文化界限、创制新文化学说体系的内涵。但是，两种会通观之间，确也有相通的甚至相同的内容。和康有为一样，张之洞关于中西文化会通的论述，也是强调了西学与中国古圣先贤的文化遗存不仅不相冲突，而且精

---

① 《序》。
② 《循序》。

义相通，从而证实西学是可以采纳并且是必须采纳的。他在《会通》章内，不厌其烦地罗列了近代西方学术、技艺、政策以及各种观念、风尚习俗，与中国古代经籍的精神义旨的相通之处。他不仅把西方现有的农、林、工、商、格致、化学、工艺、修路、开矿、练兵、造机器、办学堂、办报馆、倡游学、设立博物院和赛珍馆，以至做体操等，都从中国的四书、《周礼》、《左传》以及其他典籍中找到立义的依据，甚而连他所认定中国还难以实行的议院制，也从《周礼》中查出根源，他的结论是："凡此皆圣经之奥义，而可以通西法之要旨。"① 和康梁"新学"相比，张之洞的这种中西文化义旨相通的议论，除掉避而不谈"改制"这个要害而外，几乎是没有什么差别。而且张之洞在作这番议论时，还小心翼翼地与那种说西学都是中国古已有之的庸俗观点划清界限。他特意说明："然谓圣经皆已发其理，创其制，则是；谓圣经皆已习西人之技，具西人之器，同西人之法，则非。"② 这就是说，现代西学其要旨虽与中国圣经的奥义相通，中国的圣经虽是现代西学创始的本源，但是古代的中国圣经并不等于、也不能替代现代的西学。这道理讲得无疑是很明智的。如果把两者说成完全一模一样，那再提倡西学岂非纯属多余。

尤其值得注意的是，张之洞借助"西学中源"说证明西学可学可用时，不仅指出了中西文化义理相通而内容不等，并且还依据"今胜于古"的文化进化论进一步阐释了两者何以不相等。张之洞列举"中土之学术政教东渐西被"的史实，说明他相信这个文化曾有如下西传的历史："先化佛国，次被欧洲，次第显然，不可诬也。"③ 接着，他便论证说，这个文化传播过程，是一个演变的过程。"中土"学术虽然流被西方，"然而学术治理，或推而越精，或变而失正，均所不免"④。接着，他又进一步肯定了这种文化的演变趋势是进化的必然之势：

　　且智慧既开以后，心理同而后起胜，自亦必有冥合古法之处，且

① 《会通》。
② 同上。
③ 同上。
④ 同上。

必有轶过前人之处。即以中土才艺论之，算术、历法诸事，陶冶、雕织诸工，何一不今胜于古。谓圣人所创可也，谓中土今日之工艺不胜于唐虞三代不可也。万世之巧，圣人不能尽泄；万世之变，圣人不能预知。①

不可否认，张之洞的文化进化论，是很精彩很有创新精神的。虽然所举例证仅限在"工艺"的范围之内，但敢于说"谓中土今日之工艺不胜于唐虞三代不可也"，这在当时无疑是一大思想解放。何况人们会举一反三，想到"工艺"之外的学术文化，也必当"今胜于古"。张之洞在这段议论中，还巧妙地避开了难题。本来题目是作在说明西学本自中源，从而证实引进无碍，可是议论到"今胜于古"的时候，陡然转换成"即以中土才艺论之"；"西土"如何呢，避而不谈了。答案自在不言中。他的议论的逻辑，本来就是想说，西学中的许多学问源自中学又胜于中学，只不过有所顾忌，碍于出口而已。正因为内心所思的实情是这样，所以张之洞对于守旧派以种种借口排拒西学，批评得非常尖刻。他说，西法在中国六经古史中找不到明文依据而一概屏斥，那是"自塞"；借口西法均为中学所已有而不肯学习，那是"自欺"。他说，不管这些西学西法，在中国经籍里"灼然可据"，还是"于古无征"，只要"无损于圣教"，"有益于中国"，都可以学过来；"不必尽索之于经文，而必无悖于圣义"。他并且把这种议论，表达为一段讥讽守旧派的绝妙文字：

> 如其心圣人之心，行圣人之行，以孝弟忠信为德，以尊主庇民为政，虽朝运汽车，夕驰铁路，无害为圣人之徒也。如其昏惰无志，空言无用，孤陋不通，傲很不改，坐使国家颠隮，圣教灭绝，则虽弟佗其冠，神禫其辞，手注疏而口性理，天下万世皆怨之詈之，曰此尧舜孔孟之罪人而已矣。②

① 《会通》。
② 同上。

按说对于近代西学的先进性和中国学习它的必要性，张之洞在这里讲得算比较充分了，可是他在淋漓尽致地批评守旧派排斥西学的"自塞""自欺"之后，却赶快补上一条，批评所谓"自扰"。什么是"自扰"？他是说"溺于西法者，甚或取中西之学而糅杂之，以为中西无别"。这条批评，概括得很混乱，但其矛头无疑是指向康梁"新学"的。这明白无误地表露出张之洞的中西会通主张，贯穿着他的左右开弓的"中体西用"论的两重性，它是在着重批评维新派的同时又要批评守旧派的双刃宝剑。所以他才认为"中体西用"论是处理中学和西学关系的两全其美的办法："以中学为体西学为用，既免于愚陋无用之讥，亦杜离经叛道之弊。"① 张之洞提倡中西会通，贯穿的就是这种精神。

张之洞的中西会通观，是以中学西学不能"糅杂"为限的。从形式上看，他主张中西会通，是力图调和中学西学，事实上他却是认为两者作用不同，只能"各司其职"，不能融汇，不能合一。正因为如此，他在提倡中西会通、讲习西学的论断中，仍旧强调"中学为内学，西学为外学。中学治身心，西学应世事"。② 可见，这种"中体西用"的文化会通论，并不是真正在提倡两种文化"水乳交融"。试想，中学难道没有"应世事"的作用？西学难道没有"治身心"的功能？张之洞无法回答这样简单的问题。

张之洞的中西并重说，与康梁的中西并重说之间，存在着看似细微实则巨大的差别。康梁提倡中西并重，甚至也标榜"中体西用"实际上他们是在主张中国仿照"西体"改制变法。例如，光绪二十三年（1897 年），对张之洞还希冀甚重的梁启超曾在《上张南皮尚书书》中，提出办"政治学院"的主张，他写道：

> 故为今之计，莫若用政治学院之意以提倡天下，因两湖之旧而示以所重。以六经诸子为经，而以西人公理公法之书辅之，以求治天下之道；以历朝掌故为纬，而以希腊、罗马古史辅之，以求古人治天下

---

① 《两湖经心两书院改照学堂办法片》，《张文襄公全集·奏议》。
② 《会通》。

之法；以按切当今时势为用，而以各国近政近事辅之，以求治今日之天下所当有事。

梁启超说，学者如能做到这样，就会知道古代之制度，"何者可行于今日，何者不可行于今日"；西人之制度，"何者可行于中国，何者不可行于中国"。① 与梁启超这种中西并重说相比较，越发可以看明白，张之洞当时主张的中西并重说，是把不准在中国参照西学西法实行政治变革，划定为不可逾越的界限的。

张之洞提倡的这种"调而不合"的"中体西用"文化观，所包含的合理成分和不通之处，它的积极作用和消极作用，在中西文化交流的实际过程中，都表现了出来。当着中西文化交流的主题，已经进展为近代资本主义的文化与传统的固有文化发生尖锐冲突的时候，"中体西用"的文化观，便成了"两头不靠岸"的没有明确航向的孤舟，在依违两可、首鼠两端的状态中，它越来越变成中国文化近代化洪流中起阻挠作用的障碍。

严复等人对"中体西用"的批评及其得失

当着戊戌变法高潮期间，维新派和洋务派都还捧着"中体西用"当做旗号，阐释自己的主张、驳斥对手观点的时候，就有人站出来批评"中体西用"的文化观了。何启、胡礼垣在香港发表文章，以文化进化论为武器，分析康有为力主西学却又"托古崇经"的矛盾，批评这种做法"使今学牵于古法，时事蔽于陈言"，只能招致失败。同时他们尖锐批评了"中学为体，西学为用；中学为本，西学为末；中学为经济，西学为富强"之说。他们认为，这种"中体西用"论，"于理未明"，因为"本"与"末"不是无关的两事，"体"与"用"不是无关的两物，绝对不会有"其本在此，其末在彼"，"体各为体，用各为用"的这种事。他们说："泰西之学有是末也，由其有是本也；泰西之才有是用也，由其有是体

---

① 《上张南皮尚书书》，《饮冰室合集·饮冰室文集之一》，第104—106页。

也。""本小则末亦小，本大则末亦大；体弱则用亦弱，体强则用亦强。"①
照此推论，结论自是：要想使中国富强，就得把西学本末体用一齐学过
来。他们认为，过去学西学而不能有显著成效，原因恰在于"本末体用之
不明"；而当着维新新政将行之际，《劝学篇》再来大力提倡"中体西
用"，那更是有意破坏新政了。当年郭嵩焘议论西洋立国"有本有末"
时，并没有意识到这和"中体西用"有什么冲突，现今何启胡礼垣不同
了，他们用"本末体用一体"论揭穿了"中体西用"文化观在学理上的
错误，以及将其用之于实践的危害。这是"中体西用"文化观自从产生以
来受到的来自非守旧方面的第一次直接批评，"举国以为至言"、谁也不敢
触动它的局面，从此打破了。

　　20 世纪初，清廷迫于国内国际形势，宣布实行"新政"之际，张之
洞等提出的办学宗旨，仍然是尊奉"中体西用"。这一教育方针，立即受
到严复等人的尖锐批评。早在戊戌时，严复已经连续发表文章，论述中国
落后是由于"教化学术非也"，因而他才"力主西学"，认定这是救中国
的惟一办法："救亡之道在此，自强之谋亦在此。"② 这番议论无疑已经等
于宣布"中体西用"文化观的破产。他已经开始在追究固有文化对于造成
中国落后的责任，进行文化的自我反省，这自然就从根本上掀翻了"中学
为体"的立论之基，西学即是救国的惟一出路，自然就再也谈不到什么西
学只能"为用"了。不过，当年严复还没有正面抨击"中体西用"论，
到了清末"新政"时期，严复则公开站出来反对当局"中体西用"的教
育方针了。

　　限于国内政治环境，人们不便直驳"上谕"，但借题发挥的办法是有
的，何况各种报刊日见其多，舆论已非清朝当局所可独控。严复在《外交
报》上，发表《论教育书》，可算当时批判"中体西用"论的最佳代表
作。这篇文章以批评《外交报》提出的"文明排外论"为由，发表议论
道："当此之时，徒倡排外之言，求免物竞之烈，无益也。与其言排外，
诚莫若相勖于文明。国文明乎，虽不言排外，必有自合于物竞之际；而意

---

　　① 《新政安行》，《新政真铨》四编。
　　② 《救亡决论》，《严复集》第 1 册，第 40—54 页。

主排外，求文明之术，傅以行之，将排外不能，而终为文明之大梗。"① 这种议论似乎隐约地透露出严复对外国侵略势力认识之不足，但是他立论的主旨是在强调"相勖于文明"之重要，反对一切阻碍学习外国先进文化的排外成见。正因为这样，他才借着有人主张新办学堂应以汉文讲授西学这件事，对于"中体西用"论大加挞伐。他指出流行很久的"中学为体西学为用"、"西政为本西艺为末"、"主于中学以西学辅所不足"之类的说法，正是贻害于中国长进之机，使学堂毫无成效的一大缘由。

严复对于那个流行既久、成为官方舆论基调的"中体西用"文化观，条剖缕析，痛加针砭。他指出，第一，"体用者，即一物而言之也"。牛有牛的体和用，马有马的体和用。"未闻以牛为体以马为用者也"。同理，西学有西学的体和用，中学有中学的体和用，"中体西用"就等于"牛体马用"，不但文义违舛，更是无法实行的事。第二，说"西政为本"，"西艺为末"，同样不通。如果"以科学为西艺"，那么，正是证明"西艺为西政之本"；如果"西艺"是指实用技术，那么，"西艺"和"西政"都是出自科学这个"本"，它们的关系就像左右手一样，不能"相为本末"。第三，"主"与"辅"，必须是有机的一体，就像一切生物那样，"有其元首脊腹而后有其六府四支，有其质干根茎而后有其枝叶华实"。如果把马蹄和牛头硬安到一起，不会有千里马，也不会有耕田牛。近世变法之所以无功，执迷于"中主西辅"是一大原因。

看来，这三条似乎是侧重在逻辑上和学理上的分析，事实上严复要着重表达的意图已婉转寓于其中，这就是在说：必须破除以"中体西用"为由对学习西方先进的科学文化设置的种种障碍，让人们放手去汲取西学中一切于我有用的知识。所以他才说："总而言之，今日所诏设之学堂，乃以求其所本无，非急其所旧有。中国所本无者，西学也，则西学为当务之急明矣。"当然，严格说来，牛体马用一类的比喻，用之于解释文化现象，是有很大的漏洞的。照此推论下去，岂不是说中西文化之间，绝对无法交流、无法融会了吗？严复的议论很容易引起人们怀疑，怀疑他是在提倡"西体西用"。不知道严复是否觉察到了他的议论中存在着这样的漏洞，但

---

① 《论教育书》，《外交报》1902 年第 9、10 期，以下凡引该文不另注。

他的确特意声明过，他并不是主张"尽去吾国之旧，以谋西人之新"，相反地他认为如果把自己民族累世积累淘汰所得的文化遗产都弃之不顾，那只会使得"民之特色亡"，结果所谓新者也会"从以不固"。于是，严复提出了一种颇具气概的主张，叫做："统新故而观其通，苞中外而计其全。"这个口号，显然比康有为所主张的"泯中西之界限，化新旧之门户"更为积极。严复承认要做到"统新旧"、"苞中外"是不容易的，但是他认为也有一种可以遵循的"一言以蔽之"的"要道"，这"要道"就是："今吾国之所最患者，非愚乎？非贫乎？非弱乎？则径而言之，凡事可以愈此愚，疗此贫，起此弱者，皆可为。"和当时知识界的先进人士一样，严复认为，"三者之中，犹以愈愚为最急"。借此，他发了一通惊世骇俗的说论：

> 继自今，凡可愈愚者，将竭力尽气，骈手茧足以求之。惟求之为得，不暇问其中若西也，不必计其新若故也。有一道于此，致吾于愚矣，且由愚而得贫弱，虽出于父祖之亲、君师之严，犹将弃之，等而下焉者无论已。有一道于此，足以愈愚矣，且由是而疗贫起弱焉，虽出于夷狄禽兽，犹将师之，等而上焉者无论已。何则？神州之陆沉诚可哀，而四万万之沦胥甚可痛也。

严复以理直气壮的态度，大大发挥了洋务运动以来开明人士"不耻师学"的精神。他大声疾呼，苟不利"保国全种"，管他什么父祖君亲，一概应当抛弃；苟有利于"保国全种"，管他什么夷狄禽兽，一概应当师从。在当时因循守旧、死气沉沉的论坛上，突然发出这样春雷般的吼声，这是文化思想上何等的大解放！这是价值观念上何等的大突破！严复不是革命的政治家，然而他创建出这种文化新识，在中国近代文化史上确是一大革命。把它看做对19世纪中叶以来中国论坛上纷纷扬扬的各种陈旧的或偏颇的文化观念的清算，对20世纪中国文化论坛上新文化思潮的先导，当不为过。

经过严复等人的批评，"中体西用"文化观在学理上存在的错误，已经比较明显；把它用于处理中西文化的关系，会造成学习资本主义文明成果的哪些障碍，也分析得比较透彻。但是，不能不说，他们当时的这种批评，是具有很大的片面性的。这种片面性，主要表现在缺乏历史的态度。他们尖锐地揭示出"中体西用"文化观的错误，可是忽略了"中体西用"文化观所曾经起过的历史的进步作用。事实上，鸦片战争后，"中体西用"这种文化观的形成，正是当时的先进人士为学习资本主义的文明成果，而作出的第一种重要的理论概括。它是作为文化守旧和文化排外的对立物出现在中国近代文化论坛上的。也就是说，"中体西用"文化观诞生时，它是作为开明人士提倡西学的口号而提出来的，是为着"采西学"所以才主张"中体西用"。正是因为这样，"中体西用"文化观的出现，对于打破中国所处的文化落伍的僵局、开创文化近代化的新途，对于推动中国文化的近代化的历史性进展，功不可没。随着时代的前进，"中体西用"文化观因其自身内在的错误和固有的局限性，逐渐丧失了它原本的进步意义，演变成为中国文化前进的严重障碍。在近代文化思想发展史上，历史的辩证法恰恰表明，早期的"中体西用"文化观的创议者，正是后来"中体西用"文化观的批判者的开路前驱。由此可见，对于"中体西用"文化观在中国近代文化史上的演变，及其所发挥的正面和负面的历史作用，应当予以具体分析，作出合理的历史评估；笼统地把它当做一种错误的文化观，以为它在中国近代文化史上前后如一地只起着一种破坏作用，是不公道的。

　　况且，这种"中体西用"文化观，固然内含着根本性质的学理错误和逻辑错误，但是不能不看到，它的提出毕竟是中国近代文化史上处理中西文化关系这个重大的问题的第一次尝试。从学理上看，它做出的答案、列出的公式，无疑是错误的，但是，恰恰是"中体西用"这种文化观论式，以首创的精神把中西文化的关系问题，更准确些说，中国固有文化和西方资本主义近代文化的关系问题，第一次郑重地提了出来。它把如何解决两种文化的关系，如何使两种文化结合的大问题提出来了，这在中国近代文化史上就是一大贡献，——尽管它没有把这个问题解决得了，解决得好。因此可以说，就文化观念的传承和学理逻辑的衍化而言，本质上正确的"会通中西"文化观，恰好是由本质上错误的"中体西用"的文化观启导出来的。在有着悠久文化传统的中国，如何处理好固有文化和外来的资本主义文化的关系，这始终是近代以来的最重大的文化问题。这是一个如何使来自国外的资本主义近代文明适应中国悠久的文明传统的问题，这是一个如何从中国所具的社会文化的既有国情出发引进资本主义文明成果的问题，这是一个如何使两种文化会通、结合、融和，并从而构成一种新型的文化统一体的问题。这个问题当然是极为复杂，解决起来当然是十分困难的；即使花上整整几代人的努力，恐怕也难以达到功德圆满的境地。"中体西用"文化观在中国近代文化史上的学理价值，也只能放到这个漫无止境的文化交流进程中，予以评估。

自从"中体西用"文化观问世以来，中西文化如何结合融会，始终是一个不断困扰着人们认识、不断引出分歧激起争执的文化讨论的热点。直到将近过了一个半世纪的今天，文化观念上的纠葛依然没有完全解决，意见远未取得统一。看来一百多年以前开始的中西文化观念的探讨和论争，仍要在更高的发展阶段上延续下去。不过，令人乐观的是，历史证明正是在这样的似乎永无休止的探讨和争论中，中国文化实现了长足的进步，人们的文化认识发生了显著的提高。固然文化观念的发展，还看不到尽头，但可以肯定的是，吸收人类文明的全部成果为我所用，已成为现代中国有识之士的共识。

(本文发表于《历史研究》1994 年第 1 期)

试析"康学"三源

光绪年间，康有为为首的维新派一出场，就显示出和它的前辈洋务派大不相同，他们不仅公开主张进行改革政治法度的变法改制，而且还风风火火地为这种变法制造出了一整套作为立论依据的学说。正因为如此，维新变法思想是以突然迸发的势态，迅速酿成了轰动视听、震惊朝野的反响。即使对它很不以为然的人，也不得不承认它已经成为一种闻所未闻的新奇学说。于是，守成的人士便用鄙夷的口气把它叫做"新学"，或者把它叫做"康学"；叫它"康学"，自然也是表示一种轻蔑，犹如从政治上组织上把志同道合的维新志士们叫做"康党"一样。

对于标榜维新的志士们来说，"新学"这名称，是没有什么不好接受的，梁启超就坦然地把他们师徒们的学派叫做"新学派"。

至于"康学"的命名，也算在情理之中的。这种新兴的变法维新思潮，当时虽然还颇为芜杂，人言言殊，但维新者总体上均以康有为为思想领袖，是没有疑问的。康有为所作的颇具规模的讲学与著述，构成了维新变法的最主要的学理依据。

什么是"康学"？或者说"康学"是怎么形成的？这成了当时和后世议论颇多、分歧颇大的一个问题。造成混乱的，首先是康有为本人。他为着把自己塑造成天生圣人的模样，有时候就故意把自己学说的诞生，说成是在西樵山里苦思冥想悟出来的，很有几分洪秀全当年悟道的神秘气味。当然，康有为师徒，毕竟还是学问中人，不能不常常正面阐述自己学说的学理渊源。只不过康有为在他自以为凡对他"圣人"形象会有所损益的情节上，常常做些掩饰或装饰的手脚，给后人识别其思想的来龙去脉造成一些麻烦罢了。

康有为在他的《自编年谱》中，曾经吹嘘说他在三十六岁的时候学说已大成，达到了"合《经》《子》之奥言，探儒佛之微旨，参中西之新理，穷天人之赜变，搜合诸教，披析大地，剖析今故，穷察后来"①的程度。话说得虽然夸张，但毕竟没有把自己的学说说成是天赋神授的，而是承认自己的学说有所本，是经过对中外古今文明成果的广泛探索研究，才得以形成的。梁启超则比他的老师更具自我批判精神，他在戊戌变法事过二十年后所写的《清代学术概论》中说，光绪年间能看到的外国书籍很少，"康有为、梁启超、谭嗣同辈，即生育于此种'学问饥荒'之环境中冥思枯索，欲以构成一种'不中不西即中即西'之新学派，而已为时代所不容"。梁启超一反乃师的自夸，对他们当年的那个"新学派"作出了否定性的检讨："盖固有之旧思想既根深蒂固，而外来之新思想又来源浅觳，汲而易竭。其支绌灭裂，固宜然矣。"②尽管自我反省的精神不无可取，但把当年的轰动论坛的"新学派"说得这般一无是处，显然是自我批评过了头。不过梁启超的自省，和康有为的自夸，在有一点上是共同的，这就是坦然承认他们的"新学"有着古今中外的思想来源。

承认"康学"是中外古今文化发展的产物，当然还只是泛泛而言。深入一步看，"康学"究竟是在哪些具体思想、哪些具体学说启迪下孕育出来的呢？把康梁诸人的自述和后人的评论梳理一下，大致可以看出，无非来自三个方面：一是"残明遗献"；二是近代西学；三是今文经学。是之谓"康学"三源。兹依此序列，分别剖析"康学"与"三源"间具体姻缘如下。

一　"残明遗献"精神对"康学"的启迪

1923年梁启超著《中国近三百年学术史》，对于甲午战争前后中国思想界观念剧烈变化的动因，作过如下一大段描述：

> 凡大思想家所留下的话，虽或在当时不发生效力，然而那话灌输

---

① 《自编年谱》，《戊戌变法》（四），第117—118页。
② 《清代学术概论》，《饮冰室合集·饮冰室专集之三十四》，第71页。

到国民的"下意识"里头，碰着机缘，便会复活，而且其力极猛。清初几位大师即残明遗老黄梨洲、顾亭林、朱舜水、王船山……之流，他们许多话，在过去二百多年间，大家熟视无睹，到这时忽然像电气一般把许多青年的心弦震得直跳。他们所提倡的"经世致用之学"，其具体理论，虽然多不适用，然而那种精神是"超汉学""朝宋学"的，能令学者对于二百多年的汉宋门户得一种解放，大胆的独求其是。他们曾痛论八股科举之汩没人才，到这时候读起来觉得句句亲切有味，引起一班人要和这件束缚思想锢蚀人心的恶制度拼命。他们反抗满洲的壮烈行动和言论，到这时因在满洲朝廷手上丢尽中国人的脸、国人正在要推勘他的责任。读了先辈的书，蓦地把二百年麻木过去的民族意识觉醒转来。他们有些人曾对于君主专制暴威作大胆的批评，到这时拿外国政体来比较一番，觉得句句都餍心切理，因此从事于推翻几千年旧政体的猛烈运动。总而言之，最近三十年思想界之变迁，虽波澜一日比一日壮阔，内容一日比一日复杂，而最初的原动力，我敢用一句话来包举他，是残明遗献思想之复活。①

梁启超在这段话里，对明清之际诸大家的经世致用之学的介绍，突出了其四个方面的内容，即：超越汉学宋学门户的"独求其是"的思想解放精神；痛斥八股科举的主张；反抗满洲的言行；批评君主专制的见解。这样的概括，不能算是很完备，作为经世致用学说主要支柱的注重国计民生经济时务的务实精神，便没有充分表达明白。用"残明遗献思想之复活""包举"当年维新思想的起因，恐也偏执于一端，算不得周全的论断，也解释不清楚在巨变中诞生的"康学"的实质。不过，梁启超把"残明遗献思想之复活"的作用，限定在"最初的原动力"上，这对于出身于习读经书走科举道路的康有为和他的弟子们来说，大体上还是符合他们思想变化的轨迹的。

康有为的家庭是一个推崇程朱理学的世家，早年师从的宿儒九江先生朱次琦也是宗程朱的。但是这位朱老夫子颇有务实的学风，主张通经致

---

① 《饮冰室合集·饮冰室专集之七十五》，第28—29页。

用、济人经世，且对考据、八股，均有微言。康有为自己说，他正是受朱九江的影响，才开始鄙弃考据帖括之学，"谢绝科举之文"，"以经营天下为志"，"以亭林之经济为学"，"超然立于群伦之表，与古贤豪君子为群"。① 这是从个人师承方面所作的诠释，其实从时代背景来看，自嘉庆、道光以降，在具有忧国忧民意识的人士中，经世致用的学风已经有振兴的势头，康梁师徒在国是日非的局势下，继承这一爱国济世思潮，倾倒于顾、黄、王诸"残明遗老"经世致用的精神，思想开始变化，当是事实。康有为早年热衷治《周礼》，研读《文献通考》、《经世文编》、《天下郡国利病全书》，以及康梁师徒早期言论中多言"天下郡国利病"事，都是具有这种思想倾向的印证。

值得注意的是，梁启超所说，残明遗老经世致用学说中的"具体理论"已"多不适用"，只能继承"那种精神"一语。经世致用，严格说来，原本就不是一种学说体系，而只是一种学风、一种治学的态度与精神。它所包含的具体内容，不能不随着时代的变化而发生许多改变。清朝初年顾、黄、王诸大师提倡经世致用，自是深蓄着对亡国的反省，甚至直接寄托着反清复明的意愿；嘉庆、道光以后直到康梁维新派崛起，这期间所形成的"复活"经世致用思潮，从根本上说自然是绝不包含明朝遗老的那种故国之思了。

嘉道以降兴起的经世致用思潮，也在不断变更着它的内容和形态。约略说来，晚清这个时期，经世致用思潮大致经历了如下演变：嘉庆至道光前期，初兴的经世致用主张，主旨在于倡导注重时务、讲求经济、改良空疏的士习、培育实用人才这类"经济时务"。具有这样见解的，自然是当时朝野间关心国事民情的有识之士，不过他们眼界所及的经济世务，无非仍是历来为官方认可的关系国计民生的实务，如边防、水利、救荒、漕运、盐政之类。陈寿祺、贺长龄、陶澍、龚自珍诸人的主张，以及林则徐、魏源、姚莹等的早期思想，均大体如此。眼光敏锐者，如龚自珍，虽有"末世"之感"变法"之议，但是他们也全然没有从"残明遗献"中接受反对民贼专制的思想，更没有产生反满的民族意识，况且他们当时的

---

① 《自编年谱》，《戊戌变法》（四），第112—115页。

眼光仍限于国门之内，都具有魏源所指出的龚自珍的短处："慬于外事"。他们不了解世界大势，从而也无法认清中国衰败的真实原因。这是晚清经世致用思潮的第一期。

鸦片战争事起，原来住在经世致用的人士中，一部分眼界开阔者，如林则徐、魏源、徐继畬、姚莹等，把注意力转向抵御外侮，关注起"夷情"、"夷务"，并将其看做挽救国家于危亡的应急要务。这是中国第一批具有世界眼光的政治家和知识层人士，他们以开创的精神突破了仅就国门之内谈论经世济民的局限，不过他们这时候还不懂得只有对国家内政实行革新的条件下，才能取得抵御侵略的能力这个道理。这是晚清经世致用思潮的第二期。

太平天国起义，国内政局大变，举凡站在统治者一方的官员与文人，无不把注意力又转向了消除"内乱"。以镇压太平军为务的曾、李、胡、左诸人，也时时以经世之能臣自居，以学以致用自命；然而在他们心目中所要"经"要"致"的头等要务却只剩下铲除他们认定为"心腹之患"的农民起义军这一件事。"酿外必先安内"，成了他们经世致用的实际信条。这样一来，尽管他们口头上也十分尊敬清初的启蒙学者，诸如曾氏兄弟之推崇王船山，但是实际上他们与抱着抗异族、救生民、复故国意愿的"残明遗老"们，完全异其旨趣了。这是晚清经世致用思潮的第三期。

当着起义军被镇压下去，而清朝当局的衰朽腐败也暴露无遗的时候，以"洋务自强"为标榜的洋务运动开场了。办洋务，一时成为部分官僚和文人们心目中经世致用的最重要的时务。经过长达三十年的实践，洋务运动所取得的成绩，以及它所存在的认识上的局限和施行上的失误，均明明白白地显示在国人面前。这是晚清经世致用思潮的第四期。

洋务运动未达到富国强兵的预期效果，于是晚清经世致用思潮进入第五期。经世致用的内容，又一次发生大变化。这时候领时代风骚的，已是康有为为主要代表的变法改制的维新主张。维新的主张，是在检讨和纠正洋务派失误的基础上提出的，它和洋务派以及以前的经世学派，已经存在着本质的差别。不过，仍然可以看到，它是受到了嘉道以来的经世派乃至"残明遗献"的重大影响；从它注重国事和力图改革的精神看，仍然算得上是经世致用思潮在新时期当之无愧的继承者。至于继承的是什么，看来则只能如梁启超所说，不在其具体的理论，而在其具有的精神："天下兴亡，匹夫有责"的精神，改弦更张谋求革新的精神，摆脱禁锢解放思想的精神。所以，所谓"残明遗献思想之复活"，事实上惟在于它对维新思想诞生之初所起的激发启动作用。这种作用，大致就像梁启超描述早年读龚自珍文章时的那种情景："初读定庵文集，若受电然。"①

就基本的学理看，"康学"并不是"复活""残明遗献"。即使有所借鉴者，也都赋予了崭新的内容。比如，维新派主张废科举，提出的取代办法却是资本主义国家行之有效的学校教育制度；痛斥历史上的"独夫民贼"，提倡的却是以"天赋人权"作理论依据的民权说，而实际谋求的则是在中国实现君主立宪。可见，作为自成体系的"康学"，与"残明遗献思想"之间，存在着根本性质的差异。至于反满的民族意识，虽然黄遵宪、谭嗣同等推崇过《明夷待访录》，梁启超主持的湖南时务学堂里也传播过《扬州十日记》，不能不叫人揣测甲午之后的形势下变法思想酝酿之际，在维新人士中确实存在着对清朝政府的严重不满，但是，反满的民族思想从未成为维新派的公开言论。真正从"残明遗献"中吸取反满复汉的民族革命思想的，是后起的革命党人，但那是维新变法失败后才大兴的事了。

总之，就最初思想文化变化所起的推动作用而言，"残明遗献"可以说是"康学"的源头之一；而就学说的基本内容来看，"残明遗献"并不能说是"康学"的主要来源。

二 近代西学对"康学"的决定性影响

经过三十年的洋务运动，以西学做名称的欧美资本主义文明，在中国总算是取得较大的传播，规模虽然还有限，但是毕竟合法化了；除掉还有一些极端守旧的人士竭力抵制它以外，从朝廷到民间都在不同程度地认可西学的价值。有一部分反对维新的人，曾经力主把"康学"和西学分开，

---

① 《清代学术概论》，《饮冰室合集·饮冰室专集之三十四》。

说千万不可"误康为西",理由是"康学"乃冒牌的西学。所以有人居然建议,将坊肆间的"新学书局一律改为西学书局,以免康学冒托"。① 当然还有更多的人,是在斥责"康学"用西学取代中国固有的圣贤之道。

总之,在当时"康学"与西学的密切关系,是人所共见的。关于西学对维新学说形成所起的重大作用,康梁师徒们自己也坦然承认,并不回避。

康有为早年思想变化的轨迹,清晰地说明了近代西学确实是他们的维新思想形成的主要来源。他在《自编年谱》中说得明白:光绪五年(1879年)春,他在南海西樵山读书时,从倾向陆王心学,转向讲求佛学,但均无结果。于是开始阅读《西国近事汇编》、《环游地球新录》一类介绍西方情况的书籍。是年年底,游香港,耳闻目睹,传统观念发生了动摇,"乃始知西人治国有法度,不得以古旧之夷狄视之"。接着又阅读了《海国图志》、《瀛寰记略》等书,购地图,买西书,初步打下了"讲西学之基"。光绪八年(1882年)秋,游上海,大量购买江南制造总局新译西学书籍,订《万国公报》,开始以更加浓厚的兴趣讲求西学,思想起了更大的变化:"新识深思,妙悟精理,俯读仰思,日新大进。""自是大讲西学,始尽释故见。"②"故见"自然不可能突然间就尽释,但观念变化巨大当是事实。诚如梁启超在《南海康先生传》中所介绍的,康有为初期看到的西学书籍,多是数学、物理、天文、地质、生物之类自然科学方面的读物,但是他如饥似渴地勤奋学习了并满腔热情地接受了这些新知识。他讴歌哥白尼的革新精神,说:"吾之于哥白尼,尸祝而馨香之,鼓舞而侑享之。"③ 又服膺于伽利略和牛顿。他从学习以太说、星运说、宇宙学、地质学、生物学等知识中,逐渐领悟了进化论。他在讲学中,居然向学生们讲了"人自猿猴变出"这个中国人闻所未闻的大道理。可以看出,在19世纪80年代,康有为广泛学习西方自然科学,对于促使他的文化观念的转变,显然起了重大作用。

---

① 《湘省公约》,《翼教丛编》卷五,第15—16页。
② 《自编年谱》,《戊戌变法》(四),第116页。
③ 《诸天讲》卷二,中华书局1990年版。

康有为求知的目的，主要的并不在于自然科学本身，而在于通过这种新知的掌握，来"剖析今故，穷察后来"，探索人世。他作过和严复颇为相似的尝试，生硬地把自然进化的观念套作社会发展的定律，甚至断言："地中海水泻而东来，泰西之政教盛行于亚洲必矣。"① 康有为在这里不仅表达了对先进的"泰西政教"的倾慕，而且借助一个荒诞的地理环境状况作论据，支撑起社会进化的信念，相信中国也必定会实行"泰西政教"。康有为对人类社会的这些粗浅观察，透露出他研读西学的兴趣，重点是放在社会、政治、历史、哲学、教育等方面。正是有了这样的认识，他才在光绪十二年（1886 年）托友人向张之洞转陈广译西书的建议时说："中国西书太少，傅兰雅所译西书，皆兵医不切之学。其政书甚要，西学颇多新理，皆中国所无宜开局译之，为最要事。"②

和当时在中国提倡西学的所有人士一样，康有为在肯定西学的价值之初，便不得不对如何看待中学和西学的相互关系作出阐释。这是适应双重的需要：为建立新的学理体系而树立自我信念的需要，以及为这种新学理在中国传播创造适当的学理形态的需要。康有为于光绪十二年、十三年间（1886—1887 年）所写的《康子内外篇》，比较集中地反映出他对处理中西学关系的最初尝试。由于他当时对于西学还只是一知半解，所发的议论不免幼稚而充斥着知识性错误，但是应当看到，恰恰是在这些不伦不类、信口开河的论断中，保持着康有为没有踏上政途之前敢于直抒胸臆的坦然心态，大胆放言而较少矫饰。他在本书中，没有采取当时流行的"中体西用"论那种借助尊中抑西的形式来提倡西学的办法，而是直接把西学摆在和中学平等的位置上，肯定西学所具有的价值。他别出心裁地把孔教叫做"阳教"，把佛教叫做"阴教"；并且断言基督教、伊斯兰教均为佛教所派生，概属"阴教"。虽然他把"阳教"和"阴教"的性质分别释作"顺人之情"和"逆人之情"。微寓褒贬，但是从总体上，他是把两者看做相须相成，予以并重的。他写道：

① 《康子内外篇·地势篇》，《康有为全集》第一集，上海古籍出版社 1987 年版，第 116 页。
② 《自编年谱》，《戊戌变法》（四），第 118 页。

　　　圣人之教，顺人之情，阳教也。佛氏之教，逆人之情，阴教也。
故曰：理惟有阴阳而已。然则此二教者，谁是谁非，谁胜谁负也？
曰：言不可以若是也。方不能有东而无西也，位不能有左而无右也，
色不能有白而无黑也。四时无上下，以当今为宜；八音无是非，以协
节为美。孔教之伦学民俗，天理自然者也，其始作也；佛教之去伦绝
欲，人学之极致者也，其卒也。……是二教者，始终相乘，有无相
生，东西上下，迭相为经也。当其时则盛，穷其变则革。①

　　所论只是儒佛二教，事实上却是概论中西二学，并且着重在阐释两者
之间的关系只是"始终相乘，有无相生"，犹如东西上下那样，"迭相为
经"；而不能是有东而无西，有左而无右，有白而无黑。相须到如此程度，
其间自然就不存在什么是非胜负之分了。从而，也就可以说，无论提倡什
么，只要适用，都是合理的。这就叫："四时无上下，以当今为宜；八音
无是非，以协节为美。"康有为就是用这样的道理来解释中国之与泰西间，
学问义理是相异而相倚，谁也离不开谁的。这样，把西学引进中国，当然
是合情合理的事了。于是，他毫不含糊地宣称，创造西学的人，和创造儒
学的人有同等的贡献，是"外国之圣人"：

　　　总言之曰，立气之道，曰阴与阳，曰热与重；立人之道，曰仁与
义。中国之圣人以义率仁，外国之圣人以仁率义。②

　　中国圣人和外国圣人的学说之间的差异，并没有说明白；两者是否有
长短优劣之别，也未曾论及。但是，对于外国圣人的推重之意，是表达得
清楚不过的。不以中国圣人创制并留传下来的中学为满足，要求引进外国
圣人创制并留传下来的西学，会通中学西学以创建新学的意图，在这里是
呼之欲出了。

　　正是根据这样的新观念，康有为开始酝酿新的社会观和政治观。在

　　① 《康子内外篇·性学篇》，《康有为全集》第一集，第178—179页。
　　② 《康子内外篇·人我篇》，《康有为全集》第一集，第188页。

《康子内外篇》中，他大胆勾画了一个未来社会的理想蓝图：

　　吾谓百年之后必变三者：君不专臣不卑，男女轻重同，良贱齐一。[①]

　　在这里康有为虽然还把君臣与男女看做同样常存的社会关系，但是能够公然说出"男女轻重同，良贱齐一"这样的理想，显然已经突破了传统儒学的樊篱。光绪十四年（1888 年），他在给友人洪良品的信中，更无忌惮地放论"洋学""洋事""不能复以中国之是非绳之"。他说，泰西由于其"势"绝异于中国，所以形成一种中国所没有的政治局面："君虚己而下士，士尚气而竞功，下情近而易达，法变而日新。"由于其"俗"绝异于中国，所以形成一种中国所没有的社会局面："君民有平等之俗"，男女"无有别之义"。康有为之所以强调说中西间势俗绝异、本末绝异，为的是以此证明西方的政教是从西方特异的"势"、"俗"中产生的，因而不应以中国固有的是非准绳去衡量它、反对它；而应当是去研究它，学习它的长处。他断言，西方的政教虽不及中国的"三代"，但是比中国现政更加接近"先圣之法"，理应认真吸取："故仆欲复者，三代两汉之美政，以力追祖考之彝训，而邻人之有专门之学、高异之行，合乎吾祖考者，吾以不能不折取之也。"[②]虽然他还在沿袭着"中学西源"的论证形式，但折取西方"专门之学、高异之行"，以改革中国现行政教的主旨，已经初步成型。至此，大致可以说，标新立异的"康学"正式诞生。也正是这一年的六月，康有为写出了要求"变成法"的《上清帝第一书》。

　　事实表明，作为戊戌变法的学理依据的"康学"的形成，主要是康梁师徒们学习西学的结果。这一判断最有力的佐证，是康有为未刊稿《实理公法全书》的发现。[③]从该书稿中引用了 1891 年法国人口统计资

---

　　①　《康子内外篇·人我篇》，《康有为全集》第一集，第 190 页。

　　②　《与洪给事右臣论中西异学书》，《康有为政论集》上册，第 47—48 页。

　　③　《实理公法全书》，十几年前先后在台湾和大陆整理发表，全文见复旦大学 1984 年出版的《中国文化研究集刊》第一集。

料来看，可以断定它是 1891 年以后才写成或修改定稿的。这就是说，就现在看到的书稿而言，它的完成时间当是略晚于《新学伪经考》的刊印，而早于《孔子改制考》的撰写。康有为在他的《自编年谱》中，说他在光绪十一年（1885 年），写过《人类公理》，光绪十二年（1886 年），又写过《公理书》。如果确有这样两本书稿，或者是一书两稿，那么，还可以推想，《实理公法全书》有可能是前两书或前两稿的一种修改稿。不过，即使在目前上述推测尚未能获得确证的情况下，从已发现的《实理公法全书》书稿的内容，也可以断定，该书稿确为康有为 19 世纪 80 年代钻研西学做出的成果。他在这部书稿里，生硬地借用几何定理，推论出人类社会存在的"实理"，并进而断言只有符合这种"实理"的"公法"才是有益于人道之法。他坚守凭着这样十分怪异的推论，构建起关于人生与社会的学说体系。他以"天地生人，本来平等"的平等观作依据，设计出一套所谓符合"实理"的"公法"，对官制、法律、宗教、礼仪、民事等，逐项拟议，于议会制、民主制、男女平等、婚姻自由，也均有论述。这种关于理想政教的构想，颇具大同说的模样。依此看来，《实理公法全书》，大致可以看做康有为在 20 世纪头十年间成书的《大同书》的胚胎。值得注意的是，康有为在这部《实理公法全书》中勾画这种理想国的蓝图时，从头到尾没有利用《礼运·大同篇》，甚至只字也没有提及孔子和儒学经典。正如朱维铮教授所分析，从《实理公法全书》中所拟制的大同构想来看，其思想来源并非儒家的某种经籍，而只能是西方的某种学说：只是它究竟来自贝拉米，来自傅立叶，还是来自马克思，还缺乏足够的证据予以确指。在写作这本书的时候，康有为虽然用超常的速度刊行了《新学伪经考》，但是这只是表明他选定今文经学为自己创建革新主张的理论形态，用以破除居于统治地位的汉学和宋学造成的思想禁锢，至于关于未来的政治理想、现实的变法措施，一时间还没有来得及披上今文经学的衣衫。这时候，康有为师徒在他们新创的"康学"中，还没有把西学和中学糅合到一起。康有为认真阐释《礼运》大同说，是 1894 年在广州讲学时；以公羊"三世"说解大同说，并以之为孔子将改制主张托于《春秋》之微言大义，则是变法行将进入高潮的 1898 年年初，在刊布《春秋董氏学》时才明确提出来的。①

由此可见，对于"康学"的形成而言，"残明遗献"精神启动其思想解放，关心国事在前；"大讲西学"，"尽释故见"，创建变法维新主张在后；推重今文经学，使得维新主张具有本于经学的学理形态，则是更以后的举措了。

三　今文经学对"康学"成型的作用

对西方资本主义文明成果的引进，使得康有为及其弟子们实现了文化观念的大转变，初步建立起变法维新的学说，但是，他们并没有自此便真正做到全采西学而"尽释故见"。从康有为等个人身世的文化背景来看，长时期读经书并不得不奔波于科举仕途的经历，使得他们与圣贤遗教间，有着一条无法割断的文化传承和情感联系的纽带。因此，当他们服膺于西学的先进并决心采纳西学时，并没有舍弃或轻蔑儒学经籍的念头产生；相反地，他们是致力于寻求西学新知与传统儒学衔接和融会的方案。从他们所处的政治环境和舆论环境来看，康有为等维新思想初成之际，虽有施展政治抱负的宏大志愿，但不得不面对弥漫朝野的顽固守旧舆论的巨大压力这样的现实。在这种局势下，为着变法改制的主张能够付诸实施，首先就必须想方设法，谋求突破居于统治地位的守旧舆论的束缚，为变法改制之举提出合乎国情适于民俗的学理根据。为此，他们也不得不借助于儒学来赋予新兴的"康学"以符合而不背离传统的形态。康有为找到的合理合法的思想形式，就是今文经学。

康有为之宗今文经学，是经过一番试验后作出的抉择。晚清之季，由于一些主张变革经世的人士的倡导，今文经学颇有兴盛之势，但是康有为原本却不是学宗今文的人。早年他尊周公，研《周礼》，就学术而言，大体走的是古文经学的路子。他在 1886 年撰写《教学通义》时，还试图将

---

①　可参考朱维铮：《〈从实理公法全书〉到〈大同书〉》，《东西方文化交融的道路与选择》，四川人民出版社 1993 年版，第 361—365 页。

其从西学中学来的改制革新的学说附会到周公身上，制造经典的依据，不过随即放弃了这一试验，《教学通义》书稿亦未肯面世；大概他是觉察到这样的解释，理由过于牵强、过于粗陋，不足以动视听吧。1888 年第一次上书的失败，使得康有为大受刺激，决心为革新主张创制一种崭新的学理形态。他蓄意用标新立异、高屋建瓴、蔑视群伦的势头，来击破僵死沉闷的舆论控制，一震动举国上下的听闻。这就是康有为自己说的，在"上书不达"后，"既不谈政事，复事经说，发古文经之伪，明今学之正"的过程，也就是"康学"又一次发生变化的过程。康有为坦然承认自己学理宗主的这次改变，但是他隐讳了促使他作出这种改变抉择的具体背景。

在这一点上，梁启超没有给老师留面子，他实事求是地揭示了康有为改宗今文的来龙去脉：

> 今文学运动之中心，曰南海康有为。然有为盖斯学之集成者，非其创业者也。有为早年，酷好《周礼》，尝贯穴之著《政（教）学通议》，后见廖平所著书，乃尽弃其旧说。平，王闿运弟子，……知守今文家法。晚年以张之洞故，复著书自驳。其人固不足法，然有为之思想受其影响，不可诬也。[①]

梁启超所说，是符合实情的。廖平在光绪十四年（1888 年）已用今文学观点著成《知圣篇》、《辟刘篇》，抨击古文经学。光绪十六年（1890年），康有为正值第一次上书失败后的苦闷中，与廖平相遇于广州。晤谈的结果是，康有为从反对廖平学说，到接受廖平学说，一变而成了今文经学的最积极也最有影响力的宣讲者。自此康有为进入了以今文经学创作新论的巅峰期：光绪十七年（1891 年），《新学伪经考》问世；光绪二十年（1894 年），于桂林讲授《春秋》公羊学；光绪二十二年（1896 年），于广州讲授《春秋》董氏学；光绪二十四年（1898 年），所著《春秋董氏学》、《孔子改制考》二书刊行。经过这样八九年的努力，"康学"终于以

---

① 《清代学术概论》，《饮冰室合集·饮冰室专集之三十四》，第 56 页。

今文经学的学理形态面世，成一家言。①

无论从论作时序上看，还是从论作内容上看，"康学"的成型是接受廖平的直接启示，确为"不可诬"的事实。当然，从更宽泛的角度看，"康学"之所以宗今文经学，还有晚清今文学日趋兴盛的时代大背景。嘉道以降，部分讲求经世的学人，渐次倾心于今文学，经龚自珍、魏源等的提倡，至同光间乃成为开明学风的时尚。康有为辈，在这种气氛中受到陶冶，改宗今文学，也是环境使然，难以仅仅归于受廖平一人所赐。但是，无论如何，把今文经学看做"康学"的一个思想来源，是能够成立的。

今文经学之所以为康有为辈所选中，是与今文经学自身所具有的特色分不开的。概而言之，今文经学崇尚变易的观念、大胆疑古的精神，以及借托于"微言大义"以抒发己意的诠释经典的方式，都十分适宜于维新派挣脱守旧思想的压制与束缚，并为在托古的形式下制造变法改制的学理依据提供了非常广阔的余地。更何况以资本主义的西学为原本的维新变法主张，一旦披上今文经学的衣衫，在中国便具有了合乎正统的思想形式，足可以摆脱"洋奴"的嫌疑，理直气壮地和统治论坛的守旧舆论分庭抗礼，夺席谈经了。

从康有为思想变化的脉络，可以看出，1890年以前"大讲西学"，"尽弃故见"那一次变化，和1890年以后"见廖平所著书，乃尽弃旧说"这一次变化，乃是隔开一段时间的、两次性质不同的变化。两次变化表明，从时间上说，"康学"的形成，是接受西学的影响而发生变化在前，接受今文经学的影响而发生变化在后。从内容上说，"康学"之构成变法维新者一基本主张，也是在接受廖平学说之前。康有为在自述中，声称在中法战争（1885年）之后不久，自己的维新变法、汇通中西的"新学"就已经完成，固然是有些夸大其词，但大致上还算是符合他思想演变的次第的。由此可见，与西学相比较，今文学之于"康学"，充其量只能算得上第二来源。更严格些说，"康学"所具有的崭新的时代内容，是取自西学，并非是来自后来附加上去的今文经学。

---

① 关于《新学伪经考》、《孔子改制考》与《知圣篇》、《辟刘篇》内容上的联系，可参看陈德述等著《廖平与康有为》；文载《廖平思想研究》，四川省社会科学院出版社1987年版。

那么，在"康学"已经具备维新变法这一主体思想之后，又何以还要标榜今文经学呢？这不只是出自这些中国文化哺育出来的学人，援引西学创制新说时，需要求得一种未曾背宗离祖的心理上的慰藉，更重要的是，出自在中国传布这种新学说的实际需要。无论从破除正统舆论的压力来看，还是从争取更多的同情来看，以西学为基本内容的"康学"，都不得不借助于传统文化。对于传统文化作出不同于旧有的正统解释的新解释，创造出不同于旧经学的新经学，使之不仅不成其为排斥从西方引进先进文化的障碍，反而成为在中国传播西方先进文化合理合法的依据。康有为正是在遭遇初步挫折之后，受廖平的启发，认识到了这种创制新经学的必要，于是才用超乎寻常的速度写出了《新学伪经考》。康有为之所以急不可待地赶写此书，其目的在该书的《序》中说得十分清楚。这就是借以宣布守旧派作为依据的汉学和宋学，都不过是来源于新莽时期刘歆所造的伪经，不能当做至圣先师的遗教，不能当做衡量是非的标准。所以，他才不避艰险，不量绵薄，撰写此书，以求"摧廓伪说，犁庭扫穴"，"提圣法于既坠，明六经于暗智"，"雪先圣之沉冤，出诸儒于云雾"，"冀以起亡经，翼圣制"。① 这里的逻辑是极其明朗的：彼伪则我真，只有我新创的主张变法的"康学"才是符合圣贤遗教的真经。这样，就给了以维护圣教正道为名义反对变法的守旧派釜底抽薪式的致命一击。自此，"康学"借着今文经学的形态，改变着它在舆论界的处境，从被当做异端备受轻蔑与申斥，一变而站到了理直气壮的主动出击的地位上。这样的新经学问世，在当时舆论界引起的震动之大，是可想而知的。梁启超说，《新学伪经考》的刊行，构成"清学正统派立脚点根本动摇"的"思想界之一大飓风"，②当非夸张之词。守旧卫道人士，对此书群起而攻，也从反面证实了它的非同寻常的效用。

《新学伪经考》，是康有为改宗今文学的第一篇问世作品，且是急就章，所以不但在学术上存在着大量疏漏武断的错讹，而且也还没来得及把今文经学与基于西学的变法思想糅为一体。《新学伪经考》虽然兼有攻击

---

① 《新学伪经考·序目》，古籍出版社1956年版，第2—3页。
② 《清代学术概论》，《饮冰室合集·饮冰室专集之三十四》，第56页。

旧学、创立新学两方面的用意，但主要还是突出了破"伪"的一面，援引
西方成功事例拟制的维新设想和实施方案，在这本书里并未能正面展开叙
述；这正像大致同时所撰写的《实理公法全书》，在援引西学大讲进化理
论和未来的革新设想时，却未能将其与今文经学结合起来一样。这时候的
"康学"还处在草创期，康有为即使已经有了"会通中西"的愿望，但在
实际操作上也还只能分别地"说东""道西"，来不及把今文经学与西学
合二为一。

　　康有为宣讲今文经学的用心是路人皆知的，诚如梁启超所说，他是在
"借经术以文饰其政论"，"转成为欧西思想输入之导引"。[①] 所以，康有为
在写完《新学伪经考》后，便倾注大力于利用《公羊》派今文经学解释
西学新知，经过几年的工夫，终于以公羊三世说作框架，筑成孔子托古改
制说，从而把自己模仿西方资本主义的改革主张以托古改制的形式附会到
孔子的托古改制上去。标志着这个步骤完成的，便是《孔子改制考》的问
世。如果把《新学伪经考》算做对"伪经"的讨伐，那么，《孔子改制
考》则可以算做作康有为拿出来示人的"真经"了。《孔子改制考》是经
过较长时间准备的著作，又发表于变法高潮来临之际，它的现实作用自然
大大超过《新学伪经考》。它的宗旨已经明确转移到为变法改制提供学理
根据、梳理道义权威上。康有为直言不讳地说，他撰写《孔子改制考》的
用心，是想到"布衣改制，事大骇人，故不如与之先王，既不惊人，自可
避祸"。[②] "避祸"的用意，未尝没有，但似乎也并不见得只是如此消极的
考虑。康有为说这话，流露出一种故作怯懦以掩饰锋芒的矫情，其实他著
书的立意，要比单纯"避祸"积极得多。康有为是在按照自己的政治见
解，把孔子改塑成变法改制的"祖宗"、"素王"和"教主"，而其直接的
意图无非是企图借此达到"破"与"立"的双重目的。一方面，他是借
孔子之权威，来打破守旧派对变法的阻挠。这重意思，他在上光绪的《恭
谢天恩并陈编纂群书以助变法折》中讲得很清楚。他说明自己所著书，不
管是"旁采外国"，还是"上述圣贤"，都是"务在变法"。接着，他又特

---

　　① 《清代学术概论》，《饮冰室合集·饮冰室专集之三十四》，第5页。

　　② 《孔子改制考》，中华书局1958年版，第267页。

意解释编著《孔子改制考》的"苦衷微意",说这是由于看到"守旧者不欲变法,实为便其私图,往往陈义甚高,动引孔孟程朱以钳人口",给变法造成严重障碍。他迫不得已,才来"发明孔子变法之大义,使守旧者无所借口"。他还想趁势把这种现实的政治意图进一步挑明,为此他向皇上请示,要不要把《孔子改制考》改名为《孔子变法考》。① 另一方面,康有为把孔子尊为变法改制祖宗,还有更深一层用意,这就是想借尊孔子为教主以立新教,笼络人心,组织维新力量,并为自己的新学说、新学派、新政派树立宗教式的绝对权威。梁启超早在《南海康先生传》里,就把康有为给这重用意所蒙罩的纱幕,完全揭开了。他说,康有为当年看到要救中国,必须从中国的历史习惯出发,"择一举国人所同戴而诚服者","结合其感情,而光大其本性",才能取得良好效果,"于是乎以孔教复原为第一著手"。康有为本人借此也抬高了身价,成其为"孔教之马丁路得"矣。"五四"后,梁启超著《清代学术概论》,把康有为创孔教的用意又作了进一步的解剖。他写道:

> 有为谓孔子之改制,上掩百世,下掩百世,故尊之为教主。误认欧洲之尊景教为治强之本,故恒欲侪孔子于基督,乃杂引谶纬之言以实之,于是有为心目中之孔子,又带有"神秘性"矣。②

不难看出,维新派把孔子装扮成"托古改制"的宗教教主以推行维新派"托古改制"的过程,同时也就是把从西方学来的资本主义学说和政见,一齐加到孔子头上,用资本主义的文化观念改塑出一个新孔子、新儒学的过程。康有为假借"公羊三世说",把资产阶级的进化论,人权、民主、平等的观念,资本主义的选举、议院、君主立宪、民主立宪等制度,都说成是孔子当年"托古改制"原本固有的内容。孔子被改造成这般模样,可以料想,《孔子改制考》的刊行,对于旧学营垒,自然不能不引发一场大地震,闹得连同情维新、赏识康有为的陈宝箴,也不得不用较为温

---

① 《杰士上书汇录》,故宫博物院藏书。
② 《清代学术概论》,《饮冰室合集·饮冰室专集之三十四》,第57—58页。

和的态度表示对"孔子改制"说的不满了。

"康学"之采取今文经学的学理形态，之所以引起思想界的巨大震动，显然不在于今文经学本身，而在于"康学"在今文经学的形态中所注入的西学内容。廖平之提倡今文学在前，反而没有引起多大波澜，康有为之提倡今文学在后，却造成了"火山大喷火"的局面，其差别也就在于此。康廖间今文学的这种同异，还是梁启超说得明白。他写道：

> 康先生之治《公羊》治今文也，其渊源颇出自井研（引着按：即廖平），不可诬也。然所治同，而以治之者不同。畴昔治《公羊》者皆言例，南海则言义。惟牵于例，故还珠而买椟；惟究于义，故藏往而知来。以改制言《春秋》以三世言《春秋》者，自南海始也。改制之义立，则以为《春秋》者，绌君威而申人权，夷贵族而尚平等，去内竞而归统一，革习惯而尊法治，此南海之言也。畴昔吾国学子，对于法制之观念，有补苴无更改；其对于政府之观念，有服从有效诚无反抗。虽由霸者之积威，抑亦误学孔子，谓教义固如是也。南海则对于此种观念，施根本的治疗也。三世之义立，则以进化之理释经世之志，遍读群书而无所于阂，而导人以向后之希望、现在之义务。夫三世之义，自何郡公以来，久暗智焉，南海之倡此在达尔文主义未输入中国以前，不可谓非一大发明也。南海以其所怀抱，思以易天下，而知国人之思想束缚既久，不可以猝易，则以其所尊信之人为鹄，就其所能解者而导之，此南海说经之微意也。①

作为时代的新思潮，"康学"宗今文经学的"微意"，确在"以进化之理释经世之志"。也就是说，康有为谈经的目的惟在于在中国提倡当时称之为西学的近代资本主义文化，以推进以变法改制为纲领的维新政治实施。"康学"之形成，受到明清之际经世致用学风的启蒙复又借助今文经学的学理形态，这些做法均未能改变它的这样主旨。以为"康学"仅仅是传统经学的最后形态，康有为之采西学不过是"援西学以助康学"，显然

---

① 《论中国学术思想变迁之大势》，《饮冰室合集·饮冰室文集之七》，第99页。

是与事实不符的。当然，以为今文经学之于"康学"仅仅是一种"躯壳"，也不免失之偏颇。康有为提倡今文经学的借托之意是很明确的，但是，他和他的追随者，当时对于传统文化，特别是对于儒学，还是怀着尊崇的真情的。应当说，康有为辈在图谋维新的时候，大力提倡今文经学，其内容呈现出一种十分复杂的状况，既有故意硬造的假托、自作聪明的附会，也有真心实意的吸取；将其目之为只是"拉大旗作虎皮"，显然也不公道。

话说回来，"康学"的形成固然可以归结为三源，但是构成它的新学理的主要来源和主体思想，却无疑是近代西学。"康学"通常是用"会通中西"为标榜表示对中西文化并重的态度甚至公然主张"泯中西之界限，化新旧之门户"。虽然康梁偶尔也会喊喊"中体西用"一类口号，但实质上，这种"会通中西"为基调的"康学"的诞生，恰是宣告了以"中体西用"论为定式的处理中西文化关系的时代的终结。"康学"的诞生，有力地推动了借助资本主义文明成果改造固有传统的维新运动，是为近代中国提倡全面地大规模地引进资本主义文明之滥觞。

如何实现中西文化交流与融汇以促进中国近代文化进程，是鸦片战争以来有识之士不得不认真对待的重大文化课题。尽管"康学"借助经学、借助孔教的形态来"会通中西"的办法是不成功的，但是不能不看到，"康学"的诞生，毕竟是对于解决中国文化近代化这个时代课题的一次前所未有的可贵尝试。

（1993 年 12 月原稿，1996 年 11 月改定。刊载于《无树有巢》集，辽宁教育出版社 1998 年版）

解读《翼教丛编》

光绪二十四年（1898 年）农历八月，戊戌政变发生，湖南守旧派人士立即搜罗各种反对维新变法的文章、信札、奏折之类，汇编成书，并定名为《翼教丛编》。我所见到的，是光绪二十四年八月武昌重刻本，六卷，一函三册。从政变发生，到出书，到重刻，是在一个月内完成的。木版刻印，居然效率如此之高，可见主持此事者颇为重视，且有实力。当时坐镇武昌的，正是大名鼎鼎的张之洞，但一时查不到他亲自过问此事的确证。

《翼教丛编》是本怪书，文体驳杂凌乱，不成系统，令人难以卒读。但是，它的主题却是非常明确的，这就是对维新变法进行思想总清算。国民党统治中国时期，一度推行过"文化围剿"，鲁迅还挖苦过参与围剿的人，说你们何不编一本批判鲁迅的《围剿集》。中华人民共和国建国以来，出过的批判文集，则是种类繁多，颇成规模的。当然，这些不同时代不同内容的批判文集，它们的功过是非是不可同日而语的。可是单从形式上说，不知道《翼教丛编》能不能算开了编印大批判文集之先河？此前，批判"异端"的事例，当然是代有杰作的。像南宋初年邵伯温托名苏洵写的《辨奸论》、康熙朝杨光先为申斥天主教写的《辟奸论》、雍正皇帝亲自撰写的《大义觉迷录》之类，似均可算作代表。但这些都是采取"单打独斗式"，没有构成"集团围攻式"的声势。所以不妨说，《翼教丛编》实不乏某种值得细读的典型价值。

《翼教丛编》所选文稿，有少量北京的守旧派头面人物的言论，还有张之洞《劝学篇》的部分章节，但主体是湖南守旧派人士的著述。这是与维新变法期间，湖南一度成为"新学"与"旧学"激战的一个主要战场这种背景分不开的。由于湖南巡抚陈宝箴、署按察使黄遵宪、学政江标、徐仁铸等，对于维新变法持程度不同的同情态度，给予支持或宽容，也由于湖南籍人士谭嗣同、熊希龄、唐才常、易鼐、樊锥等的积极提倡和宣传维新思想、组织南学会、创办《湘报》、开设时务学堂等措施一并付诸实施，乃使得湖南领先各地，成为革新思想活跃的先进省份。1897年冬，梁启超应聘出任湖南时务学堂总教习，湖南更一发而成为宣传康梁"新学"的前沿阵地。与此同时，以原国子监祭酒王先谦、原吏部侍郎叶德辉为首领的湖南守旧派人士，也抱着"雷霆斧钺，所不敢避"的豁出去的态度，以誓死保卫圣贤名教的名义，起来激烈反对康梁"新学"。于是，湖南不能不成为新旧两支思想大军的激战场。丁文江、赵丰田在所编《梁启超年谱长编》中，也介绍了湖南当时在思想界的这种特殊地位："这次朝廷的改革，湖南奉行最力，而该省守旧派反对也最力，他们反对的不在新政本身，乃在先生（引者按：指梁启超）和一般同志在时务学堂时代所提出的那种新学。湖南的反对，以后波及于京师，所以京师守旧派攻击最厉害的也多引用湖南的材料。"① 如果说在北京斗争的重心是在政治上的变法改制与反变法改制的对抗，那么可以说，在湖南斗争的重心则是在思想上、文化上"新学"与"旧学"的对抗。因此，《翼教丛编》一书，是有资格充当守旧派维护旧学、反对康梁"新学"的代表作的。

　　问题在于政变已经失败，还有什么必要再出这样一本书呢？这显然是为着从思想上进行秋后算账。从《翼教丛编》这个书名上已经可以看出，它的着重点，是放在进行思想清算上。编者苏舆在序言中声明：是编，"专以明教正学为义"，至于"康梁等造逆之谋、乱政之罪"，并未列入。何以这样选择？他的回答是："呜呼！世岂有学术不正而足与言经世者乎！"他特别推崇清朝开国以来严厉控制言路，造成的"罔有横议"，"邪慝不作"，"圣学弥昌"的文化专制传统；而极其不满甲午以降，"言禁稍弛"，"倾险淫诐之徒"趁机而起，闹得"邪说横溢，人心浮动"的状况。为什么世道人心会有这么大的变化呢？他们断言，纯粹是康有为煽动的结果。康有为在政治上虽已失败，但是其学仍"足以惑世"。所以从思想上肃清其流毒，还是不能放松的。苏舆提纲挈领地给康有为列了五条罪状："伪六经，灭圣经也；托改制，乱成宪也；倡平等，堕纲常也；申民权，

---

① 《梁启超年谱长编》，上海人民出版社1983年版，第151页。

无君上也；孔子纪年，欲人不知有本朝也。"① 苏舆的能力还是不错的，这五条确实可以看做《翼教丛编》一书批判康梁"新学"的纲要。不过，其所举各条间划分梳理得并不算清楚。耐心细检《翼教丛编》，当不难发现该书的主要着眼处，无非集中在以下三个方面：一是批驳《新学伪经考》、《孔子改制考》为代表的托古改制言论；二是反对直接引进的资本主义的平等、民权观念；三是防范和抨击一切有碍于清王朝统治的具有民族意识的主张。按此提要，把这本陈腐断烂的文集爬梳一番，倒也可以从中读出点味道来。

张皇失措的"卫圣教"

康有为《伪经》、《改制》两书的问世，在当时统治集团的文化圈内引起的震动和恐慌，甚至可以说远大于西学西教的传入。守旧派中的眼光敏锐者已经看到，康梁"新学"的这种托古改制之说，给他们带来了致命的威胁。他们看到，维新主张借助于托古的形式、孔教的名义，一举突破了他们赖以保护旧的统治秩序的最后一道思想防线，直接掘动了他们历代传承下来的安身立命的文化根基。在他们看来，这无疑会煽惑人心士气，造成全局性的信仰危机，于是不得不以紧急动员的姿态，一哄而上，群起"翼教"了。

在这场"翼教"的哄闹中，固守古文经学的迂夫子固然不乏其人，但是，引人注目的是，守旧派中的许多人，在保卫"纲常名教"这条命根子，和康梁"新学"的论战中，并没有表现得书生气十足。他们并不像章太炎那样执著地辨析康有为经学上的错讹，而是颇为机智地避免去和康有为作今文古文的纠缠。有人说，今文古文是"同条共贯"，无所谓是非。"儒家治经，但当问义理之孰优，何暇问今古文之殊别。"（朱一新）有人则明确地提倡经世致用，反对在训诂名物的小学中讨生活（叶德辉）。他们清醒地认识到，康学的实质，不在于其宗今文经学，而在于通过宗今文来"伪圣经"，"托改制"，"毁成宪"。也就是说，他们看透了康有为是在

---

① 《翼教丛编·序》。以下凡引自该书文字，均只注篇名。

借孔子之名来宣传维新主张，所以才觉得这是一场关涉根本信念的严重挑战。《丛编》收入朱一新致康有为信五封，他在这些信中并不去批评宗今文经学有什么不对，而是着力于指摘伪古文经学的危害。他说，不管古文经学，还是今文经学，都是阐述君臣、父子、兄弟、夫妇这样的人伦纲常"大中至正"的义理的。而这样的义理，是须臾所不可缺、古今所不得变的。因此，人们治经只能以"明义理正人心"为宗旨，而绝不须去怀疑六经之真。朱一新用见微知著的姿态训斥康有为伪古文经之举，说这不但是"无事自扰"，而且是开了极端有害的端绪。他说，康有为这样做，最可怕之处，就在于"启后生以毁经之渐"。"自伪古文之说行，其毒中于人心。人心中有一六经不可尽信之意，好奇而寡识者遂欲黜孔学而专立今文。人心何餍之有！六经经二千年，忽以古文不足信，更历千百年，又能以今文之可信耶？"他说，这就像把房子的后壁打通一样，一发而不可收拾，必然造成大厦的倾塌。"窃恐诋讦古人之不已，进而疑经；疑经之不已，进而疑圣；至于疑圣，其效可睹矣！"其"效"是什么？那就是"势不至败弃五常而不止"，也就是要用"夷狄之义理"代替"圣贤之义理"，从而为用"夷狄之制度"取代古圣先贤制定的祖宗旧制。① 叶德辉也指摘康有为伪古文经学，必导致连锁的祸害："六经既伪，人不知书，异教起而乘其虚。"② 守旧派能从康有为反对古文经学的言行中看到旧有统治思想和统治制度的危机，不能不说他们还是颇具眼力的，他们的预感还是相当准确的。只不过，这种敏锐的预感，也恰恰表明他们已处在丧失信心的状态中，对于一切撼动其思想统治的言论，都不能不引起他们精神紧张，乃至惊恐万状。

康有为把变法改制之意托到孔子头上，并且公然宣布这才是孔学的真经，将主张维新还是反对维新闹成了一场真经与伪经之争，这就使得卫道士们愈加惶惶不安。所以，《丛编》所收的不少文章，在这个问题上花了不小力气，竭力证明孔子从来也没有过什么维新改制思想，而康有为只不过是在造谣生事，污蔑先圣。叶德辉说："宁可以魏忠贤配享孔庭，使奸

① 《朱侍御答康有为第一至第五书》。
② 《叶吏部与南学会皮鹿门孝廉书》。

人知特豚之足贵，断不可以康有为扰乱时政，使四境闻鸡犬之不安。"① 意思就是说，康有为的言论，像少正卯一样，"言伪而辨"，易于混淆视听，需要特别加意防范。从这里也足可以看出康氏"孔子改制"之说给旧文化营垒造成了多大的麻烦。《丛编》的编者花尽心思，搜罗了一些文章，来论证康有为的"孔子改制"之说，乃是对"圣教"原旨的背叛与造伪。他们为此列举出种种理由：一说，"素王改制"之说原出纬书，荒诞而不足信。二说，即使孔子说过"改制"之类的话，那也只是"欲质文递嬗，复三代圣王之旧制耳"，② 这改制恰恰是为着复旧，而不是为着维新。三说，制度取决于"义理之常"，义理永远不会变，所以基于义理的制度也永远不会变。是之谓："孔子之制在三纲五常，而尧舜以来相传之治道也，三代虽有损益，百世不可变更。"所以，康梁"漫云改制"，无非就是在用旁门邪说来"非圣"、"乱法"，借以图谋不轨。③

康有为指斥古文经学，改塑孔子，给卫道士们制造了很大麻烦；康有为的弟子们讲求诸子学，疏离孔子，也给卫道士们制造了很大麻烦。戊戌之前，康有为的弟子们都是推崇"孔子改制"说的，但是他们比乃师更少顾忌。梁启超在湖南时务学堂讲学时，便在宣讲孔子改制的同时，大讲起先秦诸子学来。他大胆地突破当时还正在统治着朝野舆论的独尊儒学的禁忌，公然把非孔的诸子之学，提高到和儒学同等的重要地位。他说，周秦诸子本来就是分作两派，一派是孔教，一派是非孔教。而两派间，学术来源是相同的："当知非孔教之诸子，其学派实本于六经。"学术地位是平等的："当知诸子各传其教与孔子同。"非孔的诸子也都倡导改制："当知非孔教诸子皆欲改制创教。"非孔的诸子学，既然具有如此重要的价值，那么汉武帝"表彰六艺，罢黜百家"之举，造成"汉之后无子学"的后果，自然是中国固有文化的重大损失。梁启超这样评价非孔的诸子学，目的显然在于提倡重估诸子学的现实价值。他非常明白地强调说："当今西学，周秦诸子多能道之。"甚而预言："墨子之学当复兴。"④

---

① 《叶吏部与南学会皮鹿门孝廉书》。
② 《朱侍御答康有为第四书》。
③ 叶德辉：《〈读西学书法〉书后》。
④ 参见《〈读西学书法〉书后》。

　　倾向维新的徐仁铸著《輶今轩语》，其中亦议及诸子学。他发表议论道：近人牵合比会说西学尽出中土，无非是自大的积习，致为无谓。但是，"四海各有圣人出焉，此心同也，此理同也，此所以东西虽远而学之暗相符者不一而足也。西人艺学原本希腊，政学原本罗马，惟能继续而发明之，遂成富强。我中土，则以六经诸子之学而数千年暗昧不彰，遂以积弱，学者不可不自奋也"①。徐仁铸讲的这番道理，比叶德辉所摘梁启超之论诸子学的提纲，更有分量。他把诸子学看做和西学道理相通的，并且把诸子学的荒疏不传，解释为中国积弱的原因。这番道理固然还是过于牵强，但是于此不难看出，维新派在当时之提倡诸子学，正是为着提倡和它道理相通的西学，并借以打破思想界顽固排他的儒学一统的僵化局面，为维新变法创造有利的宽松的舆论环境。既然孔教之外的诸子学是和儒学具有同等价值的中国固有文化，既然这些诸子之学具有"改制创教"的革新精神，既然这些诸子学是和现代的西学是相通的、大有复兴的前景的，那么，还有什么理由只是拿孔子之道来作为抵制维新的至高无上的惟一准则呢？

　　至于维新派推崇孔学以外的诸子学，使得守旧派十分尴尬，不批不是，批也不是。国产的、旧有的、并且早已流布民间的这些诸子学，以孔学传人自居的卫道士们也不好把它们一律骂倒。所以他们只得对于诸子学本身避而不作正面评论，专讲一些"中国二千年间，孔子之道如日月之经天、江河之行地"的套话，借以尊孔学抑诸子而已。有人则干脆装糊涂，说些"吾师孔子吾不知庄子"之类的话胡搅蛮缠，搪塞了事。守旧派人士趁着变法失败，趾高气扬地显示他们翼教的功劳时，拿出来的竟然是这么低劣的货色。当可断言，《翼教丛编》如此这般的卫道，与其说是在揭露对手的荒谬，毋宁说是在暴露自身的愚陋。只不过那年头的编选诸公，还昏昏然不觉察其自身成为"反面教员"之为用，着实得意了一阵子而已。

---

　　① 参见叶德辉《〈輶今轩语〉评》。

强词夺理的"辟异端"

与在"卫圣教"方面显得有气无力相比,《翼教丛编》在指斥康梁"新学"是"专立西学"的异端时,却显得气势汹汹了。

"专立西学""全变西法"这类帽子,是御史文悌在光绪下诏变法的当口,抗旨上疏,给康有为扣上的。① 其实,康有为等维新派头面人物何尝敢讲"专立西学"这类话;即使内心里是要推行明治维新式的西方创制的君主立宪制,公开言论中却仍然在说这是"中体西用",甚至说这完全是本于孔教原旨的变法改制。不过,也不好说文悌之论纯属空穴来风。一则,康梁的维新主张确实是以西方资本主义的一些现成模式为范例;二则,维新派中不大懂得国情世俗的年轻人,也的确说过"专立西学"之类的话。例如,活跃于湖南的易鼐就曾经在《湘报》上提出过"一切制度悉从泰西"的激烈主张。他按照这一思路,拟制出"以弱为强四策":"一曰改法以同法,二曰通教以绵教,三曰屈尊以保尊,四曰合种以留种。"② 另一个活跃于湖南的维新派青年樊锥,也在《湘报》上写文章,主张:"洗旧习,从公道,则一切繁礼细故,猥尊鄙贵,文武名场,恶例劣范,铨选档册,谬条乱章,大政鸿法,普宪均律,四民学校,风情土俗,一革从前,搜索无剩,惟泰西是效,用孔子纪年。"③ 易鼐、樊锥的这些言论,大约可以算得上是近代中国"全盘西化"论的鼻祖了。在戊戌之前,这样的言论被舆论目之为欺师灭祖的妖言惑众,当然是不足为怪的。以开明为标榜的洋务派新领袖张之洞看到易鼐"四策"后,也勃然大怒,并对其传播后果极表忧虑,立即写信给陈宝箴,说"此等文字,远近煽播,必致匪人邪士倡为乱阶",责令严斥。④ 樊锥则被邵阳的卫道士们作出决议,作为"乱民"立即驱逐出境,"不许其在籍再行倡乱"。⑤

---

① 参见《戊戌变法》(二),第484—485页。
② 见《湘报类纂》甲集上。
③ 参见《翼教丛编》卷5。
④ 《张文襄公全集》卷155。
⑤ 《邵阳士民驱逐乱民樊锥告白》。

"一切制度悉从泰西"，"惟泰西是效"，这些话显然都说得过于偏颇。但是细看易、樊的上述文字，不难发现，他们的实际主张并没有真像这类言辞那样极端化。易鼐的"四策"，得当与否姑且不议，但主旨是在设法保法保教保种，而不是想把中国固有的法、教、种统统消灭掉。至于樊锥所言，主旨显然是在提倡学习西方、改革旧制。"一革从前，搜索无剩，惟泰西是效"的话是说过头了，但是接着却又自相矛盾地主张"用孔子纪年"，可见也还没有主张把固有文化一概灭绝的意思。守旧派人士，抓住易鼐、樊锥这样一些不成熟的言论，大加讽嘲痛斥，得意之态，溢于言表。例如，叶德辉除了大骂樊锥是"丧心病狂"、"汉奸之尤"之外，还自鸣得意地嘲弄道：既然"明言'惟泰西是效'，何必再言'用孔子纪年'，直曰以耶稣纪年可耳！"① 把自己的愚昧当成高明的卫道士们，没有料到他们的嘲笑不幸落空，而他们恰恰成其为受到历史无情嘲弄的愚氓：半个世纪之后，取得真正独立尊严的中国，不正是从国际大局的需要出发，堂堂正正地确定了以公历为法定纪年吗！

守旧派攻击康梁"新学"、"专立西学"，实质上仍旧是在沿用当年顽固派反对洋务时所用的"以夷变夏"的老调。《翼教丛编》中还不乏这类陈腐言论，例如，叶德辉仍然在拼命死死守住"夷夏大防"这道闸门，他甚至连张之洞"国强而教自存"的意见都不赞成，说"夷夏之辨"与强弱贫富无关。他说，中国虽然贫弱，但仍然是人数至众、气候温和、得天独厚、开辟最早、我们甲于天下，所以"中外华夷之界不必以口舌争，亦不必以强弱论也"。② 在甲午之后，国家民族处于危亡的关头，依旧大发这种"内华夏而外夷狄"的陈腐议论，其违人心背潮流的程度，是可想而知的。靠这样的理由来抵制维新变法，自然更是无济于事。所以，这种极端陈旧的以天朝自居的言论，到了戊戌之际已经形不成什么气候了。值得注意的倒是，当着维新运动进入高潮，光绪又明确表态博采西学、决心变法的时候，比较乖巧的反对变法的人士，开始调整言论的调门，他们对西学不再简单采取顽固排拒的态度，而是在坚决反对变法的同时，极力表白他

---

① 《驳南学分会章程条议》。
② 《非〈幼学通议〉》。

们是主张适度地采用西学的。

仅从《翼教丛编》所收入的文稿看，如京官许应骙、文悌，湖南名士王先谦等，都是极力表白自己是注重洋务、讲求西学的。这当中虽然有为着适应朝廷意向，故意装扮作开明形象者，但是也确有真正重视洋务而反对变法的人，王先谦就算得上一个代表。他不仅支持过洋务运动，而且在《丛编》所收的他《与吴生学媰书》中也写过大段赞成学习西学的话。他写道："至谓今日之事亦趋重西学者，势所必至。及湘人严分新旧二党之说，则其中尚有须剖析者，不可不为吾友明之。所谓西学者，今日地球大通，各国往来，朝廷不能不讲译学。西人以工商立国，用其货物朘我脂膏，我不能禁彼物使不来，又不能禁吾民使不购，则必讲求工艺以抵制之，中国机庶可转。故声光化电及一切制造矿学，皆当开通风气，力造精能。国家以西学导中人，亦是于万难之中求自全之策，督抚承而行之，未为过也，绅士和之，未为过也。"① 不但肯定西学的价值，并且说出赞成"国家以西学导中人"这样的话来，如此议论，假使放在洋务运动初起时，无疑可算得是领开放风气之风骚了。而现今讲这番开明的话，用意却是在为着给批判康梁"新学"做个铺垫。他在写了上面一段赞成讲西学的话之后，笔锋一转，接着就说康梁是"谬托西教以行其邪说"，"无疑叛逆"。许应骙在表白自己从没有"痛诋西学"之后，也是立即痛诋康有为"袭西报之陈说，轻中朝之典章"。② 可见，这些赞成洋务（起码是口头上不敢反对洋务）的人士，在指摘维新变法时，放弃了守旧派惯用的"通夷""卖国"一类旧罪名，而是改用一种貌似折中的姿态，即以承认西学之可用为前提，然后再来痛斥康梁对待西学态度的谬误。也就是说，照他们说来，康梁"新学"之错误，并不在于用西学而是在于采用西学的错误方法和错误态度。文悌在《严参康有为折》中，就极力想把这种对待西学的"原则界限"划分明白。他在表白过自己如何从小就重视西学西法之后，便大发议论道："惟中国此日讲求西法，所贵使中国之人明西法为中国用，以强中国，非欲将中国一切典章文物废弃摧烧，全变西法，使中国人之默

---

① 《王祭酒与吴生学媰书》。
② 《许筠庵尚书明白回奏折》。

化潜移，尽为西洋之人，然后为强也。"于是，他主张只能遵照"明体"与"致用"两种不同的层次，来区别对待中学与西学；而他给康有为定的罪状是：倒置了"本"与"用"的关系，企图全用西学西法西教，来改变建立在纲常名教基础上的传承数千年的中国的大经大法。① 于此可见，在维新运动兴起之际，部分反对变法的人士已经把反对革新的基调，从严守"夷夏大防"改到了确保"中体西用"上。用洋务派的纲领，一时为稍稍懂得一些时局大势的守旧人士所看好，想用它来充当抵制变法的时中之策。

《翼教丛编》收入张之洞《劝学篇》的《明纲》等章，更足以表明顽固坚持排斥西学的守旧派和标榜"中体西用"的洋务派，在反对康梁"新学"的这个问题上一度取得了某种共识，结成了连手作战的新伙伴。这种共识，就是奋力保卫纲常名教这个"体"，以与康梁"新学"划清界限。张之洞的《劝学篇》的基调，仍不外"中体西用"论。从《内篇》着重讲"明体"、《外篇》着重讲"致用"这样的内容设计而言，也显示出中西兼顾、体用并重之意，但是张之洞在变法高潮期间匆忙编著此书，确如辜鸿铭所言，是有着"绝康梁并以谢天下"，即用来表示与维新派划清界限的政治意图。所以，"尊中学以立根本"，"重名教而杜卮言"，反对"恢诡倾危乱名改作之流"制造的"邪说暴行"，就成为《劝学篇》着重强调的宗旨。这也正是守旧派之所以看重《劝学篇》，并把张之洞引为同道，甚至俨然把他奉作反对康梁"新学"之盟主的原因。《丛编》所选《明纲》一章，即着力阐述坚持还是反对"中学为体"，乃是他们与康梁"新学"的原则分歧之所在。其基本内容，无非是在极力申明三纲具有不可变易的神圣性质，坚决抨击平等民权的主张。这样的准则，究竟为什么能够成立呢？顽固守旧派说不清楚，张之洞也说不清楚，他也只能用不讲道理的态度宣判道："故知君臣之纲，则民权之说不可行也；知父子之纲，则父子同罪、免丧、废祀之说不可行也；知夫妇之纲，则男女平权之说不可行也。"② 可以看出，在维护纲常伦理这个方面，张之洞与思想最陈腐的

---

① 《戊戌变法》（二），第484—485页。
② 《劝学篇·明纲》，《张文襄公全集》卷202，以下凡引自该书者，仅注章目。

守旧派之间是没有任何差异的。当然，张之洞毕竟不同于不懂世事的腐儒，他不再把外国都看成野蛮的夷狄之邦，而是说外国礼制虽略，但也同样懂得尊重三纲。张之洞的这番道理，无疑是把三纲更加普及化了，但是也给他的立论造成了无法解决的矛盾：既然外国也都懂得明纲重本，那何以还需要把西学的价值只限定在"用"上，又何以还需要极力论证中学是不可替代的"本"呢？

　　固守洋务派观念的人，如张之洞，当着变法进入高潮的时候，一方面要反对变法，另一方面要继续讲求西方的科学技术，这就使得他们对西学不是采取一概排斥的态度，而是采取有取有舍的态度。他们最不能接受并以惊惧的心情予以坚拒固绝的，是资产阶级的民权思想。康有为早年也作过百年之后将会"君不专，臣不卑，男女轻重同，良贱齐一"一类的预言，但是在推行他的变法主张的时候，却绝口不再公开谈论平等民权，酝酿中的"大同"说更是深藏不露。不过，年轻的维新志士们缺乏康有为的世故老到和策略考虑，放言平等民权遂成为他们一时热衷的话题。他们当中，有主张先借君权为实行民权创造条件者（如梁启超），也有主张君权民权参用者（如汪康年），不过，他们当中不主张立即在中国实行民权的人，多是从实际步骤上着眼，绝少从根本上反对民权的。光绪二十三年十一月，梁启超上书陈宝箴，开宗明义第一句就直说："今之策中国者必曰兴民权。"然后他才建议如何开民智、开绅智、开官智，以为兴民权创造条件。① 这年春天，他在给严复的信中，也曾谈论过他的民权观。他固然还认为在中国的条件下，应当借君权以图民权，但是已经明确认识到，无论在欧洲还是在中国，古代都没有真正存在过"民主之局"，近百年来"民气大伸"，地球进入了"文明之运"，这才形成了一种新趋势，不单在中国，而且在一切落后地区，都面临着"民权之说既当大行"的局面。② 湖南时务学堂，在梁启超、谭嗣同的带动下，更成为鼓吹民权的主要阵地。梁启超回忆时务学堂的情形说："时吾侪方醉心民权革命论，日夕以

---

　　① 《戊戌政变记·附录二》，《饮冰室合集·饮冰室专集之一》，第130—131页。
　　② 《与严幼陵先生书》，《饮冰室合集·饮冰室文集之一》，第106—111页。

此相鼓吹，札记及批语中盖屡选其微言。"① 又说，他和谭嗣同、唐才常在时务学堂的教学法，有两面旗帜："一是陆王派的修养论；一是借《公羊》《孟子》发挥民权的政治论。"② 对于湖南时务学堂里的这种政治言论，康有为事实上也是知道的，他在一封信中曾经说道："卓如与复生入湘，大倡民权，陈、黄（遵宪）、徐（仁铸）诸公听之，故南学会、《湘报》大行。湘中志士于是靡然发奋，人人种此根于心中。"③ 康梁所说，当属实情。

　　湖南当时的民权说之盛，通过《翼教丛编》所摘录并加以批驳的片断言论，也可以看出其大概。例如，叶德辉所摘梁启超《读西学书法》中之句："当知历代制度皆为保王者一家而设，非为保天下而设，与孔孟之大义悖。""当知三代以后君权日益尊，民权日益衰，为中国致弱之根源。其罪大者曰秦始皇，曰元太祖，曰明太祖。"④ 又如，宾凤阳摘梁启超在时务学堂教学中所作批语云："今日欲求变法，必自天子降尊始。""春秋大同之学，无不言民权者。盖取六经中所言民权者编辑成书，亦大观也。"⑤ 不难看出，当时以时务学堂为中心，确实在湖南造成了提倡民权的声势，使得守旧派不能不惊恐万状，气急败坏。宾凤阳在给王先谦的这封信中，突出地描绘了这种舆论动态："今康梁所用以惑世者，民权耳、平等耳。""熊、戴、樊、唐、易诸人，是何肺腑，必欲倾我邦家也！夫时务学堂之设，所以培育年幼英才，俾兼通中西实学，储备国家之用，煌煌谕旨，未闻令民有权也，教人平等也。"⑥ 《翼教丛编》的编者苏舆，把"倡平等，堕纲常也；伸民权，无君上也"，当做康梁"新学"的一条重大罪状。《丛编》所选言论，从顽愚如叶德辉，到开明如张之洞，也无不集中火力痛斥民权说。这都证明了，戊戌变法高潮形成之际，民权思想确已成为舆论关注的焦点。

① 《时务学堂劄记残卷序》，《饮冰室合集·饮冰室文集之三十七》，第 69 页。
② 《蔡松坡遗事》。
③ 《光绪二十七年致赵日生书》。
④ 《〈读西书法书后〉》。
⑤ 《〈宾凤阳等上王益吾院长书〉》。
⑥ 出处同上注。

《翼教丛编》对民权说的声讨，是声色俱厉的。从其字里行间透露出的情感，则不仅表现着愤怒，而且表现着恐惧。《丛编》所选张之洞《劝学篇》的《正权》一章，正是专门为批判民权说所设。张之洞认定，民权之议乃是一种"有百害而无一益"的"招乱之言"，并且断言民权说兴比如破坏现有的安定局面："方今中华，虽非雄强，然百姓尚能自安其业者，由有朝廷之法维系之也。是民权之说一倡，愚民必喜，乱民必作，纪纲不行，大乱四起。"这些论断里所表现出来的神经紧张程度，在当时反对民权的议论中是颇具代表性的。出自这样极端的恐惧和忧虑，《丛编》所收录的守旧派人士反对民权说的言论，是连篇累牍的。可惜的是，这些言论激烈则极其激烈矣，只是多属谩骂之词，而讲不出任何像样的道理来。可以看出，他们对于资本主义的民主制度是懵然无知的，他们也根本不懂得民权说的理论内容。他们通过激愤言辞所表述的，无非是在喋喋不休地重复"君臣之义，与天无极"；尊卑上下，万世不易，这一类陈词滥调。至于这为什么会是不能易的，不可易的，他们通统回答不上来；而且他们觉得提出这样的问题，都是十分荒唐的。在他们看来，君道臣纲本来就是天理之常，哪里会产生什么"易"还是"不易"的问题呢？所以他们反驳民权说时，自恃为理由充足的论据竟然是："试问权即下移，国谁与治？民可自主，君亦何为？"①更有甚者，如叶德辉，居然想出一种奇特的"道理"，说西方是由于落后，不懂得忠君，故而民主主义才猖獗起来。他说，在敬天孝亲爱人这些方面，中西各教还颇有相通之处，可是"独忠君为孔教特立之义，西教不及知也"。于是他寄希望于异日"孔教大行"之时，说等到那时候西方也就会"易民主为君主"，懂得"劝忠"、"息民"了。②

《翼教丛编》里收集的反驳民权说的言论，其程度大致如是。不过，也不好说它没有给后人留下什么启示，因为至少这也可以让人明白：当着人类社会已经进入近代之后，再和死硬的君主专制主义者讨论民权问题，那结果只能是与夏虫语冰。

---

① 《宾凤阳上王益吾院长书》。
② 《叶吏部与俞恪士观察书》。

神经过敏的"保大清"

苏舆在《翼教丛编》的《序》里，把"孔子纪年，欲人不知有本朝也"，也算做康梁"新学"的一大罪状，是事出有因的。他所提及的仅仅是维新派主张孔子纪年一事，但是，通过这一条可以看出，引起众多官绅万分焦虑的，是在于出现了要动摇他们心目中这个本朝的危险动向。

当着太平天国的风暴刚刚平息不久，甲午战败后朝廷的丧权辱国行径又引得民怨沸腾的时候，满汉间的民族矛盾问题，自然成了清廷担惊受怕的最大心病。一些把自己身家性命、功名利禄和清王朝捆在了一起的官宦士绅，不能不觉察到自己也正伴随着他们的主子，坐在这个大火山口上，从而不免产生出一种面临毁灭的恐惧与过敏。《翼教丛编》中所收有关申斥康梁目无朝廷的议论，无不显示出他们这种惶惶不安的神经极度紧张的状态。于是，见到有人主张"孔子纪年"，便认定是在煽动人们"忘我大清"；见到康有为组织保国会，便认定是"欲保四万万人，而置我大清国于度外"；[①] 见到徐仁铸在书中称赞《明夷待访录》，便断言《明夷待访录》说"金陵为王者都"，"遂导至洪秀全之逆志"。[②] 这些竭力表现自己是清朝统治集团死心塌地的奴才的人，无法使自己摆脱开十分尴尬的境地，他们一面大骂康梁是"汉奸之尤"，另一面又处心积虑地竭力表现对"大清"的忠心。《丛编》选刊张之洞《劝学篇》中的《教忠》一章，列举清朝开国以来的仁政十五条，意在表达对满洲统治的忠心，自不待言。至于民间的一些反满言论，《丛编》却是躲躲闪闪，连引证都怕触犯忌讳的。

平心而论，维新派推行变法改制，是诚心诚意地为着保大清的，绝无反满的民族意识。其领袖康有为，则更是抱着对清王室忠心不二的政治态度终其一生。依此而论，守旧派对于康梁背叛朝廷的指责，只能算是一种误解，或者只是一种无端上纲的欲加之罪。不过，从维新志士的思想动向

---

① 《文仲恭侍御严参康有为折》。
② 叶德辉：《〈輶今轩语〉评》。

看，特别是从年轻的维新志士们当时在非官方的场合下发表的言论看，守旧派的这种指责，倒也不好说纯属空穴来风。

梁启超在所著《中国近三百年学术史》中，回顾戊戌前他们受晚明遗老顾、黄、王诸大师的思想影响时，说到所受到的一种重要启蒙即"民族意识的觉醒"。他写道："他们反抗满洲的壮烈行动和言论，到这时因为在满洲朝廷手上丢尽中国人的脸，国人正要推勘他的责任。读了先辈的书，蓦地把二百年麻木过去的民族意识觉醒转来。"[①] 维新志士们把这种民族意识，贯彻到时务学堂的教学中，而且还和外界相呼应，形成惹人注目的思想界新动向，终至构成新旧冲突的一个重要原因。"堂内空气日日激变，外间莫或知之，及年假，诸生归省，出札记示亲友，全湘大哗。先是嗣同、才常等设南学会聚讲，又设《湘报》（日刊）、《湘学报》（旬刊），所言虽不如学堂中激烈，实阴相策应，又窃印《明夷待访录》、《扬州十日记》等书，加以按语，秘密分布，传播革命思想，信奉者日众，于是湖南新旧派大哄。"[②] 梁启超在辛亥革命后发表的这些言论，令人读来不免觉得有过分抬高自己及其参与维新的同志们当年的民族革命觉悟之嫌。实事求是地说，戊戌前夕，维新派的基本纲领仍是致力于推动清廷变法改制，而不是在民间鼓吹民族革命。这界限，他们在公开活动中是小心翼翼地遵守着的。但是，这并不排斥维新派中的激进分子，在私下的言行中有着颇为激烈的谋求解决民权与民族问题的倾向。剔除梁启超言辞中的某些溢美之词，他的回顾仍不失历史的真实面貌。《翼教丛编》中对于维新派涉及满汉问题的言论所作的声色俱厉却又胆战心惊的批驳，便是从反面提供的有力证据。不过，饱有政治经验的守旧派人士，明白满汉问题在当时特具的敏感性质，所以每当触及此事时，也仅仅是点到即止，不肯像在"翼教"、"忠君"等事上那样放言大论。看来凡涉满汉之事，守旧派的心里总是战战兢兢的，生怕多言有失，反而起散布"叛逆"言论的作用而触犯忌讳。多半由于这样的缘故，《翼教丛编》里有关批评反清言论的批判，所留下的有价值的资料非常有限。要想从中考察维新派当时的民族观念的

---

① 《中国近三百年学术史》，《饮冰室合集·饮冰室专集之七十五》，第28—29页。
② 参见《清代学术概论》，《饮冰室合集·饮冰室专集之三十四》。

状况，总不免觉得是在雾里看花，难以弄得明白。要说它还有些价值，那大约也惟在于通过这些躲躲闪闪、欲言又止的言辞，可以隐约看到，在太平天国事败之后，又一次民族革命的火山大爆发的征候，确已开始出现。

　　（1994 年 1 月初稿，1996 年 12 月二稿。刊载于《无树有巢》集，辽宁教育出版社 1998 年版）

晚清国粹主义述论

　　清朝末年，国粹主义文化流派的出现，在中国近代文化思想史上是一件引人注目的新事态。鸦片战争以后的大半个世纪中，先进的中国人一直是沿着向西方学习的路子，探求救国救民的真理；而固守传统，排拒西方文化，则是愚昧、腐朽的顽固守旧势力的基调。对于 20 世纪初兴起的国粹主义，却不能再简单地作如是观了。

　　"国粹"一词，是来自日本的外来语。起初，人们把它和"国学"一类说法混用，无严格之界说。大意无非是指中国的学问，中国的道德，中国的精神。用今天的习惯用语来概括，大体就是：中国固有文化的精华。从这种最一般意义上说，"国粹"的存在是事实，爱护它，保存它，提倡它，发扬光大它，也是中华儿女子孙万代责无旁贷的事。问题在于，处在一个中国政局危机四伏、革命风暴行将到来的年代，文化论坛上怎么会突然兴起了一股保全国学、弘扬国粹的呼喊呢？它反对的是什么，提倡的是什么？它的宗旨何在呢？

　　保全国学、弘扬国粹的主张，大致是在 1902 年到 1905 年间形成一种文化流派的。由于初起时保全国学的含义宽泛而含混，聚集于其旗帜下的，自然会有抱着各种不同志趣的推崇国学的人士。但是，不管个人见解如何纷纭，国粹主义作为 20 世纪初中国兴起的一种文化流派的基本倾向，亦即它的基调，还是很明确的。

　　1905 年，邓实等人在上海创办国学保存会之初，[①] 对于其宗旨的阐释

---

　　① 郑师渠在《简论晚清国粹派的兴起》一文中考证了国学保存会形成的背景，提供了中国教育会、《政艺通报》在促使国学保存会成立方面所起作用的史料。见《辛亥革命与中国近代思想文化》，中国人民大学出版社 1991 年版，第 1—16 页。

是比较平淡的，只是泛泛地说，他们是想"摅怀旧之蓄念，发潜德之幽光"，尽"读书保国"的责任。不过，既然标榜保全国学，无疑就是在宣告国学已处在被破坏的危险之中。当时国粹派人士所发表的言论中，之所以反复强调"国学即国魂"，"国粹亡则国亡"一类的论断，就是由于把国学濒临危亡的状态估计得十分严重。邓实在发起国学保存会时说得明白："念铜驼于荆棘，扬秦灰之已死。文武之道，今夜尽矣。同仁吾为此惧，发愤保存。"国学"文武之道"何以会闹成"今夜尽矣"的局面呢？他们认为具有历史的原因：从秦皇焚书，到长期的战乱和经籍的遗失伪篡；也有现实的原因："流至今日，而汉宋家法，操此同室之戈。景教流行，夺我谭经之席。于是蟹行之书，纷填于市门。象胥之学，相哄于黉舍。观欧风而心醉，以儒冠为可溺。"① 从引文中看，提倡国学针对的重点似乎是"醉心欧风"的时风，后来邓实在回顾当初发起国学保存会的思想时，更加明确地说："欧风渐东，国学几灭，著者抱亡学亡国之惧"，所以"才起而著文，以图止横流，维学风，救国家"②。章太炎于 1906 年抵日本后，在东京留学生欢迎会上演说，也说到这重意思，他说："近来有一种欧化主义的人，总说中国人比西洋人所差甚远，所以自甘暴弃，说中国必定灭亡，黄种必定剿绝。因为他们不晓得中国的长处，见得别无可爱，就把爱国爱种的心，一日衰薄一日。"③ 清末西学有了较大发展这是事实，"醉心欧化"的苗头也确有显现。但是，当时这种"欧化主义"的影响是微不足道的，远没有构成 20 世纪初中国文化危机乃至政治危机的主要原因，把它看成已经成为足以导致亡学亡国的洪水猛兽，不过是出自偏见的过甚之词。事实上，直到辛亥革命前，在中国国内思想领域中宗法伦理和传统文化的统治局面，并没有根本改观。正像有人指出的，长期沿习，使得"崇拜古人之风"，遂成中国的特质："论文章则动称八家；论哲理则动尊五子；论治法国本之大要，则攘臂奋舌曰：'三代！三代！'无一言不以古人为护身符，无一事不以古人为定盘针。束缚思想，拙塞灵明，而实

---

① 邓实：《国学保存会小集叙》，《国粹学报》第 1 期（1905 年）。

② 《第七年政艺通报题记》，《政艺通报》第七年戊申（1908 年）第 1 期，第 1—3 页。

③ 《东京留学生欢迎会演说词》（1906 年 7 月 15 日），见《章太炎政论选集》，中华书局 1977 年版，上册，第 276 页。

则并无效法古人之心，自大自弃之恶习遂根深蒂固而不可拔。"① 这种弥漫于国内思想界的崇古习气，显然是中国进步的主要障碍。而把当时中国看成已处于欧化亡国的威胁中，恰恰是出自文化复古主义的偏见。章太炎、邓实等人，人云亦云地说些反对欧化的话，一方面固然是由于他们自己长期受古老文化的熏陶，自不免与守旧人士在文化情趣上颇有一些共鸣。另一方面，他们也无非是在借此为提倡国学壮大声势。国粹派中，研读过不少"西书"、"东书"，接受了许多资产阶级的哲学和文化观念的大有人在，章太炎即其佼佼者。国粹主义的文化流派的出现，显然不是以排拒西学为主要目标。初建的国粹主义文化观，并不一般地反对西学，而是主张将国学和西学相互参验会通。② 有人说："国粹也者，助欧化愈彰，非敌欧化以自防，实为爱国者须臾不可离也云尔。"这就是说，"国粹"与"欧化"不仅可以不相妨碍，而且可以互为补充，相得益彰。所以说："是故国粹以精神而存，服左衽之服，无害其国粹也；欧化以物质而昌，行曾史之行，无害其欧化也。"③ 也有人更进一步解释到，提倡国学之举，"于欧学无新旧抵牾之虑。世衰道微，欧化灌注，自宜挹彼菁英，补我阙乏。……达变之士方议沟通释耶，合炉熔铸，岂犹谬袭成见，阻碍新机"④。不管他们对"菁英"和"阙乏"判辨得恰当与否，他们没有采取宠此薄彼、以此抑彼的那种"欧化"与"国学"势不两立的态度，是无可怀疑的。以舍我其谁的心态放言"上天以国粹付予"的章太炎，⑤ 也常持这种开明态度，并且颇为刻苦地钻研过西学。至于有时他说："中西学术本无通途，适有会合，亦庄周所谓射者非前期而中。"那不过是为了反

---

①　云窝：《教育通论》，《江苏》第 3 期（1903 年 6 月），见《辛亥革命前十年间时论选集》，三联书店 1960 年版，第 1 卷下册，第 555 页。该文作者说，中国之所以崇拜古人，是由于自秦以后的二千年，是有退化无进化的历史。此论有反专制主义之意，至于作为一种历史观，当然是错误的，与史实不符。

②　《拟设国粹学堂启》，《国粹学报》第 26 期（1907 年），见《辛亥革命前十年间时论选集》，第 2 卷下册，第 631 页。

③　许守微：《论国粹无碍于欧化》，《国粹学报》第 9 期（1905 年），见《辛亥革命前十年时论选集》，第 2 卷上册，第 56 页。

④　李世由：《国粹学报三周年祝词》，《国粹学报》第 38 期（1907 年）。

⑤　《癸卯狱中自记》，《章太炎全集》（四），上海人民出版社 1985 年版，第 144 页。

对康有为等人把西学和中学穿凿傅会、牵强比附而已；如果以为章太炎这是在用国学排西学，那是误解其意了。① 东京国学讲习会发起人所作的《国学讲习会序》，比较全面地体现了该会创始人章太炎对待中学西学的态度。序中阐述提倡国学的背景说："道弊文丧，由来以久，而今世尤为岌岌。"以前是受到科举的障害，功名利禄、词章帖括把士人引入歧途。现今是受到新学的障害，"新学者，亦利禄之途也，而其名为高"，更富迷惑力。两相比较，科举时代昌明绝学倒还比较容易，而在"新学溃裂时代"，由于"含种种混杂之原因"，"国学必至于不兴"，所以"亡中国者必新学也"。这种关于国学所处背景的说明，运用的还是"国学亡则国亡"的逻辑。看上去这是在激烈排斥新学，可是所谓新学究竟是不是一种纯为谬误的亡国之学呢？该序却又作了否定的回答："夫新学果何罪？而学者不知所以为学，至于亡人国。"该文以为，新学不是无用的，而是学者用法不对："新学则固与国学有比例为损益之用，非词章帖括之全属废料者比。"对于新学，决不能"以科举之道业之"。他们说，现时讲求国学，比科举时代复杂多了，"前之言国学者，可绝对弃置科举；而今之言国学者，不可不兼求新识。前之业科举者，不敢排斥国学，而今之业新学者，竟敢诋国学当废绝"。作者认为，国学之所以会发生危机，主要是在于没有把新学和国学很好地结合起来。② 那么怎样解决这个问题呢？作者回答说：

> 时固不乏明达之士欲拯斯败，而以其无左右偏袒之道，即无舍一取一之方，二者之迷离错杂，不知所划，几别无瓯脱地以容吾帜。则有主张体用主辅之说者，而彼或未能深抉中西学术之藩，其所言适足供世人非驴非马之观，而毫无足以餍两方之意。以此之故，老生以有所激而顽执益坚，新进以视为迂而舛驰益甚。③

作者固然是站在"复兴国学"的立场上观察问题，但这段文字对于晚

---

① 《某君与某论朴学报书》，《国粹学报》第 23 期（1906 年）。
② 《辛亥革命前十年时论选集》第 2 卷上册，第 498—502 页。
③ 同上书，第 499 页。

清学坛上中学与西学、国学与新学的关系，以及处理这种关系的难处，无计两全之困扰，梳理得实在清晰得很。态度之客观，分析之适度，是从未有过的。作者非常清醒地指明，妥当处理国学与新学的关系，以求"复兴国学"，这个问题之所以难于解决，是由于热爱国学的"老生"和提倡新学的"新进"，都不是没有道理的，国学和新学都不是没有用处的。作者表明，他们办国学讲习会，目的是昌明国学，但并非排斥新学，而是认为二者可以相辅相成，所以说，"真新学者未有不能与国学相挈合者也"①。从此可以看出，章太炎一派当时提倡国学，无论在政治态度上还是在文化观念上，既没有混同于愚昧守旧的腐儒，也没有混同于主张"中体西用"的洋务官僚。

　　但是，既然认为国学与西学都有用，为什么又要竖起"国粹"的大旗，大声疾呼地提倡国学呢？显然国粹派是有一种觉得靠西学不足以救国的认识。他们对于中国的衰败危亡，无不痛心疾首，他们认为中国未能扭转这种危势的原因，是在于没有找到治病的正确丹方。黄节说，中国在国蹙民艰的形势下，"一睨乎泰西诸国之政之法之艺之学，则以为非先王之道，而辞而辟之；辟之而不足以胜之也。一眷乎泰西之政之法之艺之学，则以为非中国所有，而貌而袭之；袭之而仍不足以敌之也"。既然对于西学"辞而辟之"，"貌而袭之"，均告失败，于是他主张反躬自问："则还而质诸吾国，……何以逊于泰西之国之学？"他慨叹，国人对于这样的问题，"懵然而皆莫能言"，而国人这种懵然不察的状态，则会导致"一国之人心死"，从而造成亡国之危。他认为，近世以来，"宇内士夫""醉心欧化"，认定中国之学不足以救中国，"惟东西之学说是依"的态度，是十分错误十分危险的。他非常害怕西学的输入，尤其是与我国"同种异类"的"东学"的输入，将会亡我国学。而且在他看来，一国之立全系于有一种"立国之精神"，所以"学亡则亡国，国亡则亡族"，② 后果自然不堪设想。总之，在他们看来，排斥西学和依赖西学不仅都无助于救国，而且还必定会导致亡学亡国亡种的结局，因此救国的惟一办法，只能有赖于

---

① 《辛亥革命前十年时论选集》第 2 卷上册，第 501 页。
② 《国粹学报叙》，《国粹学报》第 1 期（1905 年）。

提倡国学。

为了说明提倡国学、弘扬国粹是惟一的救国之途，国粹派强调西学不合中国国情，他们说西学虽好，中国却不具备施行的条件，因此明末清初西学东渐没有成效，近三十年提倡西学仍然是没有成效。许守微写道：

> 夫欧化者，固吾人所祷祀以求者也。然返观吾国，则西法之入中国，将三十年，而卒莫收其效。且更敝焉。毋亦其层累曲折之故，有所未莹者乎？语有之，橘逾淮则为枳。今日之欧化，枳之类也。彼者良法善制，一施诸吾国而弊愈滋。

许守微说，这就叫做："虽有嘉种，田野弗治弗长也；虽有佳实，场圃弗修弗植也；虽有良法，民德弗进弗行也。"于是他得出结论说，再也不要不顾本国条件依赖引进西学，而是应该寻觅一条改善本国条件的途径：

> 我不进吾民德，修吾民习，而兢兢于则效，是犹蒙马之技，而画虎之讥也。所以进吾民德，修吾民习者，其为术不一途，而总不离乎爱国心者近是，此国粹之所以为尚也。①

如果只是在说，提倡国学有助于"进民德"、"修民习"，有益于改善中国的条件，为引进西学扫清道路，那无疑于是说提倡国学的目的是为着有效地采取西学，这样一来，显然就无从证明惟独国学具有救国的价值。所以国粹派便不得不想方设法去夸饰"国粹"之万能，乃至亦步亦趋地走上守旧派当年标榜的"中学包罗西学，无待他求"的那条老路。他们说："黄帝尧舜禹汤文武周公孔子之学，其为布帛菽粟，而无待他求者夥矣。"② "诸子之书，其所含之义理，于西人心理、伦理、名学、社会历

---

① 《论国粹无阻于欧化》，《国粹学报》第 7 期（1905 年）。
② 黄节：《国粹学报叙》，《国粹学报》第 1 期（1905 年）。

史、政法，一切声光化电之学，无所不包。"① 国学既然博大精深到这般完备圆满的程度，那么对于那个西学，就不仅现时不需要学，而且永远也无须乎学了。正是从这种认定中国国学自成系统、无待他求的角度，章太炎才断言中国无须乎像日本那个小岛国那样"因成于人"。他写道：

> 部娄无松柏，故日本因成于人。而中国制法自己，儒、墨、道、名尚矣。虽汉宋诸明哲专精历意，虑非岛人所能有也。自弃其重，而倚于人，君子耻之焉，始反本以言国粹。②

认为靠"反本以言国粹"，就足以救中国，这是国学倡导者们的共同信念。不过，把国粹的价值推崇到完全可以取西学而代之的程度，自然也就使得他们所声称的中学和西学、国学和新学可以互补可以契合的那一套尚属圆通的见解，彻底失去了立足的理由。随着把国学推崇到极致，国粹派学者们便愈加失去自控的理智，变成主张摒弃一切西学的狂热鼓吹者。仅就文化观的表现形态看，国粹主义一反鸦片战争以来开明人士提倡西学的趋势，成为洋务自强、维新变法中先后涌起的文化革新思想的对立面。国粹主义者不但反对依赖"欧化"，而且连"中体西用"论者所提倡的"西用"也不肯苟同了，他们变成了推崇不折不扣的"中体中用"论的文化复古主义的虔诚信徒。

不过必须看到，从表面上看，国粹派的文化观是向守旧派文化观的复归，但事实上两者之间在宗旨上存在着本质的差异。守旧派之鼓吹崇经卫道复古，是为着维护清王朝君主专制制度和既有的宗法秩序，排拒引进资本主义文明成果；而国粹派之提倡国学，却不是针对资本主义文明成果而发的，他们主张"反本以言国粹"，不是为保护清朝政权提供论据，而是为彻底推翻清朝统治制造舆论。也就是说，提倡国学，"以国粹激励种性"，其直接的现实目的，并不在于反对外来的欧美资本主义文明，而是为着推进"逐满复汉"的民族革命。1905 年《国粹学报》创办之初，就

---

① 邓实：《古学复兴论》，《国粹学报》第 9 期（1905 年）。
② 《国粹学报祝词》，《章太炎全集》（四），第 207 页。

明确宣告，它并不是为着"与西来学术相对抗"。① 当时就有人指出，《国粹学报》乃"标民族之宏义，发神州之鸿秘"。② 它的排满革命的倾向从一开始就是很鲜明的。③ 后来也有人评论说，《国粹学报》"虽注重旧学，而实寓种族革命思想"。④ 是"以民族观点，治中国国学"。⑤ 这些评论，无疑都是符合实际的。当时出版的宣讲国粹主义的报刊，虽然不大发表介绍西学的文章，但是也不发表什么抨击西学的言论；他们激昂地讲"国粹"讲"种性"，都是向着清朝的"外族专制"发出的炮火。

《国粹学报发刊词》把他们办报的宗旨明确概括为：表达"保种，爱国，存学之志"。⑥ 黄节在《国粹学报叙》中则直截了当地说，中国已是亡国亡学："吾国之国体，则外族专制之国体也。吾国之国学，则外族专制之国学也。"⑦ 这里的矛头，直指的是清朝的统治，可见所谓"保存国学"，寓存的乃是"遗民怀汉"之思，亦即光复汉族声明文物的反满意图。正因为这样，《国粹学报》从第 1 期起，陆续刊登的刘师培、邓实、黄节等人的文章，才极力渲染《春秋》"严夷夏之防"、"尊王攘夷"大义。⑧ 邓实还将宋明以来反抗异族入侵的忠臣节士、遗民故老的诗文，编辑成一本《正气集》，并在"识语"中称颂这是"神州国粹之林"，不加掩饰地写明编录的蕴意是："于以摅怀旧之蓄念，发思古之幽情，光祖宗之玄灵，振大汉之天声。庶几天地之正气犹有所系，天命民彝不至于终绝，而汉祚藉为一线之延，顾不重哉。"⑨ 陈去病又仿例续编《明遗民录》，称颂"朱明建国三百载，德泽滂沛，洽给民心"，号召人们"类族

---

① 王缁尘编著：《国学讲话》，世界书局 1935 年版，第 1—3 页。

② 许之衡：《读国粹学报感言》，《国粹学报》第 6 期（1905 年）。

③ 应当看到，辛亥以前国内的舆论环境和形势的状况，对于国粹派言论的政治色彩是有制约作用的，所以他们初期的言论不及后期言论明快，国内发表的不及海外发表的激烈。辛亥革命以后，国粹派以为民族革命大功告成，从而专意学术，文化观念上依然守旧，学术上却颇有成就，这是后话。

④ 戈公振：《中国报学史》，三联书店 1955 年版，第 131 页。

⑤ 阿英：《晚清文艺报刊述略》，第 144 页。

⑥ 《国粹学报发刊词》，《国粹学报》第 1 期（1905 年）。

⑦ 《国粹学报叙》，《国粹学报》第 1 期（1905 年）。

⑧ 刘师培：《读左札记》，《国粹学报》第 1 期。邓实：《国学讲习记》，《国粹学报》第 20 期（1906 年）。黄节：《春秋攘夷大义发微序》，《国粹学报》第 20 期。

⑨ 《正气集实识》，《国粹学报》第 13 期（1906 年），附录第 1 页。

辨物"，判别"人兽"。① 黄节更加激烈，借着尊崇黄帝为汉族始祖而著《黄史》，直斥清朝统治是"塞外杂种，盗窃神器，临制中夏"。② 1906年，章太炎在东京留学生欢迎会上，演讲激励人们感情的两件大事，一是叫做"用宗教发起信心，增进国民的道德"；二是叫做"用国粹激励种性，增进爱国热肠"。③ 章太炎的话，可以看作关于提倡国粹的最通俗的说明。无论讲佛理也罢，无论讲国学也罢，章太炎都紧紧扣住了"爱国保种"、"逐满复汉"这条民族革命的总纲。十分清楚，国粹派标榜"严夷夏之防"，已经与当年守旧派排拒西学、反对洋务、反对维新举起这种旗帜，大异其趣了。国粹派所说的"夷"与"夏"，已经不是"西"与"中"，而是"满"与"汉"了。国粹主义的崛起，不是宗法的专制主义的还魂，而是民族革命高涨的文化表现。

正因此，国粹主义文化观，一时受到汉族文化人士的热烈欢迎。当时一些革命党人，把国粹主义和爱国精神，是看成同一件事的。例如说，"凡国于地球上能历久而不敝者，非无故也，……国粹主义为之也"④。"欲求爱国，必自保存国粹始。"⑤ 这些都证明了国粹主义在当时确实是有号召力的。

国粹派提倡国学，既然是为着"激励种性"实现反对清朝统治的民族革命，他们当中的许多人就不能不受到当时热火朝天的民主革命思潮的影响，于是也有人努力想使"保存国粹"的主张具有一些民主主义的成分。章太炎早在修订《訄书》时，就于《订孔》等篇中，对于孔子及孔学作过批评性分析，肯定其历史上的贡献，指陈其学说的弱处和思想的局限。他不但剥掉了孔子头上的神秘光圈，而且径直说，历来尊孔抑荀，造成了中国"名辨坏，故言肴；进取失，故业堕"的消极后果。⑥ 这些议论中，已经显露出他具有解放思想的创造精神。1906年，他在东京的演说中，解

---

① 《明遗民录叙》，《国粹学报》第28期（1907年）。
② 《黄史·种族书》，《国粹学报》第1期（1905年）。
③ 《章太炎政论选集》上册，第272页。
④ 《论保存国粹宜自礼俗言文始》，《神州日报》1908年5月5日。
⑤ 《论保存国粹与爱国心之关系》，《神州日报》1907年7月7日。
⑥ 《订孔》，《訄书》修订本，1904年版，第2—3页。

释"提倡国粹"的含义时，也特意说明"不是要人尊信孔教，只是要人爱惜我们汉种的历史"。[1] 这是在表白，他要和顽固的卫道腐儒们划清界限，同时也要和尊孔设教的康有为等人划清界限。章太炎的这种声明，没有疑问是同他当年"订孔"的革命批判精神相应的。邓实在阐明国学的内容时，则不但力图把国学的范围从"孔子之学"扩大到"诸子之学"，扩大到"汉学"和"宋学"，而且还力主破除"汉学"、"宋学"之间的门户之见，对于"汉学宋学皆有其真"作了一种别开生面的新解。他说：

> 夫汉学解释理欲，则发明公理；掇拾遗经，则保存国学。公理明则压抑之祸免，而民权日伸；国学存则爱国之心有以附属，而神州或可再造。宋学严夷夏内外之防，则有民族之思想。大死节复仇之义，则有尚武之风。民族主义立，尚武之风行，则中国或可不亡；虽亡而民心未死，终有复兴之日。[2]

这种议论，学理上虽然牵强，但是政治意图非常明确，就是要把提倡国学，不仅和民族主义，而且和民主主义都联系起来，说明它对于这两种革命都具有重要意义。邓实在发表这些议论后不久，又特意引进民主的观念，把国学解释为和"君学"相对立的学问，说"君学"不过是"伪儒之学"，"国学"才是"真儒之学"。说"国学"是"帝王不喜"的学问，"不过一二在野君子，闭户著书，忧时讲学"，本其爱国热忱所创造者。[3] 可以看出，邓实是想按照所接受的民主主义观点，对中国固有文化作一些分析，避免把提倡国学闹成不辨良莠的一味复古。但是这种分析，由于没有科学的标准和科学的方法，而不能不陷入混乱无章之中。例如，他所推崇的国学大家顾炎武、黄宗羲、王夫之的学说，也很难说全然和"君学"相对立。至于他所崇奉之为代表着"神州国粹"之"正气"的岳飞、文天祥、陆秀夫诸人的言行，自然更未能与"君学"相背。国粹派的这种文

---

① 《章太炎政论选集》上册，第 276 页。

② 《古学复兴论》，《国粹学报》第 9 期（1905 年）。

③ 《国学无用辨》，《国粹学报》第 30 期（1907 年）。

化观念，完全踏着《革命军》的脚印，陷入了既想光复"皇汉声明文物"，又想实行民主革命的两难中。① 炽烈而偏激的民族主义情绪，使得国粹主义文化观无法以严密的逻辑自圆其说。既然保存国粹就是光复"皇汉声明文物"，那么人们就不禁要想，难道汉族旧有文化都是好的，都值得原封不动地保存和提倡吗？人们还免不了更进一步想，当着世界已经进入20世纪之际，难道只是靠着光复汉族旧有文化，把中国恢复到汉唐盛世模样，就能够使中国免于危亡，致于富强，雄立于当世吗？国粹主义对于这两个大问题，全然不能作出解答。况且，他们从"排满复汉"的视角，对于有清一代文化状况的评估，也不免失于公道。清朝统治集团自从入关之后，就懂得了以华夏正统的应天承运的继承者身份出现，对于他们坐稳江山的极端重要性。相应地，他们也懂得了以传统中华文化的继承者自居的意义。经过康熙、雍正、乾隆几朝的努力，清代的文化确实有过一度辉煌。在中国文化史上，清代的成就，并不能说就低于汉唐，更不能说是汉族创造的文化在清代已渐灭沦丧变成了"胡学"。国粹派既然依据狭隘的种族标准，来建立自己的"光复旧物"的文化观，他们就不可避免地走进了一条怀旧复古的死胡同，没有办法找到中华文化的新生之路。在国粹主义的论著中，像"庶几复古，无愧先民"，"魂兮归来，光我祖国"之类的语言，俯拾皆是。他们往往不加分析地把汉族固有文化，一律盲目称颂，尤其是把先秦文化奉为完美国粹，说中国的国学就是"黄帝尧舜禹汤文武周公孔子之学"，从而皈依正宗的"道统"论，和最陈腐的文化守旧思想之间也难以看出有什么差别了。国粹主义言论，轰动一时之后，就渐渐沉寂下去，也与其自身具有的这种复古倾向不无关系。1909年，章太炎给国粹学报社写信，已经觉察到《国粹学报》的这种守旧倾向，信中说："国粹学报社者，本以存亡继绝为宗，然笃守旧说，弗能使光辉日新，则

---

① 邹容既是激进的民主主义者，又是炽烈的民族主义者，这样的两重性，使得他的文化观念陷入了无法解脱的矛盾中。一方面他认定"卢梭诸大哲之微言大义"是救中国的灵药宝方，说："吾当信卢梭、华盛顿、威曼诸大哲地下有灵，必哂我：孺子有知，吾道其东。"另一方面他又旗帜鲜明地站在"皇汉人种"立场上，力主反满复仇，"恢复我声明文物之祖国"，说："吾但信郑成功、张煌言诸先生于地下有灵，必哂我：后起有人，吾其瞑目。"他没有考虑过卢梭等微言大义与郑、张的处世准则能不能两全其美，甚至丝毫也没有觉察两者之间存在着任何抵牾之处。

览者不无思倦。略有学术者，自谓已知之矣。其思想卓绝不循故常者，又不克使之就范。此盖吾党所深忧也。"① 章太炎的这些话，固然主要着眼于学术，但他的确看出了国粹主义笃守旧说、没有生气的病症。

既要提倡复古，又要反对守旧，这是国粹派面临的一个不好解决的难题。怎样才能证明复兴国学不是倒退的、守旧的，而是一种进步的、合乎时代需要的主张呢？国粹派创造了一种自我辩解的办法，这就是把提倡国粹比拟为欧洲的"文学复古"——即文艺复兴。章太炎说："彼意大利之中兴，且以文学复古为之前导，汉学亦然，其于种族固有益无损已。"② 邓实为此专作《古学复兴论》，盛赞欧洲文艺复兴，然后推崇先秦诸子学说相当于古希腊学说，他说只是由于嬴秦焚书、汉武罢百家，受到种种压制，而今"西学入华，宿儒瞠目，而考其实际多与诸子相符，于是而周秦学派遂兴。吹秦灰之已死，扬祖国之耿光。亚洲古学复兴非其时也！"他断言："十五世纪为欧洲古学复兴之世，二十世纪则为亚洲古学复兴之世。"③ 几年后，《国粹学报》刊登《拟设国粹学堂启》，沿用了这种"古学复兴论"，力主学术有用与否，不在于"新与旧之分"，说"国学之危"才是中国的最大祸害。因而认定，"欲谋保国，必先保学"，必先"复兴古学"。这份文告还旁征博引地进行对比，写道："试观波尔尼（引者按：即波兰）国文湮灭，而洼肖（引者按：即华沙）为墟；婆罗旧典式微，而恒都（引者按：指印度）他属。""昔西欧肇迹，兆于古学复兴之年；日本振兴，基于国粹保存之论。""前辙非遥，彰彰可睹"，因此中国想要保国兴国，也必须"复兴国学"。该文告信心十足地宣称，只要坚持下去，"使学术文章浸复乎古，则二十世纪为中国国学复兴时代，盖无难矣！岂不盛乎！"④ 且不论对于波兰、印度、西欧、日本事迹介绍得不伦不类，仅就把在中国提倡国粹主义比作欧洲的文艺复兴的论断看，也荒唐无稽得很了。他们不懂得文艺复兴是反对中世纪神学的启蒙运动的革新实质，误以为它只是"复兴古学"的活动；他们更不懂得中国当时迫在眉睫的民主革

---

① 《致国粹学报书》（1909 年 10 月 2 日），《章太炎政论选集》上册，第 497 页。

② 《革命之道德》，《民报》第 8 期（1906 年）。

③ 《古学复兴论》，《国粹学报》第 9 期（1905 年）。

④ 《拟设国粹学堂启》，《国粹学报》第 9 期（1905 年）。

命的任务，正亟须施行文化上的革新，而武断地认定"复兴古学"就是最有效的振兴之术、救国之策，这当然不能不和欧洲文艺复兴的精神南其辕而北其辙了。

提倡国粹主义的革命派人士，固然在政治主张上与保皇党、立宪派处于尖锐对立的状态，而在文化观念上却往往由于其复古倾向而与其政治对手发生共鸣，甚而合流。辛亥革命前的十年中，中国论坛上革命舆论正是形成大潮之期，可同时却涌出了一股文化复古主义的湍流，这是一种非常奇特的历史现象。显然，这并非当年反对洋务反对维新的极端守旧派的策动，也不是清朝官方倡导"中体西用"的效应，而是一批爱国志士既苦恼于数十年学西学之无效，又认定中国的贫弱纯系清朝"外族统治"所致，于是便掉转头来，不再向西方"寻求真理"，转而向自己悠久的历史古老的文明中"寻求真理"，试图设计出一条自我复兴之路。

20 世纪之初，活跃于中国论坛上的人士，几乎无例外地都受过中国固有文明、固有道德的深厚熏陶。不论政治态度和政治行为上怎样演化，他们的内心深层的这个文化情结是打不开的。他们在思想论战中，都不自禁地努力从固有文化观念和伦理价值中吸取营养，寻觅论据，装配自己，攻击论敌。不能不承认，国粹派所宣扬的这种看来颇为陈旧的文化复古论，除了体现着他们实行民族革命的决心和激情之外，同时也体现着一种对中华民族灿烂文明的民族自豪感和自信心。这就是国粹主义在辛亥革命的年代里颇有影响力、颇有号召力的一个重要原因。孙中山为代表的民主革命派人士的言论中，越来越表现出重视中国传统文化的倾向，即使不好说是受了国粹派的影响，也应当说是和国粹主义的兴起有着近似的文化背景。与此构成鲜明对照的是，当时论坛上的民族虚无主义，却是很吃不开的。李石曾、吴稚晖在巴黎办《新世纪》，以无政府主义观点，批评中国专制制度、文化传统不遗余力，其言论中虽亦不乏锐敏深刻之处，但是在辛亥革命前并未造成多大气候，这除却他们理论体系的错误而外，是与他们具有严重的民族虚无主义色彩，招致中国人的反感分不开的。

由此可见，作为政治思想来看，国粹主义是民族革命的适时应势的观念形态；作为文化观念来看，国粹主义是中西文化交流过程中必须重视中国文化传统这一合理意图的过度表现；作为学术见解来看，国粹主义则是在新的时代大变局中支撑人们传承民族文化遗产和研究民族文化遗产的精神支柱。应当承认，国粹派在国学研究上，做过许多有价值的贡献。

国粹主义的兴起，表明民主革命高潮到来之际，伴随着对资本主义了解的深入和对固有文化反省的展开，究竟应该如何对待中华五千年文明的问题，也更为严肃更加尖锐地摆在了人们面前。当时国粹派的议论，着眼点不在于回答中西文化问题，他们的议论没有致力于分析中国的国学在中西文化交流中的地位和作用。但是，国粹主义的文化观，毕竟强烈地透露出中国知识界普遍存在的对中华传统文化的深挚情意和崇高评价。国粹主义固然偏向一端，但是必须充分看到它所包含的这种合理内核；以后的历史证明，在处理中西文化关系的问题上，在实现中国文化革新、实现中国文化近代化的过程中，如果对于这种深厚的民族文化情愫有任何忽视，都会导致重大偏差。

这种文化传承的民族情愫，一方面由于中华文化自身积累的丰厚而根深蒂固，另一方面由于20世纪之初中国陷入民族危机而激荡昂扬。痛感民族危难而主张弘扬民族文化，增强民族自信，以"保国保种"，是当时各党各派救国志士的共同心愿，所以，既具有自豪自信的爱国气概，又具有保守的排他的狭隘心理的国粹主义文化流派能够兴盛于一时，甚至连同盟会的机关报《民报》也一度成为宣传国粹主义的重要阵地，[1] 这种情况显然都是与列强欺凌的国际环境直接相关。

20世纪初，中国之所以会兴起这样一种对本民族固有文化的向往之情、复兴之心、回归之热，还有一个更大的时代背景，这就是当时资本主义世界正进入一个全面爆发危机的时代。企图让中国不重蹈资本主义弊端百出的覆辙，也是一些人反转来倾心于中国固有文化的一个直接导因。

（本文发表于《近代史研究》1995年第2期）

---

[1] 郑师渠作过如下统计：《民报》从第7期起归章太炎主编，前后共编41期，发文160篇，其中有关国粹文章57篇，占总数的36%。第7—24期，章本人共发表文章64篇，其中有关国粹文章34篇。刘师培发表文章7篇，其中有关国粹文章5篇。

20 世纪初的文化自省

　　从宽泛的意义上讲，传统与现代化的问题，是个历史上各个时代都存在的普遍性话题。当然，在古代还没有形成"现代化"这一概念，也还没有现今人们赋予特定含义的"传统"这一概念。不过，关于社会的过去、现在与未来的思考，一向是存在着。孔子说的："殷因于夏，所损益可知也。周因于殷，所损益可知也。其或继周者，虽百世可知也。"既想到继承——"因"，又想到变化——"损益"，这大约是可以归入此类文化思考的。至于中国人明确地从国家民族的前途和命运的角度，探索"传统与现代化"这种含义的大题目，严格说来，自然还是鸦片战争以来的事。到了本世纪初，① 这种探索则真正成了牵动人心的热门话题。为什么会热起来？一个表面的导因，是以先觉自命的人士要对一个新的历史时期，亦即新世纪，作出一番预测。现今到了世纪之末，这个老话题再度热起来，也多半与此相关。

　　按说，世纪一说本是基督教的创制，对于非基督徒的人们来说，世纪无非是人为的、便于纪元的一种符号罢了。从划分历史阶段的角度看，是没有什么实质性的意义的；其实，20 世纪和 21 世纪的划界，比起十月革命、"二战"结束、苏联解体一类大事来，远缺乏划时代的价值。因此，借着世纪之交，在"传统与未来"之类的大题目下作些回顾与展望，大有些例行公事的意味；从而也可以说，正是由于性质上的近似，世纪初的这类思考，对于过了将近一百年之后，处在世纪末的人们今天的这类思考，仍不失其可供参考的价值。记不起哪篇文章里说过一句很富有哲理味道的

---

　　① 本文作于 1995 年，文中"本世纪"均指 20 世纪，相关用词亦类推。——2005 年 10 月，作者自注。

话：“没有对 20 世纪的理智回顾，就不能对 21 世纪作出清醒的预测。”这当然更是至理名言。

19 世纪末，在中国公然用世纪纪年的人是被看做大逆不道的。康有为力主维新的时候，也不过是主张“用孔子纪年”；可是维新派“用孔子纪年”的主张，也被看做非圣无法。守旧派就曾经自鸣得意地嘲笑维新派说：你们既然主张“全变西法”，那何必再曰“用孔子纪年”，“直曰‘以耶稣纪年’可耳！”（叶德辉语）维新派那时当然没有冒天下之大不韪，主张“以耶稣纪年”的勇气。变法失败后流亡海外的梁启超，“脑质改易”之后，才在 1899 年年底去夏威夷的船上作了一首《二十世纪太平洋歌》，展望中国在未来的新世纪里的前景。当时敢于以世纪为阶段思考祖国的未来，这可以看做一种标志。它表明先进的中国人对于中国命运的观察，开始具有了更为自觉的世界眼光。

本世纪之初，先觉人士把中国放在世界格局进行观察的前提是，完全抛弃了天朝上国的妄自尊大，老老实实地承认中国的严重落后，承认中国已经落到濒临亡国的边缘。所以，他们当时观察新世纪中国的未来，实际上无非就是为中国寻找一条救亡图存的出路。1901 年 5 月创办于日本的《国民报》，第一期上发表的《二十世纪之中国》一文说得极为明白。文章说，当时国际舆论关于 20 世纪的中国，存在着一个“将亡之国”，还是一个“将兴之国”，这样两种截然相反的推断。有着辽阔国土、丰富资源、众多民众、悠久文明的中国，在竞争激烈的世界上，已经一败再败，变成了列强的俎上肉釜中鱼。新世纪到来之际，中国已经没有退路。在这种“不兴必亡，不亡必兴”的历史关头，中国国民必须作出“何以自处”的抉择。世纪之初我国先觉人士对 20 世纪祖国前途的展望，无不充满着这种救国的激愤情绪和时不我待的急迫心态。

那时候，先觉的人士，从梁启超到孙中山，对 20 世纪中国的前景，还是充满信心的。综观他们的言论，可以说他们的信心是建立在一个支撑点上，这就是他们自认为这时已经认清了造成中国落后的具体原因，找到了改造中国的可行方案。

半个多世纪的国难，使得一些清醒的爱国志士的救国方案，逐步变得理智而现实了。不管口号如何，他们救中国的目标却都是具体的，它无非就是按照现世外国已经做到的先进榜样，来改造中国。戊戌变法时，康有为已经明确主张以日俄为法，经过八国联军侵略的国耻之后，许多流亡海外的志士们，更加无所顾忌地主张，按照西欧北美各国"泰西文明"所达到的程度和共和政治的模式，来改造中国，拯救中国。当时人们并没有"现代化"这类概念，但是那些先进人士非常明确地是以世界上欧美国家所达到的最发达最先进的水平，作为改造中国的具体目标的。现今我国历史学界常常把 19 世纪末 20 世纪初的先进人士追求的目标叫做"近代化"，这多半是为着区别于我们现在所追求的"现代化"目标而已；其实设身处地地想想，19 世纪末 20 世纪初先进的中国人所追求的，恰恰是他们那个时代的不折不扣的"现代化"。"现代化"这一概念，与"资本主义"、"殖民主义"之类只与特定时代相联系的概念不同，它与"现代"、"今天"之类的概念一样，是随时俱在的；它的具体内容，是因时而定的。不难设想，千百年后，人们无疑会把我们现在追求的"现代化"，看作是"近代化"或"近古化"。依此推论，当可明白，我们现在把近代历史上先进人士追求的救国目标叫作"近代化"，恰好证明了他们当年正是为中国实现那个时候的"现代化"而奋斗着。

20 世纪初爱国志士们心目中的现代化，既继承了 19 世纪中叶以来先驱们图谋富强的主张，同时又超越先驱，他们认识到要想使中国达到先进资本主义国家的富强水平，那就需要在中国实行资本主义国家实行的那种现代化的民权政治。所以他们把振兴中国的希望，首先寄托在建设欧美式的民权政治这一根本大计上。这时候，不仅是孙中山为代表的革命派，而且连梁启超为代表的改良派，都是把在中国建立民权政治当做 20 世纪的行动纲领。这是中国近代史上的一个划时代的进步。民权之说，固然梁启超、汪康年、严复等人在戊戌前的言论中已经有所涉及，但那时认识既肤浅，遇到的阻力又大，未能把它列入维新变法的宗旨中。变法失败后，特别是八国联军侵华之后，流亡海外的爱国志士们才逐步懂得了民权之有无，乃是中国和列强间形成贫与富、弱与强巨大差别的根本所在。革命派在《中国旬报》、《国民报》等报刊上大声疾呼，唤醒民众认清世界已进入"国家之存亡取决于民权之有无"的新时期。他们反复论述，在这种世界大势中，"中国欲能自强，必将以能举民权之时为起点"。梁启超等原维新派中的激进人士，也在世纪之交的时候，逐步离开康有为的保皇旗帜，成为鼓吹民权、讴歌共和的宣传家。梁启超乃不惜与康有为就自由与民权问题展开辩论，针锋相对地反驳只准"开民智"不准"兴民权"的主张。他满怀热情地把法国革命估价为区别"新旧两世界之关键"，把美国看做"世界共和政体之祖国"。舆论状况表明，以民权主义为指导，按照当时最先进的欧美资本主义共和国的模式改造中国，已成为政治论坛上最为先进也最为强劲的思潮。可以说，建立民主共和国，这正是20世纪初一批中国最有世界眼光和最具时代精神的政治家所致力追求的"现代化"的第一个具体目标。在他们看来，只有实现了政治上的这种现代化目标，那才可能真正实现经济上和军事上的现代化目标——富国与强兵。

要把这样的政治"现代化"的目标，在世纪初中国付诸实施，当然是一件大不易的事。首当其冲的行动关键，自然是推翻清王朝君主专制的政权。固然此后不久连续发生了改良还是革命、君主立宪还是民主共和一系列大争论，但是那个极端腐朽的君主专制的清政权是中国实现"现代化"的最大障碍，必须把它彻底改变，这已经是当时先进分子的共识。正是在这样的政治形势下，同盟会的"驱逐鞑虏，恢复中华，创立民国，平均地权"的主张，才在事实上成为20世纪初为实现中国的现代化最切实也最鲜明的行动纲领。清朝政权有两个显著特性，一是它的民族性，它是一个满洲贵胄垄断的政权；二是它的政治性，它是一个君主专制的政权。推翻这个政权的号召与行动，当然势必要针对这两重特性而发。如果说民主主义的"平均地权"（后来又增加了"节制资本"这一条），还是一种许诺、一种理想的话，那么，民族主义的"驱逐鞑虏，恢复中华"和民权主义的"创立民国"，却是需要立即付诸行动的急迫任务。正因此，民族革命和民权革命的并起，便构成了制约20世纪初中国时代精神的最鲜明的特征。

为着发动推翻清王朝的政治革命，当时的革命舆论自然便集中力量来阐述何以要进行民权革命和民族革命的理由。而为阐明进行这两种革命的充足理由，就不能不从中国自身历史上找出根据，用历史作依据来证明清王朝当权的不合理性和不合法性。对本国历史的回顾、对本国历史的解剖，既是为当前革命运动提出历史根据，又是为探索中国之何以造成如此落后如此危难局面的历史原因，这自然也就成为实现当时人们心目中的

"现代化"目标而对自己的传统所作出的历史反省。这种为中国的未来而对本国传统进行大规模的系统反省的事，在中国历史上是前所未有的。而且这种考察，已经全然摆脱了以往康有为维新变法时那种顾虑百端的"托古改制"的不彻底形态，人们开始敢于直截了当地陈述对本国传统的反省所得了。于是，传统与现实、传统与未来，在中国第一次成为先进分子公开议论的热门话题。

提倡民权主义，必然要引起对传统的反省，因为中国历史上从来没有实行过民权政治。20 世纪初这种自省思潮的兴起，在中国近代史上是一种划时代的现象。鸦片战争以来，虽然已经不断有一些开明人士提倡学习西方现代文化，但是不仅洋务派没有对固有文化作过什么反省，而且连维新派也只是个别人（如谭嗣同）对中国文化说过一些不成系统的批判性意见，至于康有为为代表的主流派"新学"则是热衷牵强附会地崇经托古，根本未曾想到去对固有文化进行自我解剖。只有到了 19 世纪末，流亡海外的爱国志士们在民权思想的启动下，开始寻求以资产阶级的民主共和制度取代中国长期实行的君主专制制度的时候，才同时开始以自由平等为口号的资产阶级民主主义文化观念为准则，着手对中国固有文化进行批判性反省；发展到 20 世纪初，文化自省的言论逐步升温，渐渐形成规模，构成了一股强劲的时代思潮。

当时的文化自省中的一个惊世骇俗的话题是，许多文章公然宣称中国民众中几千年来养成的根深蒂固的奴隶性，乃是造成中国贫弱的内因。上一个世纪之交的那几年，革命党人和开明的维新派人士，都成了批判旧传统、改造"国民性"的积极鼓吹者，而梁启超则成为这一新的时代思潮的最杰出的宣传家。梁氏著《国民十大元气论》，强调从精神入手解决中国的落后问题，他写道："求文明从物质入，如行死巷，处处遇窒碍，而更无他路可以别通。""求文明从精神入，如导大川，一清其源，则千里直泻，沛然莫之能御也。"什么叫做从精神入手求文明呢？他当时把这叫做"培养国民元气"，也就是此后进步舆论极力倡导的改造国民性一事。梁启超在 20 世纪初的几年里，就改造国民性问题写了一系列脍炙人口、影响深远的文章，他奋力呼吁根除中国国民长期养成的奴隶根性，培育新国民。他认为，世界上一切文明国家之所以强盛，均赖有"自由独立之国民"；"中国则不然，有国者仅一家之人，其余则皆奴隶也"。"数千年之民贼，既攘国家为己之产业"，又造出种种"大义"来文饰之，"遂使一国之民不得不转而自居于奴隶，性奴隶之性，行奴隶之行"。据此他痛切陈词说，欲救中国，则必得"拔其木，塞其源，变数千年之学说，改四百兆之脑质"，不然的话，"虽有善者，无能为功"。不久前还是尊"圣主"倡"保皇"的梁启超，这时一变而为反对"三纲之压制"、"古人之束缚"，为民众争自由争权利的斗士。他在和自己的老师康有为的辩论中，公然痛斥中国学术界死守"一先生之言"，政界死守"一王之制"，说这正是中国"滋愚滋弱之最大病源"。① 梁启超为争自由争民权进行文化革新的主张，是和当时革命派的见解完全一致的。革命派 1900 年创刊的《中国旬报》和 1901 年创刊的《国民报》，都就这个问题发表了许多文章。有些文章特别强调，为着中国民众摆脱"君权"和"外权"的双重压迫，成为自由的国民，必须求得文化观念上的更新。"欲脱君权外权之压制，则必先脱数千年来牢不可破之风俗、思想、教化、学术之压制。盖脱君权外权之压制者，犹所谓自由之形体，若能跳出于数千年来风俗、思想、教化、学术之外，乃所谓自由之精神也。"② 这些议论的兴起表明，那个几千年来一直奉为安身立命的"大道"、"大本"的纲常礼教，都变成了需要按照新的价值标准加以批判性检查的对象了。人们按照民主主义的新标准来考察国家的命运，突出地感受到，固有的传统非但不是神圣不可侵犯的，相反地，如果在新的时代条件下，一仍旧贯，还是把它完全按照老样子予以保存和加以尊崇，而不进行任何改革与创新的话，那么，不管它在历史上曾经起过何等伟大作用，不管它在如今仍然还具有何等弥足珍贵的内容，它也势必要在现今的历史进程中变成妨碍中国强盛、妨碍中国发展成现代先进国家的严重障碍。先进的人们开始懂得，死守传统，硬要现实屈就传统，那就只能使传统变成套在民众头上的精神束缚。

尽管人们当时不可能对传统作出全面周到的分析，但是不能不承认本世纪初形成的对传统自觉进行批判反省的思潮，是一次前所未有的伟大的

① 《中国积弱溯源论》，《饮冰室合集·饮冰室文集之五》，中华书局 1989 年版，第 12—42 页。
② 《说国民》，《国民报》第 2 期（1901 年 6 月 10 日）。

价值观念的更新，伟大的文化思想的解放。对于传统和现实的关系，那时候还没有人能分析清楚，不过，必须大力革除长期弥漫于国人中的崇古泥古的积习，这已经成为世纪初众多先进分子的共识。20 世纪初，清朝当局被迫推行"新政"，顽固守旧派反对维新乃至反对一切洋务的言论不得不有所收敛，当局对舆论的控制也不能不有所放松，然而无论从清朝朝廷进行统治的精神支柱来看，还是从举国上下的基本精神状态来看，恪守祖宗成法、圣贤遗训的纲常名教，依旧是统御天下的强大势力。面对着强大的守旧的习惯势力，当年为谋求中国赶上世界先进国家发展水平而献身于中国改革事业的仁人志士们，不能不与之作决绝的斗争。他们在时代的新条件下和海外的新环境中，终于以先进国家的成功为参照系数，找到了从根本上摧垮守旧阵线的办法，这就是正面地向守旧阵线赖以为处世问学根本的文化传统发动"进攻"。

　　世纪初兴起的这种对传统进行批判性反省的思潮，不仅是中国思想界发生的石破天惊的壮举，而且是中国近代思想史上形成的一次具有充分历史合理性的重大进步。显然，没有世纪初对传统的这种勇敢反省，就绝不会有 20 世纪中华民族的新生。1901 年，梁启超明确提出了廓清本国的"谬误之旧思想"，借助"万国之新思想"，以造就新国民的主张。他说："凡欲造就一种新国民者，不可不将其国古来误谬之理想摧陷廓清，以变其脑质。而欲达此目的，恒须藉他社会之事物理论，输入之而调和之，……故交换知识，实惟人生第一要件。而报馆之天职，则取万国之新思想，以贡于其同胞者也。"① 1903 年，马君武在《译书汇编》上发表文章，也发表了和梁启超相类似的造就新国民的议论，他并且更加尖锐地直斥中国和埃及、波斯等古代文化发达的国家一样，把"创造文明"当成了包袱，于是"自矫自立"，老大自居，"不愿复受自他来之文明"，与世隔绝，不求进步，而终于沉沦。② 创造文明越早，是不是必定背的包袱越重呢，他没有说明白；这种议论似乎隐约地包含着、或者说可以引申出把传

----

① 《清议报一百册祝词并报馆之责任及本馆之经历》，《饮冰室合集·饮冰室文集之六》，第 53 页。

② 《创造文明之国民论》，《译书汇编》第 2 年第 12 期（1903 年 3 月 13 日）。

统只看成起消极作用的错误结论。但不管如何，这些看来幼稚甚至片面的要求摆脱传统的束缚、造就新国民的主张，呼唤着对一向视作神圣不可侵犯的传统的挑战。

一场以批判固有文化观念中的糟粕和现实种种泥古守旧的心态、习俗为主要内容的破旧图新思潮，终于登上中国的文化论坛。为建立新理论不惜与古人挑战的主张，指斥孔孟以后的儒学为奴隶之学的言论，这时都响亮地提了出来。梁启超在1901年至1902年间，把他主办的《新民丛报》，办成了当时领导时代潮流的最有影响的文化舆论阵地。尽管梁启超本人后来对待传统文化的态度有过多次变化，但是他在本世纪最初几年里对传统所作出的基本分析，至今看来仍是难能可贵的。他从造就新国民这一全新角度，对传统作出了颇具深度的思考。他论述道："新民云者，非欲吾民尽弃其旧以从人也。新之义有二：一曰粹历其所本有而新之；二曰采补其所本无而新之。二者缺一，时乃无功。先哲之立教也，不外因材而笃与变化气质之两途，斯即吾粹历所固有，采补所本无也。"① 梁启超这时对传统的态度是比较冷静而全面的。他充分估价了固有文化在促使国民形成"独立之特质，结群成国，立于世界"方面所具有的重大作用，明确主张国人必须把它保存而勿堕，坚决反对"尽弃其旧以从人"。同时，他又认为保护固有文化的正确态度，应当是积极地促其新生，而不能是消极地任其"自生自长"；对于传统所本来没有的，他主张要不断地"采补"。而这两种角度的议论的落脚点和着眼点却是一处，这就是要"新之"。这当然就是说，当着中国进入20世纪的当口，当务之急恰恰是不能再按照老路子去死守旧传统、排斥新事物，而是要全力谋求传统的发展与更新。

20世纪初对于传统进行反省，是用革新的观念所作出的探索。这种探索当然只是初步的，它的不成熟性，它的笼统与片面，都是在所难免的。不过，正由于探索者们都是刚刚从旧营垒中走出来，所以就世纪初对传统的批判性思考的主流而言，它的基调是温和的而不是过激的。例如，他们尖锐批评和嘲笑了守旧派尊孔崇儒的陈腐言论，但是他们对孔孟还都是给予应有的甚至是相当高的历史评价。当然从另一方面来说，他们这种对孔

---

① 《新民说·释新民之义》，《饮冰室合集·饮冰室专集之四》，第5页。

孟的肯定评价，也是运用了新的观点和新的标准，所以不仅没有因此妨碍、相反确实充实了对守旧派卫道保教言论的批判。梁启超这时以"吾爱孔子，吾尤爱真理；吾爱先辈，吾尤爱国家；吾爱故人，吾尤爱自由"为理由，宣告与康有为一派"保教党"的决裂，豪气满怀地高呼："为二千年来翻案，吾所不惜；与四万万人挑战，吾所不惧。"① 他从这样的反对守旧的立场出发，对孔子作出了一种全新的评价。他肯定孔子在中国文化史上的贡献，但是他认为孔子是古代的哲学家、经世家、教育家，但孔子是先师，是人，而不是教主，更不是天，不是鬼，不是神。把孔子作为人来看待，这就剥去了历代帝王和腐儒给孔子头上伪造的神秘光环，为按新的时代要求和新的价值标准重新评价孔子放开了手脚。于是梁启超说，正如同"思想自由"是创造文明的"总因"一样，孔子所以能够作出重大的文化贡献，正是由于他是"思想自由"的。举出的例证也颇具说服力："孔子作春秋，进退三代，是正百王，乃至非常异义可怪之论阗溢于编中。"逻辑也是非常严密的：古圣先贤如果没有"思想自由"，没有"创造自由"，只是重复前人，那怎么会成其为圣贤呢？他写道："彼古人之所以能为圣贤豪杰者，岂不以其能自有我乎哉？使不尔者，则有先圣无后圣，有一杰无再杰矣。譬诸孔子诵法尧舜，我辈诵法孔子，曾亦想孔子所以为孔子，彼盖有立于尧舜之外者也，使孔子而为尧舜之奴隶，则百世后必无复有孔子者存也。"② 这就是说，孔子正是由于具有不肯墨守先圣成法的自由创造精神，所以成其为后圣，是之谓："孔子之所以为孔子，正以其思想之自由也。"③ 以此为根据，梁启超揭露了泥古守旧的腐儒们保教尊孔的伪善面目。他指出，只有以创造的态度对待孔子的学说，敢于"立于"孔子学说"之外者"去更新它发展它，才符合孔子的真精神，才算得上对孔子的真尊重。这种颇具思辨性的分析，以严格的逻辑力量，为展开对文化传统进行批判性反省提供了坚实的论据，使得这种革新不再背着"离经叛道"的罪名，名副其实地成其为理直气壮的事业。

---

① 《保教非所以尊孔》，《饮冰室合集·饮冰室文集之一》，第 50—59 页。
② 《新民说身论自由》，《饮冰室合集·饮冰室专集之四》，第 40—50 页。
③ 《保教非所以尊孔》，《饮冰室合集·饮冰室文集之一》，第 50—59 页。

梁启超还根据新的历史观念，从时代变化的层次上揭示了必须对传统进行反省与革新的合理依据。他明确认识到，时代变了，文化观念学术观念都不能不发生变化。他说，古代圣贤豪杰的功德固可爱而敬之，但那是历史上的事，"虽有大哲，亦不过说法以匡一世之弊，规当时之利，而决不足以范围千百年以后之人也"。从这个意义上说，"古人自古人，我自我"，今人不应去做古人的奴隶。他以此为由，勇敢地将论锋直指儒家经典："要之'四书''六经'之义理，其非一一可以适于今日之用，则虽临我刀锯鼎镬，吾犹敢言而不惮也。"① 他从时代变迁的角度，着重阐明了孔子乃是"圣之时者"的历史真面目。他毫不含糊地指出，孔子学说具有确定的时代性质，它虽然有着重要价值，但它是"对二千年前之人而言者也，对一统闭关之中国人而言者也"。所以，尽管孔子学说中包含着一些"万世不易"的"通义"，但是也有着许多"与世推移"的"别义"。孔子既然"不能尽知二千年后之事理学说"，生活在现今文明发达时代的人，也就应该清除思想上的奴隶性，根据世纪的新情况去"损益"孔子，应该有气魄"罗列古今中外之学术，坐于堂上而判其曲直，可者取之，否者弃之"。② 把时代变化的观念引入对传统的重新考察中，把时代的需求化作重新估价传统的新标准，这样便有了一把解除各种崇古卫道的精神枷锁的利器，传统中一切不合时代潮流的东西都可以无所顾忌地予以弃置或改造，传统中所没有而时代所需的东西都可以无所顾忌地采纳和推崇。

梁启超在公开发表的文章里，把这种精神表述得是十分明朗的，但词旨总还是力求温厚委婉，对孔子尤语多回护，但在私下通信中则把话说得毫不留情了。1902 年夏，康梁师弟间就孔学能否救中国展开辩论，梁启超在致康有为的一封信中写道："弟子以为欲救今日之中国，莫急于以新学说变其思想（欧洲之兴全在此），然初时不可不有所破坏。孔学之不适于新世界者多矣，而更提倡保之，是北行南辕也。……弟子意欲以抉破罗网，造出新思想自任，故极思冲决此范围，明知非中正之言，然今后必有起而矫之者，矫之而适得其正，则道进矣。……顷与树园、慧儒、觉顿、

① 《新民说·论自由》，《饮冰室合集·饮冰室专集之四》，第 40—50 页。
② 《保教非所以尊孔》，《饮冰室合集·饮冰室文集之一》，第 50—59 页。

默厂（原注：四人皆万木草堂弟子）等思以数年之功著一大书，揭孔教之缺点，而是正之，知先生必不以为然矣。"① 后来由于种种原因，特别由于梁氏自身思想的变化，那部揭露孔教缺点的"大书"并没有写出来，但是应当说梁启超这番心里话确实是代表着世纪初先进中国人的对传统反思的共识。革命派和改良派的这种报刊上抨击古圣先贤为君主专制张目、以奴隶意识愚民的言论，反对尊孔复古、提倡改造国民性言论，一时成为众所注目的热点。舆论状况表明，越来越多的人逐步认识到，在 20 世纪里仍然只靠传统、只靠孔子，是无论如何也救不了中国的。

国内这时反对顽固守旧、主张对传统进行批判性检讨的议论也开始活跃起来，1902 年，严复在一篇文章中用相当锐利的言辞，发表了与梁启超上述见解颇为相近的议论。他把"愈愚"以"开民智"看做救国事业的当务之急，并为此而呼吁道："有一道于此，致吾于愚矣，且由愚而得贫弱，虽出于父祖之亲、君师之严，犹将弃之，等而下焉者无论已。有一道于此，足以愈愚矣，且由是而疗贫起弱焉，虽出于夷狄禽兽，犹将师之，等而上焉者无论已。何则？神州之陆沉诚可哀，而四万万之沦胥深可痛也。"② 从梁严等人在 20 世纪初对待传统所持的态度可以看出，他们之所以要提倡对传统进行批判的反省，目的惟在于希望在新的世纪里，造就出一代新国民，从而得以建设一个富强的新中国。

不难看出，世纪初中国知识界关于传统的认识，分歧的焦点不在于尊重传统还是反对传统、继承传统还是毁弃传统，而是在于死守传统还是发展传统，或者说，是在于以迷信的态度、守旧的态度对待传统还是以科学的态度、革新的态度对待传统。事实绝不像现今时兴起来的"新传统主义"所鼓吹的那样，似乎只有无条件地维护传统才是天经地义，才是爱国，而对传统作任何分析批判和改革创新，则都是罪不可赦的只起破坏性的副作用的"过激主义"。事实证明，世纪初我国一些先进的知识分子，抱着爱国的赤诚，从世界发展的大势中，看清了靠着死守传统绝不能挽救

① 《致夫子大人书》，引自丁文江、赵丰田《梁启超年谱长编》，上海人民出版社 1985 年版，第 277—278 页。

② 《与外交部主人书》，《严复集》第 3 册，中华书局 1986 年版，第 558—560 页。

中国于危亡，更不能致中国于富强。换成现代的话来说，无非就是说，仅仅靠着祖宗留下的老传统，中国在 20 世纪里，怎么也没有可能实现现代化，所以世纪之初，先觉人士开始对传统进行批判性的自省，绝不是消极性的破坏，而是大有功于后世的积极的勇敢的解放思想的创举。仅就这一自省思潮的兴起，对于打破长期统治着中国思想界的以守旧为爱国、以革新为叛逆为"非圣无法"的病态心理与陈腐舆论环境所发挥的作用而言，可以毫不夸大地说，它是 20 世纪的中国当之无愧的"唤起民众"的号角。

毫无疑问，从基本倾向上看，世纪初的自省思潮，并不是虚无主义的，而是爱国主义的；它在对传统进行批判的反省中，时时表达出对传统的爱护与尊重，这和后来一些人鼓吹的文化虚无主义是截然不同的。不过，在 20 世纪初的中国，事涉爱国主义，却存在着很复杂的情况，这就是那时的爱国问题和国内的民族问题纠缠到了一起。中央政权既然还是在满洲贵族手中，那么，爱国要不要爱大清的问题，就成为一个十分敏感的问题，尖锐地摆在了人们面前。国家半个多世纪来遭受的耻辱和苦难，使得越来越多的国人清醒地看到，清朝政权是使中国沦入危亡深渊的罪魁祸首，是救国路上必须排除的第一个障碍。由是，反满的民族主义，便成了最有号召力的革命旗帜。在当时的革命论坛上，民族主义和爱国主义，几乎完全被看做一回事；"驱逐鞑虏"和"恢复中华"，成了同一使命的两个方面。把满族看做"非我族类"，把清朝统治（也把元朝的统治）的建立看做中国的亡国，这在当时反清志士中是相当普遍的一种认识。

民族革命和民权革命同时并起，对于革命实践无疑带来许多便利，无疑大大有助于广泛地发动和联合各种反清的力量来推翻清朝政权。但是，民族革命和民权革命的并起，也给革命阵线在政治上和思想上造成了众多混乱。从民权主义的要求来说，目标只在于推翻君主专制，而无须乎问所推翻的是哪个民族的政权；凡是皇帝就要打倒，不必管他是满族的皇帝，还是汉族的皇帝。所以仅从道理上说，民权革命实际上足可以提供出推翻清朝政权的理由。但是，从民族主义的要求来说，目标则只在于推翻满洲贵族的统治，那么就无须乎问用以取代清朝的是民主政权还是君主政权；凡是汉族的政权就要拥护，不必管他是民主共和还是君主专制。这两种革命之间存在着目的和要求的差异，在 20 世纪初是很明显的，但是当时从事革命的人们（更不必说改良派人士），几乎都没有觉察这种差异这种矛盾的存在。革命家们也常常在鼓吹民权革命时，就忘记了（甚至公然反对）民族革命；鼓吹民族革命时，就忘记了（甚至公然反对）民权革命。在两种主义间，偏执一端者大有人在；同一个人，甚至同一篇文章，自己把两种主义阐发得淋漓尽致以至互相打架但又毫不自觉者，也大有人在。章太炎是力主"反满复汉"的最主要的思想家，虽然在参与革命活动的过程中逐渐也接受了一些民主主义思想，但是，他在辛亥革命前基本上是把"反满"作为当务之急的首要任务看待的。他甚至直言不讳地主张用"光复"的口号来代替"革命"。20 世纪初，这种"反满复汉"的民族复仇主义，成为一股发展很快的非常活跃的思潮，一时用光复汉族政权这种思想为宗旨、或者以此命名的团体和报刊也大量出现，造成了前所未有的大声势。的确有"一言排满，举国同声"的模样。相当狭隘的民族主义奇迹般地推进了民主革命的进程，但是这种民族主义同时也干扰着民主主义的政治见解和文化思路。

不难看出，民族主义的急剧升温，使得 20 世纪初我国进步思想界在如何对待传统问题上发生了分歧，出现了不同于从民权论的立场对传统进行反省的另一种态度、另一种主张。从民权革命的立场出发，提出的原则是革新旧制，从民族革命的立场出发，提出的原则却是"光复旧物"。为着实现民权，要求对待传统进行革新；为着"逐满复汉"，则要求向传统复归。

20 世纪初，在章太炎以及"国学保存会"一班人的推动下兴起的国粹主义，是一种颇具学理内容和自成体系的推崇传统的新思潮。① 值得注意的是，当时提倡国学的人，个人的政见虽有很多差异，但是作为一股思潮或作为一个学派来看，那时候的国粹主义绝非拥戴清朝政权的顽固派，而是坚决的反满革命派。虽然国粹派为着抬高国学，也时有反对欧化的言论，但那不仅不是他们着力的重点，而且还常常发表一些国学和西学不相抵牾、可以参照互补的议论。许多提倡国学的人，事实上也还相当重视吸取西方的学术和知识。他们提倡国学的目的全在于反对清朝。他们给清朝

---

① 参阅拙作《晚清国粹主义述论》，见《近代史研究》1995 年第 2 期。

所作的定性分析是："吾国之国体，则外族专制之国体也。吾国之学说，
则外族专制之学说也。"① 可以看出，国粹派用来反对这个"外族专制国
体"和"外族专制学说"的武器，不是民主主义，而是民族主义；攻击的
目标不在其是"专制"的，而在其是"外族"的。他们没有兴趣采用新
式的民主主义作衡量的尺度，来重新审视传统，批判历史上的专制主义，
而是热衷于用旧有的国粹，来"激励种性"，在"严夷夏之防"的原则下
"类族辨物，区别人兽"。这样一来，他们便不能不全力去颂扬清朝以前的
旧制旧物，重奏怀旧崇古的老调："摅怀旧之蓄念，发思古之幽情，光祖
宗之玄灵，振大汉之天声。"② 种族主义的标准，使得国粹派的复旧崇古观
念陷入极端，他们把清朝的文化说成一无是处的"胡学"，而把清朝以前
的汉族文化说成尽善尽美的"国学"。用这样偏激武断的论断作支柱支撑
起的传统主义，漏洞自是百出。已经受到民权观念影响的人们，禁不住要
问：外族专制统治不好，难道汉族专制统治就好吗？外族专制学说不好，
难道汉族专制学说就好吗？国粹派鼓吹的无批判的"古学复兴论"，是没
有能力回答这样的问题的。在 20 世纪到来的时候，还想仅仅依靠向传统
复归，靠着"复兴古学"，找出一条中国自我复兴之路，显然绝无可能。
况且，一旦把"光复旧物"、"还我河山"当成奋斗的目标，那必定会将
人们引入"反清复明"一类的复辟旧梦，从而把 20 世纪里中国实现现代
化前程葬送得无影无踪。事实证明，用迷信的态度鼓吹向传统复旧，不可
避免地要模糊人们对未来的视线。但是应当承认，20 世纪初国粹主义在中
国还是很活跃、造成了很大影响的。正像民族革命的主张在民众中有着很
大的号召力，复兴国学的主张在知识界也有着很大的号召力。之所以会如
此，一方面是由于它具有和腐朽透顶的清王朝不共戴天的鲜明立场，另一
方面是由于它对固有文明的重要价值和灿烂内容的充分肯定。这就是说，
20 世纪初兴起的国粹学派向传统复旧的主张中包含着合理的因素，它重视
了并肯定了中国固有文明在新的历史时期里，许多内容仍旧有着强劲的生
命力，在实现国家的现代划时代使命中，仍旧能够发挥巨大的积极作用。

---

① 《国粹学报发刊词》，《国粹学报》第 1 期（1905 年）。
② 《正气集实识》，《国粹学报》第 13 期（1906 年）。

传统是人们无法凭着主观的意愿而摆脱的，承认、尊重和肯定传统在实现生活中具有价值，本来是无可否认的合理的事。国粹派的错误，惟在于把传统的价值无分析地夸大了，看成绝对真善美的结晶。平心而论，国粹派向传统复归的主张，可以叫做"片面的合理性"，而且可以说，这种"片面的合理性"，对于民权主义者文化自省的那种"片面的合理性"，正好是一种弥补。人们可以从不同的角度用不同的标准评价传统，但是任何时候也无法不重视它的巨大力量，无法不以这样或那样的形式继承着它。按照这样道理来看 20 世纪初从民权主义的立场出发对传统所做的自省，可以得出一种基本评判。从民权主义立场所作的文化自省，虽然并不是注定引申出虚无主义的论断，但是既然从民权角度审视传统，那就必定着重于检讨传统中与民权不相容的、不适合时代需要的消极内容，而不可能从正面去充分论证传统中在新的时代里仍然起着积极作用的内容。从民权的角度反省传统，给人们的启迪是，要敢于突破传统，不做传统的奴隶，不受传统的束缚。从这样的角度考虑问题，当然就难以把应当如何继承传统这一问题纳入审视的视野中。这种有意无意地对传统正面价值的轻视或忽略，无疑潜存着倾向或导致虚无主义的危险性。对传统进行批判反省的过程中忽略对传统的继承，这不能不说是时代造成的一种思想上的片面性；从这种意义上说，国粹主义对传统的尊崇讴歌，恰好从另一极矫正着这一种思想上的偏颇。只是在 20 世纪的头几年里，革命先行者们还是在各唱各的调，各执一端，而不懂得把这两种对待传统的思考结合起来，使两者互补而得以纠谬。他们还不能理智地考察传统在现实、在未来所起着的正面和负面作用，无力作出综合解决批判继承的全面答案。他们无可奈何地把"在继承的基础上创新，在创新的目标下继承"这个老也唱不完的"回旋曲"撂给后人，让后来人没完没了地唱了整整一个世纪。

19 世纪和 20 世纪之交，资本主义世界正处在相对稳定的时候，资产阶级的政客和哲人们对于新世纪他们的前景，大吹大擂地作过不少乐观的预测。可是中国那时候日子最不好过，从甲午战争闹到八国联军，又闹到日俄两国在中国领土上大打出手，国家简直闹到了亡国灭种的边缘。在这样的形势下，天良未泯的中国人都是救国心切，他们对于未来的观察和对于过去的思索，一概围绕着谋求救国之策这个惟一的中心展开。正因此，

20世纪之初，爱国的志士仁人们考察传统与前途时的心情，自然是忧患压倒欢乐、激愤盖过理智。他们谋求的是急切有效的行动，顾不上从学理方面去冷静地坐而论道，当然更没有心情去揣测在新的世纪里中国将会在世界上起怎样伟大的作用。有鉴于此，生活在世纪之末的中国人，对于世纪之初的先行者们关于传统与未来的思考，理应多一点理解少一点挑剔，多一点同情少一点指责。除开那些清朝当道者及其忠实奴仆的顽固守旧言论之外，一切从爱国的角度考察中国的过去与未来的主张，不管怎样幼稚和片面，它总是或多或少地包含着某些合理的成分。站在21世纪大门口的中国人，实在没有理由再执迷地相信仅仅依靠传统就可以实现现代化，更没有理由以为只有完全抛弃传统才可以实现现代化。

（本文发表于《传统文化与现代化》1995年第5期）

民 国 篇

裂变年代的文化冲突

——试论民国初年新旧观念间矛盾的激化

　　武昌首义，事起仓促，胜利来得太突然了。这一年四月间的广州起义，其准备工作和领导力量，比起武昌起义，还要更好一些，可是却被迅速镇压下去，悲壮地失败了。令人惊奇的是，在广州起义失败后不到半年的光景，在清朝重兵设防的腹地重镇武昌，革命暴动竟然轻而易举地成功了。不但起义本身的胜利来得轻而易举，而且起义带动的全国性革命变局之快速，也出人意表。武昌起义后不过两个来月的时间里，原本似乎对全国局面还颇具有效统治能力的清朝政府，在大多数省份争相宣布独立之后，迅速土崩瓦解；随着南京临时政府的成立和清皇室的退位，中国一举结束了两千多年君主统治的王朝历史，揭开了史无前例的民主共和的新纪元。仅就武昌起义的这种突发性质和起义后全国政局变化的急剧而言，这在几千年的中国政治史上也是极其罕见的历史现象。

　　革命的突如其来和政局的急剧变化，这当然与某些历史的偶然因素所起的作用有关，但是，辛亥革命毕竟不是一次纯粹偶发的事件。相反地，这种爆发性的政治变局的出现，恰好证明了统治体制本身累积已久的危机，已经达到一触即发、一发即不可收拾的临界点。满洲贵族统治集团一手造成的种种政策失误以及其自身的彻底腐败，把清朝政府送到了人心丧尽、朝不保夕的境地。这个当年声势赫赫的朝廷，当着那位鄙陋阴狠却还具有某种权威象征的慈禧死去之后，已经无计自救。不实行"新政"势必灭亡，真正实行"新政"也势必灭亡。不重用汉人势必灭亡，重用汉人也势必灭亡。面临革命变局，清朝朝廷不仅在民众间，而且在其封疆大员中，已经丧失了往日的号令天下的权威，丧失了四方向心的政治轴心的地位，只得在"无力回天"的悲哀中束手待毙。

大清帝国陷入这般不可救药的"气数"，证明着中国这个文明古国确已走到了实现民族革命和民主革命的历史关头。革命党人的活动，无非是基本上正确认识了历史发展的这种趋势，适应着时代潮流而已。武昌起义的突发和此后中国政局的急速变化，不但使得清朝朝廷惊慌失措，而且也使得孙中山为首的革命党人措手不及，这恰好证实了这场革命并不是革命家不顾历史进程、随心所欲地策划出来的事件。

像孙中山所说，中国四千年历史上从来没有过的由君主专制变成民主共和这场革命，之所以能够在短促的时间内实现，归根到底"实全国人心理所成"。[①] 但是，不能不正视一个事实，这就是，当中国爆发辛亥革命的时节，中国人的"心理"，虽然已经与清朝政权离心离德，不再维护它，而是接受推翻它的这种既成事实。但是，那时候中国人的"心理"，对于新兴起的民主共和的潮流，还是非常陌生的。旧政治营垒和旧文化营垒的人，无法理解新潮流，自不必说；广大下层民众，也只会带着相当大的盲目性，缓慢地跟随着潮流往前走。就连作过多年准备的革命党人，也难以应付这个盼望已久、却又来得太突然的历史大变局，制定不出切实可行的建国方略。所以，从举国上下人们的认识状况看，对于辛亥革命准备不足的状态，是普遍的。反对革命的一方固然没有准备，革命的一方也没有足够的准备。不但广大民众未能充分发动起来，革命的领袖们也缺乏领导建立这样大的新型的民主共和国的切实安排。在这样的"准备不足"的状况下，发生空前的社会巨变，当然不可能不在一个相当长的时期里形成混乱局面。

民国初期的中国，是一个青黄不接、新旧杂陈的年代。这是一个旧的政治体制已被推倒、新的政治体制尚未建立，旧的平衡机制已被打破、新的平衡机制尚未构成的大动荡的年代，是"如拆屋改造，旧者已破坏，新者未建全"[②] 的过渡年代。这是一个旧的文化观念和价值标准尚未退位，新的文化观念和价值标准已经登场，从而激起尖锐的思想冲突的年代。

① 《在日本日华学生团欢迎会的演说》，《孙中山全集》第 3 卷，中华书局 1984 年版，第 20 页。
② 同上书，第 23 页。

　　一切表明，民国初年的动乱与纷争，本质上不是什么历史正常进程的中断，不是社会安定局面的消极破坏，而是社会发展的内在驱动力，把中国长期以来缓慢行进着的宗法制社会，终于推进到一个大裂变的历史关头。历史已经证明，辛亥革命不是这场史无前例的社会大裂变的终结，而是这场社会大裂变的开端。这场社会大裂变，自然不是一帆风顺的，而是一个充满着胜利与失败、前进与倒退、冲突与协调、灾难与收获的艰辛而漫长的征程。反映着并推动着这场社会大裂变进程的文化观念的冲突，扮演了波澜壮阔的历史的重头戏。

　　以孙中山为首的南京临时政府，虽然为期短暂，但它毕竟是中国历史上的创举。它是一现的昙花。这个从一上台就宣布要下台的临时政府，却给古老的中国大地带来了除旧布新的新气象，它不仅拟制出新的政治纲领，创立了新的政治体制，而且还标立出新的价值观念，导扬了新的社会风尚。临时政府创制的新体制和新观念，传播虽然迅猛，但它毕竟是稚嫩而幼小的；旧的政治势力依然具有强大的优势，旧的价值观念和行为准则仍旧在中华大地盘根错节。作为新生事物的临时政府的一切创举，不受到旧势力的顽强抗击是不可能的。新旧思想冲突的尖锐化，成了共和初建而政治格局仍处在风雨飘摇中的中国一种突出的社会现象。

　　从文化思潮的角度看，民国初年"新旧相冲，错综百出"局面的出现，乃是晚清中学西学之争的继续与发展。在戊戌变法时期，特别是变法被镇压之后，"新学"是被舆论讥讽和抨击的对象，但到了推行"新政"的时节，舆论一变，"新学"声望陡增，成为众人竞相标榜的对象。冯自由对此作过一番很生动的描写，他写道："庚子重创而后，上下震动。于是朝廷下维新之诏以图自强，士大夫惶恐奔走，欲副朝廷需才孔急之意，莫不问新学。虽然，甲以问诸乙，乙以问诸丙，丙以问诸甲，相顾错愕，皆不知新学之于意何云。于是联袂城市，徜徉以求苟合，见夫大书特书曰'时务新书'者，即麇集蚁聚，争购犹恐不及。而多财善贾之流，翻刻旧籍以立新名，编纂陈简以树诡号。学人昧然，得鱼目以为骊珠也，朝披夕吟，手指口述，喜相告语：新学在是矣，新学在是矣！"① 这样时兴起来的

　　———————————

　　① 《政治学序言》，上海广智书局 1902 年版。

"新学"，虽然也有一些冒牌货，但基本上是指的区别于旧有中学的西学，这是毫无疑问的事。所以，民初的著名记者黄远庸描述民国初年新旧思想的冲突时，把晚清中学西学之争演化为民初的新旧思想之争的来龙去脉，理得颇为清楚。他写道：

> 自西方文化输入以来，新旧之冲突，莫甚于今日。盖最初新说萌芽，曾文正、李文忠、张文襄之徒，位尊望重，纲纪人伦。若谓彼之所有，枪炮工艺制造而已。政法理论以及一切形上之学，世界各国，莫我比伦。嗣后国势日削，祸辱臻迫，彼此比较之效彰明较著，虽以孝钦顽嚚，亦不能不屈于新法，庚子之后一复戊戌所变。其时，新学髦俊云集内外，势焰极张；乔木世臣，笃古缙绅，亦相率袭取口头皮毛，求见容悦。虽递嬗不同，要皆互为附庸，未有如今日笃旧者高揭复古之帜，进化者力张反抗之军，色彩鲜明而两不相下也。且其争点又复愈晰愈精，愈恢愈广。盖在昔日仅有制造或政法制度之争者，而在今日已成为思想上之争，此犹两军相攻渐逼本垒，最后胜负旦夕昭布。①

要说民国初年，特别是新文化运动大规模出场之前，就已经没有依违于新旧之间的投机者，那也不是事实。喜欢用新口号装饰自己的旧政客，学着搬弄新术语新概念的旧文人，那时候还是涌现了一大批。同样可以说，晚清时也不乏有一些真诚的色彩鲜明的维新的志士和守旧的卫道者，在按各自的信念奋斗着，人们并不都是依违两可、"互为附庸"。但是，不能不承认黄远庸上述不十分精确的概括，还是基本上勾画出了从洋务运动到民国初年这七十多年里，环绕着如何对待中西文化问题，所发生的新旧思想冲突的演变大趋势。民国初建，政局虽然混乱，但文化思想选择的自由度可比前清专制统治下大多了；人们不再被迫地服从朝廷的禁令，也无须只按照朝廷的颜色说话行事，这样自然就使得新旧两支文化大军，营垒划分得比较清楚，各自揭起色彩鲜明的旗帜，拉开阵势作"两不相下"的

---

① 《新旧思想之冲突》，《远生遗著》卷1，商务印书馆1920年版，第154页。

对攻，从而一步步逼近决战。在这种局面下，新旧文化思想冲突所具有的公开、明朗和充分的程度，自是往日所从未达到过的。与此相适应，文化论争的层次也就深入了提高了，直接体现为两种不同的价值观念体系的"思想之争"。中西文化之争，终于以新文化和旧文化的公开标记，各自聚集力量，准备着作定夺最后胜负的决斗。

　　以西方传入的资本主义文化为蓝本的文化，为相当多的人认可作一种和固有文化相对待的新文化，不再仅仅突出其外来性质把它叫做西学，这是中国近代文化思想史上一种值得注意的变化，这至少说明国人对于资本主义文化接受程度上进了一大步。更深入一层看，应当说，西学在国人心目中渐渐变成新文化，这表明着资本主义文化开始在中国取得合法化的地位，它不再被简单地看做非我族类的非正统的洋货。中国近代文化思想史上的这一重大变化，是辛亥革命带来的，尤其是南京临时政府造成的。人们对于南京临时政府，往往只把眼光停留在从政治上对它进行记述和考察，而很少充分估量它在中国近代文化发展中的作用。事实上，革命党人组成的临时政府，不仅制定了一些具体政策，推动了社会风气和民间习俗的变革，而且在它的政治纲领、它的政治体制、它的全部政治活动中，处处都强烈地体现着把民主主义的文化观念作为合法的、具有指导原则性质的这一新动向。短暂的临时政府，取得的直接的政治实绩固然没有多少，但是它造成的思想影响、舆论效果却是巨大的，它标志着中国文化近代化历程上一个崭新阶段的开端。不充分认识辛亥革命带来的这种重要文化革新的开创意义，那就无法解释明白，何以短短几年之后，中国大地上新文化运动骤然间就闹得如火如荼。

　　民主共和制的建立，诚如孙中山所一再强调的，是中国历史上从未有过的创举。中国历史上没有，当然就是从外国学来的。当时以孙中山为代表的革命党人，对于从欧美资本主义国家学来共和制这件事，是直言不讳的。特别是草创之初，为任务所促，急切间也来不及作出多少适应中国国情的变通，规章多属粗放，法令亦不成系统。但是，在他们制定的《临时约法》，以及陆续颁布的各项法令和宣布的各种宣言中，体现出的在中国创建共和体制的主张是明确的。政治主张的明确，在于他们具有了实行共和制是中国惟一的新生之路的坚定信念。《人权宣言》的"自由、平等、博爱"，成为临时政府在开国之初、百绪繁生的复杂的局面下，赖以确立治国的指导原则和处理政务的是非标准。接连制定并颁布的《中国同盟会总章》和《中华民国临时约法》，都是以保障人民的民主权利为根本宗旨的；而在这方面遵循的立论原则正是"天赋人权"的自由、平等的观念（孙中山认识到"人权"并非"天赋"的，那是以后的事）。这种新价值观新文化观，是建立共和制政体的信念依据，也是实行除旧布新的各种举措的信念依据。孙中山和临时政府，陆续提出和实行的诸如五族共和、地方自治、男女平等、义务教育、发展实业、文化开放、改历改元、去辫易服、改革称谓、禁止鸦片、禁止缠足、禁止刑讯、禁止贩卖人口等，无一不以自由、平等、博爱的观念为指针。例如，孙中山在禁止刑讯的文告中，即以"人权神圣"为理由强调指出，残暴酷烈的刑讯不利于"保持国家之生存，而成人道之均平"，必须立即废除。[①] 在同日颁布的禁止买卖人口的文告中，更加明白地阐释了所依据的理由：

> 自法兰西人权宣言出后，自由博爱平等之义，昭若日星。各国法律，凡属人类一律平等，无有阶级。……今查民国开国之始，凡属国人咸属平等，背此大义，与众共弃。[②]

又例如，1912 年 2 月，蔡元培作为南京临时政府派出的欢迎袁世凯南下就任总统的特使，在北上的船中，与唐绍仪、宋教仁、汪兆铭等人，发起组织"社会改良会"，并拟定《宣言》及《章程》。《宣言》中十分明确地写道：

> 盖所谓共和国民之程度，固不必有一定之级数，而共和思想之要素，则不可以不具。尚公德，尊人权，贵贱平等而无所谓骄谄，意志自由而无所谓徼幸，不以法律所不及而自恣，不以势力所能达而妄

---

① 《临时大总统关于禁止刑讯致内务司法两部令》，《中华民国档案史资料汇编》第 2 辑，江苏古籍出版社 1991 年版，第 30 页。

② 《令内务部禁止买卖人口文》，《孙中山全集》第 2 卷，中华书局 1982 年版，第 156 页。

行，是皆共和思想之要素，而人人所当自勉者也。我国素以道德为教义，故风俗之厚，轶于殊域，而数千年君权、神权之影响迄今未沫，其与共和思想抵触者颇多。同人以此建设兹会，以人道主义去君权之专制，以科学知识去神权之迷信。条举若干事，互相策励，期以保持共和国民之人格，而力求进步，以渐达于大道为公之盛，则斯会其嚆矢矣。①

他们根据这种精神，在《章程》中就人格、婚姻、家庭、礼仪、称谓、风俗、衣饰等，列出三十六项改良现今社会之条件。②"社会改良会"虽因政局的变化而毫无作为，但是《社会改良会宣言》及《章程》，已在多处公开发表，其影响所及是不会小的。它相当充分地表达了当时南京临时政府推行社会革新的意图。

历来改朝换代都是要大事鼓吹一番如何如何除旧布新，但是这次南京临时政府所除之旧和所布之新，却全然不同既往。其区别点，从政治上看，在于建立了民主共和的体制；从文化上看，即在于有了这个以自由、平等、博爱为内容的"人权精神"。符合这种"人权精神"的，就是当布之新；不符合的，就是当除之旧。以宪章的形式，以政府法令的形式，宣告这样一种新文化观从今而后成为处理国是、制定法令、衡量世风民俗之优劣、判别社会行为之是非的合法的准则，这在中国历史上当然是前无古人的大胆创举。

把按照资本主义的民主主义精神确立的新文化观合法化，用中国传统的说法，就是把这种新文化观奉为正统了。这样的做法，对于当时广大民众的认识程度和既有习惯来说，无疑是很陌生的。不过，孙中山和他的支持者们却是信心十足，认定这种新观念和相应的新制度，必定为公众所拥护，所以他们才断定，民主共和体制虽然自古以来未有，但它一经建立就成为"不可替代"的，必将"永久存在"下去。③事实证明孙中山的判断

---

① 《社会改良会宣言》，《蔡元培全集》第 2 卷，中华书局 1984 年版，第 137 页。
② 同上书，第 138—140 页。
③ 《中华民国》，《孙中山全集》第 2 卷，第 393 页。

是正确的。在中国建设民主共和制度的道路，固然并不像他们当年所天真设想的那样顺利平坦，可是，从辛亥革命起，民主共和制的确就成为任何政治力量也无法改变的、人心共戴的政治体制。同时，以民主主义为精髓的新文化思潮，也成为近代和现代中国历史舞台上不可遏止、不可逆转的文化思潮的主流。

当然，就民国初年而言，新文化观的出台，和民主共和制的出台一样，都只能算是初试身手。自身的稚弱，习惯势力的强大，是无情的现实。新生的文化与政治思潮，不可避免地只有在顽强的抗击和搏斗中扩大影响，谋取成效。如果说民国初年的政治论坛上，民主共和制是除少数极端顽固派而外的大多数政治实力派不得不表示接受的政体的话（尽管很多政客是阳奉阴违），那么，以自由、平等为标志的新文化观，却在全国范围内受到了铺天盖地般的抨击。不但坚持君主制的遗老们攻击新文化观念，而且一些或真或假的共和制的拥护者也在攻击新文化观念。民国初年的论坛上，孙中山为代表的革命派所提倡的自由、平等的新文化观，一度几乎陷于四面楚歌的包围之中。

民国初建，新的文化观迅即陷入众所指斥的重围，这有政治上的原因，诸如，清朝的孤臣遗老，时时刻刻还在致力于推翻共和恢复清室；袁世凯为首的北洋军阀，图谋以高度集权的体制控御全国的统治权；张謇等为代表的实业界人士和梁启超等立宪派政治活动家，恐惧民主革命带来动乱，急切希望通过实力人物的强权建立秩序；革命党人误以为民主革命已经大功告成，拱手让出政权，旋即落到被谴责被讨伐而难以还手的处境，等等。民初的政治形势急转直下，到得袁世凯正式当上了大总统之后，政局则简直像有人说的："中国自武昌起义而帝国覆，自正式政府成立而民国亦亡。"① 在这样的政治形势下，鼓吹自由、民主的新文化观念，当然就被从各种动机出发主张取消革命的人视为妖言惑众的言论，必欲清除之而后快。除了政治原因之外，新文化观当时所以会受到多方指摘，还有着文化思想自身方面的原因。文化阵线的状况，与政治方面的状况，自然有相当密切的牵连，但是，并非完全划一；政治上反对民主革命的人无例外地

① 谷钟秀：《政治复古》，《正谊杂志》第 5 号。

都会抨击自由平等博爱的"人权精神"，可是反对"人权精神"新文化观的绝非都是政治守旧派或反革命派。文化营垒的划分和政治营垒的划分所表现出来的这种差异，是由于文化发展有着自身的相对独立性，它除了受到政治的制约之外，还受到来自文化传统的惯性力量的制约。世代相承的文化积淀、伦理习俗，不能不构成排斥新观念新思想的保守力量。这就是许多接受民主共和、反对君主专制的人，却不能容纳自由平等的文化观，转而保持着对于固有文化礼教习俗无限眷恋之情的重要原因。从政治上说，自打辛亥革命之后，君主专制在中国确实已经再也没有足够的实力实现复辟，但从文化上说，却像高一涵所说，由于中国革命是以种族思想争来的，不是以共和思想争来的，所以"人人脑中的皇帝"并未退位。[①] 就推翻清朝的统治而言，民族主义所起的动员作用是主要的，民主主义则远未得到充分宣传，不但在广大民众中还未能普及，就连革命党人也往往一时难以把新旧文化观念的界线划割得明白。新文化萌生的时节，旧文化的力量无疑依然强大，新旧冲突自然不能不特别剧烈。孙中山在二次革命失败之后，较为清醒地回顾建国之初的斗争形势时，便认识到当年的局面是，"政治之本源未清，新旧之党争愈烈"[②]。孙中山开始觉察到，在古老的中国实行民主革命，政治上和文化上都面临着清理本源的艰巨使命，新旧间冲突存在着不易解决的深层原因，所以冲突的激化是无法避免的。文化传统越悠久深厚，变革它的难度相应也就越大，这是必然的事。与充满着天真烂漫幻想的革命党人不同，早在辛亥革命前十年，有些温和的改良派人士已经预见到，由于文化上的深层原因而造成的中国民主变革之艰难。1902 年的《大公报》上刊登的一篇《主客平议》，就这个问题所发的议论，真可以说是独具慧眼。该文的作者，以"大公主人"的名义，先对"旧客"作了一番劝说，说明新文化潮流何以不可阻挡、何以"禁锢剿绝"概无效力之后，接着便对"新客"着意讲解在中国建设新文化何以不易的道理。他写道：

---

① 《非君师主义》，《新青年》第 4 卷第 3 号。
② 《致井上馨函》，《孙中山全集》第 3 卷，第 60 页。

　　夫中国亲亲贵贵之治，用之者数千年矣。此中之文物典章与一切谣俗，皆缘此义而后立。故其入于吾民之心脑者最深而坚，非有大力之震撼与甚久之渐摩，无由变也。……公等试思四万万者为何如民乎，而期其朝倡而夕喻也。嗟乎，傲旧俗之余劲与诅文明之潮力，二者贤不肖异，而皆不祥之金也，以其皆长杀机而拂天演之自然故也。①

最后的断语，把处于激烈冲突中的新旧两方，一概看成违背自然法则、仅会助长杀机的"不祥之金"，固然表现着改良派的眼光的局限性，但是，他能够冷静地看到，"傲旧俗之余劲"的革新力量与"诅文明之潮力"的守旧力量之间的对峙，其形成原因之久远，改变旧制之艰难，从而断定新旧文化观念间较量的长期性，及其冲突加剧趋势的无从避免，这不能不说是很有深度的见解。在该文发表十年之后，新旧文化观念的冲突形成激化的局面，证实了当初这种预见的正确。

民国开国之初，弥漫于全社会的习惯势力，自然是非常强大的。在强大的习惯势力面前，孙中山也常常处在新旧观念之间无所适从，难以作出抉择。他为着谋求与袁世凯妥协，只好讲起"全新全旧，皆不合宜"的调子。1912 年 10 月，孙中山在与袁世凯第一次会谈之后，回到上海发表演说，对袁氏作了"思想很新"、"手腕稍旧"的估价，接着便议论说：

　　盖办事本不能全采新法。革命起于南方，而北方影响尚细，故一切旧思想，未能扫除净尽。是以北方如一本旧历，南方如一本新历，必新旧并用。全新全旧，皆不合宜。故欲治民国，非具新思想、旧经历旧手段者不可，而袁总统适足当之。②

孙中山之所以把政权拱手让给袁世凯，除了为实力悬殊所迫而外，文化观念上的混乱、价值标准上的摇摆，是使得他上袁世凯当的一个重要原因。笼统说来，从思想到办事，"全新全旧"当然都是行不通的，可是哪

---

　①《主客平议》，1902 年 6 月 26、27、28 日《大公报》。
　②《在上海国民党欢迎会的演说》，《孙中山全集》第 2 卷，第 484—485 页。

些旧思想、旧经历、旧手段，与他提倡的以自由、平等、博爱为内容的新思想是可以相容的，哪些是绝对势不两立的，他这时还缺乏清晰的分辨能力。孙中山说的这番话，不能只看做对于他何以与袁世凯达成妥协的所作的一种辩解，事实上这也确实反映出当时孙中山的真实思想状态。那时候他对于自由、平等、博爱的民主主义信念固然已经十分坚定，但是每当事涉深层的文化观念时，他往往又无力按照民主主义的价值标准进行选择。举例来说，他在清室宣告退位后的第三天，便以中华民国临时大总统的身份去拜谒明太祖陵，并且发表了《祭明太祖文》。这篇祭文，不但称颂了明太祖"光复大业"的功绩，而且竟然说，清室宣告退位，"中华民国完全统一，邦人诸友，享自由之幸福，永永无已"，也是多亏明太祖的启迪，说"实维我高皇帝光复大义，有以牖启后人，成兹鸿业"。① 本来在辛亥革命之前，革命党人受"反清复明"观念影响甚深，民国建立之后，按说理应明白了反清已不是复明，怎么还能把建立民国给人民以自由的大业奠基之时，硬在那个极端残暴专制的明朝高皇帝的名下记一笔功劳呢？可以看出，在民国初建的时候，民主革命派中人思想深处这样新旧杂陈、自相矛盾的现象，是十分普遍的。诸如革命派提倡男女平等的报刊，同时却又在近乎狂热地颂扬烈女殉夫的节烈观一类的事，是屡见不鲜的。不难想见，当年自由、平等、博爱的新文化观初为国人所识的时候，人们思想深处的保守观念还是一种多么强大的阻力。

　　袁世凯接管政权之初，在当时政治形势下，还不敢骤然帝制自为，无论在政府组织上和发布言论上，都还维持着尊重民主共和的调子，但是他事实上已经懂得南京临时政府制定的民主主义的纲领和政策，以及广为传播的自由平等的文化观念，给他专制集权统治的建立造成了极大的障碍。充满民主主义精神的新文化，成为袁世凯政权必欲去之方能放心的心头病。起初，袁氏政府还不大出面，但在其纵容和指使下，抨击自由平等思潮的复古言论却陈渣泛起，造成铺天盖地的汹汹之势。尊孔读经论出来了，国学救国论出来了，礼教救国论出来了，直截了当地公开主张"一切当率由旧章"、反对共和的复辟论也出来了。特别是到了1913年，"二次

---

① 《祭明太祖文》，《孙中山全集》第 2 卷，第 95 页。

革命"失败后，袁世凯当上了"正式总统"，于是便开始明目张胆地采取修改约法、解散国民党、解散国会、解散各省议会和自治机关、查禁进步报刊、捕杀革命党人等一连串横暴措施，以求在虚有其表的共和名义下建立独裁统治的政治体制。配合这种政治措施，袁世凯政权对民国以来的新文化思潮展开了全面攻击。他们集中抨击自由、平等主张，把民国初年的政局动荡、秩序混乱，统统归罪于革命党人提倡自由、平等所致。动辄便说，"值此诐邪充塞，法守荡然，以不服从为平等，以无忌惮为自由。民德如斯，国何以立?"① 这一类的论调，成了他们用恢复旧文化旧礼教的名义，为建立专制政治统治制造舆论的基本依据。是年 12 月，袁世凯一手操办的御用工具"政治会议"开幕，袁世凯所作的"训词"中特意把这种反对新文化思潮的言论系统论列。他说中国建立共和之后，国力不强的原因，在于内政紊乱和外交棘手，而内政紊乱的原因则在于对自由、平等和共和三事的误解。他历数道:

> 一般人民以国体既改，国民均属平等，于是乎子抗其父，妻抗其夫，属员抵抗长官，军士抵抗统帅，以抵抗命令为平等，以服从命令为奇辱，而政治遂不能收统一之效。……此误认平等二字，为内政紊乱之原因一。

> 国民既属自由为神圣不可侵犯，于是乎攘权可以自由，争利可以自由；假结社自由之名，而谋乱可以自由；藉言论自由之名，而造谣亦可以自由。种种违法举动无不可以自由二字为卸责之地。……此误认自由二字，为内政紊乱之原因二。

> 推倒专制，改建共和，主权公之亿兆，而大多数人之幸福遂不令一姓享受。然亦非一讲共和二字，而天下遂无不可共和之物也。乃一般人民将共和二字认错。而自辛亥革命以来，共产共妻之说腾诸国人之口，则抢掠人之财产，奸淫人之妻妾，及其他种种强贼行为，几视为法律所许，而莫敢过问者也。此误认共和二字，为内政紊乱之原

---

① 袁世凯:《饬照古义祀孔令》,《北洋军阀》第 2 卷, 武汉出版社 1990 年版, 第 1378 页。

因三。①

袁世凯这番强词夺理的荒诞言论，是不能等闲视之的。它开了民国以来所有反动统治者制造反对民主革命，并企图从文化思想的角度扼杀民主主义的最恶劣的先河。罗织种种对自由、民主的误解，以为自由民主之罪，这是袁世凯辈反民主舆论的基调。自由、平等、共和，自然不应误解，问题是在于，共和初建的年代，究竟是自由民主太多了，还是太少了？究竟是自由、平等的人际关系和民主共和的政治制度已经办得过了头，还是远远未能兑现、远远未能建成？自然，在辛亥革命之后，真正误解自由民主含义者，也是有一些实例可举出来的，可是，即便说误解应当改正，那么也更加应该把正解揭示明白；袁世凯辈口口声声反对"误解"自由平等的议论里，从来只字不肯说明什么才是实现自由平等、扩大民主的"正解"，这就彻底暴露出他们以纠正对自由民主的误解为名，反对民主主义新文化观念的真实意图。这个民国的"正式大总统"，毫不掩饰地以旧文明旧礼教的维护者的身份公开亮相，在秩序与统一的名义下，大张旗鼓地鼓吹用纲常名教的标准来"正本清源"——讨伐刚刚兴起的民主主义的新文化思潮。他公开禁止宣传民族革命思想的《共和三字经》，公开为强权政治辩护，公开反对民生主义，甚至公开反对男女平权。他们以维护固有文明为口实，全盘否定孙中山南京临时政府的民主政策。1914年10月31日袁世凯发布的《防缉党人谋乱令》中，居然从文化的角度对南京临时政府进行总清算：

> 溯自辛亥武昌事起，各党响应，孙文因闻改革将成，急遽返国，诡称带有兵舰及大宗饷械，遂以十数私党之推拥，设临时政府于江宁，举措乖戾，纲纪荡然，既无经国之能，又乏治军之力，甚至谬解共和，伪托平等，实则败坏法度，殄灭伦理，倒行逆施，上尤下效，使我二千年来声明文物之邦几一举而陷于盗贼禽兽之域。言念及此，

① 《政治会议开会训词》，《北洋军阀》第2卷，第1393—1394页。

可为浩叹。①

　　袁世凯政权以纲纪礼教为武器，反民主、反新文化的倾向，在这里已经赤裸裸地公之于众了。政治气候的这种变化，连梁启超创办的、政治上一度拥袁的《庸言》也渐渐看明白了，所以便有评论说，在体制上，"往者南京政府时代，以旧为戒，事惟求新；今则以新为戒，事惟求古"②。又说，"今之中国，直是一退化之现象。由政治上观之，则事事力求复古，而新者日益铲除。由社会上观之，则气象悲惨，无复数年前活泼进取之现象"③。当然，坚持旧文化旧礼教、反对新文化新伦理的，并非都是袁世凯一类；非政治的文化情结和传统习俗，也会成为一些人排斥新文化的原因，何况人们普遍对于民初社会动荡不满，渴望建立秩序。不过，应当说，袁世凯之所以敢于如此嚣张地发布反对民主思潮和民主举措的讨伐令，是得到了弥漫于论坛的守旧舆论的支持的；相应地，守旧的舆论在辛亥革命后很快便泛滥成灾，也是依仗着袁世凯政权的一时得势。从文化的角度看，守旧思想的大举回潮，它们对民国建立以来刚刚萌动的新文化大兴问罪之师，不能不激起新文化力量的愤然反击。受形势的驱动，新旧文化观念之争，无可避免地只能在远较晚清时尖锐、彻底得多的层次上，布阵开战，一决胜负。
　　新文化运动为何会以猛烈进击的战斗姿态勃兴，从它产生的民国初年的历史背景上，当可得到合理的理解。

　　　　（本文发表于《庆祝王元化教授八十岁论文集》，华东师范大学出版社 2001 年版）

----

　　① 《北洋军阀》第 2 卷，第 550 页。
　　② 《新体制》，《庸言》第 29 号。
　　③ 《进化与退化》，《庸言》第 29 号。

"五四"前夕东西文明异同优劣之争

陈独秀和他的同仁们在发动这场思想启蒙运动时，并没有给它命名为文化运动。开始只是泛泛地说要帮助青年谋求"根本之觉悟"，随后在专文论述《吾人最后之觉悟》时，则把"伦理的觉悟"看做"最后之觉悟"，他写道：

> 自西洋文明输入吾国，最初促吾人之觉悟者为学术。相形见绌，举国所知矣；其次为政治。年来政象所证明，已有不克守缺抱残之势。继今以往，所怀疑莫决者，当为伦理问题。此而不能觉悟，则前之所谓觉悟者，非彻底之觉悟，盖犹在倘恍迷离之境。吾敢断言曰：伦理的觉悟，为吾人最后觉悟之最后觉悟。①

他在这里所说的"学术"层次的觉悟，大致是指晚清所说的"西学"，主要是指自然科学和技术。其次说的"政治"层次的觉悟，所指的是辛亥革命所解决的君主政体改变为共和政体这样的事。这两方面，都已经尝试着做过了，可是为什么没有做好呢？就是因为还没能做到"最后觉悟之最后觉悟"，即所谓"伦理的觉悟"。他是在强调说明，正是由于缺乏这个"伦理的觉悟"，所以前两项觉悟才都落空了。陈独秀之所以突出强调"伦理觉悟"的重要性，极可能是和复辟帝制派一再借助于"伦理纲常"的说教有关。时至民国，陈腐的"伦理纲常"这一套，怎么会在部分公众中居然还有不小的市场、能够蛊惑人心于一时呢？可见，为了维护民主共和制度，就需要从思想深处来挖掘出那套陈旧的伦理原则存活的根

---

① 《吾人最后之觉悟》，《青年杂志》第 1 卷第 6 号（1916 年 2 月 15 日）。

由，予以彻底铲除，并建立全新的为人处世的人生守则。在陈独秀他们看来，当时中国面临的头等要务，就在于唤醒人们从思想上观念上取得彻底的觉醒，明确建立适应现代社会需求的价值取向和思维方式。这正是他们要发动一场思想启蒙运动来谋求从根本上变革文明观念（或文化观念）的原因。① 其实，陈独秀在阐述他所谓的"伦理思想"时已经把这层意思讲得很明白，他说：

> 伦理思想影响于政治，各国皆然，吾华犹甚。儒者三纲之说，为吾伦理政治之大原，共贯同条，莫可偏废。三纲之根本义，阶级制度是也。所谓名教，所谓礼教，皆以拥护此别尊卑、明贵贱制度者也。近世西洋之道德政治，乃以自由平等独立之说为大原，与阶级制度极端相反。此东西文明之一大分水岭也。
>
> 吾人果欲于政治上采用共和立宪制，复欲于伦理上保守纲常阶级制，以收新旧调和之效，自家冲撞，此绝对不可能之事。盖共和立宪制，以独立平等自由为原则，与纲常阶级制为绝对不可相容之物。存其一必废其一。倘于政治否认专制，于家族社会仍保守旧有之特权，则法律上权利平等、经济上独立生产之原则，破坏无余，焉有并行之余地？②

且不说西方是不是已经按照独立平等自由的"大原"建立起了没有阶级的社会制度来，仅就用西洋在"自由平等独立之说"的原则下建立的"道德政治"为准则，来否定中国的"道德政治"——维护"阶级制度"的三纲礼教，并且揭明这两者的区别就是"东西文明之一大分水岭"而

---

① 新文化运动的当时，对于"文化"和"文明"这两个词语，人们是混着用的，并没有在其含义上加以区别。不过至今，学术界在世界范围内也还是各说各话，对"文化"与"文明"的定义并未能形成统一的理解。我们在这里也就随俗，把这两个词语混着用，统指价值取向、价值标准和思维方式、行为方式这类的含义。无疑当可包括一切形态的人类创造的物质的和精神的成果及其过程：从物化形态、符号形态、信息形态，到规章制度、信仰教化、风俗习惯、道德规范，直至审美情趣、心理状态诸端，均在其内。

② 《吾人最后之觉悟》，《青年杂志》第 1 卷第 6 号（1916 年 2 月 15 日）。

言，已经是画龙点睛地把他们发动的这场新文化运动的精神实质说清楚了。

结合在《青年杂志》创刊之时陆续发表的《法兰西人与近世文明》、《新旧问题》、《东西民族根本思想之差异》等一系列文章，更加可以看出陈独秀等带头发动这场思想启蒙运动，本来就不是着眼于讲求人品操守之类狭义上的道德修养，而是从一开始便立意高远，旨在发动一场名副其实的文化运动。也就是说，他们是想发动一场全盘改变人们价值观念和思维方式的文化革新运动，以图从根本上彻底改变中国落后于当世时代潮流的社会面貌。

在中国这样的文明古国，图谋全面而深刻地触动和更改已经流行数以几千年计的文明传统，自然势必引起剧烈的社会震撼。在民国初年的时代背景下，向着那片刚刚是"死水微澜"的中国思想界的大海，抛下这么一块大石头，哪能不激起千重巨浪。新文化运动倡议一出，热烈的响应和强烈的抵制无可避免地同时大发作，而且势必一发而不可收拾：从此兴起的关于文化问题的争辩驳议之风，犹如长江大河，一泻千里，奔腾而下，无从堵截。事实上，新文化运动从初创起，便不是处在风平浪静中，它从论战中诞生，它在论战中成长，它始终处在不停歇的辩难争论的激流中开拓前进。遗憾的是，人们对于"五四"前后发生的文化论战之如是激烈，往往只作表面的描述，或者倾心于申斥旧文化习性的顽固，或者热衷于责怪新文化主张的过激，或者侧重描写新旧势力对抗的剧烈，或者侧重称颂新文化运动如何克服重重阻挠从胜利走向胜利。这些看法固然不好说全无道理，但是都存在着明显的欠缺，这就是没有看清楚当年展开的文化论战本身在中国文化史上具有的开拓出文化新局面的首创意义。其实，与其说当时的激烈文化论战，形成了对新文化运动的阻力，表明了新文化运动遇到的艰难，毋宁说当时自由论辩的舆论环境的存在，恰恰是新文化运动得以存活，得以发展，得以及时地调整论点、矫正过失，得以迅速地扩大影响的最大的助力、最有利的条件。

像"五四"前后出现的这种就文化问题进行大规模自由辩论的局面，在中国数千年文化史上出现过吗？从来没有出现过。先秦时节，诸子并起，百家争鸣，那在相当程度上是得益于政局分裂、诸侯称雄。"此处不

留爷，自有留爷处。"各种学派，还有较大的生存空间。至于不同学派间
争论辩难，则规模狭小，且多为一面之词，各说各话，缺乏往返切磋争
辩。秦之焚书坑儒，汉之定于一尊，文化专制主义和国家的大一统几乎是
同条共轨，不断强化；此后两千年间出现的一些文化争论，如神灭神不灭
之争、崇佛反佛之争、理学心学之争、汉学宋学之争等，那都是在极小的
圈子里发生、影响主要限于知识界上层的事。像"五四"前后就文化问题
发生的如此大规模的论战，且是发自民间的、未受政权干预的充分自由的
大讨论，这样的舆论自由的局面，在中国文化史上是从来没有出现过的。

那么，还是在不断出现君主复辟丑剧、军阀争权夺势、政局混乱不堪
的民国初年，何以会形成这样一种舆论比较自由的局面呢？自然不是出自
统治者的本意；极端推崇专制主义的如袁世凯及他当年属下的北洋军阀
辈，自是极力要控制言路、扼杀自由的，可惜他们已是朝不保夕、自顾不
暇了。陈独秀等发动新的思想启蒙运动，固然出自对于袁世凯之流复辟君
主专制的奋勇反抗，但是新文化派以及与他们持不同意见的论者，均能以
合法的身份发表意见，这就绝非言者凭一时勇气所能致。这显然是与当时
军阀势力正处在分崩离析的状态，各自都忙于笼络人心，谁也顾不得下力
去严控言路有关。尤其是袁世凯帝制活动失败后，黎元洪、段祺瑞上台，
废除袁世凯所定的伪约法，恢复民国元年制定的旧约法。1916 年 7 月，北
京政府明令废除袁世凯时制定的各种法令，解禁被袁政府所查封的报纸二
十余种，接着正式废除了袁政府为钳制舆论、取缔言论自由而颁布的《报
纸条例》。有人主张恢复清朝所定的"报律"，段祺瑞也表态反对，说
"报律系订自前清，尤不宜于共和国体，应暂持放任主义，俟将来查看情
形再定办法"①。不管当政者是否是为着装潢"共和"门面还是另抱其他
动机，但这种政策实施的社会效果确实是恢复了民国初年宣布的新闻自
由，短短几年中全国报纸激增至四百余份。虽然亦不时有干涉报纸内容、
抓捕记者之类事端发生，但总体说来，中国那几年间的确处在前所未有的
言论自由的时代。假如没有这么一段短暂的言论自由的舆论环境——甚至

---

① 《国会与报界之今后责任》，《申报》1916 年 7 月 22 日。转引自《中华民国史》第 2 编第 2
卷，中华书局 1987 年版，第 9 页。

可以说是千载难逢的偶然机遇，那么，各种主义各种学说如同雨后春笋般破土而出、争奇竞胜的局面，是绝对不会出现的。

为历来研究者所忽视的，还有一个特别重要的事实，这就是"五四"前后的文化论战是发自民间的。它和晚清时"中学西学之争"具有的庙堂重臣之争的色彩大不相同，它不仅没有执掌政柄者直接的干预，而且无论主张文化革新的一方，还是主张文化守成的一方，都没有依靠哪种政治势力的背景。文化论争的双方，都是文化界中人、知识界中人、学术界中人；他们挺身而出发表文章，参与争论，是自发的自觉的，而不是受任何人的摆布和指使。正因为这样，他们在论战中的身份是平等的，尽管言辞有时失于激忿，但是总体上还是靠着讲道理，谁也无法也无权以势压人。就拿热心于维护中国固有文化的人士来说，他们中的健将，与图谋复辟清室的康有为、劳乃宣辈，与图谋恢复帝制的袁世凯党徒，其政治态度和思想倾向，已经完全不可同日而语；他们发表文化守成的主张，并不抱有复辟专制主义的政治目的。因此，当时激烈进行文化论战的双方，都是在为着捍卫各自的文化信念而与对方进行辩论，所以它始终是在学理和文化的范围内展开的一场不是反常的而是正常的、不是病态的而是健康的大讨论。甚至应当说，我们把"五四"前后十余年间发生的文化巨变，仅仅定名为陈独秀、胡适等《新青年》派为代表的新文化运动，并不是十分确切的说法；而是应该将这场文化巨变，看做《新青年》派提出的革新文化的主张（毫无疑问它是推动这场文化转型运动的主力军），和与它持有种种不同的或相反的意见的各种文化主张，相互切磋琢磨、争论辩难，从而形成的一场中国历史上空前的文化转型运动。——坚决反对任何文化改革、死守陈规旧俗的顽固守旧派这时自然还有，不好把他们也划归到文化改革的阵容里来；在这场不可逆转的文化转型运动面前，他们只能算是能起点反面教员作用的挡车的螳臂。我们在探讨"五四"时期的文化论战时，有理由把遗老遗少式的顽固守旧派的胡言乱语，舍弃不论。

以此为准，将"五四"前后的文化论战，将论战中的种种派别和种种意见，都置于平等的自由的文化思想讨论的范围内观察，庶几可以避免陷于这样或那样的简单武断的政治评判中，扶得东来又倒西。

这场文化转型运动，因1919年5月4日发生了爱国的学生运动而受到重大影响。"五四"前后,新文化运动的性质有其连续性,但也发生了一些重要变化。为叙述方便计,这里先来探讨"五四"以前新文化运动的状况(只是在个别问题上,因较为完备地叙述或阐释某一主张或论点所需,涉及"五四"以后的少量论作)。

陈独秀和他的同道们发动新文化运动,固然具有回击民国初年一度专制主义猖獗、尊孔读经回潮的性质,但就推行文化革新的主张而言,本质上它是以挑战的姿态主动出击的。不过,后世有些斥责新文化派之反传统的研究者常常断言陈独秀等只懂得破坏,不懂得建设,只去追求"破字当头"。这种论断是不符合实际的。陈独秀等人从发动新文化运动之初,对待文化问题就没有采取"只破不立"的态度,也不好说其遵循的就是"破字当头,立在其中"的逻辑。试看《青年杂志》第 1 卷第 1 号,陈独秀"敬告青年"之六义,都是把青年们应该如何不该如何说得明明白白,可以说是"立字当头,有立有破"。所著《法兰西人与近世文明》一文,其主题更是明确地放在正面阐明所提倡的"人权说"、"生物进化论"和"社会主义"精神,对应地他才批判到中国、印度为代表的"东洋文明",说它是未能脱离古代文明之窠臼的落后于时代的"古之遗";如此行文,倒是颇有"立字当头,破在其中"的味道。至于高一涵、汪叔潜等的文章,不管词语温和还是激烈,但他们是其所是、非其所非的有立有破的态度,也都是明朗的。

所以,新文化运动的功过是非,只在于其所要立和所要破的,选择的内容是否正确;所要立和所要破的,掌握的分寸和力度是否恰当而已。以此来看,陈独秀在《敬告青年》这篇相当于《青年杂志》发刊词的文章中,用"遵新陈代谢之道"作为提倡文化革新的依据和旗帜,是妥当而无可挑剔的;问题只是在于如何确定何者为"陈"、何者为"新",以及如何运作、如何实现其间的"代谢"才是最为合理的而已。

《新青年》派对西方文明的推崇和对东方文明的抨击

陈独秀发动文化革新运动,目的是在改革中国思想界的现状,所要破的是自家固有的如今却妨碍着中国进步的文化观念,而所要立的就是中国前所未有的产自西方的近世文化观念。移植适应时代发展的外来的新文化，取代落后于时代发展的固有的旧文化，就是陈独秀等创办《青年杂志》时的基本思路。这样的思路一提出，东西文明问题自然就又一次成为文化论坛上众所关注的聚焦点。那么，在当时陈独秀一派人的心目中，要引进的究竟是什么样的西方文明，要革除的究竟又是什么样的固有文明呢？这问题理应具体作答，不该简单地给他们扣上主张"全盘西化"或主张"全盘反传统"了事。

晚清时节举凡谈论西学者，无论是守旧派还是洋务派、维新派，几乎都是把"西学"当做一个单一的整体的学派或学说看待，从总体上笼统地评议其得失短长，不懂得"西学"还包含着那么多不同的学派、学说和主张，更不懂得它还经历过漫长的历史发展和重大的历史演变。后来随着出国者增多，渐渐才有人明白了"西学"包含的主张、派别多种多样，十分复杂。新文化运动兴起之际，对欧美文化内容、派系及其历史演变的了解，比晚清时自然是充分细致得多了。不过，起初仍然对于欧美各种主义、各种学说之间的差别及其各自的特点，缺少具体的认识，多半还是采取大而化之的"兼收并蓄"态度。当时各种提倡西方文化的报刊，大致是把他们认为有价值的西方学说一股脑儿介绍过来。进步报刊上的主义之多，学说之繁，简直令人眼花缭乱。诸如经验主义、功利主义、个人主义、自由主义、民主主义、国家主义、淑世主义、无政府主义、各种牌号的社会主义；哲学上的怀疑论、实证论、理性建构论、理性批判论、唯意志论、唯物论、实用主义以及文学上的现实主义、浪漫主义、自然主义等等。当时除了有个别政治派别选定某一主义为其思想纲领（如无政府主义者）外，主张革新的人们对于欧美近世各种思想流派还分择得不大清楚（专宗某派理论与学说的事那还是在"五四"以后渐渐明确起来，新文化阵营也由之逐步分化。这是后话）。《青年杂志》亦不能免此当时流行的通病，它在介绍西方文明时，是把霍布士、培根、笛卡儿、约翰·穆勒、福录泰尔、孟德斯鸠、康德、狄德罗、卢梭、富兰克林、尼采、叔本华、柏格森、巴贝夫、圣西门、傅立叶、拉萨尔、马克思、克鲁泡特金等，以及文学领域里的左拉、莫泊桑、屠格涅夫、易卜生、托尔斯泰、王尔德等等，一概放在推崇之列。《青年杂志》的作者们，当时显然对于所推荐的西方思想家们之间见解的特点、差异与冲突，也往往是疏于辨析的。但是在这些看来纷乱的评介中，他们还是突出了一个主要精神，这就是人权平等的价值观和人生观。

在提倡人权说之始，陈独秀还清醒地说明这种精神是欧洲人"变古之道"创造出来的"近世文明"，而在此以前欧洲则还是一个建于"君主与贵族特权之上"的社会。他认识到西方文明是有其古今之别，经历过巨大的发展变化的。相应地，陈独秀这时对中国文明的批判，也指的是现状，所以才说我们国家的毛病是"大梦未觉，故步自封"，伦理法律学术礼俗都是"封建制度之遗"，不适应现今时代之需却不求改进，于是说出气话："吾宁失过去国粹之消亡，而不忍现在及将来之民族，不适世界之生存而归削灭也。"[1] 至于中国古代的制度文物的价值如何，是不是适用于古代，陈独秀没有正面予以评论。不过，行文用语已经隐约透露出，他似乎是把古代的文物制度看成对今世已一无所用。汪叔潜在《新旧问题》一文中，用更加简明的语言阐述了相同的观点。他给东西文明下定义说："所谓新者无他，即外来之西洋文化也。所谓旧者无他，即中国固有之文化也。如是，则首当争辩者，西洋文化与中国文化根本上是否可以相容。"他断言，西洋的伦理观念、政治制度、国家制度，与中国旧制旧说犹如水火冰炭，绝不相容。不过，他同时又明确把所说的"西洋文化"界定为欧美之现今文化，他写道：

> 欧美现今一切之文化，无不根据于人权平等之说。在二百年前，其为君权政治、特权社会，固无疑于中国，或且加甚焉。乃自法兰西革命以还，人权之说大唱，于是对于人生之观念为之大变。人生之观念既变，于是对于国家之观念亦不得不变。人生之观念变，于是乎尊重自由，而人类之理性始得完全发展；国家之观念变，于是乎铲除专制，而宪政之精神始得圆满表现。是谓之西洋文化而为吾中国前所未有。[2]

---

① 《敬告青年》（1915 年 9 月 15 日），《青年杂志》第 1 卷第 1 号。
② 《新旧问题》（1915 年 9 月 15 日），《青年杂志》第 1 卷第 1 号。

　　为着采用决绝的态度来论证文化革新的不容置疑，陈独秀对东西文明的评论，渐渐把进步还是滞后这样发展程度不同的话题放置于一边，而直接诉求于证明东西文明从根本性质上存在着水火不容的差异，沿袭并大大发挥了严复在戊戌时期崇西抑中的比较中西文化的论证方式。这在他1915年年底发表的《东西民族根本思想之差异》一文里，把这种观点发挥了个淋漓尽致。他采用了非常绝对化的地理决定论和人种决定论，断言道："五方风土不同，而思想遂因以各异。世界各民族多矣，以人种言，略分黄白；以地理言，略分东西两洋。东西洋民族不同，而根本思想亦各成一系，若南北之不相并，水火之不相容。"有什么样的根本差异呢？他列出三大款："（一）西洋民族以战争为本位，东洋民族以安息为本位。""（二）西洋民族以个人为本位，东洋民族以家族为本位。""（三）西洋民族以法治为本位，以实力为本位；东洋民族以感情为本位，以虚文为本位。"① 陈独秀以斩钉截铁的口气下的这样三条断语，实在是无法算得上精当的；它的概括和表述似是而非，甚至显得强词夺理，经不起推敲。比如，陈独秀说"西洋民族性恶侮辱，宁斗死；东洋民族性恶斗死，宁忍辱"。"西洋民族，好战健斗，根诸天性，成为风俗"，所以才能以鲜血争霸于世界；而东洋民族"爱和平尚安息雍容文雅"，结果就成为处于被征服地位的劣等民族。这种说法，虽然流露的是以恨铁不成钢的感情激励国人，但是并不能构成合理的论断。试想，西方历史上发生的战争固然不少，可是中国历史上发生的战争就少吗？事实上中国历史上战争之频繁、残酷、历时之长，都不下于西方。若说维护和平反对战争的思想，西方的宗教教义和道德主张，与东方的儒佛道的见解，在这方面是相当一致的；无论东西方，在思想家中纵有鼓吹战争的狂人，那也极其罕见。所举二、三两款，同样难以准确标明东西民族从古至今存在的截然相反的文化特性。东方究竟如何看待个人与家庭的关系、法治与感情的关系、实力与虚文的关系，西方（尤其是古代西方）又究竟如何看待这些事项，显然不能用取舍绝然相反来作结论的。比如中世纪的欧洲贵族拥有特权时，于家族

---

　　① 《东西民族根本思想之差异》（1915年12月15日），《青年杂志》第1卷第4号。

门第之重视，就绝不轻于中国。即使懂得了重视法治的近世西方国家，难道就必定把人世间感情情结就看做无足轻重的事吗？如此类推，陈独秀所举三款，惟实过分疏漏牵强，无法自圆其说处比比皆是。不过，陈独秀的这篇粗疏、武断而又狂放的言论，绝不能仅仅看成是"满纸荒唐言"。恰恰相反，他正是通过这些过于偏激的言辞，表达了发动革新中国文化落后现状的坚定信念；正是通过这些过于鲁莽的判断，表现出藐视一切恪守陈规旧制的权威与流俗的无所畏惧的首创精神。

在陈独秀把西洋民族说成优等民族，把东洋民族说成劣等民族，并认定其思想出自各自的根性这种不合常理的荒唐论述中，却包含着一个重要的合理内核：他是在竭尽全力证明着中国面临一个不能回避的历史使命——用现代西方的先进文明来改造落后于时代的东方文明。他使用激烈的言辞所竭力要阐明的是：中国人应当彻底摆脱忍辱苟活的驯从与怯懦，振奋精神，破除宗法社会制度遗留下来的种种陈规旧矩、礼俗陋习，建立现代的法治国家。特别重要的是，他在论证西洋民族是"彻头彻尾个人主义之民族"这一特征时，重申的仍旧是代表着"今日文明社会"精神的人权观，而且对此作了痛快淋漓的描述，他写道：

> 举一切伦理道德政治法律，社会之所向往，国家之所祈求，拥护个人之自由权利与幸福而已。思想言论之自由，谋个性之发展也。法律之前，个人平等也。个人者自由权利，载诸宪章，国法不得而剥夺之，所谓人权是也。人权者，成人以往，自非奴隶，悉享此权，无有差别。此纯粹个人主义之大精神也。自唯心论言之，人间者，性灵之主体也，自由者，性灵之活动力也；自心理学言之，人间者，意思之主体，自由者，意思之实现力也；自法律言之，人间者，权利之主体，自由者，权利之实行力也。所谓性灵，所谓意思，所谓权利，皆非个人以外之物。国家利益，社会利益，名与个人主义相冲突，实以巩固个人利益为本因也。①

---

① 《东西民族根本思想之差异》。

　　虽然对于个人与国家的关系、个人与社会的关系，阐述得还不够清晰，但是应当承认，他对人权观的精神实质，把握得是十分准确的。他阐明了作为社会群体的一分子，个人的权力是神圣不可侵犯的；现代文明的重要标志，就是维护和保障个人人权。他依据这样的标准，对于处于"半开化"状态的"东洋民族"仍在推行的宗法制度进行了犀利的批评，揭露至今还在维护宗法等级制度的恶果是："损坏个人独立之人格"，"窒碍个人意思之自由"，"剥夺个人法律上平等之权利"，"养成依赖性，戕贼个人之生产力"。不能不说，陈独秀以人权说为标准，从文化的视角对中国现实弊端的剖析，是恰中要害，是针对顽症而下猛药的。可以说正是靠着这样的闪电雷鸣般的轰击，中国文化的转型、价值观念的转型，才打破坚冰，汇成时代的洪流；从而才大大促进了中国在 20 世纪里能以迅猛之势，实现了社会的转型和政治的转型。只要不以词害义，便不能不承认陈独秀等人采用过激的言辞发表的评论东西文化的言论，对于中国 20 世纪逐步走上现代化的历程，是居功至伟的。

　　不过，陈独秀当年以"西洋文明"为词推崇"人权平等说"时，确有混乱错谬之处。在上边所引证的关于人权的那段精彩议论之前，他还有句短语，写道："西洋民族，自古至今，彻头彻尾个人主义之民族也。"这样一说，那么"人权平等"的观念究竟是代表着"近世文明"呢，还是代表着"从古而今"的西洋民族的本性？本意是积极提倡中国实行文化革新的主张，却又在不经意中丢弃了对文化作历史的考察；而撇开对于文化"新"和"旧"的历史考察，撇开对于什么样的文化适应时代需要、什么样的文化不适应时代需要作出分析，从而把新旧文明之争混杂在东西方民族根性的议论里，这样就使得关于中国要不要进行文化革新的问题，演变为如何从总体上评估东方文化和西方文化的问题。陈独秀由论证人权平等说进而把西洋民族思想完美化，由抨击中国现存的宗法等级制度与礼俗进而把东洋民族思想打入劣等，这样的议论固然因其激烈而增强了它的挑战性和震撼力，但是同时也把文化革新这个问题弄得复杂起来，异议因之纷起；当然，就把文化革新运动引向深入和健康发展而言，发生一场关于东西文化的大讨论，并不见得就是一件坏事。

《东方杂志》对《新青年》派的东西文明观的批评

首先起来批评陈独秀等人新文化主张的主力，倒不是那些一心拥护君主制度、提倡尊孔读经的康有为、劳乃宣一派人，因为他们已在复辟活动失败后，闹得灰头土脑、声名狼藉；这时起来对东西文化观发表另一种意见的是政治上开明、甚至是对西方文化了解较多的知识界人士，突出的代表就是《东方杂志》的主编杜亚泉。一向热心于向中国介绍欧美科学知识的杜亚泉，当着看到陈独秀关于东西方文化的咄咄逼人的文章后，禁不住站出来应战了。1916 年 4 月他在《东方杂志》上以伧夫的笔名发表了《再论新旧思想之冲突》，比较温和地表示了不同意将"西洋思想"等同于"新思想"，把"东洋思想"等同于"旧思想"的看法，他认为，"吾国民之所谓新思想者，岂能脱离其固有之东洋思想，惟吸收几分西洋思想而已。而所谓旧思想者，又岂能全然墨守其固有之东洋思想，以排斥西洋思想"。他的结论是，新旧思想之不同，"不过程度问题"，而不是性质的差异，所以他不赞成把"吾国民思想之冲突"说成就是"西洋文明与东洋文明之冲突"。杜亚泉不同于墨守"东洋思想"反对"西洋思想"的顽固守旧派，他承认中国思想冲突发展之势，必定是"日趋于新"，所以新旧程度之不同，不过是"沿同一方向以进"中的"过"和"不及"的差别罢了。他提出的理由是："今日之所谓新者，较之曩时讲求西艺、倡言新法者，固有进步；即所谓旧者，亦非曩时视欧美为夷狄、斥新学为异端者，所可同日而语。"他据此推论说，新旧两派发展的结果当是日益接近：新旧之冲突固不可免，但是冲突引来的将是"调合进步之机括"。[①] 在这样看似平和中正的议论中，实际上已经婉转地表达出不同意新文化派推崇和引进西方现代文化、批判和取代中国固有文化的主张。半年以后，即1916 年 10 月，他又在《东方杂志》上发表了《静的文明与动的文明》一文，以更加鲜明的态度，针锋相对地反驳推崇西洋文明、贬抑东洋文明的主张。文章一开始，便抓住了一个陈独秀等所忽略或回避的敏感问题，即

[①] 《再论新旧思想之冲突》（1916 年 4 月），《东方杂志》第 13 卷第 4 号。

第一次世界大战问题，作为评论西洋文明的切入点。他说，近年来，人们"羡慕西洋文明无所不至"，"而于自国固有之文明，几不复置意"。"然自欧战发生以来，西洋诸国日以其科学所发明之利器戕杀其同类，悲惨剧烈之状态，不但为吾国历史之所无，亦且为世界从来未所有。吾人对于向所羡慕之西洋文明，已不胜其怀疑之意见，而吾国人者效法西洋文明者，亦不能于道德上或功业上表示其信用于吾人。则吾人今后不可不变其盲从之心态，而一审其文明之真价值之所在。"① 接着他便简捷地表述了自己对于东西洋文明的看法，他写道：

> 盖吾人意见，以为西洋文明与吾国固有之文明，乃性质之异，而非程度之差；而吾国固有之文明，正足以救西洋文明之弊，济西洋文明之穷者。西洋文明浓郁如酒，吾国文明淡泊如水；西洋文明腴美如肉，吾国文明粗粝如蔬，而中酒与肉之毒者则当以水及蔬疗之也。②

杜亚泉的逻辑是清楚的：新思想和旧思想是"程度之异"，西洋思想和中国固有之思想是"性质之异"，因此不能把西洋思想当成新思想，不能把中国固有思想当成旧思想，不能用性质相异的西洋思想来取代中国固有之思想。更何况西洋文明已经因欧战的爆发，证明了它存在着重大弊端；救治其弊端的恰恰要依赖于我们的固有文明。

杜亚泉采用了陈独秀几乎相同的论证方式，即认为东洋文明和西洋文明的性质之异，是社会的历史和地理条件的不同所造成的。他列举两种文明之差异的表现为：

> 西洋"一切皆注重人为"，我国"一切皆注重自然"，"故西洋人之文明为反自然的，而我国之文明为顺自然的"。
> "西洋人之生活为向外的"，"社会上一切之文明皆由人与人之关系而发生"，"我国人生活为向内的，社会内之个人皆向自己求生

---

① 伧夫：《静的文明与动的文明》（1916 年 10 月），《东方杂志》第 13 卷第 10 号。
② 同上。

活"，"社会上一切之文明皆由此而发生"。

"西洋社会内，有种种之团体，若地方，若阶级，若国家，若民族"，团体间充满了竞争；"我国社会内无所谓团体"，既无近世意义上的国家，民族观念"亦为我国所未有"。我国是以"自然个人"为中心，"而家族，而亲友，而乡党，而国家，而人类，而庶物，以为之差等，无相冲突"；"西洋社会中，既有个人主义，又有国家主义、阶级主义、民族主义，时相龃龉"。

"西洋社会既以竞争胜利为生存必要之条件，故视胜利为最重，而道德次之"；"我国社会则往往视胜利为道德之障害，故道德上不但不崇拜胜利而且有蔑视胜利之倾向"。

"西洋社会无时不在战争中"，"战争为常态，和平其变态也"。"我国社会时时以避去战争为务"，"和平其常态，战争其变态也"①。

杜亚泉概括这些例证说："以上所述，不过就所见者杂而举之，而皆为竞争存在与自然存在两观念差异之结果。综而言之，则西洋社会为动的社会，我国社会为静的社会。由动的社会，发生动的文明；由静的社会，发生静的文明。"

杜亚泉关于东西文明性质差异的这些似是而非的说明，其牵强附会的程度，和陈独秀所论，确有异曲同工之妙，并不值得细加剖析。引人注目的却在于，他论证西洋文明与东洋文明性质差异引申出的结论，却与陈独秀截然不同。陈独秀心目中的中国文化的弱点，在杜亚泉的笔下都一变而为中国文化的长项。他把中国历来传统中曾经存在和流传的某些道德规范与民约守则尽力加以渲染，把中国古往今来的社会美化成充满和谐、不受人为的斗争折磨的世界；他极力夸张中国传统中存在着顺应自然、忍让宽容、谐和质朴、重道义、爱和平的贯通古今的精神，用以遮掩乃至抹杀中国历史上和现实中存在着的等级制度的严酷、专制统治的黑暗、战争屠戮的凶残这些铁的事实。中国历史上和现实社会生活中，有没有民主政治、有没有个人自由、有没有人间平等、有没有人权保障的状况呢？他不肯答

---

① 《静的文明与动的文明》。

理这样的事。他只是不否认中国的贫困，但是他又认为中国的贫穷如同西洋的丰裕一样，不过是各有各的病症，并且说这正是两种文明带来的不同结果不同流弊：中国社会是患了"贫血症"，西洋社会是患了"充血症"。他说，现今的时代，东西洋间的接触日益繁盛，两种文明的相互接近、抱合调和，也是势所必至。所以他表示，对于东西两种文明间物质上精神上的交换，应该持开明的态度："吾侪今日当两文明接触之时，固不必排斥欧风，侈谈国粹，以与社会之潮流相逆。"不过，紧接着他就强调说："第其间所宜审慎者，则凡社会之中，不可不以静为基础"；尤其是中国这样的"静的社会"，就应当从大多数人是"静者"的生活出发，不要祈求改变为去过"动"的生活。他说，"如吾人为长养子孙繁殖氏族之计"，那么，"将使之籴米而食，赁宅而居，作都市中生活之为愈乎？将使之耕田而食，凿井而饮，习村落间生活之为善乎？"他的答案已经不言自明："此固不待再计决者，故吾愿吾人对于此静的社会与静的文明勿复厌弃而一加咀嚼也。"① 可以看出，杜亚泉这种"静为基础"适当吸收西洋文明的论式，颇有晚清"中体西用"论的影子。不过，毕竟时代不同了，论者对西方的认识也不同了，所以杜亚泉的文明观，有着与"中体西用"论显著的区别。第一，他论证的着眼点均是社会的精神文明的特点，而没有致力于维护帝王之制、圣贤之道。第二，他抓住了西方社会矛盾激化，冲突尖锐，爆发空前大战的铁证，指证出西方不仅不是完美的，而且是存在着严重的弊端，不足以看做中国效法的模式。他还进一步提出了应该用中国的"静的文明"，去纠正"动的文明"的过失，即用东洋文明矫正西洋文明的观点，这大致应当算得上"东方文明救世论"的雏形。杜亚泉这番看似平淡的议论，向新文化运动的倡导者们提出了十分重大而繁难的问题，这就是：在现实的时代条件下，中国究竟应该实行什么样的文化改革和什么样的文化建设？在文化改革和文化建设中，究竟应该怎样分析和对待中国固有文化和西方文化的优劣短长？

陈独秀对于杜亚泉的论文没有立即回应，这或许是由于《青年杂志》在1916年春出完第1卷后停刊了半年（停刊原因没有公开说明，多因护

---

① 《静的文明与动的文明》。

国战争爆发，国内政局大变，需要冷静观察一下形势），接着又忙于筹划改变名称后的《新青年》出版，扩大作者队伍、组织内容更为广泛的稿件；加之，1917 年年初，随着陈独秀赴北京大学任教，以及将《新青年》迁至北京编辑出版诸事更为繁忙，顾不上和杜亚泉的论战。① 不过，在议论文学、教育、伦理等问题时，陈独秀仍然坚持必须学习西方现代先进文明的观点。他在驳斥康有为向黎元洪建议定孔教为国教的谬论所写的几篇文章中，涉及东西文明的比较问题时，重申了所持的观点，不过较为简略。如说到在实行共和政体的时代，只能以西洋的独立平等之人权说来指证孔教"别贵贱、明尊卑、重阶级"的错误，由此才可以看出正是这种"反对民权之思想之学说，实为制造专制帝王之根本恶因"。中国在好不容易把袁世凯除掉之后，"不图袁世凯二世，又以国粹礼教之说阻吾前进"，如今国人将何以处之呢？他的答案是："法律上之平等人权，伦理上之独立人格，学术上之破除迷信、思想自由，此三者为欧美文明进化之根本原因。"我国自然也只能照此办理，从根源上铲除"方死未死"的"袁世凯一世"和"方生未死"的"袁世凯二世"，方能"导吾可怜之同胞出黑暗而入光明"。② 在此期间，《新青年》上发表的议论欧战的文章和报道，也未能从西方文化内在矛盾的角度作出剖析。

真正密切关注着欧战反映出的西方社会和文化矛盾的，却是杜亚泉。正是由于他不像陈独秀那样抱着学习近世西方文明以改造中国的信念与激情，所以他对于欧美社会存在的弊端的观察，反而要冷静许多。1917 年 4 月，他在《东方杂志》上发表了《战后东西文明之调合》一文，声言"此次大战，使西洋文明露显著之破绽"。他说，像中国这样的东洋文明造成了贫弱固然不好，可是西洋文明造成的富强，却带来了这次大战的最悲惨最痛苦的后果，可见"平心而论，则东西洋之现代生活，皆不能认为圆满的生活；即东西洋之现代文明，皆不能许为模范之文明"。据此他预测说，将来战后的新文明必当是"就现代文明，取其所长，弃其所短"。从

---

① 参见唐宝林、林茂生《陈独秀年谱》，上海人民出版社 1988 年版，第 72—79 页。

② 《宪法与孔教》（1916 年 11 月 1 日），《新青年》第 2 卷第 3 号。《袁世凯复活》（1916 年 12 月 1 日），《新青年》第 2 卷第 4 号。《通信·答吴虞》（1917 年 1 月 1 日），《新青年》第 2 卷第 5 号。

这个无可挑剔的一般前提出发，杜亚泉发表了他对于西洋和东洋各自存在的"文明之病变"的看法。他着重分析西洋文明的病态说，他们科学技术的发达，带来了巨大的财富，但是发展经济的目的是错的，不是为着满足民众的生活需要，而是激起追求财富的无限欲望，引起了国家民族间剧烈的竞争；进而热衷于推行奋斗主义、强权主义、帝国主义、军国主义，上层少数阶级驱使多数民众于"炮火兵刃之地，创巨痛深"。他认为，对照看来，像中国历来固有的东洋文明，其病无非是带来了普遍的贫穷。他得出的结论是："故就经济状态而言，东洋社会，为全体的贫血症；西洋社会，则局处的充血症也。""故就道德状态而言，在东洋社会，为精神薄弱，为麻痹状态；西洋社会为精神错乱，为狂燥状态。"两种病态相比较，不言而喻，在杜亚泉的心目中，西洋文明所患之病是比东洋文明所患之病更重。所以他说，西洋文明经过这次大战之后，救治那就只能有赖于"社会主义之实行"。不过，他所理解的"社会主义"，却是东洋文明中固有的"不患贫而患不均"。于是乎，杜亚泉形成了并亮出了他的"东洋文明救世论"——亦即"中国固有文化救世论"。他的基本论断是："吾东洋社会，无国家民族对抗之形势，故经济上尝注目于社会。孔孟之书，凡关于经济者，无不从社会全体着想。西人有谓王安石为发明社会主义者，实则社会主义乃吾国所固有，传自先民。王安石特袭取其偏端而实行之耳。西洋经济界，若实行社会主义，则吾人怀抱数千年之目的，无手段以达之者，或将于此时实现矣。"进一步论及道德，他认为西洋道德观念正在改变，将出现希腊思想和希伯来思想相结合的新道德思想，而且这种新道德思想和中国固有的东洋道德思想，"大有接近之观"。因此，我们国家不要被"西洋的物质文明所眩惑"，不可把西洋的偏于一端的科学学说"奉为信条"——至多只能把它"视之为与诸子百家相等"。理由是："吾人当确信吾社会中固有之道德观念，为最纯正最中正者。"不过说过这话之后，杜亚泉还是以比较开明的态度补充说："但吾人虽不可无如是之确信，却不可以此自封自固。世界各国之贤者所阐发之名理，所留遗之言论，精深透辟，足以使吾人固有之观念益明益确者，吾人皆当研究之。""以彼之长补我之短"。这就是他提倡的"东西文明之调和"的主张。固然他在这里没有明确指出"调和"后的文明中"东"和"西"各占的地位和分量，但是以中国固有文明为主体的意思透露得是很清楚的。所以他把自己的主张，归结起来说，吾人的"天职"、吾人的"理想生活"，"即以科学的手段，实现吾人经济的目的；以力行的精神，实现吾人理性的道德"。杜亚泉在这里，虽然避而未谈有关西方人权、自由、民主思想的评估，同时也没有明确说明他心目中的中国固有文明的具体内涵，但是基本思路确已回到"中体西用"的老路上。①

如果说上述议论还算含蓄而温和的话，事隔一年之后，目睹《新青年》为代表的文化革新派激烈抨击传统文化的言论益成汹涌之势，杜亚泉推崇固有文化的态度也愈加鲜明而激烈起来。1918年4月，他在《东方杂志》上发表了《迷乱之现代人心》，用严厉甚至尖刻的言辞，申斥文化革新主张闹成了"国是之丧失"、"精神界之破产"等恶果。他说中国今日，已经处于"理不一理"，"心不一心"，丧失了"国是"，"遂成一可是可非无是无非之世局"。于是，他怀着无限怀旧的深情，述说从前中国国是一统的景象道：

> 吾人在西洋学说尚未输入之时，读圣贤之书，审事物之理，出而论世，则君道若何，臣节若何，仁暴贤奸，了如指掌；退而修己，则所以处伦常者如何，所以励品学者如何，亦若有规矩之可循。虽论事者有经常权变之殊，讲学者有门户异同之辨，而关于名教纲常诸大端，则吾人所以为是者，国人皆以为是，虽有智者不能以为非也，虽有强者不敢以为非也。故其时有所谓清议，有所谓舆论，清议与舆论皆基本于国是，不待议不待论而自然成立者也。②

接着，他就对于所谓企图改变"国是"的主张展开批驳，并且针锋相对地提出以"统整"来维护"国是"。他认为，"论者谓国是之存在实泥古时代束缚思想自由之结果，而为进步停滞之原因"，是不对的。他说，进化之规范，是由"分化与统整二者相互调剂"而成的。所以，如果失去

---

① 伧夫：《战后东西文明之调和》（1917年4月），《东方杂志》第14卷第4号。
② 伧夫：《迷乱之现代人心》（1918年4月），《东方杂志》第15卷第4号。

了"统一"，就"分化"来说是进步，就"统整"来说却是退步。于是，他论证说，现在最需要的，是应当运用中国固有的"国是"做统一的标准，来"统整"今日中国思想。他写道：

> 无疑我国先民于思想之统整，一方面最为精神所集注，周公之兼三王，孔子之集大成，孟子之拒邪说，皆致力于统整者。后世大儒亦大都绍述前闻，未闻独创异说，即或耽黄老之学，究释氏之典，亦皆吸收其精义与儒术醇化。我国之有国是，乃经无数先民之经营缔造而成。此实先民精神上之产物，为吾国文明之结晶体。吾国所以致同文同伦之盛，而为东洋文明之中心者，盖由于此。①

杜亚泉在这里已经明确地把中国固有文化的正统定位于独尊儒学，不但要排斥一切异端邪说，而且不允许"独创异说"；就算是黄老之学、释氏之典，也只能"吸收其精义"，来与"儒术醇化"。不过话说到如此不容通融的地步，不是顽固守旧派的杜亚泉，还是没有忽略固有的"国是"应该适应新形势，特别是应该吸收西学的成果，而不断发展。所以他说："夫先民精神之产物，留遗于吾人，吾人固当发挥而光大之，不宜仅以保守为能事。故西洋学说之输入，夙为吾人所欢迎。"不过表示了如此的开明的态度之后，他又立即着重说明西洋思想的派系众多，各种主义各种主张相反相抵，未能统整，混乱不堪，且已陷入危机。他援引了德国人推荐辜鸿铭（误作"胡氏"）劝欧人"弃其谬误之世界观，而采用中国之世界观"的言论，大加称赞。同时，他猛烈地抨击了想要借助输入西洋文明改造中国固有文明的主张。他说：

> 决不能希望于自外输入之西洋文明，而当希望于己国固有之文明，此为吾人所深信不疑者。盖产生西洋文明之西洋人，方自陷于混乱矛盾之中，而亟亟有待于救济，吾人乃希望借西洋文明以救济吾人，斯真问道于盲矣！……西洋人于物质上虽然获成功，得致富强之

---

① 《迷乱之现代人心》。

效，而精神上之烦闷殊甚。正如富翁衣锦食肉持筹握算，而愁眉百结，家室不安，身心交病。……夫精神文明之优劣，不能以富强与否为标准，犹之人之心地安乐与否，不能以富贵贫贱为衡。吾人往时羡慕西人之富强，乃谓彼之主义主张取其一，即足以救济吾人，于是拾其一二断片，以击破己国固有之文明，此等主义主张之输入，直与猩红热、梅毒等之输入无疑。①

对于陈独秀等输入西方近世文明改造中国固有文明的主张，杜亚泉将其形容得如此恶劣不堪，那么他是不是完全拒绝吸收西洋文明的成果呢？他说并非如此，他把自己的主张与顽固守旧派划出了界限，然后把话又说回来，陈述自己的"救济方案"。他写道：

> ……仅仅效从前顽固党之所为，竭力防遏西洋学说之输入，不但势有所不能，抑亦无济于事焉！救济之道，在统整吾固有之文明，其本有系统者则明了之，其间有错出者则修整之。一面尽力输入西洋学说，使其融合于吾固有文明之中。西洋之断片的文明如满地散钱，以吾固有文明为绳索，一以贯之。今日西洋之种种主义主张，骤闻之似有与吾固有文明绝相凿枘者，然会而通之，则其主义主张往往为吾固有文明之一局部扩大而精详之者也。吾固有文明之特长，即在于统整，且经数千年之久未受若何之摧毁，已示世人以文明统整之可以成功。今后果能融合西洋思想以统整世界之文明，则非吾人之自身得赖以救济，全世界之救济亦在于是。②

杜亚泉甚至危言耸听地说，如果放弃用中国的固有文明来"统整"、而是企图靠输入西洋的"主义主张"救济中国的话，那就等于是企望靠着魔鬼的接引进入天堂。根据这样的判断，他在这篇的收尾时，忿忿然呼喊道："魔鬼乎，魔鬼乎，汝其速灭！"反对引进西方现代文化以实行对中国

---

① 《迷乱之现代人心》。
② 同上。

文化根本改革的激愤之情，跃然纸上。一向提倡科学的杜亚泉，没有拒绝吸收西学的成果。但是，他却把中国需要吸收的西学成果，定位为如同"满地散钱"的"断片文明"；并且说这些散钱般的"断片文明"，需要用中国的固有文明做绳索"一以贯之"地将其"贯"起来，才会有用。而且，他还更进一步解释说，这些有用的"断片文明"，实际上也无非都是"吾固有文明之一局部扩大而精详之者也"。这样一来，他的采纳西学的主张，在逻辑上就又回到当年洋务派主张过的"西学中源"、"礼失求诸野"的老路上去，抹杀了现代的西方文化具有比我们固有文化先进的内容，否认这样的文明内容才正是我们所缺乏的、迫切需要吸收的东西。他在肯定我国固有文明具有价值的同时，又将其夸大为拯救世界文明出现的弊病的良方。他所看重的"吾人固有文明"价值，在于以"国是"为准则的"统整"能力；而他心目中的举国公认的"国是"，又被界定为君道、臣纲、修身、正己的名教纲常。这样一来，他在肯定固有文明具有传承价值的珍贵内容、不该一律抹杀的合理判断中，却丢弃了分析批判的功夫，肯定了并且极力保护着固有文化中存在的落后于时代的维护宗法等级制度的陈腐内容。杜亚泉提出这种中国"固有文明救世论"，或者说"儒学救世论"，是和当时风头正劲的文化革新运动作对的。他当时并没有任何政治意图，表达的只是一种文化情结，所以态度倒是坦坦荡荡的。这是用不着后人替他操心、作辩白的。但是，这种见解的出现，尤其是它对于固有文化所持的维护其价值的"文化守成主义"态度，无论是从刺激力主引进西方先进文化来革新中国文化的激进革新派更深入地探讨和阐释文化革新的理由来看，还是从矫正激进的文化革新派对于中国固有文化采取虚无主义的过激态度来看，显然都是有益的，绝不应该把它划归到"反动阵营"里。

《新青年》派就《东方杂志》的批评所作的答辩

杜亚泉的文章以及《东方杂志》上陆续发表的钱智修的文章、[①] 日本

---

① 《功利主义与学术》（1918 年 6 月），《东方杂志》第 15 卷第 6 号。

人平佚的文章,① 相互唱和,迫使力主文化革新的人士不得不起来应战,申述对于中西文明优劣长短的见解。

首先出来答辩的不是陈独秀,而是李大钊,他在《言治》季刊上发表《东西文明根本之异点》。在这篇文章里,李大钊对于东西文明的差异,采用了和杜亚泉相同的归纳方式,说:"东西文明有根本不同之点,即东洋文明主静,西洋文明主动是也。"② 他也运用了极为牵强的地理决定论,以欧亚大陆间横亘着东西走向的高地为由,说人类文明因此而分成了南道文明和北道文明;然后说,南道文明就是东洋文明,北道文明就是西洋文明。接着他便从气候上解释两种文明性质之不同的缘由。他写道:

> 南道得太阳之恩惠多受自然之赐予厚,故其文明为与自然和解与同类和解之文明。北道得太阳之恩惠少,受自然之赐予啬,故其文明为与自然奋斗与同类奋斗之文明。③

于是,他把两种文明的"异点"列举出多项,两相对照:

> 一为自然的,一为人为的;一为安息的,一为战争的;一为消极的,一为积极的;一为依赖的,一为独立的;一为苟安的,一为突进的;一为因袭的,一为创造的;一为保守的,一为进步的;一为直觉的,一为理智的;一为空想的,一为体验的;一为艺术的,一为科学的;一为精神的,一为物质的;一为灵的,一为肉的;一为向天的,一为立地的;一为自然支配人间的,一为人间征服自然的。④

循着这样的思路,他把东西文明的差异,从经济特点、生活方式、人生观念、理想情操、道德准则、宗教信仰等,一路排列下去,把东西文明说成是处处相异的。诸如,东方民族是"定住的",以农业为主的;西方

---

① 《中西文明之评判》(1918 年 6 月),《东方杂志》第 15 卷第 6 号。
② 《东西文明根本之异点》(1918 年 7 月),《言治》季刊第 3 册。
③ 同上。
④ 《东西文明根本之异点》(1918 年 7 月),《言治》季刊第 3 册。

民族是"转徙移动的",以工商业为主的。东方民族,因定住而家族繁衍,行"家族主义"、重男轻女、一夫多妻;西方民族因移动而家族简单,行"个人主义"、尊重女性、一夫一妻。"东洋人日常生活以静为本位,以动为例外。西人日常生活以动为本位,以静为例外。"因此衣、食、住、行等也各有所好。就人生观言,"东人持厌世主义","西人持乐天主义"。东人事事一听之天命,故持"定命主义";西人事事一本自力以为创造,故持"创化主义"。"东人之哲学为求凉哲学,西人之哲学为求温哲学。求凉者必静,求温者必动。"就宗教言,东方之宗教是"解脱之宗教","东方教主告诫众生以生活解脱之事实,其教义以清静寂灭为人生之究竟";西方之宗教是"生活之宗教","西方教主于人生中寻出活泼泼地之生命,自位于众生之中央,示人以发见新生命、创造新生命之理,其教义以生命在天、灵魂不灭为人生之究竟"。就道德言,"东人以牺牲自己为人生之本务,西人以满足自己为人生之本务。故东方之道德在个性灭却之维持,西方之道德在个性解放之运动"。就政治言,"东方想望英雄,其结果为专制政治";"西方倚重国民,其结果为民主政治"。① 李大钊通过这样一系列的看来颇为生动然而却很不精确的例证,来描述勾画东西文明性质的根本不同,从而把社会发展的程度、文明发展的程度,完全给掩盖了。这似乎是和杜亚泉的东西文明观,走上了同一条路。而且李大钊也强调东西文明互有长短,主张它们之间的"融会调和",他说:

> 以余言之,宇宙大化之进行,全赖有二种之世界观鼓驭而前,即静的与动的,保守与进步是也。东洋文明与西洋文明,实为世界进步之二大机轴,正如车之两轮,鸟之双翼,缺一不可。而此二大精神之自身,又必须时时调和,时时融会,以创造新生命,而演进于无疆。由今言之,东洋文明既衰颓于静止之中,而西洋文明又疲命于物质之下,为救世界之危机非有第三种文明之崛起不足以渡此危崖。俄罗斯之文明诚足以当媒介东西之任,而东西文明之调和则终非二种文明本身之觉醒万不为功。所谓本身之觉醒者,即在东洋文明,宜竭力打破

---

① 《东西文明根本之异点》。

其静的世界观，以容纳西洋之动的世界观；在西洋文明，宜斟酌抑止其物质的生活，以容纳东洋之精神的生活而已。

粗粗看来，李大钊的这番议论，似乎是和杜亚泉的观点十分接近，同样强调了东西文明间应相互取长补短，融会贯通。可是仔细推敲起来，两者的倾向性，竟然有着明显的不同。李大钊此时，虽然对于所谓"第三种文明"（或"俄罗斯文明"）并解释不清楚，但是他对东西两种文明的"短处"却是一并揭露，而没有像杜亚泉那样"扬中抑西"、绝口不提中国固有的精神文明中还有什么短处。况且，李大钊的"揭短"恰恰是着重于"就东洋文明而论"，并且一口气举出八项之多：

（一）厌世的人生观不适于宇宙进化之理法。（二）惰性太重。（三）不尊重个性之权威与势力。（四）阶级的精神，视个人仅为一较大单位中不完全之部分，部分之生存价值全为单位所吞没。（五）对于妇人之轻侮。（六）同情心之缺乏。（七）神权之偏重。（八）专制主义之盛行。①

之所以这样列举东洋文明的弱点，就是为着对中国文化进行自省。他说，人口众多的中国在古代曾经以其灿烂的文明于世界以极大贡献，可是今后能不能再对世界做出第二次重大贡献呢？那就应该老实承认"中国文明之疾病，已达炎热最高之度，中国民族之运命，已臻奄奄垂死之期。此实无庸讳言"。如何才能恢复中国的活力，再对世界做出第二次大贡献呢？李大钊的答案是明确的："其事非他，即在竭力以受西洋文明之特长，以济吾静止文明之穷，而立东西文明调和之基础。"他承认西洋文明目前存在着自身的问题，但是他指出，即使在这样的情况下，也不能否认如今中国文明落后于西洋文明的事实。他坦言道：

今日立于东洋文明之地位观之，吾人之静的文明，精神的生活已

---

① 《东西文明根本之异点》。

处于屈败之势。彼西洋之动的文明，物质的生活虽就其自身之重累而言，不无趋于自杀之倾向，而以临于吾侪，则实居优越之域。吾侪日常生活中之一举一动，几莫能逃其范围，而实际上亦甚感其需要，愿享其便利。例如火车轮船之不能不乘，电灯电话之不能不用，个性自由之不能不要求，代议政治之不能不采行。凡此种种，要足以证吾人生活之领域，确为动的文明物质的生活之潮流所延注。其势滔滔，殆不可遏。①

可是在西洋文明以不可遏制的滔滔之势输入中国之际，难免会造成许许多多扞格与冲突，那么怎么解决这些文化交流中的矛盾呢？李大钊进一步作出了与杜亚泉截然相反的回答，他说：

吾人之所以除此矛盾者，亦惟以彻底之觉悟，将从来之静止的观念、怠惰的态度根本扫荡，期与彼西洋之动的世界观相接近，与物质的生活相适应。然在动的生活中欲改易一新观念创造一新生活其事较易，在静的生活中欲根本改变其世界观，使适于动的生活，其事乃至难，从而所需之努力亦至大，吾人不可不以强毅之气力赴之。②

李大钊号召中国青年，"竭力铲除种族根性之偏执，启发科学的精神，以索真理"。他说：

如斯行之不息，科学之演试必能日臻于纯熟，科学之精神必能沦浃于灵智。此种精神即动的精神，即进步的精神。一切事物无论其于遗袭之习惯若何神圣，不惮加以验察而寻其真，彼能自示其优良者即宜取之，以施于用，时时创造，时时扩张，以期尽吾民族对于改造世界文明之第二次贡献。③

---

①　《东西文明根本之异点》。

②　同上。

③　《东西文明根本之异点》。

　　不难看出，李大钊和杜亚泉同样把东西文明看做具有固定不变的不同特性的两种文明，也同样把东西文明看做各有长短，可以互补，应该相互取长补短、融会调和的两种文明。但是，他们引申出来的关于如何处置东西文明关系的判断，却是截然相反的。杜亚泉是着眼于取中国固有文明之长去补西洋文明之短，力主以"静"制"动"，以振兴中国文明，拯救世界文明；李大钊的着眼点却在于取西洋文明之长补中国文明之短，力主以"动"制"静"，以振兴中国文明，并使之对世界文明做出第二次重大贡献。杜亚泉把西洋文明的弊端看得十分严重，认定输入西洋文明是对中国的祸害，拒绝以西洋文明来改造中国固有文明；李大钊则高度估价西洋文明的长处，认定它是进步的文明，从而认为输入西洋文明是革新中国文明的惟一出路。立论的双方，对于彼此间的意见相左，是很清楚的。杜亚泉的议论，是针对陈独秀的见解而发；李大钊的议论，又是针对杜亚泉的见解而发，这都是心照不宣的事，只不过这时还没有发展到指名道姓地展开辩论而已。李大钊在写完上述的文章后，特意补加了一篇附笔，其中更加明确地表明了自己所持议论的针对性，把他的主张与杜亚泉等"中国文化救世论"的界限划得一清二楚。他说，他从《东方杂志》上看到刊登的日人介绍德国人议论东西文明的文章：《中西文明之评判》，该文章援引了德国人对于中国人"胡氏"主张用中国儒家学说挽救欧人战后危机言论的议论。李大钊考证，所说"胡氏"言论，当即辜鸿铭的《春秋大义》一书的内容，"胡氏"乃"辜氏"音译之误。辜氏在该书中认为，此次大战之后，欧人面临着改弦更张的局势，"为欧人计，惟有欢迎吾中国人之精神，惟有欢迎孔子之道"①。李大钊针对辜鸿铭的主张，发表了相当犀利的批判意见，他写道：

---

　　① 辜鸿铭以英文著《中国人的精神》一书，中文副标题为《春秋大义》。其中《中国人的精神》一节，1914 年 6 月发表于英文报纸《中国评论》上。扩充成书后，于 1915 年由北京新闻社首版，封面上印有《春秋大义》的中文书名。现有黄兴涛等译单行本，亦收入黄兴涛编《辜鸿铭文集》，1996年海南出版社出版。辜氏此文，是写给欧洲人看的，他把中国固有的精神文明，推荐给欧洲人，说它是惟一能够医治大战证实的欧洲文明的顽症的良方。这本著作，是开了"东方文明救世论"的先河，不过它在"五四"前由于是出的英文版，且未直接参与国内的文化论战，所以影响不大。

西洋文明之是否偏于物质主义，宜否取东洋文明之理想主义以相调剂，此属别一问题。时至今日吾人所当努力者，惟在如何以吸收西洋文明之长以济吾东洋文明之穷，断不许以义和团的思想欲以吾陈死寂灭之气象腐化世界。……断不行舍己芸人，但指摘西洋物质文明之疲穷，不自反东洋文明精神之颓废。……希望吾青年学者出全力以研究西洋之文明，以迎受西洋之学说，同时将吾东洋文明之较为与近世精神接近者介绍之于欧人，期于东西文明之调和有所裨助，以尽对于世界文明二次之贡献，勿令欧人认此陈腐固陋之谈为中国人之代表。……愚以为于吾东方静的世界观，若不加以最大之努力使之与动的世界观接近，则其采用种种动的新制度新服器必至怪象百出，不见其利，只见其害。……取法乎上，仅得其中。吾人即于日常生活中常悬一动的精神为准则，其结果尤不能完全变易其执性之静止。倘复偏执而保守之，则活动之气质将永不见于吾人之身心，久且必归于腐亡。①

李大钊既然明确地将东西文明的"调和"，定性为一方面"全力以研究西洋之文明，以迎受西洋之学说"，"济吾东洋文明之穷"，另一方面"同时将吾东洋文明之较与近世精神接近者介绍之于欧人"，这在事实上就等于对西洋文明与东洋文明作出了总体上比较评估，认为前者是近世的进步的文明，而后者纵有所长但总体上说是落后的，因此，后者有待于"迎受"前者以求更新，而从后者中则只能取其"较与近世精神接近者"介绍给前者。把西方近世文明与东方固有文明，分别定性为"新"与"旧"，以图在中国推行文化革新的意蕴，已经昭然。

不过如果认为李大钊与杜亚泉的东西文明观，仅仅是具有某些形式上的相同，而在其内容上并没有丝毫共同之处，那也不尽然。两个人既然都主张东西文明应当"调和"，那就证明他们确实有着一些相近或相同的看法，这就是都认为无论西洋文明也好，东洋文明也好，均各有长短，都不能把它全部都看成好的，也不能把它全部都看成坏的。因此才谈得上互相

---

① 《东西文明根本之异点·附笔》。

间有可能取长补短，实现调和。问题只在于，他们这时还没有能够清晰地
说明白双方可去可存、可取可补的，究竟是哪些具体内容。这样就埋下了
一个会引起新争议的伏笔。

　　陈独秀在杜亚泉发出的"固有文明救世论"的言论后不久，也奋起
抗争了。他的态度比李大钊更加明朗、果决，当然也难免更为明显地失
之于偏颇。他针对杜亚泉推崇和维护"国是"的主张，提出"当决定守
旧或革新的国是"。他一反调和中西的主张，认为"无论政治、学术、
道德、文章，西洋的法子和中国的法子，绝对是两样，断断不可调和牵
就的。"他把中西两种"法子"间水火不相容的矛盾，作出尖锐的对照，
写道：

　　　　这两样孰好孰坏现在不必议论。但或是仍旧用中国的老法子，
　　或是改用西洋的新法子，这个国是，不可不首先决定。若是决计守
　　旧，一切都应该采用中国的老法子，不必白费金钱派什么留学生，
　　办什么学校，来研究西洋学问。若是决计革新，一切都应该采用西
　　洋的新法子，不必拿什么国粹、什么国情的鬼话来捣乱。……因为
　　新旧两种法子，好像水火冰炭，断然不能相容；要想两样并行，必
　　至弄得非牛非马，一样不成。中国目下一方面既采用立宪共和政体，
　　一方面又提倡尊君的孔教，梦想大权政治，反对民权；一方面设立
　　科学的教育，一方面又提倡非科学的祀天、信鬼、修仙、扶乩的邪
　　说；一方面提倡西洋实验的医学，一方面又相信三焦、丹田、静坐、
　　运气的卫生。我国民的神经颠倒错乱，怎样到了这等地步！我敢说，
　　守旧或革新的国是，倘不早早决定，政治上社会上的矛盾、紊乱、
　　退化，终久不可挽回！①

　　陈独秀对于"西洋的新法子"和"中国的老法子"，褒贬爱憎的态度
是鲜明的。说"孰好孰坏不必议论"，只不过是说在此处不准备正面展开
论述这个问题罢了，其实通篇的议论，都是在说明只能采纳"西洋的新法

_____

① 《今日中国之政治问题》（1918年7月），《新青年》第5卷第1号。

子"，实行"革新的国是"，而绝不能继续用"中国的老法子"，维护"守旧的国是"。而且，他着重强调的是，两种"法子"，两种"国是"，是绝对不能相容，不能调和的。决计革新，就必须反对守旧；决计立宪共和，就不能提倡尊君的孔教；决计提倡科学，就必须扫除各种各样的迷信陋习。陈独秀对于东西文明各自具有什么长处和短处的问题，完全避而不谈；有关西洋文明是否暴露出什么弊端和缺陷、东洋文明是否包含什么有价值的成果和遗产的问题，更是一概不置一词。他不顾文化发展中存在的继承、创新、交流、吸纳等方方面面的众多需要探讨的深层次的问题，只肯集中精力来论证，中国文化所面临的时代使命只在于实行彻底的革新，因此必须毫不犹豫地排斥一切守旧的文化主张。

《新青年》与《东方杂志》于 1918 年 7 月间，开始就东西文明问题正式展开唇枪舌剑的交锋。

陈独秀抱定文化革新的宗旨，发表《质问〈东方杂志〉记者》，以激愤的言辞向杜亚泉、钱智修等在《东方杂志》上发表的反对学习西洋先进文明的言论提出十条严厉责问。

钱智修的《功利主义与学术》一文，就学术与功利的关系而言，并非没有可取之处，如说学术不能仅以应用为惟一目的，还需要承认"以学术为学术之目的"；又如，主张提倡普及教育的同时也需要提倡"高深学术"；又如，谈到学术继承时，主张兼顾"因"与"革"，并且说："盖学问之术，其第一步为因，其第二步为革。"此外还有主张培养学问大家的合理建议，等等。不过他通篇的立意，确实是在于以全盘排斥功利主义为理由，反对文化革新运动。所以他把一切文化革新举措，如提倡平民教育、应用学术、普及知识、通俗文化等，一概说成因西学的输入而"为功利主义所宰制"，乃至说新文化运动提倡"民权自由之说"、"立宪共和之说"，是为着想使国家"盛强"，这也是"功利主义"。陈独秀抓住他立论上的这类漏洞，提出了尖锐质问，把完全抹杀人间正当功利需求之荒唐，作了淋漓尽致的揭露。陈独秀特别就钱智修反对通过提倡"民权自由"以求国家盛强的论点，强烈质问道："诚如《东方》记者之言，岂主张国人反对民权自由，反对立宪共和，不欲比隆欧美，不享盛强之幸福耶？"陈独秀嘲弄道："功之反为罪，利之反为害，《东方》记者倘反对功利主义，岂赞成罪害主义者乎?"① 钱智修反对功利主义自然并不是在提倡"罪害主义",而是在论证学术文化应有超功利的精神、超功利的目的在。不过把一切功利的动机均看做妨碍文化学术发展的祸害,不能不将自己逼到墙角,置于无从置辩的尴尬境地。

陈独秀发动诘问的重点,是放在对于杜亚泉及其所引用的辜鸿铭维护中国固有文明的言论上。他质问道,儒家不过是学术之一种,怎么能把它当成中国固有文化的全部呢?"我中国除儒家之君道臣节及名教纲常以外,是否绝无他种文明?""以希望思想界统一故,独尊儒家而黜百学,是否发挥固有文明之道?"如果说自秦汉儒术统一、别无"独创异说"为"国基",为文明的强盛,那么,秦汉以前,文明就不强盛吗?也没有"独创异说"吗?如果仅以儒术"为国是为文明",而排斥自外输入之西洋文明,那么文艺复兴以来的欧洲文明比较在此以前的欧洲中世文明及相类的中土秦汉以来的文明,究竟优劣如何呢?既然认定"西洋学说未输入以前"时,"读圣贤之书,审事物之理"引申出来的君道臣节、名教纲常,是"我国固有的文明与国基","忧其丧失忧其破产而力图保存之",那么,在现今的共和政体之下,"所谓君道臣节名教纲常,当作何解?谓之迷乱,谓之谋叛共和民国,不亦宜乎?""此现行无君之共和国体如何处置?由斯以谈,孰为魔鬼?"② 陈独秀没有对于中西文明的优劣长短问题作出正面回答,这可能正是他当时还没有梳理明白的难题,但是也似乎不好说他是有意回避,因为他在对杜亚泉的质问中已经提到"我国除儒家君道臣节名教纲常而外,难道就没有他种文明了吗?"这样的问题。以此推论,陈独秀还是承认中国固有文明中存在着应该继承的优秀文明遗产——且不论其判断优劣的标准是否完全妥当。陈独秀对杜亚泉所发的看似蛮霸粗率的质问,其实倒是粗中有细,施出胜负手,一下子抓住了对方的要害:在如今这个"无君之共和国"里,你究竟是拥护从西洋学来的"思想自由、民主共和"呢,还是拥护我国固有的"君道臣节、名教纲常"?这样的迎

---

① 《质问〈东方杂志〉记者——〈东方〉杂志与复辟问题》(1918 年 9 月),《新青年》第 5 卷第 3 号。

② 同上。

头痛击，足以使得杜亚泉失去了还手之力。

接着，陈独秀又把《东方杂志》所发表的《东西文明之批判》一文中所援引的辜鸿铭要欧洲人"弃其错误之世界观、采用中国之世界观"的主张，拿来做靶子示众。他说，辜氏认为"至纯至圣之孔夫子"，"支配全世界之时"，才是"幸福之惟一可能之道"。辜氏认为欧洲人的世界观之所以不及中国人的世界观，因为他们不知道"君道臣节名教纲常"，所以他力主"君主独裁之大权"，不但"目共和为叛逆"，而且连英国式的君主立宪也看作是"无道"，乃至说："一国之中，只应有上谕而不应有宪法。宪法者，不啻侵犯君主神圣，破坏君道臣节名教纲常之怪物也。"于是，陈独秀再次把杜亚泉置于被动的地位上，质问《东方》记者："处共和政体之下"，"岂以辜氏伦理上之主张为正当耶"？[1]

对于陈独秀的质问，杜亚泉立即作出了回答。不过这份回答，与陈独秀咄咄逼人的质问相比，便显出是一种处于守势的招架；正面阐述自己的主张和揭示对方主张的错误，均甚为欠缺。他把答辩的主要着力点，放在了辩白他们主张的本意，指证和批评陈独秀的误解及其逻辑疏漏上。例如说，他们发表辜鸿铭的言论，并不等于将辜氏引为同志，更不等于赞同张勋；《东方》记者只不过是由于向来尊崇孔子伦理，所以对所引用的辜氏对其称许的言论表示赞同而已。还辩白说，反对功利主义的民权自由，并不就是反对民权自由；反对功利主义的立宪共和，并不就是反对立宪共和；主张文化中心在"高深之学"，并不就是反对普及教育、通俗书刊文字；主张用固有文明来统整，并非反对输入西洋学说，等等。杜亚泉在答辩中惟一理直气壮地坚持说明的是，关于"君道臣节名教纲常诸大端"，他是"确认为我国固有文明之基础"。[2] 杜亚泉把中国固有文明中有哪些优秀遗产应当保护和继承这个重要问题撇开不谈，反而着力去辩白"君道臣节名教纲常"这一"国基"在共和政体下的合理性和重要性。这样一来，他不能不陷入强词夺理的困境中。他竟然硬是说：

① 《质问〈东方杂志〉记者》，《新青年》第 5 卷第 3 号。
② 《答〈新青年〉杂志记者之质问》（1918 年 12 月），《东方杂志》第 15 卷第 12 号。

记者以为共和政体，决非与固有文明不相容者，民视民听，民贵君轻，伊古以来之政治原理，本以民主主义为基础，政体虽改，而政治原理不变，固以君道臣节名教纲常为基础之固有文明，与现实之国体，融合而会通之，乃为统整文明之所有事。①

杜亚泉还为这种观点提出了一个极其牵强的理由，说"君道臣节名教纲常"，这是固有文明中存在的"已往之事实"，你们《新青年》记者也不能取消它。那么你们不许人家"记忆之称许之"，岂不是要用"谋叛之罪名"，把人钳口结舌，焚之坑之吗？他用这样的理由，把《新青年》记者说成是要步"前清专制官吏""压迫言论"之后尘。

事实表明杜亚泉在这场论辩中处于了下风，他既未能阐释清楚中国固有文明中必须爱护和继承的内容是什么，也没有阐释清楚西洋文明中有哪些短处在我们输入时必须警惕或剔除。他把维护中国文化传统的合理意向，收缩成仅仅维护与民主自由绝对不能相容的"君道臣节名教纲常"的"道统"，而且硬要用它来"统整"现代的精神文明。这样一来，在政治上一向比较开明的杜亚泉，却在文化论战中作茧自缚，自己把自己的文明观越来越混同于辜鸿铭，混同于康有为，甚至混同于主张"中体西用"的洋务派思想家了。他反对文化虚无主义倾向、珍惜固有传统文明的合理见解，被他自己推崇名教纲常的言论所湮没了。连后世十分赞赏他对于中国近代科学文化事业所作贡献的人，想替他说些回护的话，也难以把理由说得圆通了。

陈独秀自然不肯丧失战机，立即发表对杜亚泉的《再质问》。这一轮的质问，笔锋依旧犀利，但比上次的质问讲出的道理要细致多了，且颇多精彩处。他说，你《东方》记者，既然征引并且称许辜鸿铭的言论，当然就是为着用来印证自己的主张，何况辜鸿铭主张君臣礼教，《东方》记者你也是主张君臣礼教，可见你无法回避你以辜氏为同志的事实。他又说，《东方》记者虽然声称并不以张勋所作所为为然，可是就"尊孔"、"尊君"这两点来说，张勋和《东方》记者却是一致的，"是其共性"。陈独

---

① 《答〈新青年〉杂志记者之质问》（1918 年 12 月），《东方杂志》第 15 卷第 12 号。

秀还质问说，你说你们不是反对民权自由立宪共和，而只是反对"功利主义的民权自由立宪共和"，那么请问"究竟什么是功利主义的民权自由立宪共和"？陈独秀说，杜亚泉把这比作为"应试做官"而读书的腐败思想、用"金钱运动"于选举的违法行为，那完全是不伦不类的。陈独秀就此作出了一个重要的解说，他指出："功利主义之所谓权利主张，所谓最大多数之最大幸福等，乃民权自由立宪共和中重要条件。"①

陈独秀在《再质问》中用力最多的，是反驳杜亚泉要求以君臣纲常为"国是"来强力"统整"全国思想的主张。其中不乏新颖精辟的见解。

陈独秀论证说，学术思想的进步，有赖于自由发展，而决不能靠着"统整"来强力实行思想统一。他写道：

> 所谓思想之统一者，乃黜百家而独尊一说，如中国汉后独尊儒术罢黜百家，欧洲中世独扬教宗遏抑学术是也。易词言之，即独尊一家之言，视为文明之中心，视为文化之结晶体，视为天经地义，视为国粹，视为国是；有与之立异者，即目为异端邪说，即目为非圣无法，即目为破坏学术之统一，即目为混乱矛盾庞杂纠纷，即目为国是之丧失，即目为精神界之破产，即目为人心迷乱。此种学术思想之统一，其为恶异好同之专制，其为学术思想自由发展之障碍，乃现代稍有常识者之公言，非余一人独得之见也。……盖文化之为物，每以立异复杂分化而兴隆，以尚同单纯统整而衰退；征之中外历史，莫不同然。《东方》记者之所见，奈何正与历史之事实相反耶？②

陈独秀机智地揭示出，杜亚泉自我辩解说他主张"文明之统整，思想之统一"并非"禁遏学术、阻碍文化"的理由，是不能成立的。因为，杜氏推崇孔孟之"致力于统整"，又赞扬后世大儒"大都绍述前闻"而不"独创异说"，并且力主以君臣纲常为"国是"来统一学术思想，岂不就明明白白地在阻碍学术的自由、文化的发展吗？杜氏反对自外输入西洋文

---

① 《再质问〈东方杂志〉记者》(1919年2月)，《新青年》第6卷第2号。

② 《再质问〈东方杂志〉记者》。

明来"救济"中国的理由，也是说西洋文明自古以来就"纷杂而不能统一"，"文艺复兴以后，思想益复自由，持独到之见以风靡一世者，代有其人"，不能定于一尊，由是"自陷于混乱矛盾中"；西洋文明自救都不及，哪里还谈得到用以救济中国呢？这样的说法，岂不是又在宣扬反对学术自由、文化发展的"定于一尊"的文化专制主义吗？陈独秀揭露说，杜亚泉所谋求的"文明之统整、思想之统一"，正是企图借助于"强有力之主义"来"压倒一切主义"，以求"定于一"的。杜亚泉援引欧洲的"德意志主义"和中国的"秦始皇主义"，作强力主义的代表，并极力赞扬说："强有力主义者，……即以强力压倒主义主张之谓。当是非淆乱之时，快刀斩乱麻，亦不失为痛快之举。"甚至还说："吾人就历史上推测，强力主义之效果，则当治疲敝是非淆乱之时，强力主义出而纠纷自解。……故我国之强有力主义，果能压倒一切主义主张，以暂定一时之局，则吾人亦未始不欢迎之。"陈独秀尖锐地质问道，这样将"百家竞起，异说争鸣"的局面看成"是非混淆的文明"，从而祈求"强有力主义"出来"统整"它压倒它，来定时局，解纠纷，持如此态度的《东方》记者，那岂不是该"对于德帝维廉及段内阁，当挥无限同情之眼泪"了。[①] 陈独秀的这些话，就对杜亚泉个人的批评而言，是过分了。杜亚泉在文化思想上恋旧守成的情结，引导着他尊儒学重纲常、反对新文化派援引西学来否定传统，并将其议论一步步归结到独尊君臣纲常上去，可是这毕竟还是文化观念渐入偏颇，并不能说杜亚泉在现实的政治态度上已经拥护独裁专制的统治，更不好说他是在呼吁复辟君主制。不过应当承认，陈独秀对于杜亚泉力主以中国固有文明之君臣纲常为"国是"进行文化"统整"这种主张的批评，则是击中其要害了，因为按其实质来看，如果推行这种文化"统整"的主张，其结果只能是导致文化专制主义。

既然论战涉及中西文化异同优劣之比较，也就无法回避中西文化可否交流和如何交流的问题。杜亚泉没有就此再作发挥，而陈独秀在这次《再质问》中，可抓住杜亚泉在这个问题上的各种说法间的自相矛盾，挑起刺来。陈独秀说，你《东方》记者一方面声称："吾人不宜仅以保守为能

---

① 《再质问〈东方杂志〉记者》。

事"，"西洋学说之输入，夙为吾人所欢迎"，应该"尽力输入西洋学说"。可是，你《东方》记者却又声称，西洋文明是"战争与虐杀"之文明，"自陷于混乱矛盾"之文明，"破坏以后之断片"之文明，致"精神上烦闷"之文明；甚至于还说："此等主义主张之输入，直与猩红热梅毒等之输入无异。"那么，你为什么又要表示欢迎它，主张"尽力输入"这样的文明呢？陈独秀还揭露杜亚泉主张的东西文明调和观所包含的内在矛盾，指出其证实东西文明可以调和的理由是："西洋之种种主义主张，骤闻之，似与吾固有文明绝对相凿枘；然会而通之，则其主义主张，往往为吾固有文明之一局部，扩大而精详之者。"如此说来，岂不是等于认定我们的固有文明中本来就包含着你所说的西洋文明的那种种弊病吗？"《东方》记者所诅咒西洋文明之恶名词，皆可加诸吾固有文明之上矣。"①

　　经过陈独秀的质问，可以看出杜亚泉的"中西文明调和观"这个看来本质上正确而全面的论断，的确包含着内在的混乱。它只是原则表明反对把中国固有文化完全抛弃，主张对西方文化的弊病也要认识清楚，可是并未能解释清楚应取中国固有文化中的哪些长处和西方文化中的哪些长处相"调和"，当然相应地也就未能解释清楚应把中国固有文化中的哪些短处、西方文化中的哪些短处予以舍弃。陈独秀对这个问题有没有解释清楚呢？应当说也没有解释清楚。由于他坚持对中国固有文化持批判态度，所以对于杜亚泉的推崇君臣纲常能够作出犀利的揭露，可是固有文化中除"君道臣节名教纲常"之外，是不是还有哪些内容值得珍惜保存、继承发扬的呢？对于这个大问题，陈独秀根本置之不理。当然，在论及中国固有文化时，陈独秀提出了两个具有启发性的论点，还是很有价值的。

　　一是，他认为"就历史上评论中国之文明，固属世界文明之一部分，而非其全体。儒家又属中国文明之一部分，而非其全体。所谓君道臣节名教纲常，不过儒家之主要部分而亦非其全体"。这无疑是一种十分重要而正确的论断，它对于古往今来的一切将儒家学说说成是中国传统文化的惟一内容的尊儒学派，都是一副对症的清醒剂。它对于把儒家思想仅仅解释为君臣纲常者，无疑同样也是有力的批驳，揭露他们阉割了儒学固有的其

_____

① 《再质问〈东方杂志〉记者》。

他重要文化内容。陈独秀并且从此引申说："吾人不满于古之文明者，乃以其不足支配今之社会耳，不能谓其在古代无相当之价值；更不能谓古代竟无其事，并事实而否认之也。"① 遗憾的是，陈独秀在说了承认"古之文明"在古代有其价值这个合理的见解之后，未能进一步说明"古之文明"在现代在将来是否仍然有它的价值存在。

二是，他把现代的民主主义和古代的民本主义，加以明确的区分，界定二者的不同含义。他引证出杜亚泉所说的如下一段话："民视民听，民贵君轻，伊古以来之政治原理，本以民主主义为基础。政体虽改而政治原理不变，故以君道臣节名教纲常为基础之固有文明，与现时之国体，融合而会通之，乃为统整文明之所有事。"然后批判道："呜呼！是何言耶？夫西洋之民主主义（democracy）乃以人民为主体，林肯所谓由民（bypeople）而非为民（forpeople）者，是也。所谓民视民听，民贵君轻，所谓民为邦本，皆以君主之社稷——即君主祖遗之家产——为本位。此等仁民爱民为民之民本主义，……皆自根本上取消国民之人格，而与以人民为主体由民主主义之民主政体，绝非一物。倘由《东方》记者之说，政体虽改而政治原理不变，则仍以古之民本主义为现代之民主主义，是所谓蒙马以虎皮耳，换汤不换药耳。"② 陈独秀的这一关于古代的民本主义与现代的民主主义之间、古代的"为民"与现代的"由民"之间存在着本质差别的论述，实在是太精彩、太重要了。可惜的是，这一论点，长期没有受到足够重视，以致许多现代的学问家、政治家还常常把民主主义混同于或解释为民本主义，从而生出许多思想上和行动上的偏差。陈独秀的这两点意见，长期为研究新文化运动史者所忽略，其实无论对于研究中国古代文化史思想史来说，还是对于研究现代中国文化史思想史来说，它都是具有重要意义的。举一反三，其味无穷。

到了"五四"运动前夕，以陈独秀为主要代表的《新青年》一方和以杜亚泉为主要代表的《东方杂志》另一方，展开的有关东西文明优劣长短的论战，算是大体告一段落。陈独秀所写的《本志罪案答辩书》，大体

---

① 《再质问〈东方杂志〉记者》。
② 同上。

可以看做《新青年》派对这一阶段论战的小结。他以嘲讽的口吻，数说反对派所指责《新青年》犯下的大罪，无非就是因为《新青年》"拥护那德莫克拉西和赛因斯两位先生"；对于这样的指责，陈独秀表示当"直认不讳"，接着便理直气壮地发表了拥护德赛二先生的传世名言，他说：

> 要拥护那德先生，便不得不反对孔教，礼法，贞节，旧伦理，旧政治。要拥护那赛先生，便不得不反对国粹和旧文学。

又说：

> 西洋人因为拥护德赛两先生，闹了多少事，流了多少血；德赛两先生才渐渐从黑暗中把他们救出，引到光明世界。我们现在认定只有这两位先生，可以救治中国政治上道德上学术上黑暗。若因为拥护这两位先生，一切政府的压迫，社会的攻击笑骂，就是断头流血，都不推辞。①

陈独秀在创办《新青年》之初，原本提出的是"人权"与"科学"两面旗帜，何以在几年之后，却将其改换为"民主"与"科学"了呢？虽然说"民主"与"人权"，在本质上是贯通的、一致的，可是两者在含义上毕竟有区别；何况，"人权平等"的观念，对于阐释人间关系而言，更加宽泛，更加契合改造旧文明旧伦理的需要，那么又为什么改用了突出政治要求的"民主"这一概念呢？从关于东西文明的论战的发展中可以觉察，《新青年》派渐渐意识到守护"东方文明"的一派努力推崇和维护的核心是"君道臣节纲常名教"社会秩序及其相应的伦理观念。而维护"君道臣节名教纲常"这一论调，恰恰是和反对民主共和、企图实现君主专制的政治逆流相呼应的；何况康有为及孔教会一批人一再鼓吹定孔教为"国教"，陈独秀等对其反民主共和之心已经洞若观火，不能不愈加强调民主在中国现实中具有的头等意义；再加上中国政治现实中北洋政府的专制

---

① 《本志罪案之答辩书》（1919年1月），《新青年》第6卷第1号。

倾向也日益显著并构成了对新文化运动的威胁，保守势力中也有人在鼓动掌握强权者对于文化革新派进行干预。所有这些，不能不引起新文化运动倡导者们的重视，从中国的现实出发，他们不能不更加高扬起民主这面旗帜。

从内容看，这一轮东西文明之争，因其处于初起阶段，论说比较简略粗率，双方的说理都不够充分。但是，这看似简单的民国以来发生的第一轮东西文明之争，它的意义是非同寻常的。它把"人权平等、自由共和"与"君道臣节，名教纲常"的对立，提高到了文化伦理、亦即价值观念的高度加以辨析，促使民主主义的思想启蒙运动，以普及的形式更加深入人心，从而弥补着民国初建时政治革命仓猝起事所留下的民众思想准备不足的缺欠。陈杜之争，是新文化运动期间百家争鸣、自由辩论的开篇；虽然论战双方唇枪舌剑，但它是一场平等的自由讨论。应当说不论双方意见的是非长短如何，他们坦诚地抒发己见、尖锐地诘难对方，引导人们从文化观念、思想信仰的深处去思考国家民族的前途大计，这对于"五四"前后这场空前的生机蓬勃的文化新潮的形成，都算得上是具有推动之功。

尤为重要的是，《新青年》与《东方杂志》间的这场争论，提出了在中国名义上已成民主共和国体、实际上却并未真正实现民主共和的时代条件下，应该如何对待本国固有文化传统、如何对待欧美的近代文化、如何对待两种文化的关系这个重大问题——尽管他们在这轮的辩论中谁都未能把这个问题作出较为清晰的解答，但是他们把这个问题鲜明地提了出来，迫使关心国是的中国知识界不得不去思索去寻求解决这个问题的答案，这就是对于如何确定中国此后的文化建设的走向，揭示出了一个牵动全局的关键议题。中国近世以来发生的文化转型，它的深度和广度都是前所未有的，是一场中国文化史上的巨变；而其变革的中心内容即在于以新的视角来审视和处理本国的固有文化和外来的资本主义近世文化。如果说晚清的中学西学之争，是这场文化转型运动的序幕，那么，陈杜中西文明之争，则是正式拉开了这场文化转型运动的大幕。特别值得重视的是，此时的文化转型运动，已全非晚清时一举一动均需靠朝廷裁定的格局，而是变作了民间的自发活动。——更准确些说，这时的文化转型运动，已经是由知识界文化界的精英们，以及越来越多的青年学生们，自觉参与和承担起来的历史使命。中国近世的文化转型，虽历经坎坷而终成不可逆转之势，其缘由盖在于它是民间的，而非官方的。

（2004 年稿，收入《裂变与新生》一书。见社会科学文献出版社 2011 年版，第 94—125 页）

对"伦理革命"的再认识

新文化启蒙运动的兴起，从一开始便紧紧扣住伦理这个题目，褒贬扬抑，大发议论。陈独秀向国人推荐的新文化观的灵魂是"人权平等"说，可是一论及中国文化思想时却把重中之重定为伦理问题，说伦理的觉悟是"最后觉悟之最后觉悟"，乃至说"盖伦理问题不解决，则政治学术皆枝叶问题。纵一时舍旧谋新，而根本思想未尝变更，不旋踵而仍复旧观者，此自然必然之事也"①。

"人权"与"伦理"，固然有着内在的紧密联系，但毕竟两者间存在着"落差"。当时，陈独秀等从人权平等的观念来抨击中国旧道德的不合理，他们觉得是顺理成章的，没有觉察其间存在着什么差别。后来研究新文化运动的人，也都忽略了这种西方近世人权观念引进中国时发生的"微调"。

特别突出伦理道德在思想文化中的地位，恰恰是显现出中国文化传统的特色。早在清朝末年，改造中国旧道德已经成为爱国志士们议论的一个重要话题。消除奴隶性、培养国民性，几乎成为先进人士的共识。梁启超早在《先秦政治思想史》中已将孔子政治主张定性为"伦理政治"，并在专门探讨道德问题的文章中已经提出过"道德革命"的口号，无政府主义者更是呼唤实行"三纲革命"。辛亥前后，提倡"家庭革命"、"一夫一妻"、"男女平权"的言论，也日趋普及。新文化运动初起之时，就把伦理问题摆在进行思想启蒙的最突出的地位上，除了觉察民众思想未有新的觉醒的情况下政治革命难以成功之外，同时也是承受了先驱们改造国民性思想的启示，当然他们对于旧伦理批判的深度，已非前辈们当年的草创之

---

① 《宪法与宗教》，《青年杂志》第 2 卷第 3 号（1916 年 11 月 1 日）。

论所可比拟；而其掀起的"伦理革命"造成震撼人心席卷神州大陆的洪水狂飙的声势，更是中国历史上的空前之举。

新文化派着手开展思想启蒙运动时，把伦理的含义宽泛化为决定一切政治问题、社会问题、文化问题乃至经济问题的灵魂。陈独秀在反对以儒家三纲说为"大原"的中国的旧"伦理政治"时，把近世西方的人权观念，也看成"以自由、平等、独立之说为大原"的一种新的"道德政治"，主张用这种新的"伦理政治"学说取代旧的儒家的"伦理政治"观念。其实，这种对于欧洲近世文化思想的诠释，是含有误差的。欧洲当年发生"文艺复兴"运动时，解决的是将神为本位的文化变为人为本位的文化的问题；到了法国革命时，要解决的则是取消人间的封建等级特权，实现人与人权利平等的问题。所以，作为法国革命的思想纲领或文化纲领的"人权平等"说，固然包含着道义的诉求，但它本质上首先是一种权利的诉求。而在中国的文化传统中，却从来没有存在过、也从来没有提出过人间普世的（即所有人的）权利分享问题；权利的享有或再分配，只是在社会上层统治者或能够成为统治者的少数人小圈子里的事，与平民百姓无涉。所谓"均平"思想，其理想价值仅在于谋求抑制贫富过分悬殊、以求人人都有碗饭吃而已，充其量也只是体现着上层对下层的仁爱，而绝未包含人格平等的含义，更谈不到提出过什么所有人都该享有平等权利的要求。固然有过"王子犯法与庶民同罪"一类美好的呼吁或承诺，但事实上在几千年的宗法等级制度的漫长历史中，从来就只有挂着"明镜高悬"招牌的清官或昏官的升堂断案，而绝没有过"在法律面前人人平等"的做法或想法出现。人权本身题中应有之义的民主与自由，更是西方近代思想传入以前的中国固有文化传统中从来没有诞生过的权利要求或理想追求。

与欧洲中世纪政教合一，宗教是政治的最高统治力量，也是文化的最高统治力量不同，民国以前的老中国的历史上纵有痴迷谶纬迷信、天人感应或崇道佞佛的统治者，可是宗教始终未能凌驾于政治文化之巅。在欧洲中世纪，维系人间秩序的主要精神力量是宗教，道德也寓于宗教中，而且宗教化了；在中国宗法社会中，维系人间秩序的主要精神力量是道德信念、伦理守则，宗教为着能在中国生存也只有尽力世俗化、道德化，甚至是寓宗教于道德之中。中国历代的帝王，也和西方的君主一样，掌握统治权力均借口神授，可是推行的施政举措却极力厚饰上道德的油彩。把中国历史上的宗法等级制度的政治说成是"伦理政治"并不为过，——自然只要为着统治的需要，置道德于不顾的事，是经常发生的；不过那也常常会在事先或事后编造出一套冠冕堂皇的符合道义的理由。在中国近代举凡对政事与文化发表议论的人，无论其倾向如何，多数都明白重视伦理道德的这种深入民间的"国情"。当着民国初建，康有为反对共和却又束手无策，只好极力鼓吹尊孔读经时，也是打着"道德"旗号，力主以道德上的"守旧"来牵制法度上的"更新"。袁世凯登上大总统的宝座后，为巩固专制大权，也是扮演出道德维护者的面孔，恬然声称"国家以道德为重"，宣布"政体虽取维新，而礼俗要当守旧"。① 高一涵在《新青年》上发表过一篇绝妙文章：《非"君师主义"》，尖锐地揭露和批判了北洋政府总统发布命令大肆道德说教的实质。在那个《大总统令》里，先把道德的作用抬得极高，说："牖民成俗，是惟道德"，然后就说总统要"揭橥道德以为群伦之表率"。高一涵揭露说，这种做法不过是"入民国以来，总统行为无一处不摹仿皇帝"的表现而已，"皇帝'身兼天地君亲师之众责'，总统也想'身兼天地君亲师之众责'"。正像严复说的："中国帝王，作君而外，兼以作师。"如今的总统，也不但要把"总统"神圣化、家长化，以证明其实行专制统治的合法性，而且也要把"总统""师傅"化，以推行其对于公民思想的专制统治。高一涵指出，共和制度下，"因为国家不能干涉个人道德，所以宪法上必有信仰自由，言论自由，思想自由等等之规定"。国家干涉道德，则是专制制度的弊端："扩张国家权力，使干涉人民精神上的自由；凡信仰，感情，思想等事，莫不受国权之拘束；则道德的范围，道德的解释，皆由统治者自定；于是专制之弊端见矣。"他评论道：

> 用皇帝一人的意见，去下那道德的注脚；往往与人民良知所感者

---

① 《大总统莅任宣言书》，《北洋军阀》第 2 卷，武汉出版社 1990 年版，第 1386—1389 页。《大总统发布亲临祀孔典礼令》，《中华民国史档案资料汇编》，江苏古籍出版社 1991 年版，第 3 辑，第 11 页。

相反，却又威迫势禁，令人不得不从。所以人尽模棱，怀疑不白；而特殊的见识，超群出众的思想，皆被国家销磨尽矣。此近世道德教育，所以皆贵自动的，而不贵被动的原故。

我的意见：不是说道德是不必要的，是说道德不能由国家干涉的；不是说共和国家不必尚道德，是说主人的道德，须由主人自己培养，不能听人指挥，养成奴性道德的；也不是说现在社会是不坏的，是说坏到极点，也不能因我们大总统下一道"上谕"的命令，就可以立刻挽回的；更不是说道德不应该有人倡导的，是说总统偶吃一次斋，万不能使人人戒杀，偶沐一回浴，万不能使人人涤面洗心，偶正一刻心，万不能使人人的心皆放在正中，而永不歪的。所以道德必须由我们自己修养，以我们自己的良知为标准，国家是不能攒入精神界去干涉我们的。[1]

高一涵指出，这一切证明，"共和政治，不是推翻皇帝，便算了事。国体改革，一切学术思想亦必同时改革。单换一块共和招牌，而店中所卖的还是那些'御用'的旧货，绝不得谓为革命成功。……中国革命是以种族思想争来的，不是以共和思想争来的；所以皇帝虽退位，而人人脑中的皇帝尚未退位。……这就是制度革命思想不革命的铁证"[2]。

由此可见，以陈独秀为首的《新青年》派，抓住伦理道德这个环节，展开对旧文化的攻击，启愚发蒙，的确是符合国情，切中时弊的。

在新文化运动倡导者们心目中比政治还重要的伦理道德，究竟是何所指？显然不仅仅局限在诉说个人的品德修养，如何自处、如何待人接物上。虽然陈独秀等开始也热心于告诫青年树立自我品性的正确标准，分辨应当如何做人、不应当如何做人的是非。但是，略微深入探究一下，**特别是留心一下他在谈论伦理觉悟或伦理革命时都是与提倡自由、独立、平等的观念对照而言，当可发现陈独秀和他的同仁们之所以重视伦理问题，并不是把注意力放在教导人们如何修身养性、锤炼意志这一类的事上，而是**

---

[1] 《非"君师主义"》，《新青年》第5卷第6号（1918年12月15日）。

[2] 同上。

要在社会关系整体格局上实行除旧布新，把数千年来的宗法等级制度统统由根铲除；对于维护这一制度而设立的、一向视为金科玉律的整套秩序、规矩、礼乐教化、道德规范，一律进行彻底革新。"五四"以后，陈独秀在反驳"道德复旧"论时，对于他们的道德革新主张作过较为充分的解说。他说：

> 我们希望道德革新，正因为中国和西洋的旧道德观念都不彻底，不但不彻底，而且有助长人类本能上不道德的黑暗方面的部分，所以东西洋自古至今的历史，每页都写满了社会上、政治上悲惨不安的状态，我们不懂得旧道德的功效在哪里。我们主张的新道德，正是要彻底发达人类本能上光明方面，彻底消灭本能上黑暗方面，来救济全社会悲惨不安的状态，旧道德是我们不能满足的了。所以说道德是旧的好，是中国固有的好，简直是梦话。
>
> 旧的中国固有的道德是什么，好处在哪里？勤俭二字用在道德的行为上，自然是新旧道德都有的，不算旧道德的特色。若是用在不道德的行为上，像那刻薄成家的守财奴，勤俭都是他作恶的工具，如何算是道德的标准呢？忠、孝、贞节三样，却是中国固有的旧道德，中国的礼教（祭祀教孝，男女防闲，是礼教的大精神）、纲常、风俗、政治、法律，都是从这三样道德演绎出来的；中国人的虚伪（丧礼最甚），利己，缺乏公共心、平等观，就是这三样旧道德助长成功的；中国人分裂的生活（男女最甚），偏枯的现象（君对于臣的绝对权，政府官吏对于人民的绝对权，父母对于子女的绝对权，夫对于妻、男对于女的绝对权，主人对于奴婢的绝对权），一方无理压制一方盲目服从的社会，也都是这三样道德教训出来的；中国历史上、现社会上种种悲惨不安的状态，也都是这三样道德作怪。①

虽然"偏枯的现象"之类用语非常生僻，但是不难看出，陈独秀等呼吁伦理觉悟，呼吁道德革新，呼吁个性解放，呼吁自由平等，呼吁建立独

---

① 《调和论与旧道德》《新青年》第 7 卷第 1 号（1919 年 12 月 1 日）。

立自主的人格，所有这些都是力图借助于人生价值观念的更新，动员人们起来谋求建立人间的新关系，建立社会的新格局。

正因为如此，《新青年》派对于旧道德，并不是无分析地打倒，而是有分析地扬弃。固然他们时常（尤其是在激烈的争辩中）发表一些全盘否定旧文化、旧道德的偏激言论，例如陈独秀在《〈新青年〉罪案之答辩书》里就明白宣布，为着拥护"德先生"和"赛先生"，就不得不反对孔教、礼法、国粹、贞节、旧伦理、旧政治、旧艺术、旧宗教、旧文学，全然是"全盘反传统"的架势。不过，他也常有作出冷静分析的时候。陈独秀对待旧伦理的批判上，把握的打击重点是很明确的，这就是他看做旧伦理之大原的"儒者三纲之说"，指出三纲的根本义就是维护"别尊卑、明贵贱"的"阶级制度"。① 又说："孔子之道，以伦理政治忠孝一贯，为其大本，其他则枝叶也。"② 钱玄同也表示过同样的意见，他在给陈独秀的信中说：对于孔丘，"固承认其为过去时代极有价值之人"，但是"实在不敢服膺者"，惟在"别上下、定尊卑"这一条上。至于这一重点之外的其他固有道德的内容，《新青年》派是不是也主张要一概抛弃呢？陈独秀在分析民主国家的法制精神只能建立在平等人权的基础之上，而决不能依据孔子之道时，对中国固有伦理作过一番颇为独到的分析，回答了这个问题。他写道：

> 此等别尊卑明贵贱之阶级制度，乃宗法社会封建时代所同然，正不必以此为儒家之罪，更不必讳为原始孔教之所无。愚且以为儒教经汉、宋两代之进化，明定纲常之条目，始成一完全系统之伦理学说。斯乃孔教之特色，中国独有之文明也。若夫温、良、恭、俭、让、信、义、廉、耻诸德，乃为世界实践道德家所同遵，未可自矜特异，独标一宗者也。③

---

① 《吾人最后之觉悟》，《新青年》第 1 卷第 6 号（1916 年 2 月 15 日）。
② 《复辟与尊孔》，《新青年》第 3 卷第 6 号（1917 年 8 月 1 日）。
③ 《宪法与孔教》，《新青年》第 2 卷第 3 号（1916 年 11 月 1 日）。

陈独秀的议论，是针对康有为向总统建议定孔教为国教并将其编入宪法而发，行文简捷而委婉，态度却非常鲜明。康有为力主将孔教编入宪法的主要理由是说，"孔子之道为修身之大本"，"孔子之教，乃为人之道"。靠着它，"则于人伦日用，举动云为，家国天下，皆有德有礼，可持可循"；离开了它，人们的言行就会变得"皆不知所持循"。陈独秀反驳说，之所以反对把孔教当做"国教"编进宪法，正是由于儒家礼教维护"阶级制度"并使之成为系统的伦理学说，因而与民主共和的法制不能相容，更不能用之作为强迫人们遵从的"修身大本"。他指出，问题的实质，首先还不在于孔教是不是宗教、是不是该当列入宪法，而在于这种以礼教为根本精神的孔教是否适宜于作"国民教育精神之根本"这个问题。陈独秀说："使今犹在闭关时代，而无西洋独立平等之人权说以相较，必无人能议孔教之是非。"可是如今我国已经实行共和政体，国家法制之精神都只能采用欧制，"无不以平等人权为基础"，那怎么还能不吐弃"别尊卑、明贵贱之孔教"呢？[1] 康有为借口"道德不变论"把孔子之道说成"空间上人人必由之路，时间上万代不易之宗"，陈独秀批驳说，这种观点是与历史事实相违背的；任何学说、任何教义，从来都只能随着社会的变迁而"随时变迁"。他指出，康有为不懂得"世法道德必随社会之变迁为兴废"的"道与世更"的道理，以为孔教在人伦日用方面的作用可以比宗教更加持久，其实是完全错了；孔子的日用人伦之道，不适于现代生活已暴露无遗，其实效比起想把孔教奉为宗教还更失败。陈独秀把建立新伦理观的根据，尝试着从社会经济发展上作出说明。他写道：

　　现代生活，以经济为之命脉，而个人独立主义，乃为经济学生产之大则，其影响遂及于伦理学。故现代伦理学上之个人人格独立，与经济学上个人财产独立，互相证明，其说遂至不可动摇；而社会风纪，物质文明，因此大进。中土儒者，以纲常立教。为人子为人妻者，既失个人独立之人格，复无个人独立之财产。父兄畜其子弟，子弟养其父兄，《坊记》曰："父母在，不敢有其身，不敢私其财。"此

---

① 《宪法与孔教》。

甚非个人独立之道也。①

接下来，陈独秀又批判了儒家伦理扼杀信仰自由的"教孝"、"教从"之义、重男轻女的种种陋规恶俗，然后得出孔子之道根本不适合现代生活的结论。他说：

> 孔子生长封建时代，所提倡之道德，封建时代之道德也；所垂示之礼教，即生活状态，封建时代之礼教，封建时代之生活状态也；所主张之政治，封建时代之政治也。封建时代之道德、礼教、生活、政治，所心营目注，其范围不越少数君主贵族之权利与名誉，于多数国民之幸福无与焉。②

陈独秀驳斥了康有为攻击民国以来由于不尊孔读经而风俗人心大坏的言论，指出共和思想流入以来，中国的民德不但不是"大坏"，相反却是"大进"了，所以人们才能前赴后继，实现并维护了共和制度。至于"浅人所目为今日风俗人心之最坏者，莫过于臣不忠，子不孝，男不尊经，女不守节。然是等谓之不尊孔则可，谓之风俗人心之大坏，盖未知道德之为物，与真理殊，其必以社会组织生活状态为变迁，非即谓一成而万世不易者也"③。

值得注意的是，陈独秀在论证孔子之道不合现代生活的需要时，也明确指出过，所说不合现代生活需要的只是"别尊卑、明贵贱"的纲常礼教，至于除此而外的固有文明中的为人处世的种种道德守则，为世界普遍遵循，并非中国所特有，更算不得是儒教独具的特色的，自然不在反对之列。这样的意思，陈独秀在一些通信、演说和文章中，一再申述过。④ 而且他还特意说明，主张旧道德不适用于现代生活，并不是等于说可以完全废除道德。他肯定道德在人类社会中的重要作用，说："愚固深信道德为

---

① 《孔子之道与现代生活》，《新青年》第 2 卷第 4 号（1916 年 12 月 1 日）。
② 同上。
③ 同上。
④ 如《答佩剑青年》，《新青年》第 3 卷第 1 号（1917 年 3 月 1 日）。

人类之最高精神作用，维持群益之最大利器，顺进化之潮流革新之可也，根本取消之则不可也。"① 应当说，陈独秀等提倡伦理革命时，大致上明确了所要革除的是旧道德维护宗法等级制度这个基本内容，同时也力图划清与道德虚无主义的界限。不过，他们在强调伦理道德必须因时更新的时候，对于新旧伦理间、新旧道德间有无继承性存在的问题未能予以考虑，而且时不时地会表示要完全废弃"旧道德"，并以全新的"新道德"取而代之的意图。这种新旧不两立的绝对化观点，在伦理问题上，和在其他文化问题上一样，在"五四"前后的文化论战中都曾经有所发展，一度走向极端。

《新青年》派批判旧伦理的重点，放在严格限定尊卑贵贱等级身份的"三纲"，因此它的批判锋芒指向相互联系着的两个方面：一是指向确保君主专制制度合法性的"君为臣纲"，二是指向维护宗法家族制度的"父为子纲，夫为妻纲"。② 国法与家规整合为一体，确立为人处世的道揆法守，将政治道德化。将道德政治化，正是中国固有文化的一大特色，特别是儒学的重要特色。《左传》对于"礼"所下的定义即："礼，经国家，定社稷，序人民，利后嗣。"这种礼教的伦理政治观的基本含义，自是在确认和维护宗法社会等级秩序的合法与合理，着力论证的是君父（包括夫）的无上尊崇与绝对权威，谆谆教训为臣为子为妇的去做绝对服从长上的忠臣孝子节妇（泛指恪守妇道者，不是专指寡妇）。儒家不同于法家刻薄寡恩只重权术御下，其伦理观的长处是，在注重强调臣民子孙必须遵从长上的同时，又注重强调为君为父的遵守尊长之道，提倡对臣民子孙直至下属奴

---

① 《答淮山遗民》，《新青年》第 3 卷第 1 号。

② 学术界已有研究结论，说"三纲"说发明权在法家，而非儒家。其实，这于认识儒家思想并无妨碍，因为"三纲"观念与儒家学说本来合拍，秦汉而后的儒学更是堂而皇之地把"三纲"说纳为己有，没有在意过法家的原创的"知识产权"。到了宋代，程朱学兴，更是把"君臣之义、父子之道、夫妇之道"尊奉为儒学精神主旨所据的"天理"。理学作为儒学的正统形态，并被统治阶层钦定为代表圣贤之道的惟一正宗，控驭中国知识群体几达八百年之谱。所以，"五四"时，《新青年》派把"三纲"算到儒家的账上，而没有算到法家的账上，实在算不上一桩可以计较的失误。陈独秀在《宪法与礼教》一文中，回答"三纲五常属于伪孔教范畴而非真孔教"一说时，已作过简要的考证，指出三纲五常之名词虽不见于经，而其学说的实质绝非起自两汉、唐、宋以后，更非宋儒所伪造。说它是"孔教之根本教义"，乃不可争之事实。"尊卑贵贱之所由分，即三纲之说之所由起也。"

仆取仁爱宽厚的态度。不过这种仁爱忠恕之道,是以不扰乱更不得破坏尊卑贵贱的秩序为限。(陈独秀说:"所谓保民,所谓仁政,已非今日民主国所应有,当时实以为帝王创业之策略",而决不许丝毫违背"君臣上下之大义"的。[①])儒家的伦理学说的主旨,就是教导人以遵循绝对驯从长上为最高美德;举凡违规言行,轻则是目无尊长的僭越错误,重则是犯上作乱的叛逆罪行,概在诛伐之列。儒家伦理学说自然还有大量关于为人处世具有积极意义的内容,但是应当承认,儒家提倡的以愚忠愚孝的态度盲目服从长上作"顺民"的道德观,确实是影响广泛、深入民间的。20 世纪初年,梁启超在日本鼓吹改造国民的劣根性,所指即此。新文化运动中陈独秀等激烈抨击旧礼教、痛斥奴隶性,所指更在于此。

就《新青年》派为批判礼教所进行的思想启蒙的程序来看,在其始初声明"批评时政"非其宗旨之时,首先是着重于以人权平等说为依据的人格独立、个性解放立论,猛烈抨击宗法家族制度靠着旧礼教强行把人驯化为奴隶的罪恶。陈独秀在《敬告青年》中,开宗明义第一条,便是倡导人人应有完全自由自主的独立人格,断不能做盲从和隶属他人的奴隶。高一涵提倡"小我主义",李亦民提倡"为我主义",所指也都明言决非主张只图私利不顾国家和社会的整体利益,而是主张不受历来的宗法制度的遏抑,突破"克己制欲"、"忠君亲上"的训诫,尊重作为"社会一员"的个人人格和自由权利,养成人们独立自尊的精神。他们认定,只有如此,才能充分保护和发展"一己之天性",从而使人们"互重权利,互爱自由,瀹灵启智,各随其特操异秉",将才能充发至尽,形成健全的民族精神,建立安固强盛的国家。[②] 陈独秀在《一九一六年》这篇号召"除旧布新"的迎新词中,特意从道德着眼,强调青年应当"尊重个人独立自主之人格,勿为他人之附属品"。他写道:

> 以一物附属一物,或以一物附属一人,而为其所有,其物为无意

---

① 《复辟与尊孔》,《新青年》第 3 卷第 6 号(1917 年 8 月 1 日)。

② 高一涵:《共和国家与青年之自觉》,《青年杂志》第 1 卷第 2 号(1915 年 10 月 15 日)。李亦民:《人生唯一之目的》,《青年杂志》第 1 卷第 2 号。

识者也。若有意识之人间，各有其意识，斯各有其独立自主之权，若以一人而附属一人，即丧其独立自尊之人格，立沦于被征服之女子、奴隶、捕虏、家畜之地位。此白皙人种所以兢兢于独立自主之人格、平等自由之人权也。集人成国，个人之人格高，斯国家之人格亦高；个人之权巩固，斯国家之权亦巩固。而吾国自古相传之道德政治，胥反乎是。儒者三纲之说，为一切道德政治之大原。君为臣纲，则民于君为附属品，而无独立自主之人格矣。父为子纲，则子于父为附属品，而无独立自主之人格矣。夫为妇纲，则妻于夫为附属品，而无独立自主之人格矣。率天下之男女为臣为子为妻而不见有一独立自主之人格者，三纲之说为之也。缘此而生金科玉律之道德名词：曰"忠"，曰"孝"，曰"节"，皆非推己及人之主人道德，而为以己属人之奴隶道德也。人间百行，皆以自我为中心，此而丧失，他何足言！奴隶道德者，即丧失此中心，一切操行，悉非义由己起，附属他人以为功过者也，自负为一九一六年之男女青年，其各奋斗以脱离此附属品之地位，以恢复独立自主之人格！①

且不论将个人人格人权状况看做决定国家状况的估价是否完全妥帖，但是陈独秀的这段话，的确是明白无误地把以人权说为准则的道德革新主张讲清楚了。此后他在一系列通信中，还反复地阐述了这种基于人权平等观的道德观，猛烈抨击维护尊卑上下等级秩序的旧礼教。一场轰动视听的反对旧礼教的运动，便以《新青年》等刊物为主要阵地迅猛开展起来。

从批判宗法家族制度入手揭露礼教罪恶的急先锋，是在四川已具非儒叛父声名的吴虞。他致信陈独秀表示对于《新青年》所发表的否定"孔子万能"观点的支持，并且说他手上积有《家族制度为专制主义之根据》等多篇非孔的文章，愿意依次录上。陈独秀立即回信，引为同道，并热烈企盼他将"尊著""全数寄赐"。于是吴虞在《新青年》上发表的第一篇文章《家族制度为专制主义之根据论》，便和陈独秀的《文学革命论》同期刊出。吴虞引经据典，指斥儒家提倡孝道的危害。他说："吾国终颠顿

---

① 《一九一六年》，《青年杂志》第 1 卷第 5 号。

于宗法社会之中而不能前进，推原其故，实家族制度为之梗也。"他说：

> 详考孔氏之学说，既认孝为百行之本，故其立教，莫不以孝为起点，所以"教"字从"孝"。凡人未仕在家，则以事亲为孝；出仕在朝，则以事君为孝。……而专制之学说，有时而穷，于是要君非孝非圣者（引者按：字句似有误），概目之为不孝，而严重其罪名，以压抑束缚之。曰："五刑之属三千，罪莫大于不孝。"……盖孝之范围无所不包，家族制度之与专制政治，遂胶固而不可分析。而君主专制所以利用家族制度之故，则又以有子之言为最切实。有子曰："孝弟也者，为人之本。其为人也孝弟，而好犯上作乱者鲜；不好犯上，而好作乱者未之有。"其于销弭犯上作乱之方，惟恃孝弟以收其成功。而儒家以孝弟二字为二千年来专制政治家族制度联结之根干，贯彻始终而不可动摇，使宗法社会钳制军国社会（引者按：吴虞是时目现代强国为"军国社会"），不克完全发达，其流弊诚不减于洪水猛兽矣。……是故支那孝之为义，不自事亲而止，盖资于事亲而百行作始。彼惟孝敬其所生，而一切有近于所生如长年主人官长君上者，将皆为孝敬之所存。自支那之礼教言，其资若甚重者，则莫如谓孝弟为不犯上作乱之本是已。①

据此，吴虞得出结论说，要想破除君主专制制度，关键就在于必须拆除它赖以支撑的"孝道"这根柱石。他说："夫孝之义不立，则忠之说无所附。家庭之专制既解，君主之压力亦散。如造穹窿然，去其柱石，则主体坠地。"② 他把反对"孝道"的这条办法，看做摧毁顽固派抱残守缺的防线的最有力措施。如此严厉批评家族制度的最高伦理准则"孝道"者，在中国是史无前例的。"孝"，在中国传统道德中究竟居于何种地位，它所包含的伦理规范有哪些不合理的内容、有哪些合理的内容；"孝敬"、"孝悌"之义，在儒家伦理学中占据着怎样的地位，它与仁、恕、忠、信、

---

① 《家族制度为专制主义之根据论》，《新青年》第 2 卷第 6 号（1917 年 2 月 1 日）。
② 同上。

节、义诸范畴究竟又是何等关系；在现代的社会生活中，"孝"之作为道德规范，具有哪些阻碍社会发展的消极作用，又是否还具有哪些值得保留与继承的价值？所有这类问题，都是需要进行冷静的理智分析才能辨析清楚的。吴虞的论断，如就伦理学的学术标准而言，未免失之谫陋而武断。但是，儒家把"孝"赋予尊卑等级的严格含义，并以礼教的形态将其制度化和神圣化，尊崇为做人行事的首要的道德规范，这是有据可查，绝没有任何疑问的事。而且依靠父权与夫权来控御的家族制度，确实是宗法社会赖以稳定其统治秩序的基石、拴牢其统治之舟的缆绳。依此而言，吴虞对"孝"为核心的家族主义礼教的批判，确是抓住了宗法制度、专制制度的要害——至少是要害之一。在儒家伦理学说中，"忠"高于"孝"，所以当着二者无法两全时，允许牺牲"孝"以服从"忠"。可是将"忠"比拟于"孝"、奠基于"孝"，确有其深意在。因为君主，于臣民而言，不管如何借助于各种"君权神授"的托词诡语，毕竟是人为的强行设置；而父子关系，却是无从选择无从逃避的血缘。故而历来怒斥"昏君"、"暴君"的诤诤之言，史不绝书，还常常备受赞颂；可是从来不见咒骂"昏父""暴父"的言论曝光，更未见过对其予以褒奖（所谓"大义灭亲"的特例，多半也是指的主持"大义"的父兄"灭"其叛逆的子弟，而主持"大义"的子弟"灭"其无道的父兄者极其罕见）。把父子间的血缘关系，异化为统治与被统治的尊卑从属关系，再把"君王""君父化"，"移孝作忠"，使君臣君民关系异化为无法逃脱的不能改变的父子般的血缘关系，于是乎确立维护专制等级秩序的礼教便具有了立论的"充分合理性"（也就是宋儒所夸饰的"合天理"）。揭开这种垂两千余年统御人心的礼教伦理说的谜底，陈独秀、吴虞等功莫大焉！

　　吴虞文章发表后，引起了强烈反响。有激烈反对者（如《新青年》第3卷第3号"通信"栏中所登毛义主张"忠孝二字，共和国亦不可少"的来信），但也有许多支持者，如常乃惠等一批青年群起相应，批判礼教与家族主义。伦理问题、家庭问题、贞节问题、妇女解放问题，一时成为《新青年》上据有显著地位的议题（仅在《新青年》第3卷中，论述道德、家庭、男女诸问题的文章，即占总篇目的四分之一以上）。而且关于家庭、婚姻、女子问题的评论。直至"五四"以后还是《新青年》上持续讨论并引起人们广泛关注的一个重要题目。吴虞本人，更是斗志昂扬，一篇接一篇地在《新青年》上发表文章，不遗余力地把对礼教罪恶的揭发引向深入。

不过，把批判旧礼教旧伦理的思想启蒙真正推向高潮，引起知识界特别是知识青年们广泛关注的，应当首推鲁迅所著白话小说《狂人日记》①和胡适、罗家伦合译的易卜生话剧《娜拉》（即《玩偶之家》）②。风格迥异的两者，却均以惊世骇俗的崭新的伦理观念令国人耳目一新，堪称"五四"前夕提倡个性解放、抨击礼教束缚的双璧。

鲁迅以戏谑嘲讽的文字，无情地揭穿了披着"仁义道德"华衮的中国传承数千年的礼教戕伐人性的残酷本质，呼唤建立合乎人性的人际新关系新伦理观念来"救救孩子"。戴东原曾经说过的"理学杀人"的名言，经过鲁迅的发挥已经大大突破了"饿死事小，失节事大"的范围，以"吃人"的罪名提出了控告礼教的起诉书。鲁迅随后在《我之节烈观》、《我们现在怎样做父亲？》以及大量杂感、随笔中，进一步施展了对旧礼教的"动手术刀"式的犀利批判。

胡适当时除了写过一篇《贞操问题》外，没有用更多的精力抨击旧礼教，而是为《新青年》编了一期《易卜生号》（即《新青年》第4卷第6号）。在这期专号上，发表的文章计有：胡适写的论文《易卜生主义》，易卜生话剧《娜拉》、《国民之敌》、《小爱友夫》中译稿三篇，及《易卜生传》。看上去胡适只是在为介绍易卜生主义而编辑了这期专号，好像并不是针对中国旧伦理道德做文章；文中仅仅提到过中国的包办婚姻和虚伪丧礼，但也只是顺便举例罢了。胡适介绍易卜生主义的着眼点，是在于介绍易卜生所提倡的"非自私自利"的"个人主义"、"为我主义"，及其以此为原则对于家庭中不平等关系的批判，如丈夫把妻子当做玩物，把儿女当做私产之类。这些当然都是以欧洲社会的现实为例。可以说，胡适介绍易卜生主义，是在批判"洋礼教"，而不像其他新文化健将那样批判的是中国的"土礼教"。不过，胡适所抨击者同样是人际关系上存在的不平等

---

① 《狂人日记》，《新青年》第4卷第5号（1918年5月15日）。
② 《娜拉》，《新青年》第4卷第6号（1918年6月15日）。

的制度、习俗与观念；胡适说，易卜生的长处"只在他肯说老实话"，揭露"社会种种腐败龌龊的实在情形"，揭露"面子上都是仁义道德，骨子里都是男盗女娼"的"不道德的道德"。可以看出，胡适的这些议论，是和鲁迅对礼教吃人的声讨相呼应的。更重要的是，胡适通过对易卜生主义的介绍，尽力阐述了易卜生"个人须要充分发达自己的才性，须要充分发展自己的个性"的主张，亦即"救出自己"的主张。胡适评价说，这种主张"表面上看去，像是破坏的，其实完全是建设的"。"社会最大的罪恶莫过于摧折个人的个性，不使他自由发展。""多救出一个人，便是多备下一个再造新社会的分子"，所以"这种'为我主义'，其实是最有价值的利人主义"。"发展个人的个性，须要有两个条件。第一，须使个人有自由意志。第二，须使个人担干系，负责任。"据此，易卜生才断言："须使各人自己充分发展——这是人类功业顶高的一层。"① 显而易见，胡适关于易卜生主义的评介，不仅不是与反对礼教的启蒙运动无关的事，相反地正是在这里提出的"个性自由发展"——"各人自己充分发展"，恰是为改革旧道德、建设新道德指明了最为精确的准则。这于反礼教的思想启蒙，自是莫大的贡献。误解或贬低胡适介绍和评论易卜生个人主义的积极意义，显然是不正确的。况且，不难看出，易卜生主义的"须使个人自己充分发展"的主张，与共产主义者关于未来的社会理想存在着明显的相通之处。闭目不识这样的难能可贵之处，殊欠公允。②

自打鲁迅、胡适等的文章发表，提倡个性解放、声讨"礼教吃人"，便成为新文化运动、尤其是新文学运动的一面极有号召力的人道主义的旗帜。批判旧礼教的势头，直至"五四"之后，依然火力不歇。吴虞连续撰写了《吃人与礼教》、《说孝》等文章，声援鲁迅对礼教的批判，痛斥"礼教家"本质就是"一面讲礼教，一面尊孔子，一面吃人肉"③。李大钊则说："中国现在的社会，万恶之原，都在家族制度。"④ 当着他初步接受马克思主义之后，更是对中国的家族制度以及维护它的纲常名教，进行了

---

① 《易卜生主义》，《新青年》第 4 卷第 6 号。

② 以上引文，出处同上。

③ 《吃人与礼教》，《新青年》第 6 卷第 6 号（1919 年 11 月 1 日）。

④ 守常：《万恶之原》，《每周评论》第 30 号（1919 年 7 月 13 日）。

痛快淋漓的批判。他写道：

> 中国的大家族制度，就是中国的农业经济组织，就是中国二千年来社会的基础构造。一切政治、法度、伦理、道德、学术、思想、风俗、习惯，都建筑在大家族制度上作他的表层构造。看那二千年来支配中国人精神的孔门伦理，所谓纲常，所谓名教，所谓道德，所谓礼仪，那一样不是损卑下以奉尊长？那一样不是牺牲被统治者的个性以事统治者？那一样不是本着大家族制下子弟对于亲长的精神？所以孔子的政治哲学，修身齐家治国平天下，"一以贯之"，全是"以修身为本"；又是孔子所谓修身，不是使人完成他的个性，乃是使人牺牲他的个性。牺牲个性的第一步就是尽"孝"。君臣关系的"忠"，完全是父子关系的"孝"的放大体，因为君主专制制度，完全是父权中心的大家族制度的发达体。……总观孔门的伦理道德，于君臣关系，只用一个"忠"字，使臣的一方完全牺牲于君；于父子关系，只用一个"孝"字，使子的一方完全牺牲于父；于夫妻关系，只用几个"顺"、"从"、"贞节"的名词，使妻的一方完全牺牲于夫，女子的一方完全牺牲于男子。孔门的伦理，是使子弟完全牺牲他自己以奉其尊上的伦理；孔门的道德，是与治者以绝对的权力责被治者以片面的义务的道德。①

李大钊把牺牲人的个性的孔门伦理道德之所以盛行两千来年，归罪于大家族制度的存在，而又把大家族制度的存在从中国是农业经济社会上作出解释，于是他根据近代经济变动的不可抗拒的趋势断言，中国的家族制度势必崩溃，建筑于大家族制度基础上的纲常名教伦理道德也势必崩溃。尽管李大钊也和当时反对旧礼教的人士一样，只是着眼于声讨旧伦理道德压制人性、巩固统治秩序的负面作用，而对于传统伦理道德中有哪些是符合历史的需要、哪些是人类社会中可以长久传承的道德准则，都统统置于视野之外未予论及。这不能不说，与积极批判旧礼教的志士们一样，李大

---

① 《由经济上解释中国近代思想变动的原因》，《新青年》第7卷第2号（1920年1月1日）。

钊的道德论也具有片面偏激的色彩。但是，能从社会经济发展的必然趋势
上，看出旧礼教所维系的家族制度大厦崩溃的不可避免，这便把新文化运
动中"伦理革命"的含义，作出了当时最深刻的全新的阐释。李大钊关于
经济状况决定道德状况的论断，虽然带有简单的和绝对化的倾向，未能顾
及道德自身的相对独立性，未能顾及道德的高下会具有某些与经济状况并
不相干的特征；但是就总发展趋势而言，经济发展决定着伦理道德状况的
判断是绝对不错的。当然，不言而喻，在社会经济发展过程中，伦理道德
并不是完全处于消极的被动的无所作为的状态，恰恰相反，与社会经济变
动紧紧关联在一起的伦理道德改革的成败，无疑会对于推进还是阻碍社会
经济变动有着巨大的作用。简言之，破除旧礼教，就是破除束缚社会经济
发展的思想上和习俗上的重大障碍。"吃人的礼教"是造成中国社会发展
的停滞与落后的重要原因，这是新文化启蒙先驱们达成的共识。直到 30
年代，中国受到日本的侵略，国人忧愤地思索中国落后的原因时，胡适提
出应对固有文化中障碍我们发展的消极内容深加反省，依然痛斥"吃人礼
教"。① 20 世纪的历史业已证明，就基本体制而言，流传两千余年的根深
蒂固的大家族制度及相应的礼教伦理体系，在中华大地上已经荡然无存，
至多也只是剩下些破瓦残砖了。"五四"时先驱们的预期已经实现。不管
怀旧者对旧日的道德仪礼如何留恋，再也无法倒转时代运转的车轮了。

"五四"当年反对旧礼教的矛头所向，在针对家族制度父子夫妻的道
德训条的同时，也针对着维护君主专制统治秩序的道德化的政治规范。只
不过在当时发表的反对旧礼教的论作中，前类议论占的分量较大；后类议
论开始时较少，但随着政治局势的日益严峻，也渐渐凸显出它的重要性
来。况且，一些对礼教的批判文章中原本就是把两者捆在一起，一并加以
挞伐的。例如吴虞在《礼论》中，就着重批判了礼教对维护统治秩序的政
治作用。他痛斥儒学礼教遏情闭欲，戕伐人的天性，"仁义立而道德失，
纯朴散而礼乐节"。同时又揭明制定礼教的政治目的："儒家制礼，首重等
差，以礼定分，以分为礼。"就是说，礼制的制定目的在于迫使人们"尺
寸法度不敢逾，一毫分寸不敢易"；"习民于尊卑等级阶级之中，消其逼上

---

① 《信心与反省》，《独立评论》第 103 号（1934 年 6 月 3 日）。

无等之心，而寓其道德之义。"他说，正是通过荀子将儒学"礼运"以"礼为人君之大柄"的观念传给法家，然后才导致从暴秦开始的"专制之祸"。他说，礼教之危害连日本思想家福泽谕吉都看明白了。福泽谕吉说："支那旧教，莫重于礼乐。礼者，使人柔顺屈从者也。乐者，所以调和民间郁不平之气，使之恭顺于民贼之下也。"吴虞说，专制之国其"御天下之大法，不外礼与刑二者而已"。"礼禁于未然之先，法施于既然之后"，礼刑相表里，交相为用。所以儒家把礼尊崇为天经地义，其实无非就是"以礼为霸者时君所须"，趋时阿世，为专制帝王提供维护统治秩序的教义罢了。[①]

陈独秀所主持的《新青年》，在张勋复辟失败后，办刊宗旨也迅速地向议论时政倾斜，当然着眼点还是侧重于从思想上纠谬辨诬，正本清源。陈独秀在反驳康有为将孔教写入宪法立为国教的主张连续发表的文章中，着重批判的就是孔学礼教维护君主专制、而与民主共和绝不相容的本质。他说："孔教之精华曰礼教，为吾国伦理政治之根本，其存废为吾国早当解决之问题，应在国体宪法问题解决之先。"[②] 意思是说，既然确定了建立共和政体，那事先就应当明确地认识到必须把与共和政体"绝对相反之别尊卑明贵贱之孔教"完全吐弃。据此，他认为接受袁世凯复辟这类政治事端的重要教训，就在于肃清人们政治思想中的礼教余毒。所以他说：

> 袁世凯之废共和复帝制，乃恶果非恶因；乃枝叶之罪恶，非根本之罪恶。若夫别尊卑、重阶级，主张人治，反对民权之思想之学说，实为制造专制帝王之根本原因，吾国思想界不将此根本恶因铲除净尽，则有因必有果，无数废共和之袁世凯，当然接踵而生，毫不足怪。……
>
> 呜呼！欧洲自力抗自由新思潮之梅特涅失败以来，文明进化，一日千里。吾人狂奔追之，犹恐不及。乃袁世凯以特别国情之说，阻之五年，不使前进，国人不惜流血以除此障碍矣；不图袁世凯二世，又

---

① 《礼论》，《新青年》第3卷第3号（1917年5月1日）。
② 《宪法与孔教》，《新青年》第2卷第3号（1916年11月1日）。

以国粹礼教之说，阻吾前进，且强曳之逆向后行。国人将何以处之？
法律上之平等人权，伦理上之独立人格，学术上之破除迷信、思想自
由，此三者为欧美文明进化之根本原因，而皆为尊重国粹国情之袁世
凯一世、二世所不许。长此暗黑，其何以求适二十世纪之生存？①

陈独秀反对旧伦理观提倡新伦理观的基本政治主张，在这里表达得十
分清楚，这和与杜亚泉辩论东西文化时对"纲常名教"所持态度是完全一
致的。可见，陈独秀对待"伦理政治"问题上的态度，所舍所取，所破所
立，均明晰无误地着眼于维护民主共和制度；而且，在为维护民主共和反
对礼教时，也并没有笼统地煽动反对一切传统道德。1916 年 10 月，他在
猛烈批判康有为辈鼓吹孔教以为专制主义张目的同时，又提倡进行"治本
的爱国主义"教育；而其所提倡的是进行提高民德教育。所列民德凡六
项，即："勤"、"俭"、"廉"、"洁"、"诚"、"信"。固然他赋予了这几项
品德适宜于时代需要的新的内容，但是他并没有避讳这是继承和发扬了固
有的优良道德传统。不错，陈独秀为代表的抨击礼教的一派，常常在激烈
辩论中把话说绝，咬定新旧道德间绝无通融调和之余地，可是有时冷静下
来，也还懂得斟酌分寸，比如说："我们要创造新时代新社会生活进步所
需要的文学道德，便不得不抛弃因袭的文学道德中不适用的部分。"② 话说
得这等小心翼翼，不但说明只是反对"部分"，而且还特意明确规定所反
对的只是"不适用"于新时代新社会生活的"部分"。所持的改革态度显
然是慎审而理智的，并没有要彻底消灭旧有道德、从头创建全新道德的
"伦理革命"的架势。严格说来，陈独秀等激进的民主主义者，为着反对
借口"新旧调和"提倡"道德复旧"的论调，言辞时常偏于激愤，把旧
道德铲除干净这类话，经常成为挂在嘴边的口头禅。这当然也反映出他们
当时的伦理思想确实处于择不清、理不明的矛盾中，还没有能力解释得了
伦理道德发展过程中继承与变易的关系与轨迹，革新的使命也迫使他们只
能把主要精力放在论证没有万代不易的道德，证明"道与世更"是人世伦

---

① 《袁世凯复活》，《新青年》第 2 卷第 4 号（1916 年 12 月 1 日）。
② 《〈新青年〉宣言》，《新青年》第 7 卷第 1 号（1919 年 12 月 1 日）。

理道德发展的常规。他们顾不上去仔细求证伦理道德间的传承关系，更加顾不上细致辨析在君主专制的宗法社会历史条件下，为臣的"忠烈"与"奸佞"、为"子"的"孝顺"与"忤逆"之间的差别与是非。还有，国家变成了民主共和国之后，"君臣"这重伦理关系当然消逝了，可是"父子"、"夫妻"两重伦理关系依旧存在，那么究竟应当如何确定民主共和国体中这样的伦理关系的道德规范呢？大多数主张实行伦理革命的人，差不多都用"权利平等"和"人格独立"作标准来回答。吴虞多半觉察到这样的回答，本质上固然正确，但似乎还不能算得上是道德规范，于是他在痛批了"孝"之后，自动提出了取消了"孝"以后应当用怎样的道德标准处理父子关系的问题，他自问自答道："或曰：子既不主张孔氏孝弟之义，当以何说代之？应之曰：老子有言'六亲不和有孝慈。'然则六亲苟和，孝慈无用。余将以'和'字代之。既无分别之见，尤合平等之规。虽蒙离经叛道之讥，所不恤矣。"① 这种建议自无大错，但犹如西方惯用"爱"字统揽人际关系那样，"和"字未免也偏于泛泛，不能像中国固有伦理中许多道德规范那样能够具体地体现特定的人际关系，以及根据处于这种特定关系中的特定方的具体身份而规定应达到的具体要求。人伦关系的特性，制约着伦理改革的具体方式，它绝不能都像推翻君主专制制度那样施以"快刀斩乱麻"的革命方式解决问题。比较明确地认识到进行伦理革新时，应当继承固有伦常中合理内容的，是蔡元培。他在回答林纾指责北京大学的新派教员鼓吹"复孔孟、铲伦常"的信中，声明北京大学教员中并无人讲授"覆孔孟"的内容之后，就"铲伦常"问题作了如下解说：

> 次察"铲伦常"之说，常有五：仁、义、礼、智、信，公既言之矣。伦亦有五：君臣、父子、兄弟、夫妇、朋友。其中君臣一伦，不适于民国，可不论。其他父子有亲，兄弟相友（或曰"长幼有序"），夫妇有别，朋友有信，在中学以下修身教科书中，详哉言之。大学之伦理学，涉此者不多，然从未有以父子相夷，兄弟相阋，夫妇无别，朋友不信，教授学生者。……至于五常，则伦理学中之言仁爱，言自

---

① 《家族制度为专制主义之根据论》，《新青年》第 2 卷第 6 号（1917 年 2 月 1 日）。

由，言秩序，戒欺诈，而一切科学皆为增进知识之需，宁有铲之理欤？①

蔡元培的这种温和的解说，承认了除"君臣"一伦而外的固有伦常的可继承性，但是却又没有回答这些除"君臣"而外的旧伦理道德是否需要改革（只是提到"言自由"），这显然与新文化运动的反礼教主张没有完全合拍。"五四"时期的民主派倡导反对旧礼教时，显然是无暇顾及也无力从理论上解决道德变革与继承的关系这样深层次的问题，而只能简单地提出"除旧布新"一类笼统论断了事。这种理论观念上的粗疏，导致将伦理改革误解为应以新伦理道德全盘取代旧伦理道德，以实行所谓"伦理革命"的错误判断，从而给后世极端的道德虚无主义的反传统伦理的主张肆虐，提供了可资利用的依据。这当然是新文化运动反对旧礼教遗留下的无可避讳的憾事。但是，无论就"五四"当年反对君主专制主义的急迫情势而言，还是从后来专制主义仍然在中国长期横行的历史来看，的确是无论如何也不能苛责民主先驱们对礼教的批判。事实证明，在建立人际关系和谐准则的伦理问题上，是绝没有可能进行割断历史的"推倒重建"式的"伦理革命"的，但是处在新旧转型期时代巨变中，伦理观念的根本革新，尤其是推倒为专制主义立基的纲常名教，却是不可阻挡的潮流；不管人们还如何依恋旧日礼俗，随着价值观念的更新，伦理道德的规范也势必更新。

（本文发表于《燕京学报》新 21 期，2006 年 11 月）

---

① 《致〈公言报〉函并附答林琴南君函》，《新潮》第 1 卷第 4 号（1919 年 3 月 18 日）。

对"文学革命"的再认识

新文化运动，尤其是"五四"以前的新文化运动，就狭义上的文化方面的革新而言，"文学革命"带来的成效是最显著的。从 20 世纪中国文化的变迁历史来看，"文学革命"启动的文学的（广义的，即包括一切文体的书面语言）大变革，也是中国文化实现空前转型的一个显著标志——站在现今的立脚点上看，这就是中国文化步入现代化的一个显著标志。

"五四"以前发动的"文学革命"，是涉及改革一切书面文字形式与内容的、而不是局限于"文学艺术"意义上的"新文学运动"。概要说来，它包含了三个主要层次：关于"文学"语言的改革；关于"文学"体裁的改革；关于"文学"内容的改革。同时，这场改革还涉及文字、标点、音读、书写形式等众多方面。总之，举凡有关书面的语言文字表达的问题，在这场"文学革命"中都被提了出来，并且或深或浅地揭露出存在的弊端，制订出成功的或者不甚得体的改革方案。事实上"五四"时期兴起的"文学革命"所涉的境域，固然包含着甚至经常强调的是特指的狭义的文学（即小说、诗歌、戏曲、散文等体裁的"纯文学"），但亦不局限于此，而是包含一切书面语言体裁的广义的文章之学。所以准确些说，这场"文学革命"，乃是一场针对中国所有书面语言载体的全部文事的"大文学革命"。尽管人们对这场"大文学革命"的功过，评论争议至今仍然没有停息，但是无可否认的是，它在中国文化史上划时代的历史地位已无可动摇，而它对中国未来文化的影响之巨大已经不能以百年计。可以预期，"五四"前后的这场"大文学革命"的成就，必将以无可阻挡之势传承于中国文化的未来——未来的千秋万代。不管人们主观意愿上是赞成它还是反对它，都无法摆脱它，都不能不接受它的厚赐。

这场划时代的"文学革命"最早的发动者、倡导人，是当时正在美国留学的胡适。正像钱玄同所说，"适之是现在第一个提倡新文学的人。"①
当然，这场新文学运动的兴起并不能仅仅归结为个人的灵感和顿悟；它是
时代的需求，况且前此已有一段时间的酝酿。从梁启超式的浅近流畅的文
言文，到清末民初创办的白话报刊，都可以看作新文学运动的前驱。不
过，在新文化运动兴起之前的这些文学革新活动（包括梁启超提出的"诗
界革命"、"文学革命"一类的口号②），影响仅及进步知识分子和少量青
年学生，并未能形成撼动传承数千年的"旧文学"统御文坛主流地位的局
面。到了民国五六年间，中国社会的转型、政治的转型、经济的转型以及
文化的转型，都已成为时代的迫切需要，解决文化转型的条件迅速成熟起
来。胡适和陈独秀，适逢其会，擎起"文学革命"的大旗，领袖群伦，终
于开拓出了中国"文学历史"上一个崭新的时代。

　　1915 年 7 月，胡适与赵元任相约就中国文字问题各写一篇论文，赵的
论文是写中国文字可否采用字母拼音，胡的论文是写如何可使中国的文言
文易于教授。胡适从文言文教授之困难的角度，指出"汉文乃是半死之文
字"，需要用翻译之法，"译死语为活语"来"讲书"。他并且解释说：
"半死文字者，以其中尚有日用之分子在也。如犬字是已死之字，狗字是
活字；乘马是死语，骑马是活语。"同时他还强调了教授汉文当须注意文
字的读音与含义不统一的问题、留意讲解文法的问题、试行新式标点符号
的问题。这些温和的改革设想，固然尚未敢提出改变文言文的主张，但是
显然已经开始觉察到文言文不适用于现代生活因而不得不加以改革的必
要。随即在当年夏天，胡适和友人们在关于中国文学的探讨中，特别是在
与维护文言文的梅光迪的辩论中，形成了"文学革命"的主张，说："神
州文学久枯馁，百年未有健者起。新潮之来不可止，文学革命其时矣！"
不过，这时胡适对于"文学革命"的内容，还没有想得很明白，开始只是
提出要进行"诗国革命"，主张"作诗如作文"，意思是主张改变旧体诗
只重形式的雕饰、不顾内容如何的弊端。据胡适自己说，通过反复的争

---

① 《尝试集序》（1918 年 2 月 15 日），《新青年》第 4 卷第 2 号。
② 《夏威夷游记》（1899 年 12 月），《饮冰室合集 7·饮冰室专集之 22》中华书局 1989 年版，第
189—191 页。

论，到了 1916 年的二三月间，他关于"文学革命"的立意才明确起来。他说："从二月到三月，我的思想上起了一个根本的新觉悟。我曾彻底想过：一部中国文学史只是一部文字形式（工具）新陈代谢的历史，只是'活文学'随时起来替代了'死文学'的历史。文学的生命全靠能用一个时代的活的工具，来表现情感与思想。工具僵化了，必须另换新的，活的，这就是'文学革命'。"① 可以看出，当时胡适心目中所关注的是文词的改革，即如他自己所说的"文学工具的革命"。他说，"历史上的'文学革命'全是文学工具的革命"；"中国今日需要的文学革命是用白话代替古文的革命，是用活的工具代替死的工具的革命"。② 至于"文学"的内容要不要改变，当时他还没有正面作出解释。不过胡适那时候主张改革的态度，的确是十分坚决而决绝的，明确主张"另换新的"，而不是主张对"旧的"做些修修补补的改良，这大约就是他提出"文学革命"口号的缘由。以如此激烈的态度提倡白话，这自然就不可能不进而抨击"半死的古文"一向霸据文坛正统地位的状况；于是也就由主张改革文字表达形式，进而主张改革对"文体"的认识与评诂，正式提出打破五百余年来"八股之劫"、"文人复古之劫"，将历史上存在的以口语形式表现的戏曲、小说、诗歌等民间文学，奉为文学的正宗。这样便把"革命"的范围逐步推及到了"文学"的体裁与内容。这时候胡适意气风发，决心以舍我其谁的态度承担起"文学革命"的大任。他在当年四月十三日作《沁园春·誓诗》明志：

> 更不伤春，更不悲秋，以此誓诗。任花开也好，花飞也好，月圆固好，日落何悲？我闻之曰："从天而颂，孰与制天而用之？"更安用，为苍天歌哭，作彼奴为！文学革命何疑！且准备搴旗作健儿。要前空千古，下开百世，收他臭腐，还我神奇。为大中华，造新文学，此业吾曹欲让谁？诗材料，有簇新世界，供我驱驰。③

① 《逼上梁山》（1933 年 12 月 3 日），《胡适文集》，北京大学出版社 1998 年版，第 1 卷第 146 页。

② 同上书，第 146—147 页。

③ 同上书，第 148—149 页。

这首词填出以后，胡适又掂量着觉得口气太狂，便采取低姿态把上述下阙改写为：

> 文章要有神思，到琢句雕词意已卑。定不师秦七，不师黄九，但求似我，何效人为！语必由衷，言须有物，此意寻常当告谁！从今后，傥傍人门户，不是男儿！①

改动这首词的这一情节，生动地显示出胡适在提倡"文学革命"时的矛盾心态。一方面，他想从大处着眼，以"开一代风气之先"为己任；另一方面，他又觉得还是应当从小处着手，把改革的主张力求放在具体事项上，掩饰胸怀的大志，收敛议论的锋芒。胡适的心态尽管七上八下，但是应当说，他倡导"文学革命"的基本意向却不但未曾改变，而且还从主张改革文字表达形式，推演到了主张改革文体与文风。他反对"无病呻吟"、"言之无物"和"摹仿古人"。这时胡适关注的重点还是首先放在提倡用白话作诗文上，和梅光迪、任鸿隽等人的争论也是聚焦于用白话还是用文言之争，他并且开始尝试着作白话诗。不过，这时他已经逐步形成了他的"文学革命"的整体构想。1916 年夏秋间他拟定了"文学革命八事"，先后寄信给朱经农、陈独秀，阐述了所设计的这一革新方案。不像后来有人所误解的胡适只是主张"文学改良"、陈独秀才是主张"文学革命"那样，首先堂而皇之地打出了"文学革命"旗帜的正是胡适。胡适在给陈独秀的信中毫不含糊地声言：

> 年来思虑观察所得，以为今日欲言文学革命，须从八事入手。八事者何？
> 一曰，不用典。
> 二曰，不用陈套语。
> 三曰，不讲对仗。（文当废骈，诗当废律）

---

① 《逼上梁山》，《胡适文集》第 1 卷第 149 页。

四曰，不避俗字俗语。（不嫌以白话作诗词）

五曰，须讲求文法之结构。

此皆形式上之革命也。

六曰，不作无病之呻吟。

七曰，不摹仿古人，语语须有个我在。

八曰，须言之有物。

此皆精神上之革命。①

　　胡适在这里虽然还是比较着重于论证诗词之类的改革，但显然已经将所议论的范围扩大到了一切书面文字的形式与精神，要求一律实行"革命"。胡适的这一主张，受到陈独秀的支持，便正式写成文章，投递《新青年》发表。基本内容，除略微展开论述外，并无太大变化，只不过把"文学革命"的旗号收了起来，标题改为《文学改良刍议》。为什么要把"革命"改成"改良"，后来胡适作过多次解释。晚年在《口述自传》中还说：当年在留学期间和朋友们讨论文学改革，自己时常提到的是"文学革命"这个口号，"可是当我第一次要把我们一年多讨论的，和我自己的结论，撰写成文章，送到国内发表的时候，为考虑到无可怀疑的老一辈保守分子的反对，我觉得我要把这一文题写得温和而谦虚。所以我用这个题目，说明是改良而非革命；同时那只是个'刍议'，而非教条式的结论"②。这样的解释，仅仅是说明了自己瞻前顾后、小心翼翼的心理状态，并没有讲明白什么是"文学革命"，什么是"文学改良"，两者之间究竟有什么不同。按理说，将"革命"改作"改良"，总得改变原先所提倡的"文学革命"的某些主张，可是从《文学改良刍议》所写的内容看，与前此写给陈独秀的信上所说的"文学革命"主张并没有任何实质性的变动。原先所列"文学革命"入手之八事，一项也没有改变，仅仅变动了一下先后次序。这样的次序变动，看来与陈独秀对胡适原先所列的第八事"须言之有物"不理解有关，因此他有意把这项调到头里作第一项，强调它的重

① 《致独秀》（1916 年 10 月），《新青年》第 2 卷第 2 号。

② 《胡适口述自传第七章》，《胡适文集》，北京大学出版社 1998 年版，第 1 卷第 319 页。

要性；另外又将"不避俗字俗语"，亦即提倡白话的一条，放在最后，看来也是为了突出它的重要性。惟一值得留意的涉及内容更改的是，胡适已经不再使用早年说过的文学需要"另换新的"那样的语言。同时，无论是在他使用"文学革命"的口号，还是使用"文学改良"的口号，都对于中国古代的文学，遵照"历史进化的文学观"，采取了比较温和的有分析的评判态度，没有作过分偏激的全盘否定的评估。

　　胡适在所提倡的文学改革事项中，最为看重的是提倡白话文；在提倡白话文学的问题上，胡适仍然抱着"前空千古，下开百世"，"为大中华，造新文学"的"舍我其谁"的"革命"精神；认定"今日所需，乃是一种可读、可听、可歌、可讲、可记的语言"。"不如此者，非活的语言也，决不能成为吾国之国语也，决不能产生第一流的文学也"。① 所以他在"文学改良"的名义下，仍然明确宣布："一时代有一时代之文学"，"今日之中国，当造今日之文学"，而"今日之文学，其足与世界'第一流'文学比较而无愧色者，独有白话小说一项而已"。他的结论是："以历史进化的眼光观之，则白话文学为中国之正宗，又为将来文学必用之利器。"② 随着陈独秀以爽朗的态度发表《文学革命论》，胡适胆气壮起来，不再回避"革命"的口号，表示"吾辈已张革命之旗"，并在以"我们提倡文学革命的人"自居发表的《建设的文学革命论》中，更加明确地论述了"文学革命"的目标就是要用白话文学替代古文学的正统地位。他对于原先在《文学改良刍议》里所提出的"八事"，从正面作了很精彩表述，概括为四项，即："一、要有话说，方才说话。""二、有什么话，说什么话；话怎么说，就怎么说。""三、要说我们自己的话，别说别人的话。""四、是什么时代的人，说什么时代的话。"③ 应当说，这样的概括，是相当充分地体现了新文学运动的创新精神和时代精神，不仅提倡文学要运用新的表达形式，而且提倡文学要具有新的符合时代需求的内容。不过，胡适这时关注的重点仍旧是提倡白话文学，所以他在把上述四项再进

---

　　① 《逼上梁山》（1933 年 12 月 3 日），《胡适文集》，北京大学出版社 1998 年版，第 1 卷第 148—150 页。

　　② 《文学改良刍议》（1917 年 1 月 1 日），《新青年》第 2 卷第 5 号。

　　③ 《建设的文学革命论》（1918 年 4 月 15 日），《新青年》第 4 卷第 4 号。

一步总括时，便说："我的《建设新文学论》的惟一宗旨只有十个大字：'国语的文学，文学的国语。'我们所提倡的文学革命，只是要替中国创造一种国语的文学。"① 对于用"白话文学工具"作利器来进行文学革命和文学建设的构想，胡适及其拥护者们，当时是非常自觉的。"五四"后，胡适针对一些人嘲笑"新文学革命"只是一种"文字形式的改革"，明确回答道："文学革命的运动，不论古今中外，大概都是从'文的形式'一方面下手，大概都是先要求语言文字文体等方面的大解放。……这一次中国文学的革命运动，也是先要求语言文字和文体的解放。新文学的语言是白话的，新文学的文体是自由的，是不拘格律的。初看起来，这都是'文的形式'一方面的问题，算不得重要。却不知道形式和内容有密切的关系。形式上的束缚，使精神不能自由发展，使良好的内容不能充分表现。若想有一种新内容和新精神，不能不先打破那些束缚精神的枷锁镣铐。"② 30 年代胡适作《中国新文学运动小史》，回顾"五四"时提倡"文学革命"的主张时，还强调说，当年他们是认定用"白话文学工具"这把利斧就可以将旧文学的一切毛病砍得干干净净。他并由此推论道："所以文学革命的作战方略，简单说来，只有'用白话作文作诗'一条是最根本的。"③

　　尽管对于"文学革命"的抨击声长期以来不绝于文坛，但是将近百年的中国文化史已经不可辩驳地证明，胡适等当年选择"白话文"为突破口推进中国文学、以至中国文化实现现代化的转型，取得了巨大的成功。白话文成为中国一切书面语言的形式的正宗、主流，这在中国数千年的文明史上，是前无古人的空前壮举。它所开辟出的这条文化新路，是绝对不可逆转的，如今可以断言这已是铁定的事实。从以文言为书面语言的主体，到以白话为书面语言的主体，这一改变，对于中国文化发展的影响至为巨大。其作用并不只限于文学，而且普及于一切文体；它使得汉语书面语言的传播功能迅速普及化了，它使得汉语书面语言的应用效能大幅度提高

---

① 《建设的文学革命论》。
② 《谈新诗》（1919 年 10 月 10 日），《星期评论》"双十节纪念专号"。
③ 《中国新文学运动小史》（1935 年 9 月 3 日），《胡适文集》，北京大学出版社 1998 年版，第 1 卷第 134—135 页。

了。由于口语化，书面语言表达现代生活、现代精神、现代科学和现代文化的一切领域的成就，以及推动国际间广泛的文化交流，都变成得心应手、便于施行的事。所以白话文学的提倡的价值，已非当年胡适所说的"文学工具"范围的一项改革，这一改革对于汉语文本从形式到内容、体裁、传播方式都带来了巨大改变。况且，白话文的提倡，也立即将关于标点、音读、书写直至汉字本身等一系列问题的改革动议一并引发了出来。例如积极支持胡适、陈独秀"文学革命"主张的钱玄同，写信给陈独秀拟出应用文改革大纲。大纲凡十三事，除"以国语为之"、"绝对不用典"这些"文学改良刍议"论述过的内容外，还提出用字要用普通常用的字、文字力求简短（不超过五千字）、不用倒装句、删去浮文和旧款式、提倡注音字母、必用句读符号、统一印刷体（并分作数种）、数目字可改用"亚拉伯"码号算式书写、改用通行之耶稣纪年、改右行直下为左行横拖。陈独秀当即表示对钱玄同提出的这"应用文改良十三样，样样赞成"。①中国现代文化的实践已经完全证明，钱玄同当年的提议，除个别款项略有变通外（精神也是可取的），几乎全部都已在中国通行；甚至连至今仍斤斤于声讨新文化运动毁灭传统者也在默不作声地使用着当年"文学革命"的这些成果。如今大约只是使用文言的旧体诗词和戏曲作品，还时有佳作问世外，文言文的文学作品已难得一见；随着文人学者圈子里老成凋谢，使用博雅清通的文言写的学术论著，同样成了凤毛麟角，至多还有些老文化人在私人信函中还保留着使用文言文和旧款式的习惯罢了。20世纪前五十年，还常常看得到用浅近的文言文写的公文、政论、文告之类，然而从共和国建立起，这也迅速绝迹了。其间不能说没有造成任何文化上的损失，但从中国文化发展的总体进程来看，仅就"语文一致"的白话文的普及一事而言，这也无疑是中国历史上一场适应时代潮流的、体现时代精神的伟大的思想解放和文化革新。

　　新文学运动，给中国文坛带来的最重要的变化，自然还在于"文学"

---

　　① 《通信》（1917年7月1日），《新青年》第3卷第5号。

（即一切文章、文事）内容的革新，"文学"思想倾向的革新。① 胡适在
《文学改良刍议》中，议论的重点无疑是放在提倡用白话文取代文言文的
文体方面的革新，虽然也提及文学的精神内容方面的改革要求，但均很简
略，只是笼统地说"不作无病呻吟"，"须言之有物"。陈独秀为声援胡
适，而发表了《文学改良刍议》的姊妹篇《文学革命论》，则把文学革新
的议论，推进到剖析文学内容、文学精神实质方面；此论以雄视千古、振
聋发聩的气势，极大地强化了胡适的"文学革命论"中的相关内容。就当
时文化革新运动的整体而言，陈独秀无疑是领军人物，但就倡导"文学"
这个特定领域的革新而言，陈独秀则是扮演着支持和配合胡适的第二提琴
手角色。但是，陈独秀不像胡适那样瞻前顾后，他把"文学"领域和政
治、经济、伦理领域并列，认定是一概只有实行"革命"才是惟一的新生
之路。更为重要的是，陈独秀的《文学革命论》把文学革新的重点，从文
体形式即语言文字的改革，扩展到文学内容的改革。他在这篇"宣言书"
式的文章中所宣布的文学革命的三大主义："推倒雕琢的阿谀的贵族文学，
建设平易的抒情的国民文学"；"推倒陈腐的铺张的古典文学，建设新鲜的
立诚的写实文学"；"推倒迂晦的艰涩的山林文学，建设明了的通俗的社会
文学"，显然是把文学表述形式的革新和文学精神实质的革新一并包括在
内的；况且从提倡以"国民文学"取代"贵族文学"，以"写实文学"取
代"古典文学"，以"社会文学"取代"山林文学"三项目标来看，无疑
是将"文学革命"的首要目标锁定在革新文学的精神实质上。从这三项主
张看，他所提倡的"新文学"含有两种显著的特色：一是平民性；二是时
代性。或者说，这种新文学所要表达的基本内容应是现实社会中的国民的
生活和国民的要求。体现与此不协调的、相反的内容的文学作品，他一概
视之为必须清除的"革命"对象。可以看出，陈独秀文学革命的主张，与
他伦理革命的主张，与他提倡的人权平等、人格独立、个性解放的新文化

---

　　① 正如胡适后来在《中国新文学运动小史》中所概括的，他们当年关于新文学的中心理论只有
两个；"一个是我们要建立一种'活的文学'，一个是我们要建立一种'人的文学'。前一个理论是文
字工具的革新，后一种是文学内容的革新。"该文原载《中国新文学大系》第一集《建设理论集》，
1935 年 10 月 5 日上海良友图书印刷公司出版。

运动的主旨，是相呼应的，是协调一致的；只不过他这种三项主张的表达方式，显得仅是罗列出了"文学革命"的几项要求，而未能用最鲜明的概括凸显出"文学革命"的要领。"五四"以前，将"文学革命"所要求的新文学的主旨表达得清晰、精练而准确的，是周作人提出的"人的文学"。胡适把周作人在1918年年底发表的《人的文学》一文，称做"当时关于改革文学内容的一篇最重要的宣言"，"一篇最平实伟大的宣言"。①"文学革命"本质上就是新文化运动的有机组成部分，"文学革命"的主旨，与"伦理革命"的主旨，与整个新文化运动所体现的"以人为本"的人权观主旨，自然都是相通的一致的。就此而言，胡适对《人的文学》的赞誉，不能说是过甚其词。

周作人直截了当地写道：

> 我们现在应该提倡的新文学，简单的说一句，是"人的文学"。应该排斥的，便是反对的非人的文学。②

周作人用"人道主义"来诠释"人的文学"，他解释说，他所说的"人道主义"，"并非世间所谓'悲天悯人'或'博施济众'的慈善主义，乃是一种个人主义的人间本位主义"。然后说：

> 用这人道主义为本，对于人生诸问题，加以记录研究的文字，便谓之人的文学。③

用体现"个人主义的人间本位主义"的"人道主义"来解释新文学的本质，是非常深刻的、抓住了要领的。这就是说，新文学的使命，即在于确认以人为本位，尤其是要通过对于个人独立人格、自由权利的确认，

---

① 《中国新文学运动小史》（1935年9月3日），《胡适文集》，北京大学出版社1998年版，第1卷第136—137页。

② 《人的文学》（1918年12月15日），《新青年》第5卷第6号。

③ 同上。

排除无论是来自宗教神权的还是来自宗法礼教的一切对人的"非人的"束缚、压制，恢复人的本性与尊严。值得重视的是，在关于"人的文学"的论述中，周作人对"人"和"人性"的理解，在"五四"前夕新文化运动中众多开风气之先的言论中，也算得上最全面最精确的。他指出，我们所说的人，乃是"从动物进化的人类"；而且"其中有两个要点，（一）'从动物'进化的，（二）从动物'进化'的"①。提出解释"人"之本质特性的这样的两点论，是具有极为重要的意义的。第一点强调了人是"从动物"进化而来，即肯定了人与动物具有相同的生物本性是天然合理的；"所以我们相信人的一切生活本能，都是美的善的，应得完全满足。凡有违反人性不自然的习惯制度，都应该排斥改正。"② 这一观点，是直接继承了 15 世纪以来欧洲的宗教改革和文艺复兴的成果，即肯定人的自然本性、人的生存需要和欲望，都是合理的，而中世纪教会对人的自然本性的束缚和压抑都是错误的，应予清除。以此为准，中国的礼教以"存天理灭人欲"为宗旨对人的自然本性的压制与摧残，当然也是理应彻底推翻的。这自然是"人的文学"题中应有之义。关于第二点，是强调了人既然是从动物"进化"来的，因此他就不同于动物；人与动物最大的不同，在于他的"内面生活"比动物更为复杂高深，"有改造生活的能力"。"所以我们相信人类以动物的生活为生存基础，而其内面生活，却渐与动物相远，终能达到高尚和平的境地。凡兽性的余留，与古代礼法可以阻碍人性的向上发展者，也都应该排斥改正。"③ 这就是说，关于人性的认识，还必须接受 18 世纪以来欧洲启蒙主义的"理性"观念。周作人把"理性"叫做"灵"、叫做"神性"。他说，应该承认人过的是"灵肉二重的生活"，"兽性与神性，合起来便只是人性"。他解释这种"灵"或"神性"说，这就是要求人应当有道德；在"利己"的同时又要"利他"，要以人道的态度实现"人人能享自由真实的幸福生活"，这才是"'人'的理想生活"。这

---

① 《人的文学》。
② 同上。
③ 同上。

种"从个人做起",既知自爱,又知爱人类的"人道主义","人"的自然
本性,由于有了"理性"而得以升华,"人"的自然欲望得以合理的方式
实现和合理的节制。这就是所谓的"个人主义的人间本位主义"。① 可以
看出,周作人当时对于"人性"的理解,既承受了文艺复兴对人的自然本
性的肯定,又承受了启蒙运动在肯定人的自然本性基础上对人的理性的肯
定,并以此来诠释新文学的主旨。这样的见解,确是高屋建瓴,当得起文
学革命的一篇宣言的称誉。② 后来鲁迅在回顾五四新文学运动时也曾说:
"最初文学革命者的要求是人性的解放,他们以为只要扫荡了旧的成法,
剩下来的便是原来的人,好的社会了。"③

　　"人的文学"口号一出,"文学革命"的主旨也就明确了;但与此同
时,"文学革命"的指导思想是学的欧洲近世的先进文化思想这一事实,
也昭然若揭。其实,胡、陈、钱、刘等关于"文学革命"的主张得益于西
方近代先进思想启发一事,从来是坦然的,并不避讳。胡适在美国留学期
间首倡"文学革命"的中心是提倡推行"言文一致"的白话文体,这一
认识显然是从欧美现行"言文一致"的白话文体与中国"言文背离"的
文言文体利弊得失的鲜明对照中获得的。进而至于标点、拼音、文法、文
章款式等有关"文的形式"的改革,几乎也都是致力于吸取欧美现代文明
的成果;他们提倡白话文学最初采取的办法之一,就是努力多翻译欧美的
现代小说、戏剧、诗歌,来给国人作示范。固然胡适等人也还是一再强
调,作白话文学的重要资源,在于尽可能充分地继承和利用中国自己的白

　　① 《人的文学》。

　　② "五四"当年许多提倡新文学的人,常常把新文学运动比作欧洲的文艺复兴,北京大学学生傅
斯年、罗家伦等所办的刊物《新潮》,1919 年年末创刊时,自标的英文刊名就是"文艺复兴"。胡适
在回忆中也多次提到过这种比喻。他们没有觉察这样的用法有什么不妥之处。后来,研究"五四"新
文化运动的著述,也往往忽视 15 世纪的文艺复兴与 18 世纪的启蒙运动对人性理解上的差异,简单地
把"五四"新文化运动说成文艺复兴在中国的重版,其实"五四"新文化运动的先驱们已经认识到人
性是人的自然本性与理性的统一。现今学术界,已有人就这个问题作出了清晰的分析,如蒋承勇《西
方文学"人"的母题的现代转型》,发表于《中国社会科学》2004 年第 6 期。

　　③ 《〈草鞋集〉小引》(1934 年 3 月 23 日),《且介亭杂文》,《鲁迅全集》第 6 卷,人民文学出
版社 1958 年版,第 16 页。

话文学名著。但他们都认为，要想写出最能以现代的形式体现出现代精神的白话文学，可以直接模仿为榜样，无疑还是西方近代的白话的"人的文学"，正如同周作人所主张的，提倡新文学的当务之急："还须介绍译述外国的著作，扩大读者的精神，眼里看见了世界的人类，养成人的道德，实现人的生活。"① 陈独秀在《文学革命论》中，也开宗名义，说明他们就是因为看到"今日庄严灿烂之欧洲，乃革命之赐也"。所以才要学习欧洲文艺复兴以来文学艺术革命的榜样，高张"文学革命军"的大旗。② 更冲动偏激的，如钱玄同，则公然主张"欧化"，认为中国人现在"都该完全学人家的样子"，甚至于应当废除汉语，改用一种外国语作国语。③ 所幸这种极端欧化论，并未成为当时"文学革命"的主流。

"文学革命"的主张，当时受到指责的最大罪状，也正在于说它是毁师灭祖、醉心欧化。不过在"五四"之前，首先站出来反对新文学的一批人，多为对世界现代文学大势和文学理论一无所知的旧文人，他们的水平确如胡适所说，"那时的反对派实在太差了"，最高明的不过是不懂外文的翻译家林琴南，他也讲不出白话文学有何不好来，只能强调"古文为白话之基础"，不能为古文就作不好白话，因此古文不能废除。但是对于古文不能废的理由，他实在讲不清楚，只好说："若云拉丁文不能废，则司马迁、班固、韩、柳之书亦不能废。吾知其理，但不能解释之。"④ 他给蔡元培写信，攻击提倡白话文，只好说那无非是把一些"引车卖浆之徒"的土话当做文字，而要"尽废古书"。这样一些无理取闹的话，被蔡元培用"循'思想自由'原则，取兼容并包主义"、反对守残抱阙的理由，义正词严地声明北京大学并未"尽废古书"，又保护了在北大提倡白话文学的合法性。林琴南无可奈何，便只能靠编造寓言故事泄愤，说出了一位"伟丈夫"，将"力捾孔子"、提倡白话的陈、胡、钱辈"伤天害理"的"禽

① 《人的文学》。

② 《文学革命论》（1917 年 2 月 1 日），《新青年》第 2 卷第 6 号。

③ 这种观点，在钱玄同 1918 年至 1919 年的日记中说得最为直率，参见杨天石《论钱玄同思想》，《五四运动与二十世纪中国（下）》，社科文献出版社 2001 年版，第 887—890 页。

④ 《胡适口述自传第八章》，《胡适文集》，北京大学出版社 1998 年版，第 1 卷第 334 页。

兽之言"痛斥了一通，并动手把他们收拾一番，轰下山去。① 字里行间，似有示意北洋军阀动用强权干预"文学革命"之意。

胡适、陈独秀以冒天下大不韪的勇气提出"文学革命"的主张时，对于守旧人士会群起反对本是意料之中的事，但他们对于自己的主张信心百倍，对于反对者的低水平的漫骂攻讦则全然不屑一顾。当着胡适按照学术自由的原则表示欢迎国人就此主张进行讨论时，陈独秀也立即反对，说文学改良、遵白话为文学正宗这件事，"其是非甚明，必不容反对者有讨论之余地，必以吾辈所主张为绝对之是，而不容他人之匡正也"②。陈独秀的这番议论，显然没有对上胡适欢迎讨论的口径；胡适欢迎讨论，自然并不意味着自己心虚或者觉得文学革命一事还是非未明，只不过是认为越讨论就越发能够证实文学革命的主张的正确而已。陈独秀自然也无权制止别人来参与讨论，不能不许别人发表不同的和反对的意见，他的声明无非是说他坚信"文学革命"的主张是绝对正确，而不会为任何反对意见所动摇。对于陈独秀在"文学革命"问题上持这种蔑视群议的自信态度，胡适不但没有异议，而且是欣然同意、非常高兴的。

全力论证"中国文学"实行革故更新的必要性，是胡适、陈独秀共同的"文学革命"主张的基本精神。正因为要证明的是"旧文学"何以必须得改革，所以他们立论的着力点自然是放在揭示和鞭挞"旧文学"的弊端上，而不屑于去分析、也不愿意去全面说明"旧文学"究竟具有怎样的性质和怎样的价值。胡适从文体的角度入手，指斥用文言文写成的"旧文学"是用"死文字"写成的"死文学"，证明它无法成为表达现代生活和时代精神的"活文学"，因而不能不改弦更张。陈独秀从文学性质的角度入手，指斥"旧文学"是与国民的、大众的、社会的现实需要背道而驰的贵族文学、古典文学、山林文学，因而不能不予以推倒重建。为了表达这种改革是根本性质的改革而不是枝枝节节的改革，是彻底的改革而不是换

---

① 《荆生》，原载于 1919 年 2 月上海的《新申报》，转引自 1919 年 3 月 9 日《每周评论》第 12 号。在 3 月的《新申报》上，林纾还发表了性质相同的另一篇寓言《姚梦》，说他的一个门生梦见在阴曹地府里看到一个"白话学堂"，学堂的校长蔡元培、教务长陈独秀、副教务长胡适，都被吞食过太阳月亮的大王罗睺（当是"日"字边旁）罗何修罗活吃了。

② 《通信》（1917 年 5 月 1 日），《新青年》第 3 卷第 3 号。

汤不换药的表面的改革，所以他们特别强调这是一场革命。

　　"革命"含义若何，在中国传统文献中本不精确。① 用激烈的手段推翻打着"天命"护符的旧王朝，改朝换代，就曾经叫做"革命"，当做典型的是"汤武革命"。至于通过这样的"革命"建立起来的新王朝是否就和旧王朝有着本质差别，并不能在所进行的"革命"中得到解答；或者说，"彻底改变统治秩序"一事，原本就不是那种"革命"的含义，原本就不是那种"革命"的目标。为着给所提倡的"文学革命"同那种有名无实的"改朝换代的革命"划清界限，陈独秀特意在《文学革命论》中，开篇便说："欧语所谓革命者，为革故更新之义，与中土所谓朝代鼎革，绝不相类；故自文艺复兴以来，政治界有革命，宗教界有革命，伦理道德亦有革命，文艺学术亦莫不有革命，莫不因革命而新兴而进化。"② 于此可见，胡适、陈独秀、钱玄同、刘半农等之所以要"高张文学革命军大旗"，目的即在于宣告，他们推倒死文学旧文学、建设活文学新文学的主张，是要实现彻底的弃旧图新。周作人提倡"人的文学"、排斥"非人的文学"，同样是采取了这种新旧文学间冰炭不可并容的绝对判断。

　　这样的态度，这样的主张，是不是偏激呢？在文学领域里，究竟能不能采用推倒重建的方式除旧布新呢？更进一步说，文学的革新，能不能像推翻君主专制建立民主共和的政治革命那样，能不能像取消维护等级秩序的三纲五常建立人权平等的人际关系的伦理革命那样，也实行一场革命呢？不能不说，文学所具有的长期积累传承的连续特性，本质上是排斥割断历史式的革命的。如果从一个阶级推翻和消灭另一个阶级的统治的意义上诠释政治革命这样的含义看，伦理难言革命，文学则更不能实行革命。胡适、陈独秀的"文学革命论"，优点在于它以不容置疑的鲜明态度强调

----

　　① 梁启超在1902年写过一篇《释革》，把"革命"解释为"变革"。1904年，他又写过一篇《中国历史上革命之研究》，把"革命"分广狭三义：广义一是指"一切有形无形之大变动"；广义二是指"政治上之异动，成一新时代"；狭义是指"武力夺取政权"。"文学革命"、"伦理革命"所指的"革命"，似与梁启超所列"广义一"接近，可是又偏于空泛，不足体现新文化运动倡导者们扫荡旧世界、创建新世界的革命意愿和革命心态。梁氏二文，分别见《饮冰室合集》第1卷，《饮冰室文集》第9卷，《饮冰室合集》第2卷，《饮冰室文集》第15卷，中华书局1989年版。

　　② 《文学革命论》（1917年2月1日），《新青年》第2卷第6号。

了进行一场重大文学革新的必要性；而它的缺点，则在于忽视了"旧文学"与"新文学"之间的连续性（亦即"新文学"对"旧文学"的继承性），忽视了"旧文学"与"新文学"之间存在着超越时代、超越阶级的共同性。这样的"革命"主张，于有意无意间抹杀了在新的时代条件下"旧文学"仍然具有生命力、仍然具有重要价值这样的事实。

胡适主张普遍采用白话文体建设"活文学"，无疑是适应时代潮流的文学革新的创举，可是他把"建设新文学"的理由，竟然说成是："有了这种'真文学'和'活文学'，那些'假文学'和'死文学'，自然会消灭了。所以我希望我们提倡新文学的人，对于那些腐败文学，个个都应该存一个'彼可取而代也'的心理。"①（值得注意的是，他当时所指的"腐败文学"包括的范围甚宽，如桐城派古文、文选派文学、江西派诗、梦窗派词、《聊斋志异》派小说，均在其内；打击面，不可谓不宽）。究竟能不能断言业已传承流行了几千年的文言文如今一概变成了用"死文字"写的"死文学"呢？如今应不应该用"取而代也"的办法将其消灭呢？这种"取而代也"的说法显然是十分偏颇的。文言文是汉民族世世代代数千年间积累起来的文化财富，它在全人类的文明史上都是极为重要的文化宝藏，怎么能简单地把它取代、消灭了事呢？况且，经过漫长的文化延续，大量的文言词语、成语和典故，事实上已经变成了白话口语的组成部分；在中国的白话文学中，也不可能将文言文遗存剔除得干干净净。胡适所推崇为国语正宗的《红楼梦》、《水浒》、《儒林外史》、《西游记》等白话文学名著，不仅其中沿用了不少旧体诗词之类，而且从书名、章回目录的拟制，到叙事、状人、抒情，还不是使用了许多文言的表述方式吗？这岂不也足以证明历来的成功的白话文学中，无不是吸收了和巧妙地采用了文言文的大量文学遗产吗？况且，即使当着人们在现代生活中已经普遍采用白话文体之后，古老的文言文也还有着强劲的生命力，绝没有就此变成全无一用的"死文学"。在现代中国文坛上，不仅大量的优秀的文言作品，文、诗、词、曲之属，依旧是人们珍惜和喜爱的文化瑰宝，而且在如今通行的白话文中，也并没有完全排斥，相反地现代白话文恰恰是包含了容纳了大

① 《建设的文学革命论》（1918年4月15日），《新青年》第4卷第4号。

量文言文的遗存。况且，文言文中的大量成语和典故，都早已在千百年的流传中变成了人们广泛接受的、喜闻乐见的书面语言和口头语言。事实证明，中国文化在完成了普遍使用白话文的这一空前的变革以后，通行的白话文也并没有和文言文的文化遗产一刀两断。可以说，由于不可改变的历史积累，文言文体的遗留业已成为汉语文化的不可或缺的组成部分；也可以说，完全消除文言文遗产的语言文字，就不再成其为汉语文化，不再成其为中国文化。

陈独秀着重从文学的内容上、性质上论证文学革命的必要性，倡导建立新型的国民的、大众的、社会的文学。这一主张的提出，一扫旧文学中存在的视野狭小、内容陈腐、精神颓废的病态，使文学承担起面向大众，高扬人性、争取人权的神圣使命，自是中国文学史上开创新时代的号角。但是，这种新文学，难道就是与贵族的、古典的、山林的旧文学截然对立、水火不容，必以彻底推倒之后才能得以建立起来的吗？陈独秀所说的贵族文学、古典文学、山林文学，无疑是包含了许多与现代不相适应的内容和情趣，但是这些旧内容、旧题材、旧形式的文学遗产，如今果真都成了有百害而无一用的货色，必须彻底推倒、消灭净尽吗？显然并非如此。实际上这些文学遗产无论在修辞造句、谋篇行文方面，还是在记事状物、抒情论理方面，都给后世留下了一笔弥足珍惜的、具有长久甚至永恒价值的文化遗产。即使是专事描述乃至钟情贵族生活、专事记载乃至讴歌帝王业绩的作品，也包含着大量的世世代代后来者可以借鉴、可以继承、可以引发道义或情感共鸣的内容；具有长远的、永久的文学艺术魅力的佳作，如诗中的"颂"、史中的"纪"和"传"之属，更遑论诗词歌赋中脍炙人口的不朽名篇。在贵族存在的时代里，优秀作家既为民间疾苦抒悲愤，又为贵族乃至皇家谱华章，并且均获成功的，也大有人在，白居易既写《卖炭翁》又写《长恨歌》便是一例。至于所谓"古典的""山林的"文学，更不能一概看做无用的垃圾，无论从文学表达的技巧、形式、辞章来看，还是从文学包含的内容和精神来看，都有着后人值得珍重吸取的文化遗产；即使讴歌消极退隐避世思想的文学作品，不也隐含着赞扬不追名逐利、不与恶浊的世俗合污的高尚情操吗？至于周作人在提倡"人的文学"这一正确前提下，更是把一切涉及神仙妖怪、帝王将相、才子佳人、强盗

黑幕的文学作品，乃至如《西游》、《封神》、《聊斋》、《水浒》等，统统
归入"非人文学"的名下，要求一概予以排斥；如果真照着他所立的这样
区分"人"和"非人"的标准来清理古典文学，那么全部古典文学岂不
就都要打入被扫荡之列，无一能幸免了。很显然，借着包含有过时的陈腐
的内容为理由，而鲁莽地宣布大量旧文学作品死刑的主张，是不分青红皂
白的荒唐论断，它无疑会引发破坏性的灾难性后果。后来在中国文坛上不
时出现的以"文学阶级性"为口实的文化虚无主义倾向，不能说与当年
"五四"新文化运动倡始者的这些偏激言论完全无关。至于 20 世纪六七十
年代大为喧嚣过一阵子的"批判帝王将相"、"破四旧"、"兴无灭资"之
类的所谓"无产阶级文化大革命"，自然是用"革命"的名义把文化虚无
主义发展到极端，酿造成反对人类文明的祸害了。后世出现的畸形的荒唐
事，是后世人造的孽，不好归罪于先人。不过，从后世的教训中，对于使
人更加清醒地认识"五四"新文化运动言论中的片面与偏激之有害，确实
大有助益。应当说，令人遗憾的是，新文化运动的首倡者胡适和陈独秀终
其一生均未对于当年言论中的片面性和绝对化的偏差有所反省，而后来的
许多新文化运动的真诚拥护者也对此缺乏足够的认识。

那么，能不能就像当年新文化运动的反对派以及后来激烈抨击新文化
运动的人士所言，当年提倡的"文学革命"完全就是一场反对传统文学、
反对一切文化遗产的胡闹，从而在中国文化发展史上只起了割裂和毁灭传
统文化的破坏作用呢？显然这种指责是没有根据的，不符合事实的，因而
不过是一种情绪化的偏见。

胡适、陈独秀为代表的"文学革命论"者，除了为着强调文学革新的
必要说过一些片面的激愤之词以外，从整体上看，他们文学革新的见解绝
非主张废弃中国文学遗产的"全盘反传统主义"。他们当时在这方面言论
俱在，谨举其大端如次。

第一，他们并不以白话文学的首创者自居，反而是明确地推崇宋元以
来中国逐渐流行起来的白话文传统，尤其是热情颂扬《红楼梦》、《水
浒》、《西游记》、《儒林外史》等一批白话文学名著，并将其尊奉为中国
文学的正统（至于对某些白话文学作品，如《西游记》、《三国演义》、
《金瓶梅》等的评价上，力主"文学革命"的主要人士间也存在着不同看

法，但这并未影响他们肯定传统白话文学的共同看法）。可见，就他们肯定历史上具有的白话文学的价值这一点而言，也不能把他们"文学革命"的主张简单地斥之为"反传统"。

第二，对于文言文体的传统，他们也没有一概贬斥，而是承认其历史地位。他们指出，文学是"因时进化"的，"一时代有一时代之文学"，所以必须以历史的眼光来看待它，承认其"因时势风会而变，各有其特长"。他们对于先秦经籍、《诗经》、《楚辞》、马班之文、乐府、唐诗、宋词、元曲、明清小说的成就，都多所称许；于杜甫、白居易的诗、韩柳进行的文学更新，更是赞扬有加。胡适就声明过，他是完全赞成说《左传》、《史记》是"长生不死的"。① 他们解释说，提出"文学革命"的主张，绝不是认为中国传统文学一无是处；他们主张革新的出发点恰恰是用"历史的"眼光而不是"非历史的"眼光看待中国文学传统。正是为着把这一基本观点解释得更充分，胡适在发表《文学改良刍议》之后，才特意又写了《历史的文学观念论》一文，着意说明他们并不是反对历史上有成就的古文学和古文家，反对的只不过是"生于今之世反古之道"的"居心复古"的"古文家"。② 亦即钱玄同所说的"选学妖孽、桐城谬种"③ 之类。可见，他们对于文言文也并没有采取"全盘反传统主义"。

第三，胡适、陈独秀对于实行"文学革命"的态度虽然极为坚决，但是在实施"文学革命"的实际操作上，却是常常谨慎的，讲求步骤和方

---

① 《新文学问题之讨论 答朱经农》（1918 年 8 月 15 日），《新青年》第 5 卷第 2 号。
② 《历史的文学观念论》（1917 年 5 月 1 日），《新青年》第 3 卷第 3 号。
③ 钱玄同致陈独秀的信中第一次提出这一论点，语见《通信》（1917 年 7 月 1 日），《新青年》第 3 卷第 5 号。钱玄同对旧文学的批判是很激烈的，如说："现在我们认定白话是文学的正宗"，"对于那些腐臭的旧文学应该极端驱除，淘汰净尽，才能使新基础稳固"。不过，他所说的"腐臭旧文学"，其实并非凡指全部旧文学，而是仅指"文选派""桐城派"一类格式化的所谓"古文"。在他痛斥扬雄的赋、六朝的骈文、文选派桐城派的"古文"的同时，他也热情地赞扬包括先秦诸子在内的周秦以前的文章，说它们有独创性且与当时的语言比较接近；他还给汉魏乐府歌谣、《史记》、《论衡》、韩柳文章、白居易的《新乐府》等的成就以颇高的评价。可见，激进的文学革命派之如钱玄同，对于中国的旧文学其实也是采取分析态度的（语见钱玄同《尝试集序》，1918 年 2 月 15 日，《新青年》第 4 卷第 2 号）。

法。胡适在提倡学校采用白话文教材的同时，也还主张适当设些教古文的课。① 身为北京大学文科学长的陈独秀，也支持蔡元培聘任崔适、辜鸿铭、刘师培、黄侃等"思想虽说是旧一点，但是他们都有专门学问"的人士在北大执教。②《新青年》在举起"文学革命"的旗帜之初，除了发表过白话文翻译的小说和剧本外，所发表的论文几乎仍旧是使用浅近的文言。甚至连胡、陈、钱、刘等提倡"文学革命"的文章，初期也都是用浅近的文言文写的，仅仅是在某些段落里使用了一些白话语句而已。以后才渐渐发表一些白话诗歌、小说、散文和杂感。陈独秀对于钱玄同《新青年》从1918年起改用白话文体和横排版面的建议，原则上都赞同（实际上未能实行横排），但是也还有保留地说，即使改成白话文体之后，为着照顾一些作者的习惯，仍不妨允许一些文言文的文章发表。③ 刘半农更加明确地主张，在确认"白话为文学之正宗"的前提下，"文言白话可暂处于对待的地位"。他的意思是，白话文取代文言文的地位，是"将来之期望"，但并不是可以"一蹴而就"的，而且文言白话各有所长可以互补，人们现在要做的只在于一方面努力促进白话文的发达并吸收文言文的固有的优点，另一方面致力于把文言文改造得浅显使其与白话接近，这样才能逐渐使"言文一致"的白话文成为人们普遍接受的通用文体。④ 胡适、陈独秀对于某些极端偏激言论，如钱玄同废除汉语文字的主张，都婉转地表示了不赞成的意见。⑤ 他们懂得作为数千年文化载体的汉字，是无法骤然废除

---

① 胡适说，他们提倡白话文学，并不反对学者研究旧文学。他们主张学校里都采用国语教材，但是也主张学校里还要教些古文，具体的建议是："高等小学除国语读本之外，另加一两点钟'古文'。""中学堂'古文'与'国语'平等。""大学中，'古文的文学'成为专科"。见《答黄觉僧君〈折衷的文学革命论〉》（1918年9月5日），《新青年》第5卷第3号。

② 陈独秀就此事在一封信里议论道："蔡先生对于新旧各派兼收并蓄，很有主义，很有分寸，是尊重讲学自由，是尊重新旧一切正当学术讨论的自由。"语见周天度《关于陈独秀的一封信》，《近代史研究》1986年第3期。据作者从信的内容推断，陈独秀此信当写于1919年春间；信是写给一位基督徒的，姓名不详。

③ 《通信》（1917年8月1日），《新青年》第3卷第6号。

④ 《我之文学改良观》（1917年5月1日），《新青年》第3卷第3号。

⑤ 陈独秀说：钱玄同要废除汉文，无非针是对于反民主科学的复古议论说的气话，而"像钱先生这种'用石条压驼背'的医法，本志同人多半是不大赞成的"。语见《〈新青年〉罪案之答辩书》（1919年1月15日），《新青年》第6卷第1号。

的。他们赞成研究如何实现国语的统一，也赞成探索国语如何拼音，但是他们都认识到汉语汉文的改革是一桩要在很长的时期里才能做出成绩的大事，只能慢慢探索，而绝不可求其草率速成。由此可见，作为"文学革命"主帅的胡适、陈独秀，在实际行动上，往往比他们的口号要更为温和，——甚至温和到与他们的某些宣言的口径都不大一致。

第四，诚如胡适所说，"胡适陈独秀一班人""文学革命"的发难，并非只着眼于破坏，而且更加注重于建设。新文学的建设，除了包含创建白话文体的、体现人权自由个性解放的主旨的新文学作品之外，同时也包含着对中国固有的传统文化进行新的审视与新的研究。所以，"文学革命"的提倡，不仅没有造成中国传统文学的毁灭，相反地却是开启了研究和发掘中国传统文学宝藏的新纪元。"五四"以后的 20 年代初期，新文学创作迅即形成高潮，一方面有大量新小说、新诗歌、新戏剧、新散文问世，另一方面也陆续有研究传统文学的学术佳作出版。尽管当时对传统文学的研究还处于初创时期，免不得有着幼稚与片面的诸多缺陷，但是由于采用了新的方法和新的视角还是在文坛上引起了振聋发聩的反响，所以它对于开创此后近百年来的研究中国传统文学的超越前人的崭新业绩，无疑具有开山之功。

应当说，时经将近百年的历史验证，后来人是可以冷静地看明白当初"文学革命"先驱们见解的是与非，当能平心静气地指出先驱们对待传统的旧文化合理态度和理智做法，与他们说过的对于旧文学、死文学，要"推倒"，要"取而代之"一类的偏激言辞，在道理上逻辑上是相矛盾的；只是他们当时并没有感觉到这种矛盾的存在，而且若干年后他们也从未对"文学革命"言论中的偏激之词生过任何悔意（只有钱玄同对当年发表"废汉字"一类的激烈言论，表示过忏悔；但是对于"国语罗马字"拼音一事，仍然认定是有价值的，值得继续做下去①）。这表明当着新文化运动的启蒙先驱举起"文学革命"的大旗时，和他们举起"伦理革命"的大旗时同样，也是无力细致解决新旧文化间如何妥当处理革新与继承的关系

---

① 参见杨天石《论钱玄同思想》，《五四运动与二十世纪的中国》（下），社科文献出版社 2001 年版，第 900 页。

这个大问题。但是，也可以说，正是他们抱着这样粗率的甚至鲁莽的态度，倒是增添了他们首创的胆气，一往直前，无所顾忌，去作"前空千古，下开百世"的"文学革命"的事业。

"五四"以前，是新文学运动的创始期，即提出纲领、口号、大致拟制革新目标和革新事项的初创时期。新文学的建设，这时刚刚起步，主要是翻译一些欧洲文学作品、尝试写作白话诗歌，另外则只有鲁迅的《狂人日记》成功地开了现代中国白话小说创作的先河。但是，"文学革命"初创所发挥的启蒙作用、发动作用，是不可低估的。它开启了禁锢人们文学创新的锁钥，打开了封截文学创新的堤闸，呼唤出了"五四"以后新文学创作的如火如荼的高潮。毫不夸张地说，正是"文学革命"主张的提出，深刻地改变了中国文学史的进程，开辟了谱写中国文学的崭新的现代篇章。更值得重视的是，"文学革命"的影响所及，绝非仅限于文学专门领域内的事，事实上它对整个新文化运动发挥了巨大的推动作用。"文学革命"实际上是为新文化思想启蒙运动找到了一条"唤起民众"的极佳途径。得到新文学所具的文学艺术特有的号召力和感染力之助，新文化、新思想、新伦理观、新价值观乃得以在广大群众中、特别是在知识青年中迅速普及。当年就有人看懂了"文学革命"的超越"文学"自身的重大意义，说："诸君近来主张广义的文学革命即是思想革命，真是救中国的根本方法。"[1]

（本文发表于《燕京学报》新 20 期，2006 年 5 月）

---

[1]　张继：《致〈新潮〉信》（1919 年 4 月 29 日），《新潮》第 2 卷第 2 号。

新旧文化能否调和之争

　　早在明朝末年，中国的一些开明人士便开始考虑如何对待西方文化、如何处理中西文化关系的问题。但是直到晚清洋务运动势盛，如何对待中学西学已成为舆论焦点之时，在绝大多数参与议论的人眼中，这个问题的含义仍仅在于那个产自欧洲的西学究竟是否有用、是否可用，开明者也不过是在探讨西学中有哪些可以在中国采用，以及如何采用的问题。即使是主张引进西学的人士，他们基本上也没有触及是不是由于引进西学而要改变或更新固有的国学问题。在洋务派中明确认识到中国应当吸取西学的有益内容、补充中学之不足和改革中学之短处者，实属凤毛麟角。所以那时节的舆论主流，只是将西学与中学看做两种不同性能的文化，而没有将其看做发展程度不相同的新文化与旧文化的关系。真正引发对固有学术文化怀疑的，是康梁图谋改革旧的政治体制、从而也相应地呼吁改革传统旧经学的变法思想的兴起。守旧派人士这才讥讽康梁鼓吹的"不中不西"的主张为"新学"，殊不知这种无知的轻蔑恰好印证了这时确实出现了一种和中国原本固有的文化不同的新思想新学术；尤其是到了清朝小朝廷为着自己的生存而被迫实行"新政"时，所谓"新学"已不仅不再被人视为异端邪说，而且是迅速崛起，一路走红，对"旧学"权威的冲击构成了不可阻挡之势。于是，中西文化问题便日益演化为如何处理旧文化与新文化的关系问题。① 辛亥革命后，"新旧思想之冲突"愈加成为舆论关注的焦点；提倡新思想创建新文化的同时，不可避免地将改变旧思想、改革旧文化这一历史任务提上了中国文化建设的议程。新文化运动的兴起，更加使得如何评估、如何对待旧文化一事，成为文化思想领域无从回避的尖锐问题。

---

　　① 　参见拙著《中西体用之间》，中国社会科学出版社1997年版有关章节。

　　新文化运动的先驱们锐意革新，乃倡导新陈代谢为文化发展的常规之论；但他们既然立意惟在革新，自是将批判的矛头指向固有的旧文化，所以便把文化的"新陈代谢"往往简单解释成以新代旧、弃旧图新、除旧立新。也就是说，他们是在极力论证作为一个整体的旧文化如今不管用了，必须根本废弃，只能另外建立一个崭新的新文化来取而代之。新文化运动的先驱们敏锐地觉察到中国固有的文化已经落后于时代，看到它不仅不适应拯救中国于危亡的现实需要，而且已成为中国复兴与强盛的严重障碍，所以他们全部精力都放在了揭露旧文化具有哪些弊病上，从来也没有认真考虑所提倡的新文化与旧文化是不是还有什么联系。加之他们当时心目中的"新文化"乃是外来的产自欧洲的西方近代文化，因而也愈加不觉得它和中国自身固有的传统文化有什么瓜葛，于是，以"新陈代谢"为口号的激进的文化革命论，其论说便一步步推向了极端，衍化为主张"换一种文化"的"文化取代论"。毛子水赞扬"欧化"蔑弃"国故"的言论，恰恰是以最粗率最直接了当的方式，把这种"文化取代论"展示于人，并从而把"以新代旧"的文化革命主张立论上的疏漏在公众面前暴露无遗。这样，一系列有关新旧文化关系的尖锐问题，便更加以咄咄逼人之势，纷纷扬扬地提到新文化运动倡导者的面前：新文化难道能够绝对脱离开旧文化的母体而诞生吗？难道能够把旧文化完全抛弃、彻底消灭，而后能凭空建立起与旧文化绝缘的丝毫也不相干的新文化吗？新文化里难道能够不包含任何旧文化的遗留吗？在时代发生重大的变革之后，旧文化难道果真就变成一无可取、果真就有百害而无一利吗？"五四"以后，针对新文化运动所持的"文化取代论"在理论上和逻辑上存在的这些明显疏漏，种种驳议在论坛上出现了，而其中有别于顽固守旧派的偏执迂腐，颇具公允平和之态、从而颇能唤起同情，且最具理论水平和逻辑力量的，当属章士钊的新旧文化调和论。①

　　新旧文化调和主张的雏形，是由来已久的"中西会通"说。早在明朝末年，徐光启就有过"会通中西"的说法。晚清洋务派起，提倡"中外一

---

　　①　有关对"五四"时期"文化调和论"的评论，可参考拙著《重评"文化调和论"》，该文发表于《历史研究》1989 年第 4 期。

家"、"融会贯通而使用之"的人更多起来。张之洞综其说在《劝学篇》中特辟《会通》一章，大体上把洋务派的"中西会通"观介绍清楚了，那就是承认"中学"、"西学"各有所长，可以兼采并用，但是又认定两者性质相异，因此只能各司其职，而不能互相吸取，更不能融为一体。所以张之洞心目中的中西"会通"，只限定于"杂而不糅"、"调而不和"，并不是主张实现二者的真正融会贯通，从而也就从根本上堵塞了对中国固有的旧文化是否需要进行改革的探讨和思考。康有为提出过"泯中西之界限，化新旧之门户"的口号，严复提出过"统新故而观其通，苞中外而计其全"的口号，应该都算是对于洋务派"会通中西"观的重要突破，不同程度地表达出融会中西旧新的意向，从而也婉转地示意着，中国在新时势下，再也不能对本国的固有文化妄自尊大、自封自囿，而是应当认识到本国固有文化业已面临着放手吸取西方的新文化内容加以充实和更新的迫切需要。只是那时候倾心于变法的康梁，乃至声言"力主西学"的严复，事实上也都未能说明白究竟应当怎样处置固有文化，更没有理清楚旧文化与新文化究竟是怎样的关系。

　　新文化运动初起时，杜亚泉使用过"东西文明调和"说，稍后又提出过"新旧思想折衷"论，然其立论的路数基本上未能跳出"中体西用"的模式，是主张用中国儒家的道统来"统整"西方文明。李大钊在反驳杜亚泉时也提出过"东西文明调和"的主张，但立论恰与杜亚泉相反，他是主张采用西洋的"动的文明"来对东洋文明的静止精神实行"根本扫荡"，以挽救中华民族于危亡。可以看出，即使李大钊认识到中国文化已经落后于西方而急需更新时，也还是企求另找一种先进的文化来做治病的药方，并没有理会新文化和旧文化间是否存在历史的联系；所以他的"文明调和论"也只是新文化运动中流行的"文化取代论"的一种较为温和的表达而已。章士钊"新旧调和论"的价值，就在于抓住了文化发展的历史性这一新文化运动倡导者所忽略的要害。抓住了这一要害，就把旧文化与新文化实际上是处于一种什么样的状态，以及据此人们推动文化创新时究竟该对旧有文化取何种态度的这个重大问题，尖锐地摆在人们面前，迫使人不能不正视它，对它作出回答。可以说，正是章士钊"新旧调和论"的提出，才使得"五四"后关于文化问题的探讨，升到了一个较高的新的理论层次。①

　　章士钊开门见山，便把"新"与"旧"间存在的最一般的关系挑明。他写下了一段极富挑战性的议论：

　　　　新时代一语，每每引起误解，以为新之云者，宜是崭新时期，与从前时代绝不相谋。诸君试闭目沉思，假定一新时代突然而起，一切文字制度都非前有，则其社会人物成何景象？仔细思之，岂非回复上古原人之状况乎？夫以上古原人与今世文明相较，社会组织上文野繁简之程度，不可以道里计，不可以品物计。而一言以蔽之，不过一无历史与有历史之区别而已。固历史者，在人类社会诸可贵之物之中最为可贵。……以知新时代云者，决非无中生有天外飞来之物，而为世世相承连绵不断，有可断言。既曰世世相续，连绵不断，是历史为活动的整片的，如电影然，动动相续，演成一整剧；……总之时代相续，状如犬牙，不为栉比，两时代相距，其中心如两石投水，成连线波，非同任作两圆，边线各不相触。②

　　章士钊着重强调的是：社会发展是历史的。他指出，新时代只能是从前时代的历史延续，而不可能与从前时代绝不相谋。这是认识和辨析一切事物的绝对的大前提，文化自然不能逃此通例。据此，他机智地抓住胡适提倡白话文的一个论点："说话须说现在的话，不可说古人的话。"于是旁敲侧击地挖苦说："须知不说古人的话，现在即无话可说。"并发表议论道：

　　　　今试考字书，何字不曾有几千年或几百年之历史？文字者，祖宗所贻留我辈之宝藏也，我辈失此宝藏，学问知识上，立见穷无立锥。故古人用文字以达其意思，吾辈之意思，有与古人同者，或古人之意

　　① 章士钊论述"文化调和论"的主要代表作是：《新时代之青年》（1919 年 11 月），《东方杂志》第 16 卷第 11 号。《新思潮与调和》（1920 年 2 月），《东方杂志》第 17 卷第 2 号。前一篇文章是他于当年 9 月在寰球中国学生会发表的演说。

　　② 章行严：《新时代之青年》（1919 年 11 月），《东方杂志》第 6 卷第 11 号。

思，有先我而得者，吾辈为立言便利及节省心思起见，正有说古人的话之必要。故以愚见观之，不说古人的话，不必一定是新文字的规律。①

这是章士钊批评新文化运动的入手处，这一选择看似信手拈来，实际上却是结结实实地击中了当时提倡新文化的人士立论疏漏的要害。人在幼年牙牙学语时，只能学着说母语，说从前人的话，否则便无话可说；什么人也不可能自己独创出一种完全不同于前人的话来。同此道理，任何文化事业，只有在被动地接受既有文化"宝藏"的基础上，才能够得以存在，得以发展。可见，文化也只能是历史的，只能是"世世相续，连绵不断"的，没有旧文化就不可能产生出新文化，新文化"决非无中生有天外飞来之物"。章士钊的简捷揭示，无非是说明文化传承是无从躲避的，摆脱不开的；不管人们如何想做旧文化的叛逆者，事实上也只能无可奈何地接受旧文化，并以其为文化创新的出发的基地。可见，新文化不但不能与旧文化绝缘，相反地，旧文化恰是新文化的母体。这就是所谓的"旧为新基"。

新文化不能离开旧文化而产生而形成，那么当着新文化产生之后、形成之后的新时代，那新文化又和旧文化处于怎样的关系中、怎样的状态中呢？章士钊提出"新旧杂糅"的调和论，正是针对这个问题作出的解答。他说，所谓"新时代"，不过是一个"权宜之词"。适合现时需要的政治学问，叫它"新"，也未尝不可，"然决非与旧者析疆之界鸿沟确立之谓也"。也就是说，新时代不可能是一种"挥斥一切旧者"的、和从前时代截然不同的时代；这个时代中的人也不会是"与前一时代之人截然不同"的"新青年"。他认定，任何时代任何事物，都只能是处于"新旧杂糅"的状态。他论述道：

宇宙之进步，如两圆合体，逐渐分离，乃移行的而非超越的。既曰移行，则今日占新面一分，蜕旧面亦只一分。蜕至若干年之久，从其后而观之，则最后之新社会，与最初者相衡，或厘为二物；而当其

---

① 《新时代之青年》。

乍占乍蜕之时，固仍是新旧杂糅也。此之谓调和。调和者，社会进化
至精之义也。社会无日不在进化之中，即社会上之利益希望情感嗜
好，无日不在调和之中。故今日之为青年者，无论政治方面，学术或
道德方面，亦尽心调和之道而已。万不可蹈一派浮薄者之恶习，动曰
若者腐败当吐弃，若者陈旧当扫除，初不问彼所谓腐败者是否真应吐
弃，彼所谓陈旧者是否真应扫除，而凡不满意于浅薄之观察，类欲摧
陷而廓清之也。故今之社会道德，旧者破坏，新者未立，颇呈青黄不
接之观，而在此欧战期后为尤甚。人心世道之忧，莫切于此。凡为青
年，不可不共分此忧也。①

这段议论，可以算是章士钊"新旧调和论"的精义所在。他的逻辑
是，新与旧不可能截然分出疆界鸿沟，因之"新"不仅只能是在"旧"
的基础上产生，而且其后的生长过程也只能是渐进的、移行的，新的渐
生，旧的渐蜕；任何事物，变化再剧烈，也不会把旧的成分尽行消灭，所
以必定是永处于新旧杂糅的状态中。他解释说，无论是"改造"，无论是
"解放"，其实"俱不可不以旧有者为之基础"，因此也"悉可纳诸调和之
中"。"改造"，无非是"新旧质剂之结果"成一"别型"之物；"解放"，
无非是旧者给新者留出了若干余地，容其存在。② 社会进化的实际过程既
是新旧杂糅，于是人们对待它的惟一正确态度也就只能是"尽心于调和之
道"，所以结论是："调和者，社会进化之精义也。"章士钊直言不讳，清
楚地表明他的这套调和论，矛头正是指向以扫除旧文化、提倡新文化为宗
旨的浮浅的"新青年"们。不能不承认章氏的这一议论，确实是抓住了当
时文化革命的倡导者们的议论里忽视文化传承关系这一立论上的严重疏
漏。他有理有据地阐明了，在人类社会中，新文化不可能脱离开旧文化而
产生而发展，这一无可否认的基本事实。毫无疑问，从语言文字到一切文
化形态的内容与形式，在任何时候任何条件下，都不可能完全脱离固有文
化遗产而变成通里通外、彻头彻脑的全新的东西。所以应当说，章士钊具

---

① 《新时代之青年》。
② 同上。

有严格逻辑性的"新旧调和论"的提出，不止是向新文化运动挑明了必须面对的文化继承这个难题，而且是矫正了新文化运动初期立论上忽视文化连续性的偏颇。

章士钊这种强调文化传承必然性和重要性的"新旧调和论"，立论上有没有弱点呢？它包含着的错误是显然的。第一，他只是强调了时代的进化、事物的发展统统是处在世世相继的新旧杂糅的渐进状态中，可是没有回答社会的进化何以会有顺利与困难、急速与迟缓的巨大差别。他没有回答新陈代谢的过程，何以会有时是缓慢、迟滞、停顿，乃至倒退，有时却是突飞猛进、日新月异。第二，他把事物的存在与发展，描绘成仅仅是一个新旧杂糅的自然过程，而人们只能无可奈何地面对这种现实，只能在新旧间消极地调和折中。他回避了新旧之间是否存在着矛盾和冲突的问题。他拒绝解释"旧者"中有哪些"真腐败"、"真陈旧"的成分已变成时代发展的障碍，应当予以吐弃、扫除，也不肯承认有哪些适应时代需求的"新者"，应当予以扶持。他完全不理睬人们的行为，对于阻碍还是促进新陈代谢的进化过程所能发挥的重大作用，更是绝口不谈先进分子从事文化革新事业、推动时代进步的重要意义。第三，最重要的是，章士钊的"新旧调和论"，虽然在表达上力图显出公允折衷，但在事实上却是具有鲜明的守旧的倾向，他提出"新旧调和论"实际的用意，是在于阻击新文化运动的猛烈冲击，保护和偏袒旧道德旧文化。章士钊在文化观上之所以持"新旧调和论"，与他当时的政治态度不无关系。他早在 1914 年于东京创办《甲寅》，抨击袁世凯取消共和图谋复辟帝制时，在政治主张上已经提出"调和立国论"，但那是出自对于提倡欧美流行的"两党政治"的一种不确切概括。他认为袁世凯之取消共和、实行专制，是由于"好同恶异"，排斥异己；其实为政之本恰在于"不好同恶异"，能够容纳异己的反对党，以求执政得到监督。他把这样一种本来对共和政治并不算错误的理解，却概括成为模糊是非界限的"调和"，乃至说"调和者立国之大本也"，并且据此指责革命党也犯了"好同恶异"的毛病。① 1917 年年初，他在新创办的《甲寅日刊》创刊号上，宣布刊物的旨趣时也还是说，袁氏帝制已

---

① 《调和立国论》，《甲寅》1914 年第 4 号。《政本》，《甲寅》1914 年第 1 号。

废，共和逐步建立，正值"新旧代谢，时序莫复"的时期，所以仍应取调和的态度，即："新旧相冲，错综百出，欲爬梳而调理之，所需调和质剂之功。"① 从此以后，章士钊重视"调和"的观念越来越固执起来。加之，他因反对白话文反对"文学革命"在文化观上日趋守旧，以及因参与并支持北洋政府而在政治态度上日趋保守，都促使他更加倾心于鼓吹"新旧调和论"。

章士钊对于自己这种政治态度和文化倾向的变化作过一点辩解，声言他从前曾经持"极端革命论"，如今态度虽变，但也"决非顽固守旧者之徒"。但是，他把话锋一转，以欧战造成社会风气败坏为由，发挥出一通"开新"不如"复旧"的议论。他以欧洲的现状为例发表评论道："总之欧洲之所应为，一面开新，必当一面复旧。物质上开新之局，或急于复旧，而道德上复旧之必要，必甚于开新。此其所当知者。"② 不过，他这并非专指战后欧洲的特例，而是以此为例，引申出"保旧胜于开新"的通则。所以他接着便发挥道：

> 凡欲前进，必先自立根基。旧者，根基也。不有旧，决不有新，不善于保旧，决不能迎新；不迎新之弊，止于不进化，不善保旧之弊，则几于自杀。③

章士钊用来证明"迎新不如保旧"的证据是，前清政局已经腐败不堪，可是更新的结果适得其反，挂着共和招牌的民国其政局的腐败更是有增无减。章士钊举出这样的例证后，居然没有想一想，面对着腐败的假共和，究竟是应当进一步推进改革以实现真正的民主共和呢，还是应当复辟旧制重建帝国。从"旧为新基"这个最一般的常识性合理前提，竟然推论出宁肯拒绝革新而牺牲社会进步，也要坚决保护旧制的极端守旧的结论。这样的论断一出，再表白自己是主张"新机不可失，旧德亦不可忘"的

① 《发端》（1917 年 1 月 28 日），《甲寅日刊》创刊号。

② 同上。

③ 同上。

"逐渐改善"的调和论，都无法自圆其说了。这样一来，章士钊调和论的提出，不是在为正确认识新旧间的联系澄清是非，而是在为反革新的守旧主张辩护，是不打自招了。

章士钊的"新旧调和论"的出现，确实成了当时文化舆论界关注的一大热点。和过去杜亚泉或李大钊论东西文化调和并没有引起人们多大的重视不同，这一回"调和论"引起了许多文化人的注意。杜亚泉、陈嘉异等在《东方杂志》上发表文章，与章氏的"新旧调和论"相呼应，当然它也立即受到支持文化革新的人士激烈批评。关于文化调和问题的这场讨论，大约持续了四五年左右。支持新旧文化必应调和的，提出的新见不多，杜亚泉也只是斥责提倡新文化的人没有新思想，说他们是"大率主张推倒一切旧习惯，而附之以改造思想改造生活之门面语"，只能算是一种"态度"而算不上是一种什么"思想"。反驳"新旧调和论"的议论，倒是在应战中找出了一些新理由，概括起来说，主要讲出了以下四个方面的理由。

第一，"新旧杂糅"当然是普遍存在的事实，但这只能表明是新旧共存，而非新旧调和；也就是说，确认新旧杂糅，恰恰正是证明了新旧并未调和。至于说到进化就是"新的增加一分，旧的便淘汰一分"，"新的把旧的挤了出去"，那岂不是更加证明了"共存"于一体的新与旧未能调和。所以，无论是自然界的变化，还是社会的变化，时代的变化，文化的变化，都是新陈代谢的过程，而不是老处于新旧调和的静止状态。①

第二，新陈代谢的进程，不可能只是"平均速度"的"移行"。"移行"是事物的"潜变"阶段，是逐渐把小变化积累起来的阶段；积累到一定阶段，就必定引起大变化，引起"突变"。"突变"的出现，正是"潜变"的过程中新旧不能调和的结果。如果不断调和了，就不会出现这样的大变化。为谋求永久平静，而一味调停新旧，那就是取消变因，永远阻滞重大进步。②

---

① 张东荪：《答章行严君》，1919 年 10 月 12 日《时事新报》。蒋梦麟：《新旧与调和》，1919 年 10 月 26 日《时事新报》。

② 张东荪：《突变与潜变》，1919 年 10 月 1 日《时事新报》。《答章行严君》，见上注。

第三，"新陈代谢"的进化过程，固然是不能不以"旧"为基地，但是既然是产生了"新"，那这"新"就是"旧"之所无。因此不能不承认，新事实之产生，新真理之发现，新道德、新思想之形成，都无不是和"旧存在"、"旧事实"、"旧表现"、"旧思想"相枘凿。[①] 仅从"新"产生于"旧"，并不能解释不同于"旧"的各种新事物、新关系、新思想、新文化何以能够产生的原因。可见，只强调"新旧杂糅"、"新旧调和"，不承认"新旧冲突"，便否认了新的创造，否认了新的进步。[②] 至于说"突变"之后形成的"新"质之中，倒是可以兼容原有的"新"与"旧"，即"调和新旧"；不过这是"正""反"之后的"和"。也就是说，"新"与"旧"在新质中得以"调和"，正是由于在旧质中"新"与"旧"无法"调和"，从而造成了事物的质的改变，得出来的结果。[③]

第四，"新陈代谢"的社会进化过程，是由社会经济发展所决定的，因此物质上进化和精神上进化的趋势是一致的。想要维持"物质上的开新"和"道德上的复旧"的"新旧调和"局面，是办不到的。思想、主义、道德、哲学、宗教、风俗、习惯、法制等，一切都要随着社会经济的变动而变动。变革是必然的，万世不变的法则是没有的。"新思想是应经济的新状态社会的新要求发生的"，只能听它"自由流行，而断断无法遏止"，"宇宙进化的大路，只是一个健行不息的长流，只有前进，没有反顾，只有开新，没有复旧。"[④]

总而言之，新文化运动的支持者，有力地揭示出调和论是在把新旧间的关系仅仅归结为调和状态为口实，而抹杀了新旧间存在着矛盾、冲突，以至不能相容，从而不得不改变现状、不得不谋求更新的必然趋势。他们尖锐地揭露章士钊的调和新旧主张的本质，是在以"旧为新基"、新旧只能调和为借口，推行"只许保旧，不许迎新"的主张，亦即要求人们无条件地维护旧事物、旧文化，阻碍对旧事物、旧文化进行改造更新，阻碍社

---

①　朱调孙：《研究新旧思想调和之必要及其方法》（1920 年 2 月），《东方杂志》第 17 卷第 4 号。

②　蒋梦麟：《何谓新思想》（1920 年 1 月），《东方杂志》第 17 卷第 12 号。

③　张东荪：《突变与潜变》，见前注；《答潘力山君与程耿君》，1919 年 10 月 26 日《时事新报》。

④　李大钊：《物质变动与道德变动》（1919 年 12 月），《新潮》第 2 卷第 2 号；《由经济上解释中国近代思想变动的原因》（1920 年 1 月），《新青年》第 7 卷第 2 号。

会进化、文化革新的生机。同时，也可以看出，"新旧调和论"的提出，逼得新文化运动的支持者在对于事物进化过程，包括文化发展的过程，进行更深入的思考，从而在认识上有了显著的提高。他们在批驳新旧调和论的同时，事实上承认了新旧并存是普遍现象，这就等于否定可以将一切旧事物、旧文化彻底扫荡之说。蒋梦麟在反驳杜亚泉时着重说明，抱新态度的人决非是"一味主张推倒一切旧习惯"，而是主张拿它来"下一番批评"。他援引胡适把新思潮解释"重新估定一切价值"的定义，来阐释对待旧事物是采取分析批评的重新估价的态度，而非要将其一概否定。蒋梦麟还举了一个生动的例子，说："譬如从前的一把太师椅的价值是银四元，八仙桌的价值是银十元，现在要把他们的用处和式样与现在的新式样比较起来，下一个批评，重定一个价值，没有把他们都当柴烧的意思。"① 于此可见胡适派新文化运动倡导者，已经明确认识到，当着进化入新境之时，旧事物、旧思想经重估后仍会有价值可取。也就是说承认新与旧并非绝对排斥的截然两端。张东荪更是明确指出，在事物性质发生根本更新之后，"新"与"旧"不但会并存，而且可以在新质中实现"调和"。这就等于说，在新陈代谢的过程中，新与旧不是完全绝缘的；新事物、新文化中吸取、继承、包含着旧事物、旧文化的某些合理的、即仍有生命力的因素、成分。如此这般的见解，表明新文化运动的支持者们，这时更加明确地从"论敌"的议论中吸取了合理的内核——即"中西会通说"所主张的东西文化间应当互相取长补短，"新旧调和论"所论证的新旧文化间存在着不能割断的历史联系。纵然那两种调和论立论的大前提都是错误的，其根本意图都是在抵制进化过程中实现改变旧制的激烈革新，但是其议论中的合理内核却是一切清醒的革新者所必须正视的："中西会同论"肯定了不同类型的文化间交流融合的可能性和现实性，"新旧调和论"肯定了不同时代的文化间积累、传承、演变、发展的必然性和合理性。所以可以说，具有理论深度和逻辑思辨水平的"新旧调和论"的提出，不但是给新文化运动的倡导者出了难题，而且更重要的是，它推动新文化运动的倡导者理论上趋向成熟。尤其是促进了激进的文化革新论者，在论述其革新主张时，

---

① 《何谓新思想》（1920 年 1 月），《东方杂志》第 17 卷第 2 号。

更加慎重地考虑到如何同时妥当地对待固有文化。正因如此，此后力主文化革新者与强调文化守成者之间，关于中西旧新文化间交流融合的认识，事实上已逐步靠拢，渐渐取得一些共识。例如，激烈反对新文化运动的吴宓，在《论新文化运动》中，一方面攻讦新文化运动，另一方面又呼吁今后东西文化能够颉精取粹，融会贯通，熔铸一炉，"造成新文化融合东西两大文明之奇功"。① 积极参与新文化运动的郭沫若，在致宗白华的一封信中，说明不同意把东方文明定为静的文明、把西方文明定为动的文明之后，也表示不赞成对中国固有文明简单否定或盲目赞美，主张即使在第一次世界大战结束后的局势下，仍然还是"要唤醒我们固有的文化精神，而吸吮欧西的纯科学甘乳"。② 与梁漱溟争论如何选择"文化路向"时，更有很多人主张走中西两种文明"调和"或"互补"的道路，并以此来反对重新走上"崇中抑西"的老路。这些都表明，文化调和已经逐渐为提倡新文化的人士接受过来，用作反击一味鼓吹文化复旧论的武器。

不过，从当年对"新旧调和论"所作的批评中也还是可以看出，新文化运动的支持者和同情者，在论辩中调整自己对待旧文化的见解和做法时，态度总是羞羞答答的，遮遮掩掩，不肯对以往所作的"弃旧图新"的绝对化观点作出批判性反省与阐释。不仅如此，每当论及对待旧文化的基本态度和基本方法这个大题目时，他们几乎仍旧是在鼓动实行"推倒重建"式的文化革命，主张把旧文化扫荡肃清，然后另建一个焕然一新的新文化。持如此意见的突出典型，仍然要数陈独秀。

陈独秀写了《调和论与旧道德》，回应了老朋友章士钊对新文化运动的挑战。他开篇便说，"现在社会上有两种很流行而不祥的论调"，一是认为"没有新旧截然分离的境界，只有新旧调和和递变的境界"，用"新旧调和论"号召天下，二是宣称"物质的科学是新的好西洋的好，道德是旧的好中国固有的好"。很明白，其实这两种所谓"不祥的论调"都是出自章士钊的"新旧调和论"。陈独秀承认，"新旧因调和而递变，无明显的界线可以截然分离"，是"思想文化史上的自然现象"；但是他认为，这

---

① 《论新文化运动》（1922 年 2 月），《学衡》第 4 期。
② 《致宗白华》（1923 年 5 月 2 日），《创造周刊》第 5 号，1923 年 6 月。

并不是思想文化本身上的新与旧的实质比较。他进一步说，这种新与旧
"不但在时间上不能截然分离，即在空间上也实际同时存在"的"新旧杂
糅"现象是确有的；"同一人数中，各民族思想文化的新旧不能用时代划
分，同一民族中，各社会各分子思想文化的新旧，也不能用时代划分；这
等万有不齐新旧杂糅的社会现象"，也的确是存在的。可是，他认为，"这
种现象是思想文化史上不幸的现象"，而且这种现象的存在"是人类惰性
的作用"，"乃是因为人类社会中惰性较深的劣等民族劣等分子，不能和优
级民族优级分子同时革新进化的缘故"。因此这种"进化史上的不幸事
实"，人们只能说它"实在如此"，而不应说它"应该如此"。陈独秀承认
思想文化史上"惰性"的存在，但是他站在坚决革新的立场上，痛斥
"惰性"的作用，他说：

> 惰性也是人类本能上一种恶德，是人类文明进化上一种障碍。新
> 旧杂揉和缓进的现象，正是这种恶德这种障碍造成的。所以新旧调和
> 只可以说是由人类惰性上自然发生的一种不幸现象，不可说是社会进
> 化上一种应该如此的道理。若是助纣为虐，把他当做指导社会应该的
> 一种主义主张，那便尽误苍生了。①

说"惰性"是人类的本能，或者人类文化传统的本能，也未尝不可。
但是为了抨击旧文化，硬是一口咬定"惰性"只是一种"恶德"，这就未
免强词夺理了。文化具有着不为后来者的喜恶迎拒所左右的延续和传承的
"保守性格"，或者叫做"惰性"，这是事实。不过这种"性格"是具有两
面性的：既表明它是文化赖以生存的基地和进一步发展的保证，又表明它
会成为人们因循自宥、排斥新机的沉重的思想负担、精神枷锁。陈独秀用
反"惰性"做理由来批驳"新旧调和论"，表达了改革旧文化、建设新文
化的决心，可是并未能解释清楚"旧为新基"、"新旧杂糅"究竟是不是
事物实际进程中的必然状况。这种明显的片面的情绪化解说，当然也充分
地反映出陈独秀坚持新文化运动的信念的坚定，以及为着实现文化革命的

---

① 《调和论与旧道德》（1919 年 12 月），《新青年》第 7 卷第 1 号。

目标而不惜采取"宁左毋右"手段的执拗。有着颇为深厚的旧文化素养的
陈独秀，难道会不懂得文化发展过程具有的连续性继承吗？显然不是。他
是明知旧文化不可能完全抛弃，也无法完全灭绝，但是他还是坚决主张给
予旧文化以彻底的打击，并且论证说只有采取这种"矫枉过正"的办法，
才能够取得文化更新的效果。他举例解释说：

> 譬如货物买卖，讨价十元，还价三元，最后的结果是五元；讨价
> 若是五元，最后的结果不过二元五角。社会上的惰性作用，也是如
> 此，改新的主张十分，社会惰性当初只能够承认三分，最后自然结果
> 是五分；若是照调和论者的意见，自始就主张五分，最后自然的结果
> 只有二分五，如此社会进化上所受二分五的损失，岂不是调和论的罪
> 恶吗？所以调和论只能看做客观的自然现象，不能当做主观的故意
> 主张。①

任何重大的社会改革，要说在在都能做得恰如其分，不发生任何出格
之处，不带来丝毫本不应有的损伤，那也确实难以办到。但是，理直气壮
地将其当成现实改革的不二法门，这无论如何也是难以说通的；况且由于
这种对于"过正"手段的袒护和纵容，必定会引起或大或小的破坏行为，
甚至带来灾难性后果。"五四"时期激进的文化革新派，采用这种"矫枉
过正"的理由为其过激的革命言论辩护的事是比较常见的。30 年代，胡
适解释为什么要提出"全盘西化"的口号时，也表示过这种"不过正不
能矫枉"的用意。他说，因为"中国的旧文化的惰性实在大的可怕"，所
以要引进"科学工艺的世界文化和它背后的精神文明"，"借它的朝气锐
气来打掉一点我们的老文化的惰性和暮气"。至于我们的老文化里真有的
"无价之宝"，经过这番"洗涤冲击"之后，自然会"格外发挥光大"。②
此后，在中国革命阵营中，"不过正便不能矫往"的主张甚为流行，这也

---

① 《调和论与旧道德》（1919 年 12 月），《新青年》第 7 卷第 1 号。
② 《试评所谓"中国本位的文化建设"》（1935 年 3 月 30 日），1935 年 3 月 31 日天津《大
公报》。

许是与五四新文化运动鼓吹过这种偏激的"主观的故意主张"有关。热血奔腾的革命者，常常会忘掉"过犹不及"的古老格言包含的深意。

　　章士钊提出"物质开新、道德复旧"主张，这是将其看来平和中庸的"新旧调和论"所包含的守旧实质赤裸裸暴露出来，所以这也正是陈独秀、李大钊等人揭露和痛斥"新旧调和论"公正面貌之虚假的着力处。当着维护专制体制、维护等级秩序的伦理纲常、宗法礼教，还是统御着中国广大国民的心灵，构成公众最严酷最顽固的沉重精神枷锁的社会环境中，呼吁和发动抨击旧道德的伦理革命，自然是顺乎民心合乎潮流的义举。当此之际，章士钊借诸"调和"的逻辑推理来呼吁"道德复旧"，哪能不受到文化革新派群起而攻之呢。陈独秀说，不论东洋的还是西洋的旧道德，无非就是在"助长人类本能上的黑暗面"，而新道德则是在"彻底发达人类本能上的光明面，彻底消灭本能上的黑暗面"。即使就大战后的欧洲而言，也只有抛弃私有制度下的旧道德，"开发那公有、互助、富于同情心、利他心的新道德"，才能消除社会现存的悲惨现象；倘若"主张物质上应当开新，道德上应当复旧，岂不是'抱薪救火扬汤止沸'"！① 接受了历史唯物主义的李大钊，更是连续写出长篇文章，从经济发展、社会变动的不可抗拒的必然性上，论证道德的更新是必然的趋势。他写道：

> 　　道德既是社会的本能，那就适应生活的变动，随着社会的需要，因时因地而变动，一代圣贤的经训格言，断断不是万世不变的法则。什么圣道，什么王法，什么纲常，什么名教，都可以随着生活的变动、社会的要求，而有所变革，且是必然的变革。因为生活状态、社会要求既经变动，人类社会的本能自然也要变动。拿陈死人的经训抗拒活人类之社会的本能，是绝对不可能的事。②

　　据此，他进一步推论说，道德的开新和物质的开新是只能一致的，不能背道而驰：

---

① 同上。
② 《物质变动与道德变动》（1919 年 12 月），《新潮》第 2 卷第 2 号。

新道德既是随着生活的状态和社会的要求发生的，——就是随着
物质的变动而有变动，——那么物质若是开新，道德必跟着开新，物
质若是复旧，道德亦必跟着复旧。因为物质与精神原是一体，断无自
相矛盾、自相背驰的道理。可是宇宙进化的大路，只是一个健行不息
的长流，只有前进，没有反顾；只有开新，没有复旧；有时旧的毁灭
新的再兴，这只是重生，只是再造，也断断不能说是复旧。物质上道
德上均没有复旧的道理！①

李大钊将道德上的全部变动，都和物质上发生的变动联系起来，并且
力图从经济的变动上解释中国近代发生社会变动、进而发生思想变动的原
因。② 把文化的变革，一概归结为经济变动所引发，未能认识到精神领域
里本身存在着能动的动因，这样的论断未免失之于机械，不过，从总体上
看，它清醒地阐明了中国近代面临着不可避免的经济大变动、社会大变
动、政治大变动和思想大变动；而这样的社会巨变的到来，绝不是一厢情
愿地鼓吹"新旧调和"、"移行缓进"、"道德复旧"所能阻挡得住的。李
大钊的论述，提供了当时关于新旧文化何以不能不发生根本性变化的最深
刻的论述。揭示中国近代社会面临大变革的大势，这正是对"新旧调和
论"及其内涵的"道德复旧论"的最有力的批驳。不仅李大钊，而且张
东荪也明见及此。张东荪说：

就是讲到中国，也非得有一个大改革不可。暂时平静，乃是酿造
变化的原动力，若是永久平静便无进步。所以我说变因不能调停，调
停便是釜底抽薪。③

正是由于面临着社会大改革的任务，再来片面地强调新与旧的杂糅和

---

① 《物质变动与道德变动》。
② 《由经济上解释中国近代思想变动的原因》（1920 年 1 月），《新青年》第 7 卷第 2 号。
③ 《答潘力山君与程耿君》，《时事新报》1919 年 10 月 26 日。

调和，乃至进而鼓吹"迎新不如复旧"，显然是不合时代潮流需求的。

　　通过这场辩论，"新旧调和论"没有占到上风，它未能阻挡住文化革新的势头。可是也应当说，占了上风的新文化运动的提倡者们，也未能通过这场辩论真正弄明白文化的继承与变革的正常关系，他们在反驳"新旧调和论"的过程中，回避了对于"旧为新基"这样正确而尖锐的问题作出正面回答，也没有对于"新陈代谢"过程中的"新"与"旧"是处于怎样的又区别又联系的复杂状态作出全面分析。如果说章士钊的"新旧调和论"看到了"新"与"旧"的联系而忽视了"新"与"旧"的对立，那么陈独秀等人的"新陈代谢论"则是看到了"新"与"旧"的对立而忽视了"新"与"旧"的联系；他们依旧没有理清文化发展过程中联系与变异、承袭与创造的关系。这种理论上的疏漏和困惑，也促使在新形势下关于中国文化的路向，究竟是应当"复旧"还是"图新"的问题，不能不仍在"非此即彼"的模式挑选的层次上，继续展开一轮又一轮的辩难与抗争。

　　　　(1989 年，为纪念"五四"运动七十周年的学术讨论会提供了一篇题为《重评"文化调和论"》的论文。论文发表于《历史研究》1989 年第 4 期。本文是在该文的基础上改写的第二稿，改于 2005 年)

论《学衡》

　　《学衡》，作为《新青年》派新文化运动的旗帜鲜明的对立面，从创刊起便受到进步思想界的排斥。遭到鲁迅辛辣地"估"过之后，《学衡》派更是备受冷落。不过，《学衡》的同仁们倒还很有韧劲儿，硬是把刊物从 1922 年办到 1933 年，出了七十九期，并且始终如一地坚持了他们的文化信念。

　　《学衡》虽然在几十年间屡被作为反对新文化运动的反面教员拿来示众，但是幸亏《学衡》的基本成员多是学界中人，于政治瓜葛不多，所以共和国建立以来的历次政治思想运动中该派并未被列为重点打击的首恶；其重要成员吴宓、胡先骕、柳诒徵等在各自学术领域里的成就，也还得到认可；对《学衡》颇具同情的王国维、陈寅恪，更是长期被学界公认的大师。当然，在主流的中国近代文化思想史著述中，《学衡》派是逆潮流而动"反动思潮"的"铁案"，确实是长期未动。直到 20 世纪 80 年代的思想解放运动高潮中，这"铁案"才渐渐松动。《学衡》派文化观的性质、价值与得失，才逐步得到比较冷静比较公允的"重估"。1995 年，汤一介教授主编的《二十世纪中国文化论著辑要丛书》出版，其中即辑有孙尚扬、郭兰芳编辑的《学衡》派文化论著辑要——《国故新知论》。由于这本资料书几乎将《学衡》派的主要代表作都辑录在册，所以它的出版为研究《学衡》派文化思想提供了很大的方便。仔细阅读所收篇章，让人深深感到《学衡》派在中国近代文化思想史上，并非一个业已消逝的微不足道的流派；事实上它所提出的许多重要文化思想命题，至今仍具有值得认真探讨的发人深省的重要价值。

　　谨就思虑所及，说说我对《学衡》派文化思想中两个相互联系着的内容的初步评论。这两个问题，一是关于《学衡》派对"文学革命"所作的尖锐抨击的是与非，二是关于《学衡》派建立的独特的新文化观的得与失。

《学衡》派对"文学革命"所作抨击的是与非

要对《学衡》派与新文化运动间的分歧作出较为得体的评估，不得不首先简略分析一下他们之间发生分歧的时代文化背景。

新文化运动，虽然约定俗成以"五四"命名，但是实际上它是一个文化时期，也可以说它是一个有独特的时代色彩的文化潮。这一文化潮，约略从1915年《青年杂志》创刊算起，到南京政府"一统天下"为止，大致也有十好几年。当然，在30年代，还有这一文化潮的流风遗韵，在一些大都市里或多或少、或强或弱地延续着。

这一文化潮的特色是什么？它在中国文化史上的特殊贡献是什么？概括说来，无非两条：一是实现了中国文化史上一次划时代的革新；二是体现了各种文化见解、各种文化流派间的真正的"百家争鸣"——足以和春秋战国时期诸子百家蜂起前后映辉的"百家争鸣"。

应当说，这场新文化运动之所以能够取得划时代的成功，之所以成为不可抗拒的时代思潮，恰恰是由于它是通过平等的"百家争鸣"自由进行的，而不是服从于某种强权的指令。后来的有些研究"五四"新文化运动的人，往往受制于"对垒着的两个阵营"的简单分类模式，在肯定新文化运动业绩的同时，便把对新文化运动持有这样那样不同意见者，一概归结到保守的、守旧的、复古的、甚至反动的营垒中去，说他们是旧文化的代言人。其实，这是极不确切的分类，它扭曲了实情。实际上当年对新文化运动持有各种不同意见的人，他们的文化见解是有着很大差异的。况且，自从新文化运动兴起以来，陆续出面与《新青年》派展开论争的主要代表人物，如杜亚泉、章士钊、梁漱溟，乃至林琴南等，都已大不同于前清时那帮持文化排外主义的顽固守旧派，甚至也不同于辛亥革命后康有为、陈焕章辈的尊孔读经派。他们对西方文化都有着不同程度的了解。他们所不赞成新文化运动之处，以及他们所主张的文化见解，彼此也有不同。

当着"五四"过后，文化的探讨进入了更具体更深入的阶段，这时候发生的许多争论，就愈加不能简单地划归进步与保守的两军对垒的模式里去。长期以来把西方文化看作一个内容单一的文化整体的观念，发生了变化。随着对于欧美文化思想了解的深入，特别是随着在欧美和日本留学回归的人员的增加，知识界人士业已明白西方的文化思想存在着各种不同的主张、不同的学派。这样一来，中国知识界向国内介绍和推荐的"西方文化"，便不免各有所爱、各有所宗。人们把外国的"百家"引到中国来，在中国文化论坛上形成了不同主义、不同流派的"新百家"。不同文化流派，各自是其所是，非其所非，从而构成具有新内容新形态的新争鸣；而其争论的尖锐程度，并不下于"中西文化之争"。这种文化思想的新争论，与其说它是新旧文化观点的分歧，倒不如说它是中国近代文化史上建设性探讨的新篇章。尽管那时争论双方有时会意气用事，剑拔弩张，但放到中国文化发展史上看，那却是新时代文化诞生过程中的相激相成，相攻相补，它给后世开辟出了一片得以进行理智思考的开阔地带。

对于《学衡》派的文化思想，自然只有置于这样的具体背景中加以分析，才能作出切合实际的评估。

《学衡》杂志，创刊于1922年，吴宓主编，吴宓、梅光迪、胡先骕、柳诒徵、汤用彤、缪凤林等是主要撰稿人，也发表过王国维、陈寅恪等著名学者的一些文章。《学衡》以明确的态度，坚决反对《新青年》为主要阵地的新文化运动。

《学衡》派所发表的批评新文化运动的议论，涉猎的范围较宽，但着重批评的是有关"文学革命"的问题。《学衡》派对于新文化运动文学观进行公开批评，固然距当年胡适、陈独秀提出"文学革命"已有六年之久，但是发端却早。早在1915年、1916年间，胡适与梅光迪、任鸿隽等一起在美国留学时，他们已经开始了关于中国文学应不应该进行改革的讨论。胡适后来在多篇文章和晚年的"口述自传"中一而再地详细记述过此事，并且明确地把那时的辩论看做孕育了他的"文学革命"论的"结胎时期"。胡适说，当年他是从觉察到"文言文"是不便于教学的"半死文字"，应当改用"可读、可听、可歌、可讲、可记"的口语，也就是白话这样的"活文字"。他和梅光迪、任鸿隽就诗的改革问题展开了辩论。胡适从主张可以"作诗如作文"，用散文体写诗，进而主张废除"死文字"，改用白话作诗，并进而形成了提倡实行用白话文取代文言文的"文学革命"。这一主张受到梅、任的更加激烈的批评，他们认为文字本无"死""活"之分；白话至多只能用在小说、戏曲上，而决不能用之于诗和文。正是通过这场辩论，胡适才形成了《文学改良刍议》八条。胡适说，正是当年在美国与朋友们发生的那场关于文学的辩论，才把他"逼上梁山"，闹起"文学革命"。① 胡适、陈独秀提倡"文学革命"，正是《学衡》派对新文化运动发动声讨的起点，也是他们在《学衡》上着力展开论辩的重点。简要说，《学衡》派在这方面的论说，集中在相互联系着的两个方面：一是，充分肯定中国传统文学的成就，极力维护它所具有的贯通古今的价值，坚决反对毁弃古典文学、实行"弃旧图新"式的"文学革命"；二是，赞扬文言文，坚持采用文言文，反对白话文运动以及在相关的文体、词语、文法、文字、标点等方面实行改革。

《学衡》派中人士，虽然多属归国的留学生，但是他们当中的许多人有着较好的旧学基础。他们把中国几千年来传承的传统文学，推崇仰慕，赞赏备至，将其认定是"可与日月争光"的中华灿烂文明的重要内容，是人类文化遗产中的无价宝藏。他们对待中国古典文学（即新文化派所指为"旧文学"者）所持的基本态度，是主张珍惜它，爱护它，学习它，继承它，发扬光大它。虽然他们也承认文学亦有历史的流变，但是他们绝口不提对古典文学要如何进行改革，更以深恶痛绝的态度坚决反对实行废弃"旧文学"另建"新文学"的"文学革命"。由于他们对世界文化都有着比较宽泛的知识，所以就文学观言，也不可简单地将他们归罪为排斥新知的文化复古主义或文化守旧主义。

《学衡》派对新文学运动的抨击，首先抓住的是胡适提倡的白话文运动。之所以从此处下手，是因为胡适宣布"白话是新文学的惟一利器"。指摘白话文运动的人曾经说过，文学应否改革，并不能归结为"文言白话之争"。胡适在《〈尝试集〉自序》里，反驳了这一论点，并就为何要大力提倡白话文，写下了一段很有名的议论文字。胡适在嘲笑对方既反对"文学革命"却又拿不出实行文学改革的具体办法后，便理直气壮地论证

---

① 参见《逼上梁山》、《胡适口述自传》等，《胡适文集》第 1 卷。

说，提倡白话文恰是实现文学革命的第一步。他写道：

> 我们认定文字是文学的基础，故文学革命的第一步就是文字问题的解决。我们认定"死文字定不能产生活文学"，故我们主张若要造一种活的文学，必须用白话来做文学的工具。我们也知道单有白话未必就能造出新文学；我们也知道新文学必须要有新思想做里子。但是我们认定文学革命须有先后的程序：先要做到文字体裁的大解放，方才可以用来做新思想新精神的运输品。我们认定白话实在有文学的可能，实在是文学的惟一利器。①

既然胡适如此高估"白话文运动"在新文学运动中的功能，于是《学衡》派便针锋相对地把维护文言文之长、批评白话文之短，作为颠覆新文学运动的主要突破口。梅光迪在《学衡》创刊号上发表的大有《宣言》模样的《评提倡新文化者》一文中，断言提倡新文化者"非思想家乃诡辩家"，所举的证据之一，就是说彼等把"古文"和"八股"混为一谈，挑动"文学革命"，妄图取消文言独尊白话。他用文学史的实例，来证明文言体的古文是中国文体的正宗，说纵然宋元以来有过一些白话体的小说戏曲，但是它并未能动摇更不能取代古文的正宗地位。所以，提倡新文化者"乃谓文学随时代而变迁，以为今人当兴文学革命，废文言而用白话"，是根本站不住的。他说："夫革命者，以旧代新，以此易彼之谓。若古文白话之递兴，乃文学体裁之增加，实非完全变迁，尤非革命也。"于是他断言，以白话取代文言的"文学进化"之论不能成立，文言才是中国文学的正宗，而且具有永远存在的价值。② 吴宓与梅光迪相呼应，在所写的《论新文化运动》一文中，继续阐述了这种中国"文学体裁有不同而文学正宗无变迁"的论点，并且把论证方式表达得更明白了些。他说，"一国文字之体制"与"一篇文章之格调"，不是一回事。文章之格调，是作者自为的，可以自出心裁、自由变化；而文字之体制，"乃由多年之习惯，

---

① 《尝试集自序》，《胡适文集》，北京大学出版社 1998 年版，第 9 卷第 82 页。
② 《评提倡新文化者》，《学衡》第 1 期（1922 年 1 月）。

全国人之行用，逐渐积累发达而成"，是不可变的。他认为，如果实行新文化运动所提倡的改变文字体制的"革命"，那必定会使得"文字破灭"，从而造成一团混乱的后果："故行之既久者，一废之后，则错淆涣散，分崩离析，永无统一之日。"具体谈到中国文学，他愈加强调固有的"文字之体制"不能改动，说："诚以吾国之文字，以文之写于纸上者为主，以语之于口中者为辅，字形有定而全国如一，语者常变而各方不同，今舍字形而以语音为基础，是首足倒置，譬如筑室，先堆散沙，而后竖巨石于其上也。""总之，文章之格调可变而易变，然文字之体制不可变，亦不能强变也。自汉唐迄今，文字之体制不变，而各朝各大家之诗文，其格调各不同。""今欲得新格调之文章，固不必先破坏文字之体制也。"①

　　梅光迪、吴宓带着爱憎分明的偏激与固执，就中国文学问题发表一些十分武断的意见。他们无保留地称颂文言文是中国历经数千年锤炼而成的文体正宗，已成为中国不可动摇不可替代的"千秋事业"。说古文是中国文章"最简洁、最明显、最精妙者"；极力贬低白话文，说由古文降而为时文，再由时文降而为白话，就等于货币所含金银铜之价值递减。所以他们主张，连翻译外国文章，除戏曲小说外，也要一律改用文言。② 他们毫不掩饰对于白话文的厌恶与鄙弃，渲染阅读文言的好文章如何"手之舞之，足之蹈之"，而白话文如何诘屈聱牙、散满冗沓，读起来只能让人感到索然寡味、昏昏欲睡。在他们的议论中，仅仅有人勉强表示在小说、戏曲范围内，白话文尚有活泼生动的长处，可以使用，但是他们一致断言白话文绝对不能取代文言文的地位而成为中国文体的正宗。他们一厢情愿地宣告，白话文运动已经破产；或者预言白话文提倡的效果，纵能轰动一时、风靡一世，不久也必将烟消云散。他们在反对白话的同时，连带着也反对采用新式标点，反对注音符号（即吴宓所主张的"英文标点之不可用，注音字母之多此一举"③），反对讲求文法。直到30年代，当着《学衡》派的人士们看到胡适等人提出将一切公文、法令、日报、新闻、论说

---

①　《论新文化运动》，《学衡》第4期（1922年4月）。
②　吴宓：《论今日文学创造之正法》，《学衡》第15期（1923年3月）。
③　同上。

一律改用白话的建议时，仍然义愤填膺，立即强烈抨击，说这是胡适等想"假政治权力来实行专制"，"思于学术上帝制自为"，"欲霸占文学界一切领域"，企图实行白话文为惟一权威的"文学专制"。①

　　在文学兴革一事上，梅光迪、吴宓钟爱文言、厌弃白话、反对"文学革命"的态度是鲜明的。不过，他们的长处是口无遮拦地亮明自己的观点、宣泄自己的爱憎，至于从文学上、道理上和逻辑上进行细致的分辨，则非其所长。真正能够以较高水平的古典文学素养和比较细密的学理分析，表达文化守成见解的，却是生物学家胡先骕。他举出大量优秀的中国古典文学作品所具有的光辉成就和永恒价值，证明文言文绝非就是"死文学"；同时又敏锐而巧妙地捕捉到胡适等提倡白话文主张中的幼稚、疏漏和偏差之处，进行了颇具说服力的剖析。胡先骕以胡适的《尝试集》为靶子，写出长篇评论，用以指证白话文（尤其是白话诗）运动的失败。② 他开篇便以不屑的口吻，把胡适所作的白话诗贬得一钱不值，说你胡君对中国诗的造就，"本未登堂"，现今不过是捡了些欧美新诗的唾余，又剽窃了一些白、陆、辛、刘的外貌，便不自量地"以白话新诗号召于天下，自以为得未有之秘，甚而武断文言为死文字，白话为活文字，而自命为活文学家。实则对于中外诗人之精髓，从未有深刻之研究，徒为肤浅之改革谈而已"。接着，他便对胡适的新诗论、实际上是对胡适的全部新文学观的展开批判，系统剖析胡适提出的"文学革命"八事。他首先巧妙地将"不用陈套语，不避俗字俗话，须讲求文法，不作无病呻吟，须言之有物"五事撇开不谈，说这几项"固古今诗人所通许，初非胡君所独创"。言下之意是说，反对文章上的那些毛病，是自古以来文人们早已达成的共识，说不上是什么创见，更算不上是提出了什么"文学革命"的新主张。这一评论，看似平淡，实际上却是寓有深意的。试想，如果说旧文学具有所指斥的这些弊端，那么新文学不也难免出现这些弊端吗？如果说新文学有反对那些弊端的主张，那么旧文学难道就没有反对那些弊端的主张吗？可见，

---

　　① 易峻：《评文学革命与文学专制》，《学衡》第 79 期（1933 年 7 月）。

　　② 这篇书评，因篇幅甚长，分作两次发表。前半部分以《评〈尝试集〉》为题，刊登于《学衡》第 1 期（1922 年 1 月）。后半部分以《评〈尝试集〉（续）》为题，刊登于《学衡》第 2 期（1922 年 2 月）。以下引自该文者，出处不另注。

提出克服这些弊端，根本算不上是实行"文学革命"建立新文学的新主义。接下来，胡先骕便对胡适所主张的"不用典、不讲对仗、不模仿古人"三项，展开分析批判。

胡先骕说，胡适以"打破一切枷锁自由之枷锁镣铐"为理由反对古体诗讲求格律音韵的意见，是不对的。因为，"文出于语言"，而"诗出于歌谣"，所以诗不能不有声调格律音韵的特征，这是"古今中外，莫不皆然"的通例。正因此，诗才能抑扬顿挫，形成节奏，朗朗上口，便于吟咏，利于记忆；况且借诸此乃得更加体现诗的不同风格，或音调铿锵，或跌宕起伏，或飘疾流利，或缠绵委婉。中国古典诗词中的对仗，也正是适应这样的要求，而形成的传统。讲求对仗，也并非没有来由的，胡先骕将它的依据提高到一般哲理上作解，说："天地间事物，比偶者极多，俯拾即是，并不繁难"，所以，采用对仗本是诗歌之原理，而且古文里（如《老子》、《庄子》等）也多用对仗词语，这是没有什么奇怪的，问题仅仅在于用得好与不好而已。强行雕琢自不可取，反之运用得体则会大大增强诗的美感。胡先骕说，胡适的反对对仗，全然是不懂得"诗歌之原理"。至于白话文里是否可用对仗，胡先骕未作解释，其实从他的依据的一般原理推论，自然会得出答案，只是作者看不上白话文，所以才避而不答罢了。

至于说到"不用典"和"不避俗字俗句"两项主张，胡先骕表示持"相对赞成"的态度，但是反对胡适把这两项绝对化。他的理由是，"太古之诗"自然是无所谓"用典"的，后世人们看到古今之事往往有相合者，于是便有借人们共晓的古人之事，引以为喻，为现时情事生色的，这就是"用典"的开始。只不过文界末流，"矜奇炫博"，"句必有典"，那就闹得文品低劣，令人生厌了。"用典"是中外诗文的通例，关键在于要用得好。他以辛弃疾"故人长别，易水萧萧西风冷，满座衣冠皆雪"等诗词，证明用典只要巧妙，那就不仅不会犯"用典"带来的毛病，反而会使诗文增色。作诗可以不追求用典，但是要明白"历史与昔人之著作，后人之遗产也"，不该弃置不顾，另谋徒手起家。

至于用白话入诗的事，胡先骕说，这是自古以来就一直存在，而且有众多成功范例的。只是胡适以"白话入诗，古人用之者多矣"，来证明应该用白话诗取代文言诗，理由是不成立的；因为可以反问："文言入诗，古人用之者，岂不更是很多么？"胡先骕指出，分歧不在于是不是允许白话入诗，问题是在于胡适宣布文言是"死文字"，白话是"活文字"；文言诗是"死文字"作的"死文学"，白话诗才是"活文字"作的"活文学"。胡先骕说，这样的意见完全错误，因为"文学之死活，以其价值而定，而不以其所用之文字之今古为死活"。所以，古典名作，可以是历经数千年而不朽的"活文学"；而轰动一时之作，并不能因其用的是"活文字"，而必有真价值，而不死不朽，相反地却会因其无真正价值而会速死速朽。胡先骕断言："胡君之《尝试集》，死文学也，以其必死必朽也，不以其用活文字之故，而遂得不死不朽也。物之将死，必精神失其常度，言动出于常规。胡君辈之诗之卤莽灭裂，趋于极端，正其必死之征耳。""以此观之，死活文学之谬论，不足为白话诗成立之理由，明矣。"胡适的白话诗确实写得不成功，可是，是不是胡适没写好白话诗，就可以断定谁也写不好白话诗呢？能不能断定就不应该提倡白话文呢？这样的问题胡先骕没有理清楚。他只是指出了，作诗可以"不避俗字俗话"，但是只把日常生活中的"俗字俗话"写出来，并不等于就是诗；因为，"盖诗之功用在表现美感与情绪"，入诗的白话理应加以艺术的锤炼与提高。

胡先骕对于"文学革命"的批评，写得最精彩的部分，是有关"模仿"与"创造"之间关系的阐释。他在这个问题上所发表的议论，不仅抓住了"文学革命"论的一大弱点，而且其所持见解的全面与深刻也超越了他的同道们。胡先骕首先表示，他对于胡适关于人们进行文化创作中应有创造性，"须句句有我在"的见解，是赞成的。他说这是"高格之诗人与批评家皆知"的事，算不上是胡适的独创。接着他便尖锐剖析胡适所说"不模仿古人"这种主张的片面性，并用无可辩驳的事实和逻辑，深入浅出地论证了"模仿"在人类文化史上不可或缺的地位，及其在促进文化发展中的重大作用。他写道：

　　　　夫人之技能智力，自语言以至于哲学，凡为后天之所得，皆须经若干时之模仿，始能逐渐而有所创造。今试以哺乳之小儿，使之生于禽鸟俱无之荒岛上，虽彼生具孔墨之圣智，必不能发达有寻常市井儿之技能。语言、文字、歌曲、舞蹈、绘画、计算、雕刻、烹饪、裁缝之各种技术，均无由得之，其哲学思想艺术美感亦无由发达。虽其间或能有三数发明与创造，然以彼穷年累月之力之造就，（未）必有能及今日小学生在校一二日之所得也。今所贵乎教育者，岂不以其能使年幼者得年长者之经验，后人得前人之经验，不必迂回以重经筚路蓝缕之困苦乎？

就是说，文化的发展不仅离不开对古人的模仿，而且只有善于模仿和掌握前人的经验，才能更加快捷更有成效地促进文化的发展。值得注意的是，胡先骕在论述文化模仿的必要时，对于模仿并不是一味笼统赞扬，而是作了具体分析，提出了对模仿活动的规范性要求，并且对于模仿与创造的关系作出了比较精确的判断与概括。第一，他明确指出，对古人文化成果的模仿，对古人的著作的模仿，应当是有选择的，而不能是无选择的全部模仿。比如说到书法，固然名家也都不能不有所模仿，但其所模仿者会因模仿者的性情之异，以及世俗的变化，而有不同的选择。又比如说到诗，他说，模仿古人的诗作，自然是要选择那些与今人性情、心理相通的来学习；"且古人之作，非尽可垂范于后世也。万千古人为诗，仅有十一古人可为后人之所取法。彼能垂范于后世之古人，必在彼之一类之性情与表现事物之方法态度中，有过人之处。故与彼之性情及表现事物之态度相类似之今人，欲为高格之作，必勉求与彼之心理嗜好韵味符合，斯能得其一类性情之高深处。又彼名家表现事物之方法态度，亦必有为后人所难及处，必模仿研几其所以然，始可望己所发语表物之方法态度可与古人媲美也。"第二，他明确表示，他并不赞成"但知模仿不知创造"的态度，之所以强调模仿的必要，惟在于证明"绝对不模仿古人"的意见是不对的。他在强调模仿重要性的同时，注意强调了创造的重要性，强调了文化发展是模仿与创造的统一。一方面他指出，模仿是创造的基础，创造离不开模仿，比如就哲学思想而言既要"洞悉其异同嬗变之迹，其所以能此者，即其思想曾循前人之轨辙，一与前人相合，亦即思想之模仿也。思想模仿既久，渐有独立能力，或因之而能创造。虽然有创造，亦殊难尽脱前人之影响"。另一方面，他又明确指出，强调模仿的必要，绝非谓"无须乎创造"也。"斯之谓脱胎即创造，创造即脱胎，斯之谓创造必出于模仿也。"
他赞同胡适所提倡的"句句有我在"的发扬个性的主张，赞同胡适对
"摄影之模仿"、"句句无我之模仿"的指斥。据此，胡先骕认为，对待模
仿古人一事的正确态度，除须发扬个人个性之外，还应当做到如下四项：
一要"兼揽众长"；二要因世而异；三要认定古人之一长，发扬而光大之。
特别值得留意的是，胡先骕提出的第四点，即承认现代社会进步、文化进
步的见解。胡先骕写道："四则人世日迁，人文日进。社会之组织进步，
日新月异，哲学历史政治经济各种学问，日有增益。甚至社会之罪恶与所
持解决之方，亦随人文进而有不同。彼真正之诗人，皆能利用之以为材
料，是虽题材模仿古人而无少变，实质上亦与之有异。新思想之李白杜
甫，庸讵不见容于二十世纪耶？"承认人文随着社会的进步而进步，这就
突破了《学衡》派固守的樊篱，而与新文化运动具有了一些认识上的接近
之处。当然，不难看出，胡先骕这时心目中的文化典范，仍与新文化运动
提倡者所想像的，有着明显差别，他推崇的是有着新思想的"古人"——
"二十世纪的李白杜甫"；远不是胡适所追求的"前空千古，下开百世"，
"为大中华，创新文学"的一代新文化创业者。不过，胡先骕不同于《学
衡》派其他人士，他更倾向于"文化进化论"。在讨论中国诗史时，他明
确地肯定中国之诗经历了长期的"进化程序"，并且划分出四个阶段，具
体探讨了中国诗在进化过程中的精神的变动与发展。当他立足中西文化交
流发展的现实，预言中国诗的未来时，还议论到整个中国文化学术事业的
发展前景。他说：

　　他日中国哲学、科学、政治、经济、社会、历史、艺术等学术，
逐渐发达，一方面新文化既已输入，一方面旧文化复加发扬，则实质
日充。苟有一二大诗人出，以美好之工具修饰之，自不难为中国诗开
一新纪元，宁须固步自封耶？

　　只不过，他说出这样的开明估计之后，赶紧又把话题拉回到批评"文
学革命"论对旧文学的破坏上，说："然又不必以实质之不充，遂并历代
几经改善之工具而弃去之、破坏之也。"当可看出，胡先骕是力图在维护

旧文学（主要是就诗而言）价值的前提下，也表达了一些对中国新诗新文化的进步赞许和向往的意愿。正因此，他才在判定胡适《尝试集》新诗"绝无价值与效用"之后，又挖苦说胡适的失败，具有反面教员的作用。他说，当前正值"现代文学尚未产出"、而"社会终有求产出新诗之心"的时候，"苟一般青年知社会之期望，而勤求创作之方法，则虽'此路不通'，终有他路可通之一日。是胡君者真正新诗人之前锋，亦犹创乱者为陈胜吴广，而享其成者为汉高，此或〈尝试集〉真正价值之所在欤"。应当说，胡先骕并非笼统地反对新诗，相反却有赞成新诗之意，所反对的只是胡适所作的新诗；他反对的只是毁弃旧诗的价值来另创新诗，而不是反对甚至是赞成在继承旧诗的基础上来创作新诗。胡先骕对待新文化整体的态度，大致亦如是。

胡先骕这样的比较理智地对待新文学的态度，并未能成为《学衡》派文学观的主流。《学衡》派对新文化运动的文学观所作的批评，主要是集中在两个方面：第一，《学衡》派反对文学是进化的，力主文学无所谓新旧之分。第二，《学衡》派反对文学平民化，力主文学不应有贵族平民之分。

以文学无新旧之分为立论基点，批评新文化运动提倡文学革命的主张，是《学衡》最为看重的论题，他们就此发表过大量文章。可以说，从创刊号起，到最后一期止，他们始终抓住这个题目不放，一而再地反复阐释其基本信念，与新文学观相对垒。

《学衡》派的预言失败了。他们不懂得中国已处在文学革新的大潮中，以白话文为基本表现形式的新文学的迅速兴起也已成不可遏止之势，《学衡》派的抵御已经引不起多少人的关注，在文化界也显示不出具有多大的影响力。不过由于出自对于传统文学的挚爱，他们就新旧文学问题所发表的议论，却也表达了许多有关文学史的真知灼见；而且这些独到的见解，恰恰弥补了或校正了"文学革命"论的疏漏与偏颇。概括说来，《学衡》派在文学史观上的主要贡献如下。

第一，他们承认文学随着时代的变化而发生变化，但同时明确认定这种"文学的流变"，只是一种无法断然分清优劣的变化，而反对把它简单归结为退化，也反对把它简单归结为进化。比如，诗三百之变为七言五言，赋之变为骈文，古诗之变为词曲戏剧，既说不上是一代不如一代的退化，也算不得是进化、是革命。总之，"文学之流变"，不适为"历史进化之解释"，不能断言"后优于前"：谁能认定"戏曲优于词，词优于诗，而七言五言优于骚，骚又优于三百篇耶？"① 因此，"文学之推演"，"固非进化，亦非退化"，而只能是"古今相挛乳而成"，"文学革命"论以新旧定优劣的论断是不能成立的。② 他们说，对文学的要求不论新旧应该是一样的，只能是"新旧一体"。至于文章易犯的弊病，也是新旧相同的。胡适所提出的文学改良八事，其实不仅是旧文学存在的毛病，而且新文学里、白话文学里何尝就没有这些毛病呢？况且胡适所指出的文章的八种弊病，是前人早已通晓的老生常谈；"胡适所揭橥之八事，大都出于章实斋《文史通义》"，而且"凡治古文辞者胥能言之"。这就愈加证明文学是没有新旧之异的，"既如上述，则新文学之名词，根本不能成立"③。

第二，他们论证说，文学虽因时代而有流变，但是古今文学间却存在着共通之处，这就是表达人们心灵与情感的"文心"。"文体"是会变的，而"文心"是不变的："作品虽异，文心则一，时代虽迁，文心不改。"相隔数千百年后人仍能够接受前人的文学作品，并且会被其感染，引起共鸣，是之谓："惟文心之不易也，故永世可以会通。"正因此文学的流变，并不意味着是旧死新生的"革命"；新的文学产生时，旧的文学仍会继续存在，仍旧保持着它的活力。人的生命是旧细胞死、新细胞生的以新代旧的"新陈代谢"过程，"然就文学史上观之，殊不如是，新者固日以生，旧者仍未尝死"④。可见文学更是不能以新旧定是非、判生死。

第三，他们着重论证了文学的演变从来具有强劲的承袭性质。他们指出，文学固然不断有所创新，但是任何文学创新，即使是重大的创新，也一概是在旧文学的基础上实现的，离开既有文学的积累，绝对不可能进行文学的创新。"文学之创造与进步，常为继承的、因袭的，必基于历史之渊源，以前之成绩，由是增广拓展，发挥光大，推陈出新，得尺以进程。

---

① 《评〈尝试集〉》。
② 曹慕管：《论文学无新旧之异》，《学衡》第 32 期（1924 年 8 月）。
③ 同上。
④ 吴芳吉：《三论吾人眼中之新旧文学观》，《学衡》第 31 期（1924 年 7 月）。

虽每一作者自有贡献，仍必有所凭藉，有所取资。苟一旦破灭其过程固有之文字，而另造一种新文字，而文学之源流根株，立为斩断。"文学上的创造，只能从摹仿始，摹仿渐成，乃能创造："作文固以创造为归宿，而必以摹仿为入手。世有终身止于摹仿或融化之境界者，仍绝无不能摹仿而能创造者也。"即使就创造白话文而言，"为文学创造者之便利之成功计，亦不宜破灭文言而代以白话"，相反地却"亦当以古文为师资"。①

第四，他们强调论证了中国文学的独特性。《学衡》派人士为着反对新文学运动以"言文一致"为理由提倡白话文，特意强调了中文与欧洲拼音文字不同的独特性质。他们借助章士钊论中西文字区别"西文切音，耳治居先。吾文象形，目治为先"的见解，推论说：中国文字与西方文字有着不同的特质和个性，中文是语文不一的："盖语发于口，应于声，辨于耳。文著于手，成于形，辨于目。"何况方言众多，无法靠拼音为统一文字，取消中国的文字岂不就等于取消了中国文学。况且文字总是经过提炼和修饰的，文章不可能就是"有什么话就说什么话"；古文并不等于是古人说的话，也不能要求今文就完全等同于今天说的话。他们得出的结论是："吾人可知，牵文就语，言文一致，在中国文字的特质上，为不能实现，亦不可能实现也。"②《学衡》派关于汉字的特性的论述，无疑是涉及中国文字如何改革的大事。汉字经千年的积淀而成为中文的载体，无论就文化遗产的继承而言，还是就目前国人的通用而言，都是绝不能取消和代替的；汉字已成为人类文化中的一种使用人数最为广泛的文字瑰宝。不过，《学衡》派关于汉字特性的议论，犯了一个简单的错误，这就是他们混淆了汉字字体的改革和汉语文体的改革这样虽有联系但是毕竟是不同的两件事。他们忽略了中国也是先有语言，然后才有用文字记录语言，也是"耳治为先"的这一事实。他们不明白，不管汉字如何要一个一个地强行记取，不能靠拼音而直接上口朗读，但是汉字仍旧可以做到忠实地记录语言，从而做到语文基本一致。新文学运动提倡采用与口语相一致的白话文，所说的白话文自然还是得用汉字来表达，并非就是主张废除汉字、一

---

① 《论今日文学创造之正法》。
② 《评文学革命与文学专制》。

概以拼音符号取代它。至于《学衡》派诸君谈到，即使在使用白话的情况下"语"和"文"毕竟还是有差别；一落笔为文便不能不进行必要的"艺术加工"，而不能简单地等同于重现口语，无法把文章做成"有什么话就说什么话"，则是说明了中外文章都不能不遵守的一条通例。指出文章之事，所具有的把口头语言加工为书面语言的这一必具特征，对于文学的创作无疑是有益的。

　　如果说，《学衡》派关于新旧文学的探讨，是就中国文学的传承与革新作出的诠释，虽有明显舛误，却又包含有许多合理见解，长期未能引起文化界重视的话；那么，《学衡》派反对"平民文学"的主张，则更加是一向被舆论所忽视，从未被提上文学讨论的台面。其实，他们有关贵族文学与平民文学的评论，是《学衡》派反对"文学革命"的又一条理论支柱，很值得悉心研究。自从陈独秀提倡推倒贵族文学、建设国民文学的主张，并且得到胡适的支持之后，平民文学便成为新文学的一个最主要的标志；相应地，贵族文学便成为旧文学的一条最重要的罪状。固然胡适、陈独秀等并没有将旧文学简单地等同于贵族文学，还举出过一些古典文学中同情下层民众的杰出作品作为值得效法的典范。可是，旧文学是否可以说基本性质或绝大多数作品，都该定性为贵族文学？是否因为它是贵族文学，就必须把它推倒，必须实行将其彻底消灭的"革命"呢？《学衡》派人士敏锐地觉察到这个问题意义重大，于是抓住它详加批驳。

　　1924 年 8 月，《学衡》上发表了《辟文学分贵族平民之讹》的专论。该文开篇便使用他们文学无分新旧的同样逻辑，声言："文学无贵族平民之分，而有是非之别。"为什么说文学无贵族平民之分呢？该文的解答是，文学作品从来不是越粗俗简陋就越好，文学必须经过修饰提高；优雅高尚的文学内容是不能否定的，文学绝非"仅得写劳工恋爱之类事"。况且世间从来是"工为文章者寡"，只有少数文学家才能写得出精美的文学作品；即便是有关平民的生活与境遇，"不学无术"的农工商贾也是"不暇言、不敢言、不善言、不长言"的，只有靠理解他们的、敢于为文、又有能力为文的文学家们出面"代为之"，诸如白居易、柳宗元等等的诗文。[①]

---

①　刘朴：《辟文学分贵族平民之讹》，《学衡》第 32 期（1924 年 8 月）。

这样一些看似简单平易的道理，实际上则是提出了有关文学遗产的如何定性如何评估的根本理论问题。《学衡》派所持的基本论点是，无论从作者身份看，还是从作品的内容看，都不能按照"阶级"的标准来区分和分别界定为"贵族文学"与"平民文学"。他们举出的理由是："古代学问，官为师法，纯乎平民，殊难选也。"这就是说，在平民大众中文盲充斥的时代，文学只能是掌握了丰富知识和具有高度文化素养的"知识阶级"文人创造出来的精英文学；所谓民间文学，也都是经过"知识阶级"文人们的加工提炼，才成其为能够流传于后世的作品。备受新文学推崇的《红楼梦》、《儒林外史》的作者曹雪芹、吴敬梓，还不都是"知识阶级中人"？所以如果按照作者的身份来定性，那么，《红楼梦》、《儒林外史》也只能算是"贵族文学"了。更进一步看，文学不但不能以作者身份别"平贵"，而且也不好以所写的内容来定"平贵"。在古典文学里，在一个作家的作品里，或者在一部作品中，"典雅"与"俚俗"杂陈的状况是常见的。例如，不能说经过孔子编定的《诗》三百篇里，《雅颂》是"上古的贵族文学"，而《国风》则是"上古的平民文学"。同样不好说经过屈原创作或加工的《楚辞》里，《离骚》、《九章》是"上古的贵族文学"，而《九歌》则是"上古的平民文学"。至于在旧体诗词里，出自名家的名篇，往往是既有抒写非平民生活的，又有专门抒写平民处境与遭遇的。可见，古典文学受时代所限定，实在既无法从作者身份上、也无法从作品内容上，严格判定贵族与平民之别。如果一定非要标出平贵的性质不可的话，那么大量的文学作品，就只好叫做"平贵文学"。比如"一部《水浒》，兼有贵族文学、平民文学两种特点，依理当名平贵文学"。于是《学衡》派的论者，便断定说，"今之言文学者，平民贵族之辨"，只能算是想用"政客手段，葬送中国古来文学于贵族二字之中"而已，所以它是"无当于真理"的。①

《学衡》派关于文学无贵族平民之分的辨析，与他们关于文学无新旧之分的辨析，无疑是殊途同归，从不同角度得出同一结论。他们认定，"文学革命"提倡"推倒贵族文学"的主张，如同宣布"旧文学是死文

---

① 《论文学无新旧之异》。

学"一样，无非是为毁弃固有文学遗产制造出的一种口实罢了。古典文学不可借口其陈旧而宣判死刑，也不可定性为贵族而予以推倒。他们以明确的毫不含糊的态度，表达了维护传统文学价值的见地，有力地论证了作为人类文化的重要组成的文学所具有的不可割断的传承性质。它以充分的热情，为古典文学的成就作了尽力的辩护，从而弥补和矫正了新文学提倡者"文学革命"论立论上的偏差；但是它在力证古典文学的珍贵价值时，却只字不提在新的时代条件下文学有无改革的必要，更不肯正视和回答古典文学有无不适应于时代需求之处。这种文学观，所要破的目标是清楚的，而所要立的主张却十分含糊，令人觉得它是矫正一种偏颇的同时陷入了另一种偏颇。如果说新文学运动的"文学革命"论，是对待古典文学犯了虚无主义的错误，那么《学衡》派的文学观，则是对待古典文学犯了讳疾忌医的毛病。所以在文学观上，与其说是《学衡》派的论点是对"文学革命"论的矫正，不如说两者之间是在互相补正：新文学观的出现，也恰恰在矫正着《学衡》派的文学全无革新必要的论断之偏颇。

　　《学衡》派所有这些旨在维护中国古典文学的见解，在发表的当时并没有引起多么大的反响。它既未能引起新文学提倡者的充分关注和回应，也没有改变或遏制住公众接受新文学的热情。几乎可以说其作用的范围，仅仅是在知识高层的极小圈子内获得程度不同的同情；而就文学论坛的整体状况来说，并没有引发大规模讨论的涟漪，甚至连郑重其事的批评也没有招惹起来。新文学提倡者对《学衡》派的议论，基本态度是不屑一顾，除了鲁迅嘲笑其为"假古董发的假毫光"外，没有人肯出面与其进行认真的讨论；这与以往与杜亚泉、章士钊、梁漱溟就文化问题展开大辩论，已不可同日而语。

　　《学衡》派文学观所包含的合理性，不是在当时便被广泛认可的，而是在以后新文学的实践过程中，事实上被接纳了的。新文学的后继者们在建设新文学的旗帜下，逐渐舍弃了简单否定和完全排斥固有文学成果的偏激观念，逐渐把对待固有文学成果的态度调整到尊重、爱护和进行认真的整理、分析的研究轨道上来。对古典文学进行开拓性的新研究，终于构成新文学事业的重要组成部分。

《学衡》派新文化观的得与失

　　《学衡》派与新文化运动的争论，发端于文学之争，《学衡》派为文学之争确也倾注了大量精力。但是，他们与新文化运动间的分歧，并非局限于文学一事，而是扩展为两种文化观的对立。学术界中有人将《学衡》派的文化思想定性为"文化守成主义"，就《学衡》派对待中国古典文学的态度而言，这样的定性大体上是不错的，但是就《学衡》派整体的文化思想看，却不好如此定性；《学衡》派反对新文化运动，但是他们并不是主张一味守成，而是提出了自己的新文化观。

　　《学衡》创办之初，梅光迪、吴宓高张反对新文化运动的大旗时，便明确地将抨击的矛头指向新文化运动的整体文化观，而不是仅限于批评"文学革命"论。梅光迪说，二十年来，中国的政治法制的改革失败了，文化的改革也失败了："其言教育、哲理、文学、美术、号为'新文化运动'者，甫一启齿，而弊端丛生，恶果立现，为有识者所诟病。"他给自己提出的任务就是揭破这种"工于伪饰，巧于语言奔走，颇为幼稚与流俗之人所趋从"的"新文化运动"之"假面"。[①] 梅光迪、吴宓一再强调说，新文化运动的根本错误，是在于他们把西方文化的糟粕、唾余，冒充西方的真文化，贩卖到中国来，犹如商人之贩劣货："呜呼！今新文化运动，其所贩入之文章、哲理、美术，殆皆类此，又何新之足云哉！"[②] 据此，他们说新文化运动的"数典忘祖"的文化观，与其说是"欧化"，毋宁说是"伪欧化"。他们表示最不能容忍的就是，新文化运动从西洋文化中"专取糟粕，采卑下一派之俗论"，用来"痛攻中国之礼教典章文物"。[③]

　　《学衡》派对新文化运动的批判，是着眼于对其文化观整体的否定，亦即对新文化运动所持的价值标准、文化取向、人生态度的全盘否定。正因为如此，《学衡》派便相应地提出了与新文化运动相对立的、他们所认

---

　　① 《评提倡新文化者》，《学衡》第 1 期（1922 年 1 月）。
　　② 吴宓：《论新文化运动》，《学衡》第 4 期（1922 年 4 月）。
　　③ 同上。

定的惟一可取的文化观。值得重视的是，《学衡》派提出的这一文化观，并不是中国固有的那种复古的或守旧的文化观，而是另一种"新文化观"。梅光迪、吴宓等，都一再表示他们固然反对胡适、陈独秀派的新文化运动，但是他们不仅不反对、而且是赞成在中国建设新文化。梅光迪说，"夫建设新文化之必要，孰不知之"，并且表示"真正新文化之建设"是有望的，而不是无望的。他一方面认定中国先民创造出的"灿烂伟大之文化"，是久远不可磨灭的，应当发扬光大，另一方面又指出欧西文化源远流长，"各国各时皆有足备吾人采择者"。只不过他将新文化建设一事，看做一项十分艰巨的事业，所以强调说："故改造固有文化，与吸取他人文化，皆须先有彻底研究，加以明确之评判，副以至精当之手续，合千百贯中西之通儒大师，宣导国人，蔚为风气，则四五十年后，成效必有可睹也。"①《学衡》派所要建设的新文化，在这里已经明确地表达出了"贯通中西"的要旨。吴宓将他们这种融合中西的新文化观，表达得更为充分，也更加清晰，他写道：

> 文化者，古今思想言论之最精美者。……按此，则欲造成中国之新文化，自当兼取中西文明之精华，而熔铸之，贯通之。吾国古今之学术德教，文艺典章，皆当研究之，保存之，昌明之，发挥而光大之。而西洋之学术德教，文艺典章，亦当研究之，吸取之，译述之，了解而受用之。如谓材料广博，时力人才有限，则当分别本末轻重、小大精粗，择其尤者而先为之。

吴宓为建设新文化做出的设计方案是，以人本主义为基础，来融汇中西文化：

> 孔孟之人本主义，原系吾国道德学术之根本，今取以与柏拉图、亚力士多德以下之学说相比较，融会贯通，撷精取粹，再加以西洋历代名儒巨子之所论述，熔铸一炉，以为吾国新社会群治之基。如是，

---

① 《评提倡新文化者》。

则国粹不失，欧化亦成，所谓造成新文化，融合东西两大文明之奇功，或可企致。此非旦夕之事，亦非三五人之力，其艰难繁钜，所不待言。今新文化运动，如能补漏趋正，肆力于此途，则吾所凝目伫望，而愿馨香感谢者矣。此吾所拟为建设之大纲，邦人君子，尚乞有以教之。①

从吴宓的概括表述中，可以看得明白，《学衡》派的文化观，的的确确不是旧文化观，而是充满着真情实意的新文化观。只不过它是一种不同于胡适、陈独秀等人所主张的那种新文化观的另一种新文化观。

平心而论，《学衡》派提出的文化观，在中国文化史上确实是崭新的。第一，它不是晚清以来出现过的那种绝对排斥外来文化的顽固守旧的文化观；它明确主张吸取外来的尤其是西方的文化精华。第二，它不是盛行过一时的"中体西用"式的文化观；它没有把中西之间摆在不平等的位置上区分高下主次，而是以平等的态度一并尊重之。第三，它不赞成欧战过后出现的那种"西方文化破产论"和"东方文化救世论"，而是确认在当代中西文化仍然均是人类文化的宝藏。第四，当然它也不同于惟"欧化"是尊，要求用欧美文化来替代中国固有文化的主张；它主张的是采取两者的"精粹"，并使之贯通融会，熔铸为一种前所未有的新文化。不待言，既然在主张"保存国粹"的同时，又主张以开放的积极的态度研究和吸取西方文化的精粹，以图实现"欧化已成"之局，那当然就意味着不是反对而是主张在中国实行文化上的重大改革。以此来看，《学衡》派的文化观，确实是货真价实的一种新文化观，理应将其划归为20世纪初中国兴起的新文化营垒中的一翼。

在20世纪初的中国，提出撷精取粹、会通中西的新文化主张，本质上无疑是正确的、适时的，而且就此融会中西文化思想的这一精神而言，《学衡》派与《新青年》派之间，并不存在原则上的分歧。那么，为何《学衡》诸公却视《新青年》派的文化如寇仇，必欲痛歼而后快，甚至创办《学衡》这份刊物的首要目标就放在声讨新文化运动上呢？吴宓对此回

---

① 《论新文化运动》。

答得很干脆："吾惟渴望真正新文化之得以发生，故于今之新文化运动有所訾评耳。"可见，此一新文化观与彼一新文化观，各自心目中对新文化的理解，是大相径庭、冰炭不相容的。关于双方的这种分歧，《学衡》诸人在评论中的表述，基本上是直截了当、痛快淋漓的。

《学衡》派的新文化观之与《新青年》派新文化观的分歧，从根本上看，并不是发生在对某个或某些具体文化问题上的认识的对立，不是仅仅争论白话文言的优劣、孔子学说的是非之类，而是在所有争论的具体问题中都体现出双方存在的是文化观念总体上的根本分歧。简言之，这一分歧，首先发生在如何回答"既要建设新文化，那么应当怎样对待旧文化？"这个先决性的问题上。如何对待中国的固有文明成果，是《学衡》派与《新青年》派在文化观上展开论争的主战场。

在胡适、陈独秀等发动的新文化运动中，关于如何对待固有的旧文化，固然也存在着激烈的和温和的、极端的和稳妥的种种不尽相同的论点，但是他们的基本态度、基本价值取向，却是有着明确的共同之处，这就是他们对中国旧文化采取的是批判的态度。这种对传统文化的批判态度，不好说是新文化运动的首创，他们是继承了晚清以来爱国志士中的先进分子"文化自省"精神，要从传统文化上寻求造成中国国民性弱点，从而找出造成中国积贫积弱的原因，借以制定从根基上救亡图存之计。不过，新文化运动是将民主先行者们的"文化反省"精神发挥到了振聋发聩的启蒙运动的新高度。他们的新文化观的基本前提是，只有"破旧"，才能"立新"；只有解放思想，以无畏的勇气把历来视为不可侵犯的圣贤权威拉下神坛，予以解剖，是其所是而非其所非，揭露、克服、消除固有传统文化中错误的或过时的束缚人们时代精神的"糟粕"，才能建立起适应时代需要的新文化，才能唤醒人们理性的觉醒，赋予人们改造旧社会、建设新社会的新的思想武器。总而言之，新文化运动所持的是"不破不立"的新文化观，"破旧立新"的新文化观，"破字当头"的新文化观。

与《新青年》派新文化观构成鲜明对照的是，《学衡》派建设新文化所依凭的，却是"立字当头"的文化观，是"承旧立新"的文化观，是"旧为新基"的文化观。一般说来，他们并不否认旧有文化中包含着失去时效的或者不当的内容，可是他们从不愿意正面展开论及此点，相反地每当他们论述建设新文化时，着重强调的只是开掘和继承旧有文化这一宝藏的必要和重要。因此他们每当论及固有文化时，总是只谈"精粹"而不谈"糟粕"，只说对旧文化应如何发扬光大，而不说应如何对旧文化去弊解痼。吴宓所说对于"吾国古今之学术德教，文艺典章，皆当研究之、保存之、昌明之、发扬而光大之"，便是"学衡"派这一观念的典型概括；固然也标明所说是泛指"古今"，可是紧接着便把中国文化定义为"以孔教为中枢，以佛教为辅翼"。且不论他所下的定义是否准确，但至少一眼便可看明白，其心目中的文化精华，仍是固有的传统的"古"文化，至于"今"之文化有什么精华，并未纳入视野。所以他才说："今欲造成新文化，则当先通知旧之文化。盖以文化乃源远流长，逐渐酝酿，孳乳煦育而成非无因而遂至者，亦非摇旗呐喊，揠苗助长而可至者也。"他们所指认的新文化运动的最大罪状，就是把旧有文化的精华，"加以陈旧二字，一笔抹杀"。①

当着文化革新已成为势不可当的时代洪流之际，《学衡》这种看重固有文化在建设新文化过程中的重要作用的呼声，自然是显得十分屡弱，很难耸动视听。可是，不能不看到，从尊重传统的朴素感情，到认可传统的现实价值的自觉思考，毕竟是深深地潜存于民间的，在知识界学术界里更是有着不容忽视的巨大的文化能量。② 有还是没有高水平的旧文化做根基做起点，直接决定着建设新文化大业的水平高低，成败得失。《学衡》派对待传统文化精华的维护，其可贵处不仅在于对传统文化固有之价值做出了肯定的评判，而且更加值得重视的是，他们是将旧文化的价值评估与新文化的建设来作一体考虑，把"国故"、"国粹"放在理当融入新文化的位置上来考察，并且将其看做构成新文化的不可或缺的组成部分。这种充分估价文化的连续与传承的重要性能的新文化论，不待言是具有不能否定

---

① 《论新文化运动》。

② 20世纪20年代，《学衡》在具有浓厚文化兴趣的青年中，还是具有吸引力的。比如翻译家杨宪益在2006年回忆年轻时读书的经历，便谈到喜欢看当时时兴的杂志，比如《学衡》。他还说，30年代在英国留学时，向往古希腊，认为"要了解西方文明，就要了解它的源头古希腊和古罗马"，于是决定学希腊文和拉丁文。这样的情趣，显然和《学衡》派的文化观一致（语见2006年7月12日《中华读书报》第20版）

的合理性的。《学衡》派就此提供出一套学理依据，时至今日仍然不能不承认这是他们的重要贡献。

像对待中国固有文化的评估一样，《学衡》派对待西方文化的评估，着眼点亦在维护与褒扬西方古典文化的精华，尤其是古希腊的文明成果。他们强调要从整体上研究西方文化，进而确认其精华所在，方好吸取过来为我所用；他们反对把西方的一派一家之说、一时一类之文，拿来充当新文化的惟一标准。但是每当他们把这样的"整体研究"的立论落实为具体目标时，便把西方文化的精华锁定在古典的档次上。因此吴宓在把"中国之文化"定义为"以孔教为中枢，以佛教为辅翼"的同时，把"西洋之文化"定义为"以希腊罗马之文章哲理与耶教融合孕育而成"。于是他把"欲造成新文化当先通知旧之文化"这一论断，具体化为："即当以以上四者：孔教、佛教、希腊罗马之文章哲理及耶教之真义，首当研究，方为正道。"于此可见，《学衡》派所主张的"融合东西文明"以"造成新文化"的"本旨"，无非就是要把东方的古典文明与西方的古典文明"熔铸一炉"：两个旧文化的精华合在一起，就诞生出一个新文化。更进一步，吴宓还提出了"圣道一"的论点，来解释中欧文化之所以能顺利融合的依据。他将他心目中的中西"圣人"的遗教尊其为"圣道"，把他们所主张的将中西文化"融会贯通，撷精取粹"，以期建设"国粹不失，欧化亦成"的新文化，解释为就是"维持圣道"。然后说，正由于都是"圣道"，才具有融为一体的基础，而不致产生障碍。"故不特孔子之道为圣道，而耶稣、柏拉图、亚里士多德等之所教，皆圣道也。自其根本观之，圣道一也。苟有维持之者，则于以上诸圣之道，皆一体维持之矣，固不必存中外门户之见也。"[1]

如果说《学衡》派的新文化观，是强调了新文化建设中必须重视对旧文化的继承，校正了《新青年》派忽略在新文化建设过程中对旧文化的精华加以维护与发扬的话。那么，《学衡》派的这一新文化观，却又忽略了在新文化建设中必须对旧文化的糟粕加以批判与清除的重要性。正像新文化运动的倡导者们为着论证改革旧文化的必要，而常常对固有文化作出过

---

[1]　《论新文化运动》。

分的否定，把固有文化说得一无是处那样，《学衡》派为着论证传承旧文
化的必要，也常常对固有文化作出过分的肯定，把固有文化说成完美无
缺。有人反驳"道德革命"与"文学革命"，便是以不折不扣地全盘肯定
中国的固有的旧道德和旧文学为理由，声称："以道德论，吾中国数千年
孔孟诸哲所示孝弟、仁义、慎独、省身诸义，实足赡用于无穷。""以文艺
论，吾中国数千年来之诗、古文词曲、小说、传奇，固已根柢深厚，无美
不臻，抒情叙事之作，莫不繁简各宜。"① 把对古典的推崇夸张到这种程
度，那当然就不仅拒绝了任何革新，也拒绝了吸取外来文化来"取长补
短"。② 再进一步，对于中国固有文化中明显存在的短处，又如何解说呢？
除避而不谈外，就只能强词夺理地加以辩解了。吴宓说，孔子生时、耶教
盛时，都是实行君主制、多妻制历史时期，但这都不是孔教耶教的责任，
不可以此来攻击孔教、耶教。"总之，孔教耶教，其所以教人、所以救世
之主旨，决不在此多妻也、君主也，（此）皆当时风俗制度仪节之末，特
偶然之事耳。"③ 柳诒徵为着论证"中国最大之病根，非奉行孔子之教，
实在不行孔子之教"，也说西方各国实行共和制前也是实行的君主专制制
度，可见君主专制与孔子之教无关。④ 更进一层，则说"君"就是"首
领"，"臣"就是"从属"。所以"君臣之名可废"，"君臣"之实，则
"无所逃于天地间"，"无论社会何种组织，皆有君臣。学校有校长，公司
有经理，商店有管事，船舶有船主，寺庙有住持，皆君也。凡其相助为
理，聘任为佐，共同而治者，皆臣也"⑤。这样便将对古典文明的崇爱，推
演成宋儒为"君臣大义"的普遍性所作诡辩的陈腐老调，毫无发扬固有文
化精粹的意蕴可言了。陈寅恪所说，"吾中国文化之定义，具于白虎通三

---

① 邵祖平：《论新旧道德与文艺》，《学衡》第 7 期（1922 年 7 月）。
② 以道德家自命的吴宓，有时也公然提倡"道德修养，取法孔孟"。据王雨霖《吴宓在大连》
一文（刊登于《万象》第 8 卷第 3 期，2006 年 6 月）所录，吴宓 1924 年在大连青年会所作题为《青
年修养（道德）之标准》的讲演中，就说中国社会当前已经病重，诊治的办法，还是要提高人们的道
德修养，而"修养之标准，要以孔孟之言可取者为多"，"与其独辟蹊径，不如取法孔孟之为得"。
③ 《论新文化运动》。
④ 《论中国近世之病源》，《学衡》第 3 期（1922 年 3 月）。
⑤ 《明伦》，《学衡》第 26 期（1924 年 2 月）。

纲六纪之说，其意义为抽象理想最高之境"，① 表达的无疑也是同样的陈旧观念。这些不顾哲理和逻辑的观念，显然都是《学衡》派文化观堕入极端偏颇的败笔，无法将其纳入到他们建设新文化应以继承旧文化为前提的理性论说中去。若仅依此而论，鲁迅斥其为"几个假古董所放的假毫光"，"本身的秤星尚未钉好"，也不好说是过分的。至于这种维护纲常名教的旧信念，是否具有助长他们捍卫固有文化的决心与韧性之作用？就部分《学衡》派的作者精神状态而言，那当然是可能的。不过总不能认定抛弃这种纲常名教的信念，就必定意味着是在否定传统文化的精华。以君主专制为最高守则的纲常名教，并非传统文化的精华所在，也不是传统文化的灵魂所系的支柱；现代人们在珍重地传承传统文化之际，完全可以做到把纲常名教从传统文化中剔除在外，或站在现代高度予以批判性的剖析与诠释。毫无疑问，原封不动地保存和崇敬纲常名教，绝非现代新文化所可容的理念。不过平心而论，维护和推崇纲常名教的，在《学衡》的作者群中，还只是少数（如柳诒徵、陈寅恪），或者是某些作者偶发的言论（如吴宓），不好说这就是《学衡》派文化论的基本调门。

《学衡》派的新文化观，对于固有文化精华的维护与弘扬，以及对于固有文化的短处的掩饰和强行辩解，都摆在明处，确实没有什么玄妙难解之处。不过，他们的新文化观，不同于泥古的文化保守主义，他们有着独特的一套文化理论。正是由于《学衡》派建设新文化的议论是依托于这套文化理论，所以崇敬纲常名教之类的言论才没有成为他们的文化论的主导思想，从而才使得他们避免了落入顽固守旧的泥潭。

以梅光迪、吴宓、胡先骕为主要代表的《学衡》派人士，所持的文化理论，是一度流行于美国，而中国前此并不懂得的"新人文主义"。他们在《学衡》上拿出了相当的篇幅，介绍了他们的老师哈佛大学教授白璧德（LrvingBabbitt）的新人文主义，并译载了白璧德有关的一些论述。对于新人文主义的介绍、解释、发挥和运用，才是《学衡》派文化论的主导思想，也是他们用来反驳新文化运动的主要理论武器。

《学衡》派一再指摘说，新文化运动犯下的一大错误，就是把"西洋

---

① 《王观堂先生挽词并序》，《学衡》第 64 期（1928 年 7 月）。

晚近一派之思想"错当成"西洋文化之全体",也就是把西方已经唾弃的糟粕错当做了精华。这一观点,正是出自白璧德。《学衡》第3期上便发表过白璧德论述"中西人文教育"的文章。白璧德在这篇专门写给中国人看的文章中,按照他的新人文主义的观点,对中国的新文化运动提出明确的劝告。他说:

> 中国之人为文艺复兴运动,决不可忽视道德,不可盲从今日欧西流行之说,而提倡伪道德。若信功利主义过深,则中国所得于西方者,止不过打字机、电话、汽车等机器。或且因新式机器之精美,中国人亦以此眼光观察西方之文学,而膜拜卢梭以下之狂徒。治此病之法,在勿冒进步之虚名,而忘却固有之文化,再求进而研究西洋自希腊以来真正之文化,则见此二文化(引者按:这是指中国固有文化和西洋固有文化),均主人文,不谋而合,可总称为邃古以来所积累之智慧也。①

在这段文字中,把新人文主义的基本倾向表达得已经十分清楚。白璧德是说,只有他所提倡的希腊以来的人文主义,才是欧洲的真文化。今日欧洲正在流行着的文化却是伪道德、假文化。白璧德的新人文主义,是在批判欧洲文艺复兴以来文化革新思想的同时作出解说的,尤其是在声讨培根的实证主义、功利主义(白璧德有时候也将其叫做"科学的自然主义")和卢梭的人道主义、平民主义(白璧德有时候也将其叫做"浪漫的自然主义")的过程中,对照着展开阐释的。

白璧德虽然也略微谴责过欧洲中世纪"重神性太过",造成对人的"才智机能"的"致命束缚",并且也肯定过文艺复兴初期"对神性与人性之矛盾,所见较确"。②但是,他立论的基点是明确地放在批判和否定文艺复兴以来的文化革新运动上。在他看来,文艺复兴以来的文化改革是走了极端。走了极端的表现,就在于完全抹杀了中世纪的文化精神,尤其是

---

① 胡先骕译《白璧德中西人文教育说》,《学衡》第3期(1922年3月)。
② 徐震堮译《白璧德释人文主义》,《学衡》第34期(1924年10月)。

完全否定了耶稣教的功绩。白璧德说，耶教固然"重盲从"，损伤了"批评精神"，但是"耶教能令人谦卑而重立其意志"，有着"救世之功"。白璧德还援引别人的议论，说明所谓"黑暗时代"的中世纪，其实精神上却是"光明普照"，虽然"学术晦昧"，然而"圣贤之多盈千累万"，"社会风俗良好"。白璧德认为，耶教的"主张上帝之恩典"之说，固然与"尊崇理性"的观念不能相容，但是"上帝之恩典之说，乃欧洲中世纪社会之基础，此说既摧毁，恐难望保存欧洲文明于不坠"。所以他认为，当务之急，是搜求一种新说新理，来"补上帝之恩典之说所遗留之缺陷，而存其功用"，而不该摧毁它。① 他认为，欧洲 16 世纪以来，尤其是英国工业革命以来，西方文化运动的根本错误，即在于注重知识、注重功利、注重科学，而丢弃了宗教，丢弃了道德，丢弃了人文精神。说："此种自十六世纪以来之西方运动，其性质为极端之扩张，首先扩张人类之知识与管理自然界之能力，以增加安适与利用。"这种以培根为先驱的注重功利的"近代运动"，其主旨就是"注重组织与效率，而崇信机械之功用"。白璧德说，这种状况证明了，"吾西人今日之不惜举其固有之宗教及人文的道德观念，而全抛弃之"。因此，"今日之文化，舍繁复之物质发明外，别无他物。质言之，即非文化，仅为一种物质形态，冒有精神之名而僭充者也"。白璧德对于以培根为代表的一派，提倡科学忽视道德，提倡物质文明忽视精神文明的主张，深恶痛绝，认定它造成了物欲横流、文明丧失的恶果，甚至把世界大战的成因也归罪于它，说："并非人类可惊之奇变，而实为英国工业革命以来，人类之物质欲望，愈益繁复，窃夺文化之名，积累而成之结果。"② 白璧德正是借着批判崇信科学的自然主义（即"物性主义"或"实证主义"），确立起他的新人文主义说。他把人类生活分为三界，说人之存心行事别为三级：上者立于宗教界（或天界），中者为人文界（或人界），下者为自然界（或物界）；各界有各自的运行规律，相互间不能混淆和取代。他以此为据，指责培根等人的自然主义，说它的根本错误就在于以物界的"自然之律"取代了人界的"人事之律"。白璧德人文主

---

① 吴宓译《白璧德论欧亚两洲文化》，《学衡》第 38 期（1925 年 2 月）。

② 《白璧德中西人文教育说》，《学衡》第 3 期。

义着重强调的是：无论个人或社会，欲图生存，则必须在"物质之律"以外，另求一种"人事之律"；依靠这种"人事之律"，才能建立起精神上的规矩，使人们精神上能够循规蹈矩、中节合度。如果以为这样的原理是可有可无的，那就必定会使得人们的精神日趋衰颓、万劫不复。所以举凡想要革除这样的原理的，都是社会的罪人。在新人文主义者看来，在欧洲中世纪倒还是尊崇理想主义的，但是自文艺复兴以来，批评理想主义、崇拜物质之运动起，竟专务提倡科学，将科学视为金科玉律，终至把人类等同于物质。及至到了 19 世纪，这种自然主义更是极度猖獗，终成了"人间最大恶魔"，于是不能不痛加声讨：

> 若谓昔日者，人文主义受神道宗教之凌逼，有须卫护，则今日人文主义受物质科学之凌逼，尤极须卫护。必科学本有范围，乃妄自尊大，攘位夺权，灭绝人道者，吾知其为伪科学矣，此乃十九世纪铸成之大错也。以崇信科学至极，牺牲一切，而又不以真正人文或宗教之规矩，补其缺陷，其结果遂至科学与道德分离。而此种不顾道德之科学，乃人间最大之恶魔，横行无忌，而为人患者也。

新人文主义者说得明白，正是针对这种"物质科学之凌逼"，他们才起而谋求救世之道："十九世纪之自然主义，逼人类为'物质之律'之奴隶，丧失人性。今欲使之返本为人，则当昌明'人事之律'，此二十世纪应尽之天职。"[①] 不管新人文主义对于崇拜科学的自然主义的介绍是否妥当、评价是否公允，但敏锐地捕捉到社会人文之事与自然界的运作性质的差异，无论如何是其一大贡献。新人文主义不赞成把科学的作用范围无限制地扩大，更不赞成借其抹杀人事的、人文的独特性质和独特运作定律，不赞成用自然科学来简单诠释社会和人文问题，把人类解释成"物质之律之奴隶"。这无疑是对于推崇科学万能论的"科学主义"理论偏颇的觉察。提出这一见解的理论意义，以及这一见解的形成在人类文化史上的意

---

① 吴宓译《白璧德之人文主义》（原文为法国人马西尔 Mercier 所作），《学衡》第 10 期（1923年 7 月）。

义，显然是不容忽视的。新人文主义在它对自然主义的批判中，处处在努力说明，人类社会的事，是无法用自然科学的定律解释得了的，人类的社会活动中包含着大量不能纳入自然界的物质活动的内容，而具有自身的独立的非物质性的内容与特性。新人文主义在着重批判自然主义提倡"不顾道德的科学"时，同时特意强调了道德、宗教在人类社会文化事业中、尤其是在精神领域里的重要价值。他们不赞成将中世纪宗教精神一笔抹杀的见解，并且肯定中世纪宗教在建立精神规矩方面的功绩，甚至进而论证说："近世之文明，全本于自然主义，毫无人性之拘束，如是行之已久，而人类尤未至于灭绝者，盖亦由昔日宗教教义盛行所养成之习惯规矩尚存。幸得其余力之庇荫尔。"[1] 不论其对于宗教的社会作用的估价是否得体，仅从它能够认识到道德以至于宗教，具有自然科学所无法代替的特殊作用和特殊价值而言，也算得上识辨出了人文精神所具有的不应抹杀的独立性的。不过，科学（或从狭义上纯指自然科学）究竟算不算人类文化的组成部分？科学的成就对于人文学术道德等精神文明究竟具有还是不具有什么影响？科学的精神、科学的思维、科学的方法，对于"人事之学"又起着怎样的作用？所有这样一类有关科学与人生关系的大问题，新人文主义却是一概避而不答，或者是根本没有认真考虑过的。

绝口不理会物质对人事、科学对人生产生何种影响，只是大讲特讲"物质之律"、"科学学说"根本不适用于社会人事，这是新人文主义文化观的基调。《学衡》派完全遵从师说，全力论证撇开"物质之律"，依"人事之律"明"为人之道"的重要性，并且将其看做新人文主义的要义之所在。吴宓在向国人介绍新人文主义时，即突出了这一点，他写道：

> 其讲学立说之大旨，略以西洋近世，物质之学大兴昌，而人生之道理遂晦，科学实业日益兴隆，而宗教道德之势力衰弱。于是众惟趋于功利一途，而又流于感情作用，中于诡辩之说。群情激扰，人各自是，社会之中，是非善恶之观念将绝。而各国各族，则常以互相残杀为事。科学发达，不能增益生人内心之真福，反成为桎梏刀剑。哀

---

① 《白璧德之人文主义》。

哉！此其受病之根，由于众群昧于为人之道，盖物质与人事，截然分途，各有其律。科学家发明物质之律，至极精确，故科学之盛如此。然以物质之律施之人事，则理智不讲，道德全失，私欲横流，将成率兽食人之局。盖人世自有其律，今当研究人世之律，以治人事。……今将由何处而可得此为人之正道乎？曰：宜博采中西，并览古今，然后折衷而归一之。夫西方有柏拉图、亚里士多得，东方有释迦及孔子，皆最精于为人之正道，而其说又在在不谋而合，凡此数贤者，皆本经验、重事实。其说至为精确，平正而通达。今宜取之而加以变化，施之于今日用作生人之模范。人皆知所以为人，则物质之弊消，诡辩之事绝。宗教道德之名义虽亡，而共用长在；形式虽破，而精神犹存。此即所谓最精确、最详赡、最新颖之人文主义也。①

既然物质与人事截然分途，各有其律，不能以物质之律施于人事，而只能以人事之律治人事。那么，两种定律最为突出的不同之处究竟何在呢？新人文主义论证人类文化具有不同于自然科学的特征时，特别强调了人类文化不具备"进步"这样的特征。白璧德等人承认自然科学的发展，不断促进了社会生产，增加了财富，改善了人们的物质生活，因此认可"进步"是科学发展的定律。可是，他们又认为，文化领域、精神领域的事，却并不存在这样一种"进步"的必然律。他们说，现今人们喜欢说的"进步观念"、"进步主义"，实际上乃是按照功利主义的观念，误将"道德与物质之进步混为一物"，"误以物质进步为精神进步"。事实上物质的进步，带来的是物质欲望的膨胀、道德观念的沦丧。新人文主义，一再声言他们反对复古，但是他们勾画出的人类文化的历史状况却是一幅反方向运动的图像：物质在进步，科学在进步，人文精神却在退步，道德却在退步。在他们看来，科学是今胜于古，人文却是古胜于今。科学是进步的，所以还是新的好；道德是退步的，所以还是老的好。无法否认，新人文主义的文化观，是断言举凡精神文明诸事，均是今不如古，新不如旧。所以新人文主义反复申述的救治现今社会病态的文化方案，均是提倡返本溯

---

① 胡先骕译《白璧德中西人文教育说》，吴宓按语，《学衡》第 3 期（1922 年 3 月）。

源，要人们从古代文化遗产中去寻找。如说：

> 夫为人类之将来及为保障文明计，则负有传授承继文化之责者，必先能洞悉古来文化之精华，此层所关至重，今日急宜保存古文学，亦为此也。自经近世古文派与今文派偏激无谓之争，而古文之真迹全失，系统将绝，故今急宜返本溯源，直求之于古。盖以彼希腊罗马之大作者，皆能洞明规矩中节之道及人事之律。惟此等作者为能教导今世之人如何节制个人主义及感性，而复归于适当之中庸。故诵读其书而取得之精神，为至不可缓也。①

为着阐发这种向古代文化寻求救世良方的主张，白璧德还提出了今人可奉为典范的东西古代"四圣"说。他说：

> 比而观之，若欲窥历世积累之智慧，撷取普通人类经验之精华，则当求之于我佛与耶稣之宗教教理，及孔子与亚里士多德之人文学说，舍是无由得也。论其本身价值之高，及其后世影响之巨，此四圣者，实可谓为全人类精神文化史上最伟大之人物也。②

这就愈加使人看得明白，新人文主义所看重的文化精华，只是古代的宗教与道德的成果，他们只承认这些古代的文化成果是人类经验的积累和文明的结晶，将其看做"舍是无由得"的人类文化的惟一来源。至于后世出现的与这些古老文明成果不一致的新思想和新文化，他们则不仅不承认他们具有任何进步意义，而且一概视之为毁师灭祖的反文明行为。这种否定人类文化的发展史是不断进步过程的论点，是新人文主义文化观的主要支撑点。靠着这样的论点，他们才得以将其"新不如旧"的文化论打理得自圆其说，才得以将其"重传承而轻创新"的文化观表述得理直气壮。

反对"文化进化论"，是《学衡》派借以抨击新文化运动的一个主要

---

① 《白璧德之人文主义》。
② 《白璧德论欧亚两种文化》。

理论武器。吴宓、梅光迪在他们最初发表的评论新文化运动的文章中，都明确援引白璧德反对文化进化论观点为据。梅光迪说，"文学进化"是"至难言者"。国内迷信"以新代旧".的文化革命，无非是受西方近代兴起的"文化进化论"的蛊惑，其实那种认定"后派必优于前派，后派兴而前派即绝迹"的文化进化论，正是犯了"流俗之错误"的"妄言"，不足为训的。① 吴宓把这一主张铺陈开来，讲解出一篇文化无新旧的道理。他首先从事物发展的最一般定律上，阐释"新旧难辨"的哲理依据，说：

> 何者为新？何者为旧？此至难判定者。原夫天理、人情、物象古今不变，东西皆同。盖其显于外者，形形色色，千百异状，瞬息之顷毫厘之差，均未有同者。然其根本定律，则固若一。……故百变中自有不变者存。变与不变，二者应兼识之，不可执一而昧其他。②

他以这样看上去无可挑剔的四平八稳的议论为据，从中推论出不必看重"新"之价值的判断，并且特别强调了"人事之学"不同于"物质科学"，不遵守"循直线以进"的特性。他写道：

> 天理、人情、物象，既有不变者存，则世中事事物物，新者绝少。所谓新者，多系旧者改头换面，重出再见，常人以为新，识者不以为新也。俗语云：少见多怪，故凡论学应辨是非精粗，论人应辨善恶短长，论事应辨利害得失。以此类推，而不能拘泥于新旧，旧者不必是，新者未必非，然反是则尤不可。且夫新旧乃对待之称，昨以为新，今日则旧，旧有之物，增之损之，修之琢之，改之补之，乃成新器。举凡典章文物，理论学术，均就已有者，层层改变递嬗而为新，未有无因而至者。故曰不知旧物，则决不能言新。凡论学、论事，当究其始终，明其沿革，就已知以求未知，就过去以测未来。人能记忆既往而利用之，禽兽则不能，故人有历史，而禽兽无历史，禽兽不知

---

① 《评提倡新文化者》。
② 《论新文化运动》。

有新，亦不知有旧也。更以学问言之，物质科学，以积累而成，故其发达也，循直线以进，愈久愈详愈晚出愈精妙。然人事之学，如历史、政治、文章、美术等，则或系于社会之实境，或由于个人之天才，其发达也，无一定之轨辙，故后来者不必居上，晚出者不必胜前。因之，若论人事之学，则尤当分别研究，不能以新夺理也。总之，学问之道，应博极群书，并览古今，夫然后始能通底彻悟，比较异同。如只见一端，何从辩证？势必以己意为之，不能言其所以然，而仅以新称，遂不免党同伐异之见。则其所谓新者，何足重哉！而况又未必新耶。语云：城中好高髻，四方高一尺。当群俗喜新之时，虽非新者，亦趋时阿好，以新炫人而求售，故新亦有真伪之辨焉。今新文化运动，其于西洋文明之学问，殊未深究，但取一时一家之说，以相号召，故不免舛误迷离，而尤不足当新之名。①

　　吴宓所作的这一关于新与旧的长篇论述，反对在文化上"是新非旧"的态度是鲜明的，但是他的理论分析却颇多疏漏，逻辑推论更是十分混乱，议论中不断地偷换了命题。例如，开始他是宣称，事物发展过程中新旧难辨，这讲的是认识问题。可是，接下去，就突然转而讲起世间事物中新与旧的比重问题，说新东西极为稀少，甚至有些新东西实际上不过就是旧东西的"改头换面"，所说已与认识问题毫不沾边。再往下，突然又跳跃到议论新与旧的价值评估问题，断定新旧不等于是非，这些论断与刚刚论列的关于新旧认识、新旧比重问题又完全挂不上钩。再往下，他撇开对新旧的价值评估，转而论证"新自旧来"的新旧关系，并且把"人有历史"这一特征抬高到人之区别于兽的高度。按照这一立论，本来理当进而论证历史形成的固有文化的重要性，可是，接下去他为着强调"人事之学"不同于"物质科学"，又一次自乱阵脚。他说，物质科学是"以积累而成"，故其发达是"循直线以进"，"愈晚出愈精妙"；与此相反，"人事之学"如历史、政治、文章、美术之类，则由"社会实境"或"个人天才"所决定，而"无一定轨辙"，故而新不必胜旧。这番议论，不免又引

---

① 《论新文化运动》。

发双重混乱：一方面是为着证明旧文化的价值，就不得不承认文化历史积累的意义，从而导致不得不承认一部分文化、即"物质文化"是"积累而成"，"直线以进"，"愈晚出愈精妙"，这就说明部分文化的进程是"新出于旧"却又"新强于旧"；另一方面为着贬低新文化的价值，又不得不同时竭力论证新文化不一定必胜于旧文化，乃至于硬说一部分文化（即所谓"人事之学"）不遵循新出于旧的轨辙。那么这部分文化是否也是"积累而成"，是否也有其发达的历史呢？如果按照这部分"人事之学"不遵循新胜于旧的进化轨辙的判断，那么岂不是等于也否定了这部分文化中旧的文化积累的价值？吴宓他们反对文化进化论的论证，使其自身的判断陷于两难中：为着证明新文化未必具有什么积极意义，便无法不连带着否定旧文化是历史积累的进化过程；而为着证明旧文化具有珍贵的价值，就无法不连带着肯定在文化历史积累的过程中新文化是进化的产物。《学衡》派陷入对新旧文化情感上爱憎分明、理论上逻辑混乱中，无法理出个清晰的头绪。

《学衡》上所发议论文化问题的文章，态度大体一致，即着重于论证旧文化之价值不可抹杀，但理论上也因人而略有差异。有较为温和的，如李思纯认为固不可断定"精神文化"和"物质文化"都是今胜于古，但是也不应断定人类文化不是进化的而"恒为退化"的，他为着照顾两面，得出的是个含糊的结论："故礼俗、学术、道艺、政治之为物，古者固多不如今，而近者亦未必其胜古，其真价值固难确定也。"并据此进一步议论道："故国人者正确态度，当对旧文化不为极端保守，亦不为极端鄙弃；对于欧化不为极端迷信，亦不为极端排斥。所贵准于去取始终之义以衡量一切，则庶几其固定文化改正旧物之态度，成为新生主义之现实，而不成为番达主义之实施。"① 积极支持《学衡》的东南大学副校长刘伯明，则直言新文化运动的功绩，说"其要求自由，而致意于文化之普及，藉促进国民之自觉，而推翻压迫国民之制度"，"确有不可磨灭之价值"。更进一步，他还充分肯定了"五四"运动所体现的激进行动，说"盖积习过深

---

① 《论文化》，《学衡》第 22 期（1923 年 10 月）。番达主义（Fandalism），义即文化摧残主义、文化破坏主义。

之古国，必经激烈之振荡，而后始能焕然一新，此必经之阶级，而不可超越者也"①。《学衡》上当然也发表了一些带着偏激情绪极力贬斥新文化的文章，例如邵祖平，虽也表示不可以新旧定文化之优劣，说"夫新旧不过时期之代谢，方式之迁换，苟其质量之不变，自无地位者轩轾，非可谓旧者常胜于新者，亦不可谓新者常优于旧者"。不过接下去，他便就道德文艺二事，以旧新定优劣，放言新不如旧了。他以中国为例，说：以道德论，数千年礼仪之邦的中国，伦理道德，"莫不完备"，"实足赡养于无穷"；以文艺论，中国数千年来之诗、古文词曲、小说、传奇，"固已根柢深厚，无美不臻，抒情叙事之作，莫不繁简各宜"。据此他断言，新道德、新文艺之提倡，纯粹是有人故意操纵的"骛新趋世"败坏风气的有害行为。② 显然邵氏的这种见解，已经从不以新旧论优劣的前提，滑到崇尚"旧胜于新"的（至少在道德文艺的范围内）以旧新定优劣的另一极端。

　　看来这种逻辑上理论上颇为混乱的文化观，似乎是无法自圆其说的。但是，留心观察，还是可以看出，吴宓等《学衡》派力主的文化不以新旧论其价值之说，毕竟还包含有一种对于人类文化特性的深层次的理解，虽然他们一时还不能把这种理解表达得十分清晰和完善。简要说来，《学衡》派关于文化价值不得以新旧论优劣的论断，捕捉到了在人类文化的存在与发展过程中，因作为其主体的人所具有的独立创造能力的左右，从而具有着非自然过程的社会人文的特性。人类文化发展的总趋势，固然无可怀疑的是由低到高的进化过程，但是就特定的具体的文明成果而言，它一旦创造出来，其价值就会具有或短或长的延续功能，而不会随生而随灭；文明成果具有长久价值，甚至具有后世难以超越的水准的事，在文化史上是屡见不鲜的。在文明的历史长河中不世出的文明成果，会具有难以磨灭的、甚至是永恒的光辉价值的事例，不胜枚举。放诸文学艺术境域，这更加是无须做多余诠释的通例。就此种意义而言，吴宓等关于"精神文化"或"人事之学"，因"社会之实境"或"个人之天才"而不能一概遵循"后来居上"、"新胜于旧"的论断，是合理的。《学衡》派正是本着对于文学

① 《共和国民之精神》，《学衡》第 10 期（1922 年 10 月）。
② 《论新旧道德与文艺》，《学衡》第 7 期（1922 年 7 月）。

的延续功能和持久生命力的深切感悟，才对胡适等宣布旧文学为"死文学"的论断下了切中要害的有力一击。

问题在于，正由于《学衡》诸公把反对"文化进化论"的理由展开来细加论列，这就使得新人文主义反对文化发展具有进步性的立论的漏洞，也暴露得更加无从掩饰。固然可以说，"人事之学"或"人文之学"，因其受"社会实境"、"个人天才"所左右，而不遵循"后来居上""直线前进"的定律，那么是不是就由此可以断定，人事的、人文的人类文化，就必定完全不遵循进化发达的总趋势呢？反对"文化进步论"的论断，是显然说不通的。事实上，人类社会的发展史，已经明白无误地证明，人文学术和"物质科学"一样，和物质生产、经济生活一样，总趋势都是由低向高发展的，也就是说，人类文明史不管经历过多么曲折的道路，但大趋势无疑是不断进步的。尽管两千年前，四千年前，甚至一万年前，人类的确产生过灿烂的文明，其中某些成就甚至是后世永远无法望其项背的，但是从文明总进程上看，21世纪的人类文明程度无论如何也是大大超过纪元前、超过几千几百年前，这是任何人也否认不了的绝对的历史真实。

新人文主义及其支持者们，为反对"文化进化论"所发的议论中，最大的败笔，是喋喋不休地声讨"文化应符合世界潮流"的主张。他们既然不承认精神文明是在不断进步着，他们就进而推论说，时代潮流或世界潮流，并不具备什么进步意义；因此，在他们看来，如果要求文化跟上时代的步伐，符合世界潮流，那就无非是在提倡文化学术"趋时媚俗"、投机取巧，放弃了以特立独行的人文精神引导时代风尚的责任。他们把亚里士多德的一句名言，当做坚持不混同于时俗的箴言，"亚里士多得尝言：一事之真相之定断，当从贤哲，否则徒从'顺应世界潮流'，而不知其本题之价值，亦将为世界贤哲所窃笑矣"①。

如果说恋古情结是新人文主义文化观的一大特色的话，那么极端厌烦和无条件地排斥现时文化思潮，则是其同时具有的文化情结的另一面。如果说新文化运动的文化观的基本倾向是"厚今薄古"，得在"厚今"，而失在"薄古"。那么，新人文主义的文化观，恰是"厚古薄今"，得在

① 梅光迪：《现今西洋人文主义》，《学衡》第8期（1922年8月）。

"厚古"，而失在"薄今"。

新人文主义者对当世文化思潮的鄙薄与批判，矛头主要是指向卢梭等人倡导的"平民主义"，以及卢梭用以支持"平民主义"的博爱观、平等观、自由观和人权论。白璧德和他的中国学生们，声讨新文化运动时，一再说其根本错误，是对于欧西文化，仅取"糟粕"，仅取"卑下一派"，所指均是卢梭学说。在他们看来，卢梭的"平民主义"不止是卑下的，而且是罪不可赦的反文明的言论。反对"平民主义"的"精英文化论"，构成了新人文主义对抗"文化进化论"的又一个主要支撑点。新文化运动所推重的文化理论，恰恰是卢梭的人权平等、个性解放说，由此才推导出他们表达"平民主义"信念的民主主义。如果说，新人文主义对培根的批判，是他们与新文化运动在如何对待"科学观"上的分水岭，那么，也可以说，新人文主义对卢梭的批判，则是他们与新文化运动在如何对待"民主观"上的分水岭。

白璧德派对于他所反对的培根的和卢梭的文化观的实质，常常给予不很规范的定性。有时候把两者都叫做"自然主义"，说培根的主张是"科学的自然主义"，卢梭的主张是"感情的自然主义"；有时候又把两者都叫做"人道主义"，说培根是"凡百科学的人道派之始祖"，卢梭是"凡百感情的人道派之始祖"。[①] 不过，细心辨别，当可察觉，他们在批评"自然主义"时，着重的是针对培根之说，而在批评"人道主义"时，着重的则是针对卢梭之说。作这样的区分，大约是与培根更注重强调科学，而卢梭更注重强调人权有关。白璧德把他与卢梭的分歧，曾经概括为人文主义（Humanism）与人道主义（Humanitarianism）的区别，并说这种区别即在于："人道主义重博爱，人文主义则重选择。"固然白璧德也常说到，"同情"与"选择"均不可偏废，要在两者间保持平衡，要执两而取中，但他主要还是致力于批判卢梭的博爱说。按照新人文主义的观点看来，卢梭的人道主义的博爱说，是在主张"泛爱"，鼓吹"不加选择的同情"："漫无甄别之普遍同情，即所谓四海之内皆兄弟之义。"他断定，如果此说流行，则必定造成举世混乱。为什么会对博爱说如此反感和恐惧呢？白璧

---

① 《白璧德之人文主义》。

德作出解释的主要理由，是认为提倡这种取消差别的普遍的爱，就会否定
了在人群中应当保持的训练与选择，从而也就否定了人世必须遵循的纪律
与秩序。他说，现今的人道主义博爱说，是"以泛爱人类代替一切道德"，
标榜"纳众生于怀中，接全球以一吻"。这样便违背了古希腊所说的"博
爱"一词的原义。他说就古希腊的"博爱"一字的字义而言，本来"含
有规训与纪律之义，非可以泛指群众，仅少数优秀入选者可以当之。要
之，此字之含义，主于优秀选择，而非谓平凡群众也。"所谓重"选择"、
反"博爱"的本意，在这里应该算是透露得比较明白了。它的意思，无非
是主张把社会的"优秀分子"与"平凡庸众"严加区别；爱只能及于
"优秀"，而不必顾及"庸众"。按照这样的文化尺度和道义标准，新人文
主义者每当谈到过希腊的人文主义时，虽然也偶尔会略微表示一下对其失
之于孤傲的惋惜，但基本意向还是在表达无限崇敬向往之情，如说："古
代之人文主义实带贵族性。区别极严，其同情心甚为狭隘，而共轻蔑一般
未尝受教之愚夫愚妇，固势所必然。""兹所欲明者，即古之人文主义者之
自立崖岸，轻蔑恶俗，实与近世广博之同情绝对相反，不可不知也。"并
且说，这种"自立崖岸，轻蔑恶俗"的精神，后来"复见于文艺复兴时代
之人文主义"。所以文艺复兴时代的人，靠着坚持"自己的信条与训练"
和"渊博之文学"，能"自驾于庸众之上"，乃得以保存"傲兀之人文主
义之遗响"。[①] 新人文主义的这种反平民主义的文化观，包含着两方面的基
本内容：一方面是认为人文道德诸事，其内容应当体现尊卑有别的"选
择"，从而维护有序的人间的纪律与秩序；另一方面则是认为文化的承担
者、创造者，只能有赖于有教养的精英，而不能也不该寄托或迁就于平凡
的庸众。也就是说，在新人文主义者看来，文化第一不能是"为平民着想
的文化"，第二不能是"靠平民创造的文化"。

当着新人文主义者声讨科学昌盛而人文精神沦丧时，已经顺便把他们
心目中的健全的人文精神是什么样子讲解得非常清楚。他们将其一再强调
的道德人文精神应重"选择"、"纪律"、"秩序"的本意，直截了当地解
释为要求凡人皆须具有和保持"屈服之心"、"谦卑之德"。屈服于谁？对

---

① 《白璧德释人文主义》。

谁谦卑？他们捧出的偶像是："高尚之意志"。他们要求凡人们要心安理得地服从于这种"高尚意志"。新人文主义照此原则，拟定的基本信条是："故凡人须以平常之自己，屈服于一种高尚神圣之意志之下，而始得安乐。"据此，便推崇宗教教义，说耶佛两大宗教，"其中枢最要之旨义，皆谓人之内心中，高尚之意志对于平常劣下之意志（即放纵之情欲）有制止之机能与权力"。二教具体说法虽有不同，"然皆承认此高尚意志之存在"。"此实庄敬与谦卑之心之根源也。屈服于此高尚意志，惟而至乎其极，则得精神之安慰也。"他们声称，使凡人们受到管制约束，避免"理智放纵"或"情欲放纵"，这就是东西两大宗教对道德文明作出的莫大贡献。他们也承认，宣扬"上帝之恩典"的宗教文化观，难免具有损害"批评精神"的弱点，因此最为完善的人类文明的规范，还是得属亚里士多德、孔子为代表的古代人文主义学说；他们的学说才能保证人们精神的统一与安定。据此，白璧德在评价孔子学说时，才郑重地写道：

> 吾人今试就此积无量之实在经验而成之孔教之旧说，以求解吾前此所云今日最重要之问题，即如何而能使人类之精神统一，而非如今日机械之发明，仅使人类得物质之接触，而精神仍涣散崩离也。孔子以为凡人类所用具者，非如近日感情派人道主义者所主张之感情扩张，而无人能所以自制之体。此则西方自亚里士多德以下人文主义之哲人，其所见均相契合者也。若人诚欲为人，则不能顺其天性，自由胡乱扩张，必于此天性加以制裁，使为有节制之平均发展。但世人十之九，如亚里士多德所云，宁喜无秩序之生活，不愿清醒而安静。可见东西之人文主义者，皆主以少数贤哲维持世道，而不依赖群众、取下愚之平均点为标准也。①

把耶稣、释迦换成亚里士多德、孔子，无非是将"上帝之意志"、"神之意志"换成了"少数圣贤之意志"，要求建立下愚绝对服从"高尚意志"的绝对秩序，这种精神实质并没有任何改变。正是按照这样的标准，

---

① 《白璧德中西人文教育说》。

新人文主义把卢梭代表的博爱说、人权平等说、平民主义，看做破坏"高尚意志之管束"，破坏尊卑上下之"神圣秩序"的祸水了。依照这样的论点与逻辑推演开去，新人文主义对于卢梭等启蒙派所倡导的个性解放说、自由说，也一概予以无情申斥。白璧德将卢梭学说定型为"感情扩张运动之先觉"，而且将其"注重感情之扩张"解释为"对人则尚博爱，对己则尚个性之表现"这样两个方面。① 崇尚个性的独立与自由，就必定会使得人放纵个人的感情，不再具有服从"高尚意志"的"谦卑之德"，这样思想的提倡，当然就会和提倡崇尚"爱无差等"的博爱一样，打乱社会尊卑上下的秩序，引起动乱。据此，白璧德特别赞赏孔子要求人们注重"自制"的见解，说：

> 凡愿为人文主义之自制工夫也，则成为孔子所谓之君子与亚里士多德所谓之甚沉毅之人。予尝佩孔子见解之完善，盖孔子并不指摘同情心为不当（孔子屡言仁，中即含同情心之义），不过应加以选择限制耳。中国古代亦有如西方今日之抱博爱主义者，孟子所攻墨子之徒爱无差等。孟子之言亦可用于今日，以正西方托尔斯泰之徒，抱感情主义者之非。②

在新人文主义者看来，卢梭、托尔斯泰式的所谓"感情主义"的自立与自由主张，就是主张"人欲自由"，主张"顺其天性"（按，即指顺人的自然本性）的"自由胡乱扩张"。他们断定，这种"惑于想象，溺于感情，将旧传之规矩，尽行推翻"的主张，必将给人类带来莫大灾难，理由是"凡个人及社会之能有组织，能得生存，其间所以管理制裁之道，决不可少"。可是卢梭的自立说自由说，却是在"身外之规矩"已经被推翻的今日，又要破坏人们"内心之规矩"，所以这是"近世最可悲最可痛之事"。他们说卢梭的主张是丧失人性的祸害，"其学说之要点，即痛恶凡百牵累、凡百拘束、凡百规矩、凡百足以阻止吾人率意任情行事者，以及各

---

① 《白璧德中西人文教育说》。
② 同上。

种义务责任，卢梭皆欲铲除之"。他们认定，卢梭的这种学说，正是闹出欧洲大战的原因："此种感情主义与人类弄权作威之天性，毫无拘束，以及操纵物质所得之力量，惟所欲为。兹数者相遇，则必生大战。此势之必不可免，而千古莫能易者也。"①

新人文主义在对于人权平等、人格独立观念支撑下建立起的自由平等博爱思潮，是完全不理解的，甚至可以说是深恶痛绝的。他们固执地认定，人世间如无高尚与庸众之分，就等于否定了社会的正常秩序；如无贤哲与下愚之分，就等于毁灭了人类的文化宝藏。新人文主义完全不理解人权平等观念为灵魂的启蒙思潮，是反映着社会发展的新的时代需求，不懂得这是要求用新的人际关系、新的社会秩序，来取代宗法贵族的旧的等级关系、旧的统治秩序；而是将这样的社会变革和表达这样变革的社会思潮，一律看做在图谋破坏人间的一切制度与规章，取消社会上所有秩序和纪律。新人文主义否认人类文化是循着进步轨迹的总趋势，以及他们对于新兴起的平民文化、大众文化的厌恶与排斥，正是他们没有认识到人类社会正处于重大转型期、没有认识到与这样的社会转型相适应必然伴随着要发生一场文化的转型。新人文主义，不懂得也不屑于去认识新时代赋予文化的新使命。这正是新人文主义的致命伤。

人类社会进入了 19 世纪、20 世纪之际，文化的大众化平民化，已是不可阻挡的大趋势；再也不会像远古文明初创时，文化只能是极少数人独具的技能和独揽的专业。教育的普及程度，科学知识的普及程度，文学艺术的普及程度，迅速提高的情况下，文化自然日益成为广大民众的共同事业。当然，文化大众化，是要经过一个长期的过程。至今，要想在全人类中完满实现文化的普及，仍然存在着许许多多的困难。不过，这样一个文化日益大众化的总趋势，是任何力量也无法阻挡住的。一切将平民大众看作是愚昧无知、与文化无缘的观念，一切对于文化大众化平民化趋势不加分析地统统厌恶与排斥的情绪，如今只能算是一种过时的、精神贵族式的、与时代潮流不合节拍的遗响。

那么，是不是说在人类文化中高雅的、高深的、高层次的文化，已经

①　《白璧德之人文主义》。

变成了"过期作废"的、没有价值的、应当消灭了事的东西呢？显然绝不能作如是观。一则，既有的人类文明遗产中，最有价值的部分、最有生命力而影响久远的部分，无疑是那些出自历代文化精英之手的高水平的成果。二则，任何时代，标志文化发展所达到的水准的，只能是那个时代的最杰出的文化人作出的最杰出的文化成果。即使是在文化高度大众化的现代，文化发展所达到的水平的高度，其标志仍只能是这个时代的精英文化。即使这些精英文化的成果，因其高深奥妙而一时不能为大众所理解和接受，它也是文化时代发展水平和发展方向的代表；任何时代文化发展的水平和发展的方向，的确是不能以大众达到的平均文化水平为准、更不能以粗俗的、低级趣味的、纯功利的要求为准。就这种意义而言，提倡文化大众化者，如果以精英文化为所反对的对立项，鄙弃精英文化、高雅文化，把高层次的文化定性为"脱离群众"的、"和之者寡"的、应该打倒的"贵族文化"，则是完全错误的。就其本质而言，这种错误的倾向乃是反文化的倾向，——贬低或抹杀最高水平的文化成就，那就是扼杀文化发展的生长点，扼杀文化的生机。在这一点上，新人文主义对精英文化的厚爱，虽属过度，其见解仍不失具有认识论上的重要价值。尽管有千错万错，肯定高层次文化的价值这一见解，是《学衡》派所推荐的新人文主义一项重要文化理论贡献。正因如此，《学衡》派的文化论，在历经数十年之后，重新被人们记起，重新被人们阅读时，仍然可以从中获得拒绝文化虚无主义和庸俗文化观的启示。

（本文发表于《燕京学报》新 25 期，2008 年 11 月）

"科玄之争"新解

　　新文化运动始终是在不断的反对声中开拓前进的，但是有一个值得留意的奇特现象，这就是自打陈独秀把新文化运动的纲领概括为"拥护德赛二先生"，即拥护民主与科学之后，"民主"和"科学"这两大旗号在"五四"后的舆论环境中，遭遇却颇不相同。尽管当时骨子里死守君道臣纲、反对民主共和的还大有人在，但是公开声讨"民主"的言论却十分稀少了。之所以会如此，大约与袁世凯帝制和张勋复辟的迅速失败，表明民主共和制度在中国已成为人心所向、不可逆拒的大势有关。自此而后，举凡怀"专制"鬼胎者，多是慑于民主的声威，而取打着民主的旗号行反民主之实的手法，不肯正面抨击民主主义了。同时，还应当看到，"五四"过后，有些对新文化运动持批评意见者，有不少是从道德的或文学的角度表达与新文化运动的不同文化观，其间不反对乃至热烈拥护民主体制的并不在少数。

　　与"民主"受到口头上的普遍尊敬（至少是口头上的敬而远之）不同，"科学"这面一向光彩的旗帜，却在"五四"后遭遇到前所未有的质疑。科学的性质与价值，受到怀疑和诘难的情况，是与第一次世界大战造成灾难性后果的时代背景直接相关。按说，在近代中西文化的交流史上，西方的科学（实指自然科学）是较早为开明的中国人士所认可的。提倡洋务的人，从接受西方先进的"洋器"中逐步认识到"洋器"制作技术背后的"西学"的实用价值，觉得在不变动我们自己的政体法度、伦理纲常的情况下也可以采而用之；这种可以"为用"的"西学"，确指的显然是西方的自然科学。当着"采西学"之议初起时，虽然也受到过顽固派的抵制，但是随着维新运动的开展，尤其是随着清末新政的实施，将"科学"再视同寇仇、必欲拒之于国门之外的言论已经极为罕见。民国初年，虽然国内科学还很不发达，但是人们已经不再将提倡科学的主张视之为奇谈怪论。陈独秀在《新青年》上以"科学"为建设新文化的口号，任鸿隽在《科学》上提倡科学救国论，都没有遭遇到公众舆论的公开抵制。胡适说："近三十年来，有一个名词在国内几乎做到了无上尊严的地位，无论懂与不懂的人，无论守旧和维新的人，都不敢对他表示轻视或戏侮的态度。那个名词就是'科学'。"[①] 民国初期文化界对科学的崇敬的风尚，胡适描述的基本符合实际。只是当着第一次世界大战造成的灾难性后果彰显于世之后，欧美知识界中才出现了对于物质文明发达引起的社会后果的悲观估计，有些人乃至宣称："欧洲没落了！""物质文明破产了！"由此出发，他们进而对于造成物质文明大发展的科学的作用与价值产生怀疑。他们以科学成果在战争中成为破坏性极强的武器，从而给人类社会前所未有的苦难为理由，引申出"科学破产了"的论断。[②]

早在第一次世界大战初起时，中国的部分人士，如辜鸿铭、杜亚泉等，便以西方文明导致战争灾难为口实，反对奉欧洲近代文明为范式在中国进行文化革新。但是，在大战结束后，直斥科学造成人类灾难的这新一轮思潮，却更加具有了理论形态和思辨深度，况且这时国内参与抨击"科学万能"者，均能援引欧美同道名家的主张为据，颇有中外呼应，要从根本哲理上索解全人类文明陷入困境的症结所在，寻求解救方案的气势。大致说来，他们提出的方案，其要旨无非是力图找出恢复或建立一种或伦理的、或宗教的、或人文主义的至上精神，以遏制物质文明发展导致的"物欲横流"的趋势。在这个时期陆续出场的梁启超的欧洲文明危机论、梁漱溟的孔子路向救世论、《学衡》派的新人文主义、都不同程度地体现出这种类型的见解。不过，明确环绕着科学的价值评估这一议题，直接刀对刀枪对枪地从哲学高度上展开的一场大辩论，则是因张君劢提出的人生观不受科学约束、亦即超科学的主张而引发的。

这场被命名为"科学与人生观之争"，又被叫做"科玄之争"的辩

---

① 《〈科学与人生观〉序》（1923年11月29日），转引自《科学与人生观》，山东人民出版社1997年版，第10页。

② 关于欧洲学术界在欧战之后兴起的"欧洲文明危机论"及其在中国引起的反响，郑大华著《民国思想史论》中有概括的介绍，见该书社科文献出版社2006年版，第30—75页。

论，是"五四"过后颇有名气的一场论战，后来介绍和评论的著述不断，成了中国近代文化思想史上一个耳熟能详的话题。不过，窃以为既往的许多介绍常常失之于粗疏，论断又常常失之于误解和武断。因此，乃不避"炒冷饭"之嫌，试作"新解"。

张君劢《人生观》讲演的发表

1923年2月，张君劢在清华大学以《人生观》为题，做了一次讲演。讲演的主旨是论证科学管不了人生观。他强调人生观的重要性，说"思潮之变迁，即人生观之变迁"，说"文化转移之枢纽""不外乎人生观"问题。可是"人生观问题之解决，决非科学所能为力"；而且欧战证明欧洲的注重科学、注重工商的"务外逐物"的物质文明，已为人们所厌恶，所以应当按照中国从孔孟到理学的传统，采取"侧重内心生活之修养"的路子建立精神文明。[①] 张君劢这一讲演所表达的文化观，就其主旨而言，与梁漱溟的文化路向的论说，并没有什么本质的差别，其特色是在于他把批判的矛头直接指向了进步舆论界大力提倡并已获得广泛崇敬的"科学"，公开对科学的功能与价值提出质疑和非议。

看到张君劢的演讲，他的老朋友丁文江立即在《努力周报》上发表文章反驳。丁文江行文嬉笑怒骂，不过态度十分明朗，坚决维护科学的权威。他说，张君劢是中了欧洲流行的反科学的"玄学"的毒。他把这场争论，直接概括为"科学与玄学"之争，从而将这场争论哲学理念上的分歧明朗化了，同时也把争论双方划成了阵线分明的对垒着的两军。[②]

有趣的是，这场论战的发动者和论战双方的主将张君劢、丁文江，不仅是朋友，而且同是不久前以梁启超为首的赴欧考察的七人团的成员。由此可见，这场事关欧洲文明以及科学价值的论辩，发生的背景是与他们对战后欧洲所作的一年考察直接相关。或者可以说，那一年的亲临其境的考

---

① 《人生观》，《清华周刊》第272期（1923年2月14日）。转引自《科学与人生观》，山东人民出版社1997年版，第33—40页。

② 《科学与玄学——评张君劢的〈人生观〉》，《努力周报》第48、49期（1923年4月12日）。转引自《科学与人生观》一书，第41—60页。

察，正是他们形成各自意见的小背景——大背景自是大战后的欧洲文明局势。应当说，有关科学的作用和价值展开重新评估一事，在梁启超所著的《欧游心影录》中已经显露端倪。梁启超在这本小册子中虽然基本上是以纪实的笔法来介绍欧洲现状的，可是他对欧洲现状估价的倾向并未加掩饰。他对欧洲文明评判的基调是明白无误的，他确认欧洲文明已处于危机中。他通过介绍欧洲人所发的议论，更加充分地向国人传达了"科学破产"、"物质文明破产"一类的讯息，让国人觉得欧洲文明确已处在惶惶不可终日、急切等待中国文明拯救其出于水火。尤其值得注意的是，在中国正是梁启超此书首次明确提出了对"科学万能"的指责，并且毫不含糊地认定"科学昌明"导致了"人生观"的缺陷。他把欧洲发生大战并陷入困境的原因，归结为人们没有了"安心立命的所在"；而之所以会没有了"安心立命所在"的"最大的原因"，"就是过信'科学万能'"。梁启超解释说，正是由于科学昌明，才破坏了欧洲近世文明赖以形成的"道德条件和习惯"：既破坏了凭靠哲学从"智"的方面形成的"至善的道德标准"，又破坏了凭靠宗教从"情"和"意"的方面给人类提出的"'超世界'的信仰"。也就是说，近代欧洲人的处境是"因科学发达，生出工业革命，外部生活变迁剧烈，内部生活随而动摇"。科学的昌明，使得宗教受到致命伤，把世间一切都看做不过是"物质和它的运动"，彻底否认了"灵魂"的存在。旧哲学更是"根本动摇"，"哲学家简直是投降到科学家的旗下了"。于是唯物派的哲学家托庇科学建立起一种"纯物质的纯机械的人生观"，从而硬把人类精神说成"也不过是一种物质，一样受'必然法则'所支配"，于是否认了"自由意志"，否认了"善恶的责任"。梁启超说，这种"运命是由科学的法则完全支配"的论断，不过是"一种变相的运命前定说"。正因如此，人们面临的业已"不是道德标准如何变迁的问题"，而是"道德这件东西能否存在的问题了"。这就是"现今思想界最大的危机"。梁启超说，"科学全盛时代"造成"唯物的机械的人生观"成为主要思潮，这样便造成了物质"欲望的腾升"，"乐权主义强权主义越发得势"，人生于世"独一无二的目的"变成了"就是抢面包吃"。他感叹道："果真这样，人生还有一毫意味，人类还有一毫价值吗？"他认为，从前做着"科学万能"大梦的欧洲人，于今叫起"科学破产"来，这就是最近思想变迁的关键。梁启超对欧洲的前途并未完全悲观，他认为现今欧洲思想界正在反省既往、提出重建"安心立命之所"的新思路，他介绍了社会学方面与达尔文生存竞争说不同的克鲁泡特金的互助说，并且着力推崇哲学方面的"人格的唯心论"和"直觉的创化论"，说它们起着"把从前机械的唯物的人生观，拨开几重云雾"的作用。他说，柏格森①首创、倭伊铿②也基本认同的"直觉创化论"，要义即在于认定世间一切现象，"都是意识流转所构成"，"都是人类自由意志发动的结果"；而这种"意识流转"、"精神生活"，又均从"反省知觉得来"。梁启超说，这些见地，正是可以"转移一代人心"的"丈夫再造散"。③

　　不难看出，张君劢关于科学与人生观的论说，其基本思路与《欧游心影录》是契合的。或者可以说，张君劢立论本自梁启超；如果下更加有把握些的推断，当可认定梁张有关科学与人生观见解的思路，是他们在欧游期间形成的共识——梁启超著《欧游心影录》，无疑是会吸取他的同伴们（尤其是外语远远好于他本人的年轻同伴们）的观感。1921 年年底张君劢离开法国前夕向留法北大同学发表的告别演说中，批评"吾国今日人心，以为科学乃一成不变之真理"，"迷信科学万能"的现象，另一方面又赶紧声明，不要误以为他是"劝人不相信科学，不重视科学，此决非吾之本意"。这篇《学术方法上之管见》，④婉然和梁启超《欧游心影录》的口吻如出一辙。当然也不好说，张君劢在《人生观》讲演中所论，与梁启超《欧游心影录》的论点就一模一样，因为梁启超书中表述的见解存在着明显的矛盾。梁启超的主调虽是在着力渲染科学的急剧发展造成了精神文明的创伤，并且寄希望于欧洲的、尤其是中国的精神文明的再兴，但是每当他对科学给人类引起的灾难大加贬斥过后，便赶忙掉转头来声明他本人绝不菲薄科学，绝不承认"科学破产"。说到欧洲物质文明的发达带来种种弊端时，他也特意强调说未来的趋势只会是科学的继续进步，物质文明"更加若干倍发达"。刚刚议论过欧洲工业革命带来了消极后果，但是掉转

---

① Benri Bergson，1859 – 1941。

② Rudolf Eucken，1846 – 1926。

③ 《欧游心影录》，《饮冰室合集·专集之二十三》，第 10—18 页。

④ 《学术方法上之管见》，《改造》第 4 卷第 5 号（1922 年 1 月 15 日）。

头来议论中国的状况时，他便立即明确表态，主张从中国的现实出发积极扶持工业的发展。梁启超虽然主张维护和发扬中国的优秀文化遗产，但是他并没有退到一味提倡做"修身养性"功夫恢复旧道德的路数上，相反地他还在努力鼓吹"全民政治"、"发展个性"、"思想解放"、"法治精神"、"国民运动"等，认为这些都是中国当下急需推行的头等要务。如此议论，又给人留下了梁启超并非下决心做个反"民主"派、反"科学"派的印象。以此看来，张君劢的反科学的人生观说，并不是梁启超意见的简单再版，至少是出于梁又超于梁，颇具自己特色的独创。张君劢之所以能够从人生观的哲理高度提出问题，显然是接受了他的德国老师倭伊铿的生命哲学。倭伊铿的一本书就叫做《大思想家的人生观》，这大半就是张君劢讲演题目的来源。① 至于丁文江捍卫科学权威的意见，是否与梁启超有过交流，有没有与梁取得某些共识，从现有文字中尚难以判断。不过就梁启超明确反对"科学万能论"，反对"机械的唯物论"的言论，当可推论在张丁争论中，梁启超并不像他声明的那样保持中立，而是站在偏向于张君劢的一边。

张君劢讲演之所以引起中国学术论坛的轰动，是在于他提出并详加论证了科学与人生观性质的截然不同，力证科学管不了人生观问题；认定只有采用心性修养的路数才能建立正当的人生观，认定只有如此才能矫正科学发展给人类文明带来的种种祸害。

论列科学与人生观性质的截然不同，是张君劢用来证实科学作用有限而非万能的主要论据。他把两者的差异概括为五项，即：科学为客观的，人生观为主观的；科学为论理的方法所支配，人生观则起于直觉；科学可以以分析方法入手，而人生观则为综合的；科学为因果律所支配，而人生观则为自由意志的；科学起于对象之相同现象，而人生观起于人格之单一性。② 平心而论，姑且不说张君劢见解的整体之是非，仅就他所举出的这五项定性式的论据而言，其实就充斥着似是而非的混乱判定。这些破绽，在以后的论战中，有些被反对一方抓住，有些则被忽略了。而争论中所忽

① 参见郑大华著《张君劢传》，中华书局1997年版，第150页。
② 《人生观》。以下引自该文者，不另注。

略的，有的却恰恰是关涉立论的基本前提能否成立的问题，在这里不得不先把它分辩清楚。

张君劢讲的题目既然是"人生观"，那起码首先得解释清楚什么是人生观，可是他偏偏就没有讲明白这个问题。开宗明义，他似乎是给出了人生观的一个定义，说与科学有一定之原理原则不同，人生观是另一种状况："甲一说，乙一说，漫无是非真伪之标准。此何物欤？曰，是为人生。同为人生，因彼此观察点不同，而意见各异，故天下古今之最不统一者，莫若人生观。"他在这里强调的是，人生观是没有统一性可言，只具有个体性，所以人人各异（上边的引文中他把人生观和人生又混为一谈，这种概念上的混乱，姑且不说它）。接着他便说："人生观之中心点，是曰我。"这就是说，在他看来，所谓人生观，就是作为个体的"我"对人生作出的与别的个体的人不相同的观察。于是他论证说，与科学依据于"自然界变化现象的统一性"完全不一样，人生观只能是"起于人格之单一性"。他将这种人生观的单一性、个别性强调到了绝对的程度，断然说："盖人生观者，特殊的也，个性的也，有一而无二者也，见于甲者，不得而求之于乙；见于乙者，不得而求之于丙。固自然界现象之特征，则在其互同；而人类界之特征，则在其各异。"用这样绝对的个体性来给人生观下定义，自然只能陷入无法自圆其说的荒谬中。

首先，他完全忽略了自然界中一切物体普遍具有的个别性。动物里没有绝对相同的两只狗、两只蚂蚁，植物里也没有绝对相同的两棵树、两株草，乃至于不会存在完全一模一样的两片树叶。生物界中这种物体个体具有的个别性，是通例，是常识；况且在不具有生命性质的无机物世界中，个体的个别性也是普遍存在的，绝不存在完全相同的两座山、完全相同的两条河、完全相同的两块石头。张君劢把个别性仅仅归结为人独具的特异功能，或人生观独具的特性，这显然违背了事实，违反了常识。当他为这样违背常识的论断做辩解时，竟然说出"人生是活的，故不如死物质之易以一例相绳也"这样的话来，等于不承认人之外尚有其他活物的存在。论断如此荒唐，自然被丁文江抓住大大嘲笑了一番。由此看来，科学的对象，也无不是有个性的个别体，仅仅只能说它所研究的是寓于这些个体中的共有的公理和普遍的原则而已。依此，个别性并不能成为人生观区别于

科学的独具特性；单一性和共同性，不成其为人生观与科学的本质区别之
所在。

　　其次，张君劢为着强调单一的个别性是人生观的特征，完全否认了人
生观具有任何共性。他断言，由于自然界是分类的，所以科学才能立足于
研究"自然界变化现象之统一性"；而"人格"（尤其是"特别人物"之
"人格"）却是单一的，不能归类的，没有统一性可言的，所以人生观只
能是各异的。照这样说来，几十亿人岂不就会有几十亿个各异的人生观
吗？这几十亿个各异的人生观，又怎么能够拿来和具有特定共性的科学相
比较，来识其特性、较其短长呢？毫无疑问，一个个单一的个体人的人生
观，与反映人对客观世界的本质与定则的科学共识之间，自然是构不成任
何可比性的。学说只能和学说比较它们之间的不同，原理只能和原理之间
比较他们之间的不同。像张君劢这样硬把作为个体的人对人生的看法与人
类共有的科学知识拉扯在一起，强行判定其间性质的差别，那实在是荒诞
不经之举。况且，张君劢列举出的人生观与科学具有的五种不同特性，恰
恰又构成了对他为人生观所下的具有绝对各异性那种定义的否定。人生观
既然具有五种特性，那岂不是就等于承认了这五种特性是各异的人生观存
在着的统一的共性吗？况且，张君劢为着阐明人生观具有不同于科学的性
质，便无法不对各种各样的人生观作出概括和介绍，无法不把种种不同的
人生观念和学说主张加以区分并归类。张君劢在《人生观》的讲演中，将
欧洲流行的乐观主义、悲观主义、个人主义、社会主义，中国流行的儒、
墨、道、佛，以及耶稣教等，都奉作人生观重要派别介绍于听众，他没有
觉察这样一来便等于是确认了人生观是分类的；某种人生观是为人间某种
群体所共同信奉的主张，而不是绝对的单一个体的人的人生观念。张君劢
为着证明人生观不像科学具有提供统一的公例原则的性能，而是五花八门
的，还特意举出了九大类"我"与外部世界关系的各种不同的"主义"
或"主张"，如"私有财产"与"公有财产"、"守旧主义"与"维新主
义"、"个人主义"与"社会主义"、"有神论"与"无神论"，等等；岂
不知这又恰恰是弄巧成拙，因为这样一来又等于证明了人生观事实上是分
类的，某种"主义"或某种"主张"既然都有着崇奉它的群体，所以它
总是体现出某种人生观念的共性，而绝非仅仅体现着某个人的独一无二的

个别的人生观。张君劢不自觉地将人生观的各种"主义"或"主张"分类予以介绍的做法，恰好证明只有将人生观作为关于人生的学说或哲理来对待时，才有可能将其与科学作对比，辨析其间存在的相同之处和不同之处。

张君劢既然解释不清楚什么是"人生观"，当然也就很难解释清楚与"人生观"截然相反的"科学"究竟具有何种特性。处处要把科学说成和人生观具有全然相反的性质，这哪能不走向极端。比如既说人生观的特点是"起于人格的单一性"，那就硬说科学是"起于对象之相同现象"。其实这定义又是似是而非的，科学当然要研究现象的相同性，可是科学难道就不关注现象间的不同性、特殊性吗？恰恰相反，科学必须将事物的特殊性纳入研究的视野。研究动物，就不能忽略动物与植物的区别。研究大熊猫，便不能不研究它和狼虫虎豹、犬马牛羊等动物的区别。为着特定的科学目标，科学甚至需要专注于对个体的研究，如研究的对象具体到这头牛、那只狗之类。总之，科学的任务自然是要揭示事物的公例和普遍法则，但是并不因之而排斥对事物特殊性和个别性的研究；甚至可以说，科学对共性的研究原本就是起自对个性的研究，对普遍性的研究原本就是起自对特殊性的研究；而科学对共性的研究又必然要返回对个性的研究，对普遍性的研究又必然要返回对特殊性的研究。这才是科学研究所必循的定则。

张君劢为着把科学与人生观说成性质截然相反，特别强调了科学是客观的而人生观是主观的这种相反的特性。其实这还是作出了一种似是而非的定性。人生观当然是主观的，但是，人生观同时不能不受到客观环境（从社会环境到自然环境）的制约和影响，无论就内容而言，还是就性质而言，与外部世界全然无关的纯主观的人生观是绝对不存在的。同时也应当看到，纯客观的"科学"，事实上也是并不存在的。科学的对象固然是外部世界的本质与定律，但是，它是人对客观真实的真理性认识；也就是说，科学只能是人的认识，只能是人的知识，只能是人对世界的认识成果，只能是独有人类才创造出来的文化事业，只能是人类文化的重要组成部分。所以，科学决不是离开人而独立存在的纯客观之物，相反地，科学的本质或本性就必然包含着人作为主体项存在为前提。世界上如果没有人，那就必定不会有什么"科学"这种"人类的事业"。正因此，以认识内容的客观真实性为其突出特征的科学，无论何时何地都不能不带着与生俱来的人的主观的认识性能。①

至于张君劢所说的科学与人生观之间的其他几项区别，如"论理方法"与"起于直觉"、"分析方法"与"综合方法"、"因果律"与"自由意志"等，所作论证也多属牵强附会、破绽百出，这些在论战展开后都为反方所揭示，这里暂且放下不说。总之可以看出，张君劢在《人生观》的讲演中，是借助对于人生观与科学的极其不准确的定性，来批驳"科学万能论"，拟制用"精神文明"来矫正"物质文明"之弊的救世药方的。不过，不能不重视的是，张君劢关于科学与人生观的这些相当牵强混乱的论述，却是尖锐地挑明了一个人们认识还十分蒙胧的大问题，这就是关于人们一向推崇的"科学"，它究竟具有什么样的性质和什么样的作用的问题。张君劢反对科学万能的人生观说，当然是有所本的。虽然他一再声称各派人生观主张"绝无绝对之是非可言"，其实他还是有选择的。他所推崇的，主要一是欧洲的柏格森、倭伊铿等颂扬自由意志的直觉主义和生命哲学，二是宋元明理学注重内心生活的修养功夫。不过应当说，欧洲大战给人类带来的实际教训，才是促成张君劢探讨科学与人生观关系的直接动因。大战无可辩驳地证明了，科学发达带来的工业技术成果，是会给人类造福还是造祸，这要取决于掌握科学技术的人，取决于掌握和使用科学技术的人们的道德观念和价值标准，取

---

① 顺便说说，现今中国的学者们谈到汉语中"文化"一词的词源，多说是本于《周易·贲》："观乎天文，以察时变。观乎人文，以化成天下。"并且说，文化一词即是从后一句演化而来。令人费解的是，大家都不解释前一句的含义；似乎是觉得它与文化无关。当时"天文"的概念，是指今天仍然使用的狭义的"天体现象"呢，还是泛指自然界现象，姑且不论。值得留意的是，这前一句和后一句同样，都是有主语的句子，而不是无主语的句子，只不过把主语省略了而已。"观乎天文"也罢，"观乎人文"也罢，是谁在"观"呢？当然只能是"人"。况且，有了这样的"观"，才有后边的"察"和"化成"；而那做到"察"和"化成"的，当然也都是"人"。可见，前后两句话，说的都是人的认识与行为。依此推论，文化这一概念，就不仅是指"观乎人文，以化成天下"，而且也应当包含"观乎天文，以察时变"。也就是说，"天文"、"人文"都是人类文化。假如我们把前一句套到现代的学科分类上，解释为所指的是科学或自然科学，那么恰好说明科学或自然科学也是文化的内容，也是人类文化的组成部分。

决于人们具备什么样的人生的理想与信念，取决于人要运用科学获取什么样的实际利益、达到什么样的功利目的。所以，科学的作用如何，在事实上的确是受着人的精神状况的制约；而人的精神状况如何，显然是不受自然科学和工程技术支配，它是超越了科学所起作用的范围的。因此梁启超、张君劢断定，战争是由错误的人生观所导致。就分析造成战争的思想根源而论，他们的这种判断并无大错，只是他们说不清楚这种错误的人生观形成的社会原因，而仅仅将其归罪于科学发达导致人们"专注外务"，闹成"物欲横流"的世俗局面罢了。应当承认而且值得重视的是，指明科学只是人类文明的一部分（固然是文明极其重要的组成部分），而不是文明的全部，从而阐明科学有其适用的范围，同时也有着它所不适用的范围，这是对人类文化性质认识的一项重要进展。

张君劢把人类文明中不属于科学的部分，勉强地概括为"人生观"，并且赋予它与科学截然相反的特性。他的论证，虽然是对文明中非科学的内容所作的不准确的界定，但是总算是模糊地提示人们注意：诸如宗教、伦理、文学、艺术等文化内容，具有不属于科学的或超科学的特性；此外还有与科学相联系，但又超出科学研究的具体物象的，即关于自然、社会和思维的普遍本质及运动定律进行抽象思辨的哲学。所有这些，无疑都是无法简单地归属于科学名下的。梁启超、张君劢认为，科学创造的只是物质文明，非科学的、超科学的精神活动创造的则是精神文明，并且断言精神文明高于物质文明。这当然是强词夺理的说法。但是人所独具的感情、意志、理性思维能力，人所独具的别善恶、辨美丑之类的理念、素养、情趣，在人类文明事业中，具有科学所不能取代的独特作用和重大价值，这是无论如何也不能不予以郑重估计的。张君劢的人生观说，固然带有明显的贬低科学、贬低物质文明的"东方文明救世论"倾向，但是他明确提出了科学性质与作用所具有的特性和不具有的特性，并引起广泛重视，总算得上是对新文化运动提供了一项值得认真探讨的重要课题。况且，他也没有像杜亚泉、章士钊、梅光迪、吴宓等那样直接抨击新文化运动。他的讲演只是从哲理的高度，向历来推崇科学的人出了一道不能不回答的难题：单凭提倡科学能建立起正确的人生观吗？

当然并不能说在清末民初的中国文化启蒙思潮中，已经流行"科学万能论"，已经是惟科学是崇。事实上从梁启超到鲁迅等大批先进的启蒙思想家，当时着力提倡的"改造国民性"运动，已经明确表达出他们救国的方略的着眼点是放在唤起国民自主自强意识的觉醒，恰恰不是想仅仅依靠发展科学来富国强兵。鲁迅、郭沫若等弃医从文，正是这一思潮在青年学子中流布的实证。至于以《新青年》为主要阵地的新文化运动，虽是对科学推崇备至，但绝无主张"科学万能"的意思。陈独秀将"科学"与"人权说"看作是近代社会进步的两轮，把法兰西提供的近世文明的精魂归结为"人权说"、"生物进化论"和"社会主义"，进而把《新青年》的基本主张归纳为拥护"德""赛"二先生，这些都说明了他们看重科学的同时也看重人文、政治和伦理的文明理念，把它们的重要性与科学的重要性并列，并没有"惟"科学是重。更何况他们还大张旗鼓地宣传"最后觉悟之最后觉悟"的伦理革命，激情澎湃地鼓吹文学革命，哪里找得出丝毫迷信科学万能的影子？他们的确也说过不少赞扬科学的话，有时说得还比较夸张，比如陈独秀、胡适都曾经把科学说成他们的新信仰，甚至也用过"科学万能"的字样。但是，对他们的文章略加研读，便不难看出，他们的立意都不过是在提倡科学态度和科学方法，反对崇拜鬼神的宗教迷信，反对丧失人格独立的奴隶性，而绝不是认为今后中国的文化建设惟有靠发展科学这一条道。更加值得注意的是，"五四"过后，陈独秀在解释新文化的含义时，自觉地纠正了早期为提倡科学而简单地反对宗教的错误，承认了宗教具有利导向善的作用，是现实社会所需要的。他说，新文化运动，并不是要消灭宗教，而只是要用好的新宗教代替不好的旧宗教。他给新文化下了一个很宽泛的定义，非常明确地说：

> 要问"新文化运动"是什么，先要问"新文化"是什么；要问"新文化"是什么，先要问"文化"是什么。
> 文化是对军事、政治（是指实际政治而言，至于政治哲学仍然该归到文化）、产业而言。文化底内容，是包括科学、宗教、道德、美术、文学、音乐这几样；新文化运动，是觉得旧的文化还有不足的地

方，更加上新的科学、宗教、道德、文学、美术、音乐等运动。①

陈独秀接着还逐项解释了新文化对于科学、宗教、道德、文学、美术和音乐的要求，明白无误地把科学列为新文化的一项内容而不是新文化的惟一内容。在如此清晰的阐释中，哪里找得出丝毫主张"惟科学"的影子？而且就新文化运动倡导者所花费的精力而言，那就可以看得更加明白。与其说他们是极力推重科学，毋宁说他们更加致力于民主自由的国民意识的建立，更加致力于破除旧的等级秩序和礼教观念对人权平等、个性解放的束缚。于今有的学者，不分青红皂白，大而化之地把新文化运动的倡导者一概定名为"惟科学主义"者，实在是欲加之罪，冤乎枉哉！

新文化运动中有没有一些类乎"科学万能论"、"惟科学论"的论点发表呢？的确也有一些散见于《东方杂志》、《科学》等刊物，如任鸿隽在《科学》发刊词中便说过："继兹以往，代兴于神州学术之林，而为芸芸众生所托命者，其惟科学乎，其惟科学乎！"② 这倒是颇有些"惟科学论"的模样。可是在科学极度落后的民国初年，科学家这样充满热情的"科学救国论"，纵然有些"惟此"的偏激，也是情有可原、无可厚非的。强调科学在救中国事业中的重要性谈不上错，要说错也只是错在没有认识到仅仅靠科学这一手救不了中国。

当然应该说，"五四"新文化运动兴起以来，在中国文化论坛上崇尚科学之风是很盛的。先进的中国文化界，一向是在提倡改造国民性、提倡人权平等、提倡个性解放、提倡民主自由、提倡伦理革命、提倡文学革命的同时，又热心于提倡科学。可是人们始终未曾想到提倡科学一事与前边所提倡诸事之间是一种什么关系。典型的一个例子就是陈独秀关于拥护"德先生"和"赛先生"的那段文字。他说：一些人攻击《新青年》所犯的"罪状"，无非就是拥护"德赛两先生"这两条。接着，他便理直气壮地发表声明道："要拥护那德先生，便不得不反对孔教、礼法、贞节、旧伦理、旧政治。要拥护那赛先生，便不得不反对旧艺术、旧宗教。要拥护

---

① 《新文化运动是什么?》，《新青年》第 7 卷第 5 号（1920 年 4 月 1 日）。

② 《发刊词》，《科学》创刊号（1915 年 1 月）。

德先生又要拥护赛先生，便不得不反对国粹和旧文学。"① 从这段话里可以看出，他所说的拥护民主便要反对孔教、礼法等，是逻辑严密、无须解释的，可是所说拥护科学便要反对的诸事项，就颇为难解了。其间，除反对"旧宗教"一项理由较为明白外，其他诸项如要反对旧文学、旧艺术和国粹等，就叫人弄不明白是怎样推论出来的了；难道是认为旧有的文学、艺术和更加广泛的国粹，只是由于其不科学所以才要反对的吗？艺术文学之类的是非，怎么能够以"科学"与否这条标准来衡量判别呢？至于民主与科学之间是什么关系，两者功能上存在何种差异，相互间应是如何分工与如何配合，陈独秀也都没有作过清晰的阐释。

当时在崇尚科学的舆论氛围中，对科学的认识却普遍是笼统、含糊、大而化之的。除了把科学认定就是真理之外，几乎没有人具体分析过科学的性质、科学的作用，甚至没有人对科学作出一个确切的定义。② 正因此，张君劢一篇道理不充分、逻辑不严整的《人生观》演说，便起了一石击起千重浪的作用。它尖锐地向以科学为神圣的时尚提出了挑战，逼着人们不得不回答"科学是什么"；逼着人们不得不回答科学究竟在人类社会中起着怎样的作用，以及清晰界定其作用的范围；逼着人们不得不回答科学在人类文化中究竟是处于怎样的地位，作为文化一部分的科学与文化所包含的其他部分之间究竟是何种关系。不管张君劢理论上还有哪些偏差和错误，他从建立正当人生观的角度，提出了如何认识和如何估价科学的性质与作用问题，实际上便是把怎样才能建立新的人生观、世界观的问题，提到了新文化运动的面前。不管你是持赞成态度，还是持反对态度，你都不能不对这样一个重大问题从哲理的高度上进行思考，并且作出解答。张君劢的《人生观》讲演，比梁漱溟的《东西文明及其哲学》的讲演更具哲理性，因此应当说，它将"五四"时期的文化讨论推进到了更有哲学深度的新阶段。此后20、30年代，如何建立正当的人生观问题成为文化界关注的热门话题，应当说，张君劢率先明确提出人生观问题总算有引发之

———————————

① 《新青年罪案之答辩书》，《新青年》第6卷第1号（1919年1月15日）。

② 陈独秀在《敬告青年》中说："科学者何？吾人对于事物之概念，综合客观之现象，诉之主观之理性而不矛盾之谓也。"这实在算不上对科学下的明确定义，他只是在解释科学之不同于"凭空构造"的"想像"而已。

功的。

"科玄之争"及其在新文化运动史上的意义

从 1923 年 2 月张君劢所作《人生观》的讲演发表，并于两个月后受到丁文江的批评算起，到当年年底上海亚东图书馆和泰东图书局前后脚出版两种版本的《科学与人生观》文集止，这场有关科学与人生观的论战持续了八九个月。此后也还有些相关的文章发表，但已属高潮过后的余波。

应当说，这场论战是"五四"以后的一场规模较大的论战，胡适把它叫做"空前的思想界大笔战"。胡适说它"空前"的意思，主要还是指其讨论时间的集中、卷入讨论的文化界知名人士的众多，而不是指它具有的价值。对于这场讨论，陈独秀、胡适虽然都予以重视，并且写了文章参与争论，但是对其水平又都不大满意。陈独秀以不屑的口吻说，只有在文化落后的中国现在还会讨论这样的问题；如果稍懂得一点社会科学常识，那就不会有"这种无常识的讨论"。[①] 胡适则认为，在这场讨论中，绝大多数推崇科学的人都未能抓住"什么是科学人生观"这个要点。[②] 后来有的马克思主义者更是把这场讨论，看成不过是唯心主义不同流派间的无意义的争吵。

这场哲理性很强的辩论，就发表的文章质量而言，说它水平不高，也不为过。由于讨论的主题，思辨程度甚高，当时参与辩论的学者们虽然多是态度明朗地选择了答案，可是从哲学的高度把握这样的理论问题确有困难。不必说从事地质学、化学、心理学等专门研究的科学家们难于将其中道理讲得明白，就是从事哲学、史学、文学和社会问题研究的名家们，他们的文章也经常是陷入概念不清、逻辑混乱，无法自圆其说的矛盾中。不过，也应当看到，这场辩论在中国文化思想史上的价值，并不能仅仅从参与讨论的文章水平高低来评判，而是取决于这场辩论所提出和讨论的问题其理论意义具有怎样的重要程度。

---

① 《〈科学与人生观〉序》，《科学与人生观》，山东人民出版社 1997 年版，第 1 页。
② 同上注，同上书，第 14—17 页。

胡适说，在这次讨论中为科学作战的人，除吴稚晖而外，"都有一个共同的错误，就是不曾具体地说明科学的人生观是什么，却去抽象地力争科学可以解决人生观的问题"。胡适认为，不说明什么是科学的人生观，只是围绕着科学"能不能解决"人生观笼统讨论，那永远也不能得出正确结论。他并且把讨论过程中出现这样的偏颇，也归罪于张君劢提出发动论争时"不曾像梁任公那样明白指斥科学家的人生观，只是笼统地说科学对于人生观问题不能为力"①。胡适的这番表述，大体上符合这场"科玄之争"的实际过程，可是他的评判却是不妥当的。这场讨论中最没有意义的，恰恰正是他尊之为"好榜样"的吴稚晖所高喊的建立"纯物质的、纯机械的人生观"那种主张。相反地，这场讨论的意义，正在于集中探讨了科学在人类社会生活中的效用问题，集中探讨了科学在文化领域中的作用范围问题，集中探讨了人类文明中科学构成与非科学构成的相互关系问题。张君劢没有像梁启超那样简单地直接声讨"科学家的人生观"，而是致力于论证科学不能决定人生观，这并非他不如梁氏而正是他比梁氏的高明处。

1923 年年底，张君劢为泰东图书局出版的讨论集作序，仍然认定如何看待科学与人生观之间性能的差异是这场争论的焦点。他突出强调了"自由意志"的有无这一特性在其间的重要意义，说：

> 此二十万言之争论，科学非科学也，形上非形上也，人生观科学所能解决与不能解决也，有因与无因也，物质与精神也，若去其外壳，而穷其精核，可以一言蔽之，曰自由意志问题是矣！②

张君劢之所以不去直接批判"科学人生观"，是基于在他看来"科学人生观"这个名称根本就是不能成立的。他还是本着"人类意志"之有无，来解释人生观与科学性能的区别，而置"科学人生观"于不屑一顾。他说：

---

① 《〈科学与人生观〉序》，第 14—17 页。

② 《〈人生观之论战〉序》，原载《人生观之论战》，泰东图书局 1928 年版。

　　我之清华讲演，所以以人生观与科学对举者，谓科学有一定公例者也；人生观则可以人类意志左右其间，而日在创造之中者也。天体之运行，物体下堕之迟速，虽唯心主义之哲学家，亦不敢谓吾心之上下能有所升降其间，故曰物质科学，真正科学也；若夫心理学与社会学虽其原名亦以 Ologe 结尾，然不得以科学称之，穆勒詹姆士已自言之，故我列此方面于人生观者中。此二者之性质，既已不同，故合二者为一名，如胡适之所谓科学的人生观者，直可谓之不词而已。①

　　至此，张君劢仍旧不能回答、也不肯回答"什么是人生观？"这个问题。他绕着这个问题转来转去，但就是不直接下定义；只是一再说，人是有个性的，人是有心理的，这些都是科学所无能为力的领域。有时候含含糊糊地把人生观等同于心理学，有时候又扩而大之说成是社会学，然后说心理学、社会学都不是科学。总之，他是在竭力表述一个基本判断，就是认为科学是有"公例"可寻的，而人生则反是，"人生之总动力，为生之冲动，就心理言之，则为顷刻万变之自觉性，就时间言之，则为不断之绵延"。这个"自觉性"，也就是那个"意志自由"；因此它是无公例、定律可求的，不为科学所左右（有时候张君劢又把"自觉性"解释为生物界所共有的特性，而人类具有的这种功能无非是"登峰造极"而已，这样的解释当然就把问题完全搅乱了套。人之外的广大生物界，是不是也一概没有公例可求？是不是也都应该排除于科学的视野之外？这样的问题都变成无法解答的难题）。当然，应该看到，张君劢的这种矛盾百出的解说中，却包含着一个合乎逻辑的推论，这就是：既然科学管不了人的"自觉性"或"自由意志"，那么"科学人生观"一词当然就根本不能成立，无须乎再花力气去分析它有什么错误。

　　受到胡适表扬的吴稚晖，其愚蠢处恰恰在于自作聪明地和张君劢对着干，写了一篇又长又烂的文章，论证人生观只能是"科学的人生观"。文章的题目叫做《一个新信仰的宇宙观及人生观》，这三万多字的长文，从

---

　　① 《〈人生观之论战〉序》。

1923 年冬写起，到 1924 年春才收尾，分三期连载在《太平洋》杂志上。①
由于该文冗长枝蔓，加之吴稚晖误把粗鄙油滑当做诙谐幽默，将文字弄成
云山雾罩、信口雌黄、不知所云的模样，除胡适而外，简直没有人肯与他
应答讨论。胡适说得也对，吴稚晖确实是在力证"人生观"不能是非科学
的、超科学的，而只能是满足人的日常生活实际所需的"人生观"，因此
它就只能是一种惟受科学支配的人生观。吴稚晖虽然故弄玄虚，添加了不
少谑头，但是他的这种基本见解倒是简单明快的。他说明，之所以标榜出
"新信仰"，是为着表明自己主张的"人生观"是依据"柴积上日黄中老
头儿"的人生态度，而绝非宗教信仰下的"宇宙观人生观"，也绝不是哲
学家的倚靠哲学——玄学建立的非宗教的"宇宙观人生观"；也就是说，
他要表达的，只是乡下在柴禾堆上晒太阳的老头儿这样普通人对人生的态
度和要求。除去了宗教的和哲学的信仰，"人生"的内容自然基本上就剩
下生存所需的物质需求。吴稚晖即以人生观取决于人生存的物质需求立
论，证明人生观只能是"唯物"的；这样的人生观，自然完全不会含有任
何超科学的成分，而成为纯粹的"科学的人生观"。

　　为着更充分地论证他的"科学人生观"，吴稚晖特意先把他的宇宙观
拿来详加论列，以为铺垫。之所以要拉出宇宙观说事儿，就是为着给
"人"在宇宙中定位：把"人"定位于"物"，把"人性"定位于"物
性"。他援用宇宙生成的常识，以及中国易经、道学之类的表述方式，把
宇宙的形成描述为从"漆黑一团"的"无"的破裂，生成大千世界，生
成种种"物"来；纵然"物性各异"，但却有共同的"质"与"力"，无
论"人"也罢，还是"毛厕里的石头"也罢，都不过是一"物"——而
且都是"一个活物"。吴稚晖借助"物活论"（吴稚晖把它定名为"万有
有生论"），议论了一通石头、苍蝇、玫瑰树会不会具有什么样的感觉、心
理、灵魂，不过他发表这类议论的着眼点，其实并不是为着论证石头、苍
蝇、玫瑰树具有"感觉、心理与灵魂"，而是为着借以证明"人"也如
"物"，按其本性，也不具有什么"感觉、心理与灵魂"。所以他才说：

---

　　① 《太平洋》1924 年 1、2、3 号。参见《科学与人生观》，山东人民出版社 1997 年版，第 332—
429 页。以下凡引自该文者，不另注。

"其实毛厕里的石头呀、玫瑰树呀、苍蝇呀、人呀，何尝有什么感觉，什么心理，什么灵魂，只质与力之构造及反应，各各不同罢了。"这就是说，他认为，"人"也不过是具有别的"物"所共有的"物性"——"质力"。于是，他给"人"下出定义："什么叫做人？""人便是宇宙万有中叫做动物的动物。人又便是动物万类中叫做哺乳动物的哺乳动物。"他认为，说得更具体些，这个"人动物"，概括起来说，无非就是："外面只剩两只脚，却得到了两只手，内面有三斤二两脑髓，五千零四十八根脑筋，比较占有多额神经系质的动物。"而所谓"生"，不过就是用手用脑的这样"一种动物"，轮到"宇宙大剧场"的一幕，在那里"出台演唱"而已。吴稚晖的结论是：人生不过是"一出两手动物的文明新剧"；"请作如是观，便叫做人生观。"这样的人生观，居然成为胡适当时最为赞赏的"科学人生观"，实在让"科学派"丢尽颜面。为否定人生观具有超科学的性质，居然堕落到把人生说成是惟"物欲"是图，这只能是借助极端的庸俗唯物论，来把人生观强行塞进"科学"的筐子里。这固然是极端的"惟科学"，但用以阐释"人生观"的性质，岂不愈加漏洞百出。

吴稚晖对他的这种动物演出式的"人生观"，还有更加具体的解释。他说，对于这种"两手动物的剧"，当然应该"唱得认真"、"唱得精彩"。可是归结起来，也无非是要求演出者做到三项："有清风明月的嗜好，有鬼斧神工的创作，有覆天载地的仁爱。"他解释说，这是故意用的"江湖尺牍调"，其实换三句粗话，便是："吃饭，生小孩，招呼朋友。"从把人生看做两手动物演戏的取向看，吴稚晖为人生观三项内容所作的概括，显然是以第一、第二项为主体的。他明白无误地说，"这两个人生观，都是所谓人欲横流的人生观"。这就是说，归根结底，人生观无非是"动物生存"本能的体现。当然吴稚晖也明白，即是把"人欲横流"的人生观解释得与道德并无冲突，可是毕竟还得承认人生仍具有物质生活以外的需求。所以他特意强调了人生还有"招呼朋友"这项重大的活动内容。"招呼朋友"这样的用语，未免叫人觉得奇特，其实这又是故弄玄虚，它的含义无非是在说明，人不能是孤立生存的，他只能生活在人群中，只能是人类的一分子；人生，必定具有社会性、群体性。由此，人生便逃脱不开如何妥当处理"我"这个个体与他体间的关系这一问题。吴稚晖借助传统文化，将处理人间关系的原则概括为四项，即："恻隐、辞让、是非、羞恶"，亦即儒家所说"仁义礼智四端"。他将"吃饭、生小孩"的"食色本性"，命名为"欲性"；又把"招呼朋友"的"仁义礼智四端"命名为"理性"，以示区别。尽管这种关于人生观包含的人类独具的"理性"内容阐述得很不完善，却总算是把"人生观"区别于等同动物的"人欲横流的人生观"了。吴稚晖解释不明白"理性"与"欲性"是怎样的关系，解释不明白"四端"与吃饭、生小孩是怎样的关系，可是他坚决不承认"理性"就等于反科学的"玄学"。他声明，承认"四端"，绝不是赞同玄学鬼所说的"直觉——良知——非量——良心"，绝不是赞同"只有自由意志，并无科学理智可用"。可是，既然承认了人生观中"理性"内容的存在，那就不能回避人生观究竟是不是科学的、是不是唯物的，这样的拷问。吴稚晖作了一点让步，正面肯定了哲学、美学、伦理，乃至"自由意志"的作用。甚至声言"我是愿受科学洗礼的玄学鬼，不是那'大摇大摆'反对论理的'无赖玄学鬼'"；"我知道自由意志，相对说起来，是可以承认的"，但那不是"无赖玄学鬼"们借"直觉——良知——非量——良心"名义主张的"绝对自由"。吴稚晖不得不承认人生观难以排斥的超出物欲的"理性"内容，又要坚持他为人生观设定的"人欲横流"的定性，这样便给自己造成了如何解释科学与其他非科学文化构成间关系的难题。首先碰到的便是与他认可的"四端"直接关联的道德问题，于是他不得不认可"道德乃文化的结晶"，甚至主张在尊奉"赛先生"（科学）、"台先生"（民主）的同时，再请出一位"穆姑娘"（道德）来，并且解释为三者可以"分工合作"。他硬撑着腰杆，声称自己相信"宇宙一切，皆可以科学解说"。同时又只好尴尬地认可科学而外，还有美学与玄学。他说，人类之学可以一分为三：美学文学宗教，"可便称之曰情感学"；玄学哲学，"可便称之曰情理学"；科学，"可便称之为理智学"。他无法解释这样三种门类的学问在人类之学中的相互关系，只好说它们在人类之学中缺一不可，只是各占着不一样的比例而已。不过，他在竭力把论述再拉回到"科学万能"的大旗下，塑造其惟科学的人生观的结论时，便把"学分为三"的这套议论弃置不顾，重新将科学的作用推至无所不能的至高地位上去。他借着张君劢为人生观列出的九项大发议论道：

人生观有九端，尚非科学所能解决正是玄学鬼要大显神通，指示科学来解决他才对。反帮那假爷宗教，请个隐得来希来威吓科学，真叫做"无赖"。如此，科学者，让美学使人间有情，让哲学使情能合理，彼即由合理得到真正合理之一部分。美学随宇宙而做工不完，哲学随宇宙而做工不完，科学区域，亦即随宇宙而日扩日大，永永不完。物质文明之真正合理者，固是他管辖。精神文明之真正合理者，亦是他管辖。如有挟人死观之人，与其诅咒科学破产，毋宁希望世界末日。

通过这样一些词不达意的混乱议论，可以看出吴稚晖只是在强词夺理地硬说，别看眼下科学还管不了吓唬人的美学和哲学，可是随着文化的发达，美学和哲学还得统统归科学管辖。据此，他在这篇长文的结尾处，大发了一通不着边际的狂言：

是故人也者，吹个大法螺，即代表漆黑一团，而使处办宇宙。又以处办得极精彩的宇宙之一段，双手交出，更以处办宇宙之责任，付诸超人者也。招呼朋友，实际亦知未能及于宇宙之些须；特有"科学万能"在，区区覆天载地，正可当仁不让。责难吾人如此，真所以重人生观也。

总而言之，他放出的大话，无非是在凭空许愿，说科学即使当下还没有"万能"，将来也必定是会"万能"的，所以人生观之重要就是在它坚信"科学万能"。

靠着如此不讲理的论证，能够说他是建立了或提出了一个和张君劢的人生观相对立的"科学人生观"吗？显然是连影子也没有勾画出来的。不管吴稚晖如何大话连篇，气势汹汹，而实际上他的论说只不过证明了他是失败者，他没有就"科学人生观"问题讲出任何足以服人的道理来。相反地，他提出的"新信仰的宇宙观及人生观"，恰恰证明的是，那个"人欲横流的人生观"，那个"科学万能的人生观"，原本就是虚幻的海市蜃楼，没有办法真正立起来。

吴稚晖这样的"新人生观",当时遭到舆论界的冷遇,是无可避免的。站出来呼应叫好的,只有胡适。他不但把吴稚晖的"人欲横流"的人生观、"两手动物演戏"的人生观恭维成"科学人生观"的标杆,而且竭力提倡反对科学和拥护科学的两派,今后就只能以吴稚晖的"新信仰的宇宙工人阶级人生观"作讨论的中心,只能围绕着这个"新人生观"表示赞成还是反对。[①] 后来,1927 年年底胡适在上海同文书院讲演时,还是把吴稚晖这一套推崇备至,说吴稚晖是"最有精明研究,最有独到见解"、"最有历史眼光的思想家"。他大加称赞吴稚晖主张的"开除了上帝的名额,放逐了精神元素的灵魂",只承认"纯粹自然的演变"的"干脆的自然主义";说这种"努力造成一个干燥无味的物质文明"的主张,才是看清了历史的趋势,才能引导我们"走上科学的路,创造物质文明"。这个主张才是我们中国人"思想改造的彻底方法,惟一方法"。[②]

"科学与人生观"展开论战的时候,已是共产党人的陈独秀,没有直接出面为吴稚晖捧场,可是他凭着对"唯物史观"的机械理解,却对"人生观"也作出了"惟物质的"、亦即"惟经济决定论"的极端偏执的解释。他不赞成丁文江在对张君劢的反驳中没有正面回答"科学是否可以支配人生观"的问题,并且连胡适所说"唯物史观只能解决大部分问题"的论断也不肯赞同。他坚决认定"科学可以支配人生观",而"科学不能支配人生观"的所有理由一概不能成立。他的理由是,举凡社会制度、政治制度、道德标准、文化观念、思想情感、宗教信仰等,都是受"经济基础的支配",都是由经济的变迁这样的"客观原因"所铸成。据此他断然否定世界上存在着什么不依靠"客观原因"凭空产生的"良心"、"直觉"和"自由意志"。他的结论是:"我们相信只有客观的物质原因可以变动社会,可以解释历史,可以支配人生观,这便是'唯物史观'。"[③] 陈独秀的"经济一元论"的主张,受到胡适批评,逼得陈独秀不得不承认"心

① 《〈科学与人生观〉序》。

② 《几个反理学的思想家》,1927 年 12 月在上海同文书院的讲演,见《胡适文存》三集卷二,《胡适文集》,北京大学出版社 1998 年版第 4 册,第 84—104 页。

③ 《〈科学与人生观〉序》。

的现象"即精神现象这种事实的存在，不得不承认应该重视思想文化宗教道德教育等"心的现象"之必要，可是他依旧坚持"物质一元论"，说上述精神现象不过只是经济的"儿子"，而不是经济的"兄弟"。他认为胡适的错误是流入了"心物二元论"；而"离开了物质一元论，科学便濒于破产"。① 陈独秀固然无法否认，胡适既鼓吹吴稚晖主张的"纯物质的、纯机械的人生观"是惟一的"科学人生观"，却又承认精神现象的作用，二者之间确实存在着立论上的抵牾。可是他自己主张的这种"物质一元论"，恰恰也只能说明对于"唯物史观"理解的偏差。他把"唯物史观"完全解释成了"纯物质的、纯机械的"历史观和人生观，与吴稚晖的庸俗唯物论同样难以划清界限。

吴稚晖式或陈独秀式建立这种"纯物质的、纯机械的""科学人生观"的主张，在"科玄之争"中是注定要打败仗的。它暴露出当时崇尚科学的人，遇到张君劢提出人生观具有科学所不能包容的内容这种挑战之后，思路上和逻辑上陷入了无力自圆其说的自相矛盾的尴尬境地。他们既不得不承认人类文化中包含着科学之外的宗教、道德、文学、美学以及哲学等内容，也不得不承认人生观必然会具有这样一些不能简单列入科学名下的成分，可是同时他们也竭力维护科学具有至高无上的地位，所以只好硬着头皮宣布科学仍旧是管辖其他非科学的文化领域的无所不能的权威。他们提出的辩解方式，最后只能像吴稚晖那样，借着空话许愿说，即使现今科学解决不了所有的宗教的道德的美学的问题，但是科学的潜力无穷；将来科学发展了，它必定会具有解决这些问题的能力。

当时还有另外一种为"科学万能"的辩护方式，即如丁文江所主张的，强调科学精神科学方法的普遍有效性。举出的理由是：宗教、道德、美学等的内容，固然不是科学可以包容的，可是却能够用科学的方法去研究它；况且只有进行这样的科学研究，人们才能正确认识和运用那些精神文明的成果。丁文江的论证方式是：把"科学万能"解释作"科学方法是万能的"。他写道：

---

① 《答适之》，《科学与人生观》，第28—32页。

科学的材料是所有人类心理的内容，凡是真的概念推论，科学都可以研究，都要求研究。科学的目的是要屏除个人主观的成见，——人生观最大的障碍——求人人所能共认的真理。科学的方法，是辨别真伪的事实，把事实取出来详细的分类，然后求他们的秩序关系，想一种简单明了的话来概括他。所以科学的万能，科学的普遍，科学的贯通，不在他的材料，在他的方法。[①]

丁文江讲的这番道理，是含糊不清的。"科学方法万能"是不是等于"科学万能"？宗教、美学、道德等内容，均可以用"科学方法"去研究它，那么这些内容是不是就该当归属于"科学"、定性为"科学"？如果承认宗教、美学、道德之属，不能简单地都归类于科学、定性为科学，那么，对于这样一类的文化内容，难道仅仅用科学的方法来研究，就可以认识其全部性能吗？一首诗歌、一曲乐章、一幅图画、一段舞蹈，难道只凭靠科学的方法就能研究清楚它的价值吗？这样一些不能回避的根本性问题，丁文江都绕开了，概未作答。

显然，无论吴稚晖式的，还是丁文江式的"科学万能"论，所持的辩护理由和论证逻辑，都不仅不能证实科学具有取代其他非科学的文化构成的性能，相反地他们愈加费力地论证科学在那些非科学的文化领域里能够有用武之地，恰恰愈加证实了他们也不得不承认人类文化中确实存在着不能列属于科学名下的精神文明的构成；正因此，作为人类文明重要内容的人生观，也就不可能不受这些非科学的超科学的构成制约，人生观的内容与性质不可能仅仅取决于或局限于科学一端——不待言，尤其无法仅仅取决于自然科学及相应技术所构成的所谓"物质科学"（无须赘言，"物质科学"这一名称是不严谨的、不能成立的）。

这场关于科学与人生观相互关系的争论，严格说来实际上是一场连争论的焦点都没有理清楚的混战。论战双方虽然各执一词，实际上却是各说各话，论锋对不上号。当时有人就把这一问题挑明了，如孙伏园便指出："两方似乎并不攻守一个要塞。"张东荪也说，这场"科玄之战"实在算

---

① 《玄学与科学》，《科学与人生观》，第53页。

不上一场哲学与科学的论战，只是张丁二人各有"先入之见"，"来不及把界说清楚，而先就扭作一团"。孙伏园还明确指出，"人生观受科学影响与受科学支配并不是一件事"，丁张二人一个说人生观会受科学影响，一个说人生观不受科学支配，这本来就构不成可以辨难的相互对立的两条理由。① 不过，通过这场界限不明的混战，的确促进了人们对科学与人生观相互关系的认识。除张君劢的玄学派和丁文江、吴稚晖的科学派，借着极不充分的理由，互不相让，另一方坚持人生观排斥科学，一方坚持科学可以管辖人生观而外，许多人渐趋清醒，大致看出了人生观与科学之间并不是处于绝对排斥、又不是处于绝对合一的复杂状况。梁启超的说法是："人生问题，有大部分是可以——而且必须用科学方法来解决的。确有一小部分——或者还是最重要的部分是超科学的。"他对这种主张作了简明的阐释，认为人生过程中自由意志是起着重大作用的，但是它的作用又是有限的，举凡涉及物质生活诸条件，都无例外地须靠科学的方法解决，因此他认为丁文江所说"人生观不能和科学分家"的说法是"含有一部分真理"。人生观中"一涉理性"，便"不能逃脱科学的支配"。所以他不同意张君劢所说人生观是主观的，因而与客观的科学对立。不过，梁启超又从另一面立论，反对丁文江"用科学来统一人生观"的主张，他说："人类生活，固然离不了理智；但不能说理智包括尽人类生活全内容。此外还有极重要一部分——或者可以说是生活的原动力，就是情感。""就是爱和美。""'科学帝国'的版图和威权无论扩大到什么程度，这位'爱先生'和那位'美先生'依然永远保持他们那种'上不臣天子下不友诸侯'的身份。"梁启超把这套见解概括为："人生涉及理智方面的事项，绝对要用科学的方法来解决。关于情感方面的事项，绝对的超科学。"② 梁启超的这种意见，虽然被陈独秀斥之为"骑墙派"，但实际上比较当年发表《欧游心影录》对"科学破产"的渲染，对"科学昌明"造成"唯物的机械的人生观"得势、造成人们"安心立命之处"的严重思想危机那些危言耸听的论点，已经是有了明显的改进。他对于人生观中既有非科学的部分存

---

① 《玄学科学论战杂话》，《科学与人生观》，第132—136页。张东荪语，亦见此文附录之按语。
② 《人生观与科学》，《科学与人生观》，第137—142页。

在，又有科学部分的存在的认可，无疑是对科学在人生观中的地位的肯定，况且这一描述大体上是符合人生观的实际状况的；所缺欠者，惟在于他对于人生观中的"科学部分"和"非科学部分"究竟是处在什么样的状态、什么样的关系中，仍旧未能作出阐释。

关于科学究竟对人生观起着怎样的作用这个问题，在这场论战中也有一些较为清晰合理的见解，一向提倡科学救国的任鸿隽所发表的意见算得上其中的佼佼者。任鸿隽虽然使用了"人生观的科学是不可能的事，而科学人生观却是可能的事"这样令人难以索解的表述方式，但是他议论的要点是放在分析"人生观与科学的关系"这个问题上。他断定："人生观成不成科学是一事，科学能不能解决人生观的问题又是一事。"他说张君劢所提出的科学于人生观无能为力一说，只不过是在证明人生观不成其为科学，可是并不能证明科学对人生观无能为力。至于丁文江对此的反驳，力证科学方法对于人生观无所不能，则是"牛头不对马嘴"的，因为必须承认"科学方法"应用起来，必定有"一定的限度"。任鸿隽认为，张君劢所说的"浑沌复杂的人生观"，确实是不受科学支配，无法用科学方法部勒它的。那么，这是不是意味着科学简直和人生观没有关系呢？任鸿隽说不是，他认为历史事实业已证明，人生观是"不能离开物质世界而独立的"，"所以物质世界的知识愈进，人生观当然亦从而生变动"。"物质世界的知识愈进于科学的，而人生观之进于科学，亦与之为比例。"他认为足以证明这个道理的最明显的证据，就是进化论的发明。进化论的发明至少对人生观产生三大影响：一是表明人类在自然界的地位；二是打破宗教上的创造说和玄学上的前定论；三是提出了影响人生观的"生存竞争论"。任鸿隽说，这便足以证明，人生观是受科学观念的影响在进步着；近世的人生观比中古时代的人生观进步多了，无法否认这确实是与进化论的影响直接相关。这就是物质科学的进步，间接影响人生观改变的证明。至于科学会不会直接作用于人生观呢？他认为，也是应当予以肯定。他说，事实证明，"研究科学的人大半是不信宗教的"，"大多数科学家，都是道德完备、人格高尚的人"，这就证明科学的本性对从事科学研究者的人生观必然带来影响。依此，他进一步列举出科学对人生观的三个方面的重要影响：第一，"科学的目的在追求真理，而真理是无穷无边的"，所以研究科学的人"都具有一种勇猛前进，尽瘁于真理的启沦，不知老之将至的人生观"。第二，"科学的探讨精神，深远而没有界限"，所以，探讨科学的人，必然"和自然界高远的精神相接触"，从而具有"打破一切偏见私意"的人生观。第三，"科学所研究的是事物的关系"，这样的研究必定引导出"因果观念"；因此把科学研究的因果观念应用到人生观上去，就必定事事要求寻出其内在的合理的因果关系；为追求合理性，而"不惮和前人的名论或社会的成见宣战"。简要说来，任鸿隽的基本意见是：科学固然不能支配那个笼统而浑沌的人生观，但是科学却可以分析那个人生观中的种种关系，可以用科学的方法去变更或解决人生观中的大部或全部问题，可以建设高尚的人生观，总之是"应该多提倡科学以改良人生观，不当因为注重人生观而忽视科学"。① 任鸿隽的意见，在推崇科学价值的一派中，是颇有代表性的。这一见解，一方面肯定了科学本身具有重要价值，粉碎了"科学破产论"的谎言，另一方面它又在承认科学不能完全支配人生观的前提下，初步阐释了科学对人生观（从而也是对整个人类文化）所起的积极作用，驳斥了科学于人生观无能为力的论点。在这场"科玄论战"中，举凡以不尽相同的理由维护科学的价值者，从丁文江，到吴稚晖，到化学家任鸿隽、教育家朱经农、文学家孙伏园、心理学家唐钺，到新文化运动的领头人胡适、陈独秀等，都无例外地肯定人类文明的进程是进化的过程，即是由低到高的进步过程。而其间科学的进步、物质文明的进步，对于人类文明的进步起着决定性的促进作用；人类的精神文明，包括宇宙观与人生观，都不可避免地受着科学发展过程、物质文明发展过程的制约和推动，从而呈现由低到高的进步总趋势。对于科学的功能与价值的肯定，有效地拆穿了当时甚嚣尘上的人类已面临文明危机的危言耸听，批驳了将"世界文明危机"归结为"科学破产"的谬论。这一本质上正确的论断，当然也就揭示了张君劢宣扬借助理学"侧重内心修养"功夫的中国"精神文明"来拯救濒临破产的西方"物质文明"的反科学辩护词，纯是无稽之谈。

---

① 任叔永《人生观的科学或科学的人生观》，原载《努力周报》，见《科学与人生观》，第126—131 页。

　　尤其有意义的是，尽管在这场辩论中出现了对待科学两种相反的极端论断（一是以张君劢为代表的否定科学于人生观具有任何积极作用的意见，一是以丁文江、吴稚晖为代表的认定科学具有凌驾一切文明现象之上的万能作用的意见），但是就这场辩论在中国近代文化发展史上所具的整体功效而言，它却是促使多数知识界中人士，渐渐明白了科学的功能既是巨大的，又是有限的；既不能对它的作用有丝毫蔑视，又不能将其作用扩大为万能的这一重要原理。这无疑是深化了新文化运动以来对"科学"的认识，促使人们更为准确地评估科学在人类文化中所具有的地位、性质和功能。纵然论战中维护科学的一方，还不能明确地抛弃"科学万能论"，不能明确地反对"惟科学主义"，但是这场辩论对于防止或杜绝"惟科学主义"的泛滥，的确起了非常积极的警示作用，从而提醒人们在处理文化问题上必须十分重视和正确对待文化中的科学构成和非科学构成的相互关系这个重大问题。就此而言，"科玄论战"在中国近代文化史上，是功不可没的。

　　"科玄论战"中对垒的双方，受当时认识的局限，还对他们所提出并争论着的科学在文化中的地位与功能这个大问题，作不出清楚的解说，甚至连提出这个问题的具有的重要意义也没有清醒地意识到。论战双方，各偏执一端。"玄学派"看到了文化中科学构成与非科学构成的差异，却看不见两者之间的关联；看到了科学功能的有限性，却看不见科学功能对人类文化的整体影响。"科学派"看到了文化中科学构成与非科学构成的关联，却说不清两者何以不能以科学取代或支配非科学的文化构成。陈独秀之所以把这次论战的水平贬得很低，他的理由是："人生观是科学的"这在西方科学发达的国度里，早已是不成问题的问题；现在只有在中国这样科学水平很低的国家，才会把它还当成一个值得讨论的大问题，并为之争辩不休。这恰恰说明，那时新文化运动的带头人，还不懂得对于"科学"的性能给予准确定位的意义。他们往往含混地把"科学"当成"进步"的、"正确"的文化观念的同义语。这当然就难以避免被人们误认他们是"科学万能论"的拥护者，而加上"惟科学主义"的罪名。应当承认"科玄之争"对于厘清这种文化观上的混乱，是大有意义的，可惜在相当长的时期内，新文化运动的后继者们对此缺乏应有的认识。

　　以《新青年》为代表的新文化运动，宣告"民主"与"科学"是它的旗帜，这是中国文化史上的划时代的革新之举，但是文化创新主张的倡导者们在提出惟民主科学是尊的主张时，文化观念还处于初创期的粗放与笼统的状态，他们并没有想到"民主"与"科学"和他们同时推动的"文学革命""伦理革命"之间，究竟是怎样的关系，不能准确地将"民主"与"科学"在整个文化体系中的地位和功能，给予精确的定位，乃至于大而化之地声称："我们认定只有这两位先生，可以救治中国政治上、道德上、学术上、思想上一切的黑暗。"① 仅就这句话来说，硬给它扣上"科学万能论"的帽子（当然还得同时扣上"民主万能论"的另一顶帽子），也实在难以辩白得清。就此而言，张君劢提出"科学"不能支配人生观，无异于算得上是对新文化运动初期文化观念的粗疏从反面提出一种矫正；而吴稚晖提出，除了请"德先生"、"赛先生"二位之外，还该再请一位"穆姑娘"（Moral，即道德）来，也算得上从正面对初期新文化观念提出的一项有益补充——虽然仍然有着明显的欠缺，最为明显的是他未能想到文化观念不能缺少"美感"一端。

　　到了近世，海内外科学界和哲学界的人士，对于科学的性能，尤其是对科学功能的有限性，逐渐达成了一致的共识。旅美史学家余英时，在肯定"五四"提出的"科学与民主"，"就中国文化的重建的方向而言"，"代表着现代文明的主要趋势"，是中国"文化重建的起点"之后，解释所以用"起点"之义说：

　　　　这里用"起点"两字是表示两重意思：第一，离开了民主与科学的中国是不可想像的事；这是文化重建的基本保证。因此我们今后仍然要继续高举民主与科学的旗帜。第二，我们已与"五四"时代的认识不同，民主与科学绝不能穷尽文化的全部内容。道德、艺术、宗教等等都要经过现代化的洗礼，但是并不能直接乞灵于民主与科学。"五四"以来形成思想主流的"实证主义"（Positivism）的观点必须受到适当的矫正。换句话说，文化重建虽以民主科学为当务之急，然

① 陈独秀：《〈新青年〉罪案之答辩书》（1919 年 1 月 15 日），《新青年》第 6 卷第 1 号。

而在民主与科学之外仍大有事在。①

余英时的这一看法显然是清醒而妥当的，可惜的是他也没有阐释清楚文化所包含的科学内容与非科学内容相互间存在着怎样的关系。

另一位旅美的自然科学家沈致远，在充分肯定了 20 世纪科学取得的辉煌业绩之后，给科学的性能作了明确的定位。他在《科学三议》一文中，论证了科学所具有的"不是万能的"、"不等于正确"、"不怕挑战"三种特性。这样看似消极的对科学局限性的评议，实际上恰是谋求对于科学重大功用作出准确而充分的辨识。作者巧妙地自问自答道："三议三'不'，对科学说'不'是否有亵渎之嫌？非也！大浪淘沙，沙不除金不显，说'不'意在求是。"② 事实证明，不如此准确地识别科学的特性，那就不可能正确认识科学在人类文化中所具有的重要而特殊的地位与功能。

（本文发表于《燕京学报》新 29 期，2010 年 11 月）

---

① 《试论中国文化的重建问题》，《文化传统与文化重建》，三联书店 2004 年版，第 436 页。

② 《科学三议》，2007 年 3 月 23 日《文汇报》《文汇笔会》版。沈先生议论颇多精妙处，兹摘要附此："一议：科学不是万能 20 世纪的科学成果超过了过去历史之总和，一个又一个的突破，令人眼花缭乱目不暇接；科学促使技术突飞猛进，人类生活水平空前提高。丰功伟绩使人产生错觉，以为科学是万能的。""20 世纪后半叶，两个超级大国进行疯狂的军备竞赛，制造出'足够毁灭地球许多次'的核武器，直接威胁人类的生存。我们总算幸运。没有成为核大战的劫灰。但这并非科学之力，而是靠人类良知激发所产生的克制。""科学神通再广大，科学家再聪明也写不出《红楼梦》；把大雁的基因全解读出来，也解不出'问世间情为何物，直教生死相许'（元好问）；单靠科学也进不了大同世界。""二议：科学不等于正确 科学寻求真理，真理是不尽之长河，科学家取一瓢饮，不等于鲸吸长河。""有人将'科学'，当作'正确'之同义词，这是极大的误解。科学从来不是也不可能是完全正确的，有科学史为证。""道理其实很简单：科学寻求真理，如真理已皆备于我，还要科学干什么？""认识科学不等于正确，具有现实意义。当前科学有两极偏向：一极是学术腐败弄虚作假，已开始引起注意。另一极是学术保守压制新思想，其危害不亚于前者。""三议：科学不怕挑战 挑战是针锋相对的竞争。'物竞天择，适者生存'，没有竞争生物不会进化，至今地球上就只有原始生物。""科学发展史是不断接受挑战的历史。""进化论从诞生之日起就被挑战，从未停止过。创世说者从信仰出发频频发难，甚至动用行政手段禁止讲授进化论。结果怎么样呢？进化论身经百战越战越勇，创世说一交手就破绽百出，只好以百万美元大奖向科学家频送秋波求援。""科学不怕挑战，怕挑战的不是科学。""有人躲避挑战打出'科学'旗号当作挡箭牌，奉劝他们趁早收旗为好。否则，等到发现挡箭牌其实是箭靶子时，悔之晚矣。"

新一轮的文化路向之争

  把"大革命"失败至"七七事变"这段时间中国舆论界的形势，概括为"文化围剿与反围剿"，虽然不很全面，但至少将当时思想斗争的剑拔弩张的紧张气氛烘托出来了。国民党当局为巩固其新建的统治而千方百计地钳制言路，查禁进步报刊，乃至公然逮捕与屠戮进步文化人士，制造白色恐怖。可是，非常奇特的是，在这样严酷的局势下，革命的进步的知识界却顶风而上，掀起了宣传革命理论，特别是宣传马克思主义的前所未有的热潮。马克思主义的译作和著作竟然大量出版，一时颇成声势。① 之所以会出现这样奇特的舆论状况，大约与国民党刚刚上台，立足未稳，还不得不稍稍摆出些开明的姿态有关。况且这时的国民党上层中也还有一些较为开明的人士在位，他们的政治态度对于蒋介石的嫡系总还有所牵制。加之，中国共产党人及其同情者，还得到苏联的支持；这也使得与苏联保持着外交关系的国民党政府，在采取某些取缔进步出版物的措施时也难免碍手碍脚，不得不有所顾忌。这样特殊的政治背景，恰好使得某些重要的理论之争，在白色恐怖下，不仅得以公开进行，而且颇具活力与新意。

  毫无疑问，当时舆论界对立着的两个营垒共同关注的最大问题是，如何从政治上判断中国的现状，如何从政治上规划中国的前途。当然有些论争，主要是在专业性的范围内展开的，诸如左翼文学与文学人性论、文学自由论之间，论争的重点还是摆在如何看待文学的性能与功用上，双方都没有从政治的角度去直接回答中国往何处去的问题。但是，

---

  ① 参见杨奎松《内战与危机》（《中国近代通史》第 8 卷），江苏人民出版社 2007 年版，第194—212 页。

至少也可以看出，左翼文学一方，在他们力主革命文学的言论中，已经鲜明地表达出主张在中国实行无产阶级领导的社会主义革命的倾向——更确切些说，至少它表明了要求在文学艺术战线上实行反帝反封建的广大民众的革命意愿。

应当说，在"国民革命"失败之后的新局势下，寻求中国今后出路的议论，确实成了一个热门话题。关于这一问题发生的最具理论性的重要论战，就是 20 年代后期发生的"社会性质论战"，以及由此而引发的"社会史论战"。这场历时几达十年的争论，议论的主题是应该如何认识中国现实的经济结构、政治体制、社会性质，应该如何认识形成这样社会状态的历史缘由和历史过程。至于所有参与这些论争的各方，谋求的答案则均是："现今的中国应该如何行动?"——"中国应该走什么样的道路?""中国应该走向何方?"这场讨论，尽管在理论上还存在着这样那样的粗疏和错误（如不恰当地套用了"封建"一词，并且将其泛化；又如按照斯大林把"五种社会形态"当做社会发展普遍规律的既不符合马克思原意、又不符合中国历史实际的错误论断，对中国社会史作出种种削足适履的"历史分期"，等等），但是，应当承认这场讨论具有的意义，还是非常重大的。从理论上说，它开创了用社会进化的观念，通过对社会性质、社会形态历史演变的考察，来辨识中国现状与历史本质的正确途径；从实践上说，民主主义者和社会主义者通过这场辩论，向人们展示了中国当时必当进行资产阶级性质的民主革命的切实根据与充分理由。①

在此期间，从文化的角度观察中国现状、探讨中国路向的种种见解，也十分活跃。归纳起来，当时为今后中国文化路向设计出的基本方案，主要有三种：一是提倡无产阶级的或社会主义的革命文化。二是提倡以欧美资本主义现行文化为榜样，推进中国文化的现代化。这种以西方资本主义为师的文化论，在第一次世界大战期间及其刚刚结束之时，一度因资本主义的名声不佳而颇为气馁，不怎么理直气壮；到了 20 年代末 30 年代初，

---

① 鉴于关于"社会性质论战"、"社会史论战"，其基本性质是从社会性质的角度进行探讨，但也处处涉及到文化问题。近年就此问题出版的著作颇多，武汉大学出版社出版的冯天瑜著《"封建"考论》（2007 年第 2 版），便是取材翔实、见地精辟的代表作之一，值得参考。

这派文化论又渐渐复苏。三是提倡复兴中国固有文明，拒绝走资本主义民主共和的路，更拒绝走社会主义革命的路。

在当时白色恐怖的严酷统治下，无产阶级的革命文化论时刻处在被取缔被绞杀的状态，自然无法充分展开；最多只能像左翼文学那样，就文学艺术的层面来婉转地表达革命文化的主张。所以，一时活跃于文坛、并因其言论的极端化而给人留下较为深刻印象的，当属"中国本位文化论"和"全盘西化论"这两种截然对立的文化主张。

国民党文化主张的转向
以及"中国本位文化论"引起的论战

中国国民党在北伐前后的政治地位起了重大变化：由革命的力量一变而为统治的力量，革命党变成了执政党。相应地，他们的文化主张也有了显著改变，从着重论证革命的理由、阐释革命的纲领，变成了着重为建立统治秩序、树立统治权威提供舆论支持。

当年孙中山在世时，作为中国民主革命的首倡者，他"向西方寻求真理"的态度是鲜明的，他力主"必须使我们国家对欧洲文明采取开明态度"。[①] 在经济上，他主张取法欧洲现代文明的成就，进行中国的物质文明建设，以"开放的态度"大胆"利用外资"，"利用外财"，"以求中国之富强"；[②] 认定只要迎头赶上世界潮流，就可以做到和美国"并驾齐驱"，乃至"驾乎美国之上"。[③] 为着实现这样的目标，孙中山花了很大的精力做出过在中国进行实业建设的种种宏伟规划。至于在政治上，孙中山更是旗帜鲜明地将仿效欧美的政治体制，实现民主共和，作为革命行动的政治纲领。早在 1905 年，他就大声疾呼必须"择地球上最文明的政治法律来

---

① 《与〈伦敦被难记〉俄译者等的谈话》（1989 年年初），《孙中山全集》第 1 卷，中华书局 1986 年版，第 86 页。
② 《建国方略〈心理建设——孙文学说〉》（1918 年 8 月），《孙中山选集》上卷，人民出版社 1956 年版，第 164 页。
③ 《三民主义·民权主义》（1924 年 1 月至 8 月），《孙中山全集》第 9 卷，第 347 页。

救我们中国"，即"取法西人的文明而用之"，"建一头等民主大共和
国"。① 次年，他便将这种民主主义的思想写进了同盟会《革命方略》的
正式文件中，指出："我等今日与前代殊，于驱逐鞑虏、恢复中华之外，
国体民生尚当与民变革，虽经纬万端，要其一贯之精神则为自由、平等、
博爱。故前代为英雄革命，今日为国民革命。"② 随着世界形势的发展和他
本人革命阅历的丰富，孙中山逐步认识到资本主义世界存在着尖锐的内在
矛盾，于是形成了利用平均主义（或"社会主义"）和中国传统道德，来
防止和矫正资本主义弊端的设想，因此他晚年同情社会主义、讲求传统道
德的言论便逐渐多起来，也常常说一些过分赞美传统旧道德的话。不过，
所有这些并不意味着孙中山是在改变政见，相反地他只是在努力寻求如何
更加完善地在中国实现民主主义的政治纲领而已。从总体上看，孙中山向
欧美学习"民主共和"的政治理念和文化观念一经确立后，便始终认定只
有实行自由、平等、博爱的民主主义才能救中国，从来没有动摇，更没有
走上过倒退复古的回头路。③

　　以蒋介石为首的国民党右翼势力，取代北洋政府建成中央政府之后，
作为执政党的国民党的政治理念，以及表现其政治需求的文化观念，便起
了显著变化。在这些执政的新贵口里，遵守孙中山遗训，实行"三民主
义"，都变成了装饰性的表面文章。这一方面是由于蒋介石军人出身的经
历，使得他从来就没有建立起民主主义的政治理想，另一方面更重要的
是，国民党右翼势力一朝执掌了全国性的统治大权之后，便把树立他们的
统治权威、建立掌控全局的统治秩序，当成了第一要务。他们要求的是，
消除一切异己的政治力量，严禁一切异己的政治主张。"一个政党，一个
主义，一个领袖"，这才是他们力图实现的政治格局；而且在这"主义"
里，已经把"民权"的本义删除或偷换，从而使三民主义变质为"专制

---

　　① 《在东京中国留学生欢迎大会的演说》（1905 年 8 月 13 日），《孙中山全集》第 1 卷，第
278—282 页。

　　② 《中国同盟会革命方略》（1916 年秋冬间），《孙中山全集》第 1 卷，第 296 页。

　　③ 有关孙中山对待西方文化的态度，可参阅陈崧《论孙中山对西方文化的认识》，《文史哲》
1987 年第 1 期。

主义"。蒋介石统治集团在颁布禁令查封进步报刊、关押和杀戮进步作家的同时，发动他们的御用班底，竭力制造有利于维护他们的专制统治的舆论。他们一反孙中山向西方学习民主主义的文化导向，转而大力鼓吹以"四维"、"八德"为准则的修身律己的固有伦理观念，乃至公然将孙中山的思想渊源曲解为"继承尧、舜、禹、汤、文、武、周公、孔子以来的正统思想"；将中国革命曲解作"发扬我们中国固有的道统"。他们任意诠释了"礼、义、廉、耻"，并把它说成是中国固有的、古今通用的"最高精神境界"，要求全体国民一律按照这样的标准来做人，以求"达到行为一致的目的"。①

按照这样的思路，蒋介石于1934年在全力发动对"中央苏区"军事围剿的同时，亲自到江西煞有介事地发动了所谓的"新生活运动"，并且风风火火地强行把这一运动推向全国。蒋介石极力夸饰借"新生活"之名推崇"旧道德"的这一活动的意义，说它是"救国建国与复兴民族一个最基本最有效的革命运动"。②

不过，在给这个"运动"涂抹了种种文化的、道德的油彩之后，蒋介石还是忍不住说出了发动这种活动的真实意图，他说："新生活运动的最后目的，就是要使全体国民的生活能够做到整齐划一四个字。这整齐划一四个字的内容是什么呢？亦就是现在一般人所说的军事化。……新生活运动就是军事化运动。"③ 这样的一套所谓"新生活运动"，其宗旨显然是与辛亥革命、"五四"新文化运动培养公民自觉的民主启蒙思潮背道而驰的。

当时担任"新生活运动"总会的干事的贺衷寒，对于蒋介石的意向领会得十分清楚，所以他才说："五四"新文化运动"徒使国民思想解放"，"而邪说遂乘机而入，国民之精神生活与物质生活遂陷入于危机"；发动

---

① 《新生活运动的意义和目的》，见《新生活运动史料》，国民党中央党史委员会编《革命文献》第68辑，1975年版，第32页。

② 《新生活运动之要义》，《先总统蒋公全集》上册，台北，中国文化大学1984年版，第810—812页。

③ 《新生活运动的意义和目的》，《新生活运动史料》，第33页。

"新生活运动"，正是要"纠正"新文化运动造成的"偏差"。他还作了进一步的解释，说："新生活运动惟一的目的，就是要把'五四'的新文化运动底破坏运动，改变成一个建设运动。'五四'是把中国固有的精华完全不要，今天的新生活运动，是把中国固有的精华加以发扬。"① 事实表明，蒋介石右翼集团登上统治宝座之后，对于新文化运动引发的民主思潮，一直抱着极端反感、恐惧的情绪，必欲反其道而行之。他们在"文化复兴"或者"新生活运动"的名义下，力图通过宣扬传统道德的说教，扼杀民众的民主意识，把他们驯化为俯首帖耳的顺民。他们对于传统道德的颂扬，自然也完全摒弃了孙中山当年用民主主义的标准来释读和评估传统道德的精神。

作为对新文化运动的反动，蒋介石统治集团所发动的一波又一波的弘扬固有道德的文化复古的说教，虽然借助政权的威势而喧嚣过一时，但终因与世道人心相违背而骤起骤灭，未能在中国近代文化思想史上真正留下什么深刻的印痕。蒋介石手下的政客们发动的提倡"民族文学"的主张，因其理论的贫乏和政治面目的丑恶，很快在文坛上销声匿迹；国民党的秘密组织力行社直接秉承蒋介石的意图操办的"新生活运动"，又是在雷声大雨点小的喧闹中走了过场。② 一小撮揣摩透统治集团心意的文人，竭力重弹起"尊孔读经"的调门，但是在从鲁迅、宋庆龄到大批开明文化人的声讨声中，国民党当局也为之胆怯，没敢把这样种"尊孔读经"的主张强令推行到现行的国民教育体制中。

露骨的复古思潮既然无法掀起多大的波澜，力行社"文化复兴"的活动也不具有什么号召能力，逼得国民党统治集团只好转而寄希望于陈果夫、陈立夫掌控的 CC 系所组织的"中国文化建设委员会"，靠这个"文化建设委员会"发动了一个所谓的"文化建设运动"。其实，"文化建设"不过是"文化复兴"改头换面的包装而已，其宗旨与论调并没有丝毫改变。这个"文化建设委员会"的理事长陈立夫，对此直言不讳，他也和贺衷寒一样，把他们所鼓吹的"文化建设"解释为与"五四"新文化运动

---

① 《新生活运动之意义》，《新生活月刊》创刊号，1934 年 10 月。

② 参见陈铁健、黄道炫《蒋介石与中国文化》，香港中华书局 1992 年版。

针锋相对的"复兴固有文化"的举措。他说："吾国自'五四'运动以来，所有文化工作……大部分均系破坏工作，以至吾国固有之文化摧残无余。""今日吾国民族，对于固有文化莫不弃之如敝屣，在此种状态之下，欲求民族之生存，其可得乎?"他强调说，中国民族的特性已经丧失殆尽，"近日吾国人民，道德堕落，民族性抛弃无余，民族生命之力量，已完全丧失"。"欲复兴民族，必先恢复民族固有的特性。"① 说来说去，"新生活运动"也罢，"文化建设运动"也罢，在"新"、"建设"一类的词句装饰下，依旧换汤不换药，无非还是在为与文化革新思潮相对立的文化复古思潮招魂。

按照这样的思路，"文化建设运动"推出的惟一有些分量、并引起当时文坛议论的重头文章，就是他们发表了十位亲官方教授共同署名的《中国本位的文化建设宣言》。

据当事人叶青后来在台湾的回忆，1934 年 11 月至 12 月间，"文化建设委员会"主办的《文化建设》月刊主编樊仲云出面，邀请了他和孙寒冰、陈高傭、王新命等六七人，聚会了几次，酝酿起草出《中国本位的文化建设宣言》，最后由王新命、何炳松、武堉幹、孙寒冰、韩文山、陶希圣、章益、陈高傭、樊仲云、萨孟武共同署名发表，所以人们又把它叫做《十教授宣言》。叶青没有署名。据叶青自述，他积极参与了讨论的全过程，出过一些主意，也赞同最后定稿的文稿，可是拒绝签名。他不肯签名的原因是觉得署名的十人都是国民党员，他作为一个非国民党人士不想掺到里面去，只应承单独写文章来表示支持。叶青说的，大约是实情。从共产党背离出来的叶青，看清了这份《宣言》具有明显的国民党的官方背景，所以心存顾忌，有意和他们稍微拉开了一点距离。无论从《宣言》的发起、内容的基调、发表的刊物来看，还是从国民党要员陈立夫、潘公展等公开出面对《宣言》的支持来看，都明白地证明了该《宣言》的确是

---

① 《文化建设之前夜》（1934 年 5 月 1 日），《华侨半月刊》第 46 期。对陈立夫复兴固有文化言论的批判，可参阅戴知贤《十年内战时期的革命文化运动》，中国人民大学出版社 1988 年版，第283—288 页。

借诸民间形式抛出的一份反映国民党官方意图的文化纲领。① 不过这份具有官方背景的宣言，没有简单地重复赞扬固有道德的老调，而是堂而皇之地打出了建设"中国本位的文化"这样一块新招牌，从而为执政当局统一思想的举措提出了一种新理由，造出了一种新说辞。

不提复兴中国固有文化，而说要建设"中国本位的文化"，这是前所未闻的一大创造。只是这种颇为稀奇的主张，完全是借助于对中国当时文化状况所作的虚假的定性。凭什么要提出建设中国本位的文化呢？他们答出的惟一的理由，是说"在文化的领域中，我们看不见了中国"。他们在《宣言》里夸张地写道：

> 中国在文化的领域中是消失了；中国的政治形态、社会组织和思想的内容与形式，已经失去它的特征。由这没有特征的政治、社会和思想所化育的人民，也渐渐的不能算得中国人。所以我们可以肯定的说：从文化的领域去展望，现代世界里面已经没有了中国，中国的领土里面也几乎没有了中国人。②

不难看出，这样的论断无非是陈立夫民族文化"丧失殆尽"的言论的翻版。当然，通过教授们的装饰，其言辞更加是危言耸听了，但它是不是符合 20 世纪 30 年代中国的实际情况呢？显然不是实情。不许反对党存在，不要议会，并且口口声声弘扬"四维八德"的国民党一党专政的极权统治的政治格局，仅有少得可怜的现代工业（姑且就把它算做欧美模式的

---

① 《宣言》发表后，一位国民党人立即写文章直截了当地说穿了其背后的政治意图。他说："最近一两年来，党政当局颇有感于国民意志的不统一"，"因此对于支配国民思想的文化界，认为有加以统制的趋向"。可是实行的结果并不成功，各种思想"纷乱如故"，于是才想到除"消极的排拒工夫"之外，还得进行"积极的理论建设"。他说，《本位文化建设宣言》"这个以三民主义为最高标准的文化运动，虽由十位教授以在野的地位来发起，用虚心的态度征求全国人的同情，而在党政方面自然望其成功，以补救目前中国文化界纷乱无序的缺憾，这是毋庸加以怀疑的。因其如此，这一个运动很有与现实政治相配合的可能，而发生伟大的实力"。见陈柏心《中国本位文化建设运动的展望》，《南京半月评论》第 2 卷第 3 期，1935 年 3 月 1 日。

② 王新命等《中国本位的文化建设宣言》，《文化建设》月刊第 1 卷第 4 期，1935 年 1 月 10 日。以下凡引自该文者，不另注。

"西方企业")、整体上是地主所有制和小生产构成汪洋大海般的经济结构，文盲遍野、连言论自由都得不到保障的文化环境，所有这些不都说明固有的"中国特色"的弊端仍旧是中国前进道路上的严重羁绊吗？至于说中国文化固有的优良传统，更是没有因为新文化运动之故而被毁弃，相反地由于思想和方法的革新，对于固有文化的研究有了长足的进步。况且，文化复兴或复古的调子，也还时常不绝于耳。所有这些事实都证明，"文化上没有了中国"之说，不过是有意炒作出来的一个夸大其词的假命题。

那么，炒作这样的假命题的用意何在呢？如果是想说明中国在当今世界上丧失了发言权，那也文不对题。因为这种局面乃是由于中国衰弱落后、无力与列强争短长所致，而绝非由于中国丧失了自己的"特征"、完全"西化"所造成。究其实，炮制出"文化上没有了中国"这个假命题，无非是在申明绕了许多圈子才说出来的话，即认为现在的中国已经成为"完全模仿外国"的"各种不同主张的血战之场"，已经沦入"各种国际文化的侵略的魔手"；完全"轻视了中国空间时间的特殊性"。虽然他们也捎带着说到不能复古，甚至还郑重其事地表示"历史不能重演，也不需要重演"。但是他们说说这些反对复古的话，显然只不过是拿来做做陪衬；因为这里的逻辑是很清楚的："主张复古"自然得算"中国文化的声音"。

《中国本位的文化建设宣言》关于中国文化现状的描述，是他们提出和论证建设"中国本位的文化"这一主张的前提，可正是这种把中国现状描绘为：只见各种外来的文化主张在此血战，而惟独没有中国自己文化的声音，这便恰恰暴露了他们文化观的褊狭与荒谬。那个年代的中国，究竟是受到外来文化的淹没而陷入灭顶之灾呢，还是没有真正取得产自外国现代文化的真经？"本位文化论"者在《宣言》中对中国现状的描述，明白无误地对这个问题作出的回答是：中国是受了外国文化的"文化侵略"之害。《宣言》没敢公开宣布洋务、维新、辛亥、"五四"以来的文化运动为错误导向，但实际上却等于宣告历来"向西方寻求真理"的这条文化革新之路完全失败，因此这才理直气壮地端出关起门来实行"中国本位的文化建设"这套文化排外主义的主张。他们将发表这篇《宣言》的日期特意选在一月十日，以便将《宣言》简称做"一十宣言"；与"五四运动"为标志的新文化运动相抗衡，引领中国文化建设走上另一条文化路向的意图已昭然若揭。

　　为着掩饰他们的文化主张的偏执排外的保守倾向，"本位文化论"者在阐述如何实施其文化建设的措施时，竭力摆出一副公正平和的姿态，大讲特讲对于"古代的中国思想制度"，既反对"徒然赞美"，又反对"徒然诅咒"；对于欧美文化，主张"吸取所当吸取"，反对"连渣滓都吸收过来"；"不守旧，不盲从"，"取长舍短择善而从"，"仍不昧其自我认识"，以及"采取批判的态度，应用科学的方法，检讨过去，把握现在，创造将来"。① 说了如此等一大堆标准套话，到底其真实意图究竟是在主张什么反对什么呢？什么是"短"？什么是"长"？什么是"渣滓"？什么是"精华"？取舍的标准究竟又是什么？撕开所散布的这样一堆貌似公正的言词之后，便可发现他们所要提倡的，无非就是借非我族类的"外来"之名，拒绝在中国借鉴欧美建设民主主义文化，更加拒绝在中国借鉴苏联建设社会主义文化。至于"中国本位的文化"的确切含义究竟是什么，他们却有意闪烁其词，避而不答。不过他们既然排斥外来的以"自由、平等、博爱"为内容的体现人权与民主的文化理念，又排斥外来的以社会公正、共同富裕、消除阶级对抗为内容的社会主义文化理念，那么当可判断，"中国本位文化论"是在主张与现代世界先进的文化潮流背道而驰，拒绝中国的文化建设以世界先进文化为榜样走现代化道路。中国近代文化史已经证明，中国文化的根本出路，惟在于吸取兴起于欧美的先进的现代文明的成果，以民主主义的和社会主义的文化观念，来进行文化革新，以求实现中国文化的现代化。所以，说到底，"中国本位的文化建设"论，尽管闪烁其词，但它的实质无非是"东方文化救世论"的又一次老调重弹。当然，"中国本位的文化建设"论的这种真实意图，是难以用模棱两可的言

---

　　① "检讨过去，把握现在，创造将来"这类大而无当的套话，发明权竟然也是属于陈立夫。陈立夫1934年5月在南京市政府扩大纪念周上，以《文化建设之前夜》为题作的讲演中说："吾人必须检讨过去，认识现在，创造将来，庶几有建设之可言。"当年10月"文化建设协会"正式宣告成立时，《文化建设》月刊发表的《发刊词》中，又煞有介事地介绍他们的方针道："理事长陈立夫先生尤其说得好：以科学化运动检讨过去，以新生活运动把握现在，以文化建设运动创造将来，然后乃有中国的民族复兴。"转引自戴知贤《十年内战时期的革命文化运动》，第284页。

辞掩盖得住的，它一出笼便立即在舆论界引起了一场波澜。① 这场文化讨论，从 1935 年年初起，一直延续到 1936 年春夏间，成为当时全国文化界关注的一件大事。

《中国本位的文化建设宣言》发表后，它所作的"文化领域里没有了中国"的夸张断语，引起了许多人的质疑。反对"本位文化论"的人说，这是矫枉过正，"先就政治形态来说，中国国民党的统治与三民主义的'训政'，这难道不是特征吗？至于社会组织与思想的内容，虽是繁然淆乱，驳杂不纯，有封建僵尸的活跃，也有资本主义的舞蹈，但是此种不中不西不古不今的畸形现象，正是具体的说明了半殖民地的中国社会的特质。……总结来说，现代世界里面何尝是没有中国，不过现在的中国，还不能算是我们理想中的中国罢了"②。赞成"本位文化论"的人士中，也有对于"没有了中国"之说感到困惑的。有人明确主张"中国本位的文化""在任何时候都存在"，反对说文化领域里没有了中国，所持的理由倒也直白："文化就是生活，有生活就有文化；中国本位的文化，在过去是有的，在现在是有的，在将来也是有的。只要有中国本位的生活，就有中国本位的文化。"③ 不难看出，对于《本位文化宣言》的故弄玄虚，所做的这些诘难，还是一些较浅层次的论辩，不过它已经隐约透露出对中国文化现状的看法上，存在着截然相反的判断。随着论争的深入，阵线的分野便迅速地明朗起来。

《中国本位的文化建设宣言》一经发布，立即受到了一些人的吹捧。有人说它替自己出了"五四"运动以来所受的"一口闷气"，于是给它加上了种种无上荣光的桂冠。说"本位文化"这四个字，是"国民睡梦中的一声警钟"，是"众生迷路时的一个指针"，是"国家危急存亡之际的一条出路"；"它可以使人的意识集中，它可以使人民于'各种不同主张

---

① 关于这场文化思想的争论，可参阅陈崧《30 年代关于文化问题的论争》，《历史研究》1991 年第 2 期。

② 车同文：《中国本位文化建设宣言的商榷》，《中国文化建设讨论集》，转引自《胡适论争集》中卷，第 1565 页。

③ 见《我对于〈中国本位的文化建设宣言〉与中国文化建设的意见》中刘英士之发言，转引自《胡适论争集》中卷，第 1674 页。

的血战'中把握住一个简捷扼要的战斗方案"。他还把"一十宣言"拿来
与"五四运动"加以对比，说两者的相同处是都具有批判性，两者的不同
处则是："五四运动"注重的是"破"，"十一宣言"注重的是"立"；还
说什么中国文化经历了一个"正、反、合"的周期：固有文化是"肯
定"，五四新文化运动是"否定"，"十一宣言"则是"否定的否定"。①
显而易见，这样的评论，适足以证实了"本位文化论"与"新生活运动"
的着眼点完全相同，都是以否定五四新文化运动为立意宗旨的。所以在这
次讨论中，有人便干脆把谜底说穿，声言："根据新生活运动，改进生活
习惯，就是建设中国本位的文化。"② 也有一些支持者则明确主张中国的
"本位文化"，应以三民主义为最高原则、惟一标准。③ 陈立夫则把"检讨
过去，把握现在，创造将来"，直截了当地挂到他所主持的"文化复兴运
动"名下，说它是"建设中国民族文化的三大路线"。④

　　露骨体现着统治集团意愿的这种"本位文化建设论"，自然一出笼便
不能不受到进步文化界的猛烈反击。由于当时白色恐怖的政治环境，共产
党人们没有直接出面与其论战，但是崇尚民权自由的知识界人士中有许多
人站出来发表了不赞成"本位文化论"的意见。温和者，如蔡元培、他给
"本位文化论"出了一道难题，说"本位文化宣言"，虽然"在抽象理论
上，可云颠扑不破"。但是，"现在最要紧的工作，就是择善，怎样是善，
怎样是人类公认为善，没有中国与非中国分别的，怎样是中国人认为善，
而非中国人认为不善的，怎样是非中国人认为善，而中国人却认为不善
的。把这些对象，分别列举出来。乃比较研究，何者应取，何者应舍，把
应取的成分，系统的编制起来，然后可以作一文化建设的方案，然后可以
指出中国的特征尚剩几许。若无此等方案，而凭空辩论，势必如张之洞
'中体西用'的标语，梁漱溟'东西文化'的玄谈；赞成反对，都是一套

---

① 许性初：《从五四运动到一十宣言》，《文化建设》月刊第 1 卷第 5 期，1935 年 2 月。
② 转引自《胡适论争集》中卷，第 1674 页，刘英士的发言。
③ 转引自《胡适论争集》中卷，第 1670 页，陶百川的发言；第 1678 页，谭振民的发言。
④ 《文化运动与民族复兴》，《文协会报》1935 年第 10 期。转引自《胡适论争集》中卷，第
1581 页。

空话了"①。按照蔡元培这样办法，来择善恶，订计划，那么也就不需要再用什么"本位文化建设"了；或者说，只要择"善"而从就行了，哪里还用得着管它"中国的特征"尚剩几何。也有人不客气地直截指斥提倡"本位文化建设"就是企图复兴旧文化，如郑振铎，他说，为着解决中国当前面临的民族生存的大问题，"在中国旧文化里，是永远找不到出路，……中国民族的生存必须寄托在新的文化，新的组织上。如何组织民众，如何使民众都有自觉的为生存的斗争心，是今日的急务，而恢复旧文化却是死路一条"②。他的意思显然是说，能够救中国的，只有"新文化"，至于这"新文化"是不是中国本位的，并无关紧要。这无疑是对于以复兴旧文化为宗旨的"文化复兴运动"、"新生活运动"，及其同调"本位文化建设论"，作出的针锋相对的驳斥。

在当时反对"本位文化论"的议论中，最引起人们瞩目的，还是要数胡适的《试评所谓"中国本位的文化建设"》③一文。胡适这篇文章的难得处，在于他以明朗的态度，讲出了一番反对"中国本位文化论"的道理。他尖锐地指出，"中国本位的文化建设"不过是"中体西用论"的"最新式的化妆出现"，他说：

> 说话全变了，精神还是那位《劝学篇》的作者的精神。"根据中国本位"，不正是"中学为体"吗？"采取批评的态度，吸收其所当吸收"，不正是"西学为用"吗？

胡适说，晚清时节维新领袖们也正是想实现一种"中国本位的文化建设"，可惜因为"他们的主张里含的保守的成分多过于破坏的成分"，"太舍不得那个'中国本位'"，所以失败了。"萨、何十教授"正该以维新领袖的失败的教训，引为鉴戒，而不该至今还"舍不得那个中国本位"（值得注意的是，胡适从"十教授"中特意挑出了比较有学问的萨孟武、何炳

---

① 转引自《胡适论争集》中卷，第 1661 页。
② 转引自《胡适论争集》中卷，第 1663 页。
③ 《试评所谓"中国本位的文化建设"》，原载天津《大公报》1935 年 3 月 31 日，见《胡适文集》第 5 卷，第 448—452 页。

松二教授作论战的代表，而将其他官方身份更加显著的倡议者、领衔者置之不理。这也算是胡适很有意思的一个小动作）。他说，辛亥以来二十年，历经"五四"时代的大震荡，国民革命的大震荡，可是"始终没有打破那个'中国本位'"。面对这样的状况，如何键、陈济棠、戴传贤等热衷复古的人，都在力图维持那个"中国本位"，而萨孟武、何炳松诸公发表的《文化宣言》，竟然"也只是要护持那个'中国本位'"。胡适说，尽管他们宣言"不守旧"，其实还是他们的"保守心理作怪"。"他们的宣言也正是今日一般反动空气的一种最时髦的表现"。其时髦处，就在于他们"不肯老老实实的主张复古"，而是把他们保守心理"都托庇于折衷调和的烟幕弹之下"。正因如此，现今的复古派都可以打起"去其渣滓，存其精华"这类的招牌，表白他们是为着"中国此时此地的需要"而谋求建立一个"中国本位的文化"。根据这样的分析，胡适强调，文化本身具有的"变动性质"，中国此时此地究竟需要什么样的文化，必须加以具体分析。他说，一个民族的文化有他的保守性，亦即惰性，遇到新奇的他种文化，它会抗拒；但是它没有办法拒绝文化交流中新的更适用的文化内容，同样没有办法不淘汰掉自身固有的已不再适用的内容，这个"优胜劣败的文化变动的历程"，是无从避免的。至于"本国本位"的文化，绝不会由于文化变动的震荡而消逝；"那无数无数的人民"，才是文化的"本位"，所以只要中国人还是中国人，那个"本位"就没有毁灭的危险，"不必劳十位教授们焦虑"。据此，他写道：

> 今日的大患并不在十位教授们所痛心的"中国政治的形态，社会的组织，和思想的内容和形式，已经失去它的特征"。我们的观察，恰恰和他们相反。中国今日最可令人焦虑的，是政治的形态，社会的组织，和思想的内容与形式，处处都保持中国旧有种种罪孽的特征，太多了，太深了，所以无论什么良法美意，到了中国都成了逾淮之橘，失去了原有的良法美意。

十教授在他们的《宣言》中宣称："此时此地的需要，就是中国本位文化的基础。"于是胡适便抓住了这一要害，直接逼问今日中国"此时此

地的需要"究竟是什么，并且做出了与《本位文化宣言》截然相反的答
案。他还进一步阐释说：

> 中国的旧文化的惰性实在大的可怕，我们正可以不必替"中国本
> 位"担忧。我们肯望前看的人们，应该虚心接受这个科学工艺的世界
> 文化和它背后的精神文明，让那个世界文化充分和我们的老文化自由
> 接触，自由切磋琢磨，借它的朝气锐气来打掉一点我们的老文化的惰
> 性和暮气。将来文化大变动的结晶品，当然是一个中国本位的文化，
> 那是毫无可疑的。如果我们老文化里真有无价之宝，禁得起外来势力
> 的洗涤冲击的，那一部分不可磨灭的文化将来自然会因这一番科学文
> 化的淘汰而格外发挥光大的。

胡适在这里并没有展开论述他的中西文化观，但是他的基本观点是明
朗的。自"五四"以后，胡适一直毫不含糊地坚持了中国应向先进的西方
文化学习的态度。这在 1930 年他写的《我们对于西洋近代文明的态度》、
1931 年写的《介绍我自己的思想》中，都作了充分的阐述。如今面对
"本位文化论"，他再一次肯定落后的中国"此时此地"的急需，就是引
进和学习世界最先进的"科学文化"和"背后的精神文明"。这样也就把
"本位文化论"者逼到了没有退路的墙角，再也无法含糊其辞，不得不对
于他们所主张的中国的"此时此地的需要"究竟是什么作出具体解说。于
是支持《本位文化宣言》的人纷纷出面，就此进行答辩；批驳胡适的意
见，成了他们议论的火力集中点。不过，他们的答案本来就不清晰，所以
所发的议论不免五花八门，各唱各的调。

《宣言》署名者之一陶希圣论证说，处在半殖民地地位的中国，封建
主义、资本主义、社会主义，都是行不通的。因为"封建主义抹杀了现
在。资本主义和一派社会主义抹杀了中国"。那么现今的中国到底该怎么
办呢？他的意思是，应该用"民族思想"、"民族感情"来"认识自我"，

"反对外国的侵略，为自己求解放"。① 可以看出，他着重要说的是，在现今的中国，胡适主张的"自由资本主义"的路走不通，社会主义的路也走不通。那么这个既不走资本主义的路，又不走社会主义的路，而进行的民族解放究竟又是一条什么样的路呢？他并没能作出回答。另一位《宣言》署名者陈高傭也说了大致相同的意思，说我们此时此地的现实问题，"即民族的独立自由"。"中国本位的文化建设运动，即欲在帝国主义的麻醉束缚之下，提醒中国人民的自我意识而已。"② 按照陶希圣、陈高傭的说法，中国"此时此地的需要"的本位文化，不过只是在提倡一种"把中国当做一个单位"的、"不求人"的意识，即惟"民族主义"而已。至于中国的社会制度该是什么样，政治制度该是什么样，经济建设该怎样做，文化建设该怎样做，他们一概不予理会。

把文化建设，仅仅定性为民族性质的，这当然符合国民党当局提倡"文化复兴"的主旨，可实在难以算得上一种明白的文化定性的答案。它既没有说明民族文化的内容是什么，也没有说明民族文化是什么样质量的文化，尤其是掩盖了民族文化在文化发展进程与发展趋势中具有何种地位、起着何种作用的具体的性质。在中华民族受到日本帝国主义侵略的严重局势下，提倡文化必须反映反侵略的民族精神，本是无可非议的。但是，不能不看到仅仅挂在民族主义的名义下的文化，其性质会是多种多样的、甚至是截然相反的。在民族主义的名义下，不但可以出现进步的文化主张，而且可以出现保守的文化主张；不但可以出现革命的文化主张，而且可以出现反动的文化主张，露骨的"种族主义"就是最为典型的反动的"民族主义"。正因此，把"中国本位文化"解释为民族主义，等于把孙中山的三民主义篡改成"一民主义"，这实在是一种倒行逆施的极其蠢笨的说词。起草《宣言》的十教授中，大约有人看到了论战中出现的这类与三民主义不符的混乱言论于己不利，于是便动用了十个人的共同名义，写了一份《我们的总答复》，充作对于"中国本位文化论"规范性解释的答

---

① 《为什么否认现在的中国》，《中国文化建设讨论集》，转引自《胡适论争集》中卷，第1550—1553 页。

② 《怎样了解中国本位的文化建设》，《中国文化建设讨论集》，转引自《胡适论争集》中卷，第1586—1590 页。

卷。在这份《答复》中，他们重复了一大堆"取长补短"，"不守旧，不盲从"之类的空话之后，便落脚到对中国"此时此地的需要"煞费苦心地作出一种解说。他们写道："总结起来，中国此时此地的需要就是：充实人民的生活，发展国民的生计，争取民族的生存。"① 他们在下了这样的定义之后，还补充了一句，说"反帝反封建"是这一文化建设过程中的"必然使命"，不过那显然已是游离在主题之外、预为堵塞漏洞而撂下的一句无关紧要的场面话而已。无论如何，应当承认这份《总答复》比陶希圣等的"一民主义"，说得圆满了许多，提到了要注重国民的生活和生计，算得上是聪明之举。"充实国民生活，发展国民生计，争取民族生存"，谁能说不都是中国当前的迫切需要呢？这三条的确是很有迷惑力的，连对"本位文化论"持明确批判态度的胡适，也居然上当，说："他们既然提出了'充实人民的生活，发展国民的经济，争取民族的生存'的三个标准，而这三件事，又恰恰都是必须充分采用世界文化的最新工具和方法的，那么，我们在这三点上边可以欢迎'总答复'以后的十教授做我们的同志了。"②

可是没有料到，"本位文化论"这番答辩之词背后隐藏的玄机，却被他们的一位忠实支持者以直言不讳的方式捅破了。一位名叫王西征的人，自告奋勇地要为他所拥护的"中国本位文化"作一番"较为简单浅显的解释"，于是以《中国本位文化要义》为题写了一篇文章发表。他不加掩饰地说，"'三民主义'是中国现在一切设施的依据，'十教授'大都是曾经致力于党务的人，所发宣言自然也不能在根本上脱开这种立场"。那么，为什么他们不去把孙中山的著作征引阐发，而要另发宣言呢？王西征自作聪明地解释说，中国此时此地的状况，已经和孙中山在世时大不一样了，因此应当将"三民主义"的理论向更高阶段发展。他认为，"国家社会主义"，可以算得上"'三民主义'理论向更高阶段的发展"，而"十教授"所宣布的"此时此地的需要"，恰恰完全符合"国家社会主义"。他分析

---

① 王新命等《我们的总答复》，《文化建设》月刊第 1 卷第 8 期，1935 年 5 月 10 日，见《胡适论争集》中卷，第 1658—1661 页。

② 《充分世界化与全盘西化》（1935 年 6 月 10 日），《胡适文集》第 5 卷，第 455 页。

道,《总答复》中所说"充实人民生活,发展国民生计,争取民族生存"三项中,第二项完全表示的是"民生主义"的意义,第三项完全表示的是"民族主义"的意义,而第一项则是将"民生主义"和"民族主义"双重的意义都表示了出来。作过这番归纳后,他挑明:"在三项'此时此地的需要'中,没有'民权主义';在两次宣言的全文中,也没有'民权主义'。'三民主义'在'此时此地的需要'下,成为'二民主义'。这是'三民主义'理论之更高阶段的发展之惟一可能的解释;也就是'十教授'宣言之最重要意义。"写过这些断语之后,他又画龙点睛地提示:"现阶段的'国家社会主义'以'独裁制'为必要的条件,所以不需要'民权'的发展。"据此,王西征作出了结论:

> "中国本位文化"之较为简单浅显的解释,为:
> 不同于德、义的,中国的,"独裁的","国家社会主义"的文化。
> 更简单浅显的解释,为"二民主义"的文化。[①]

王西征竟然以这样的方式,合乎逻辑地破解了"本位文化论"之谜。不难料想,这种辩护词的出现闹得《宣言》署名人及国民党当局十分尴尬,赞成也不是,反对也不是,只好保持沉默。但是,反对"本位文化论"的人,可抓住了把柄。力主中国文化应该现代化、却反对"全盘西化"口号的张熙若,[②] 从王西征的文章里敏锐地觉察到"本位文化论"的反动实质。他说,王西征的文章,是"中国本位的文化建设运动"开始以来的最重要的一篇文章,它让人们弄懂了这个运动的真实意义。原来"中国本位文化的要义就是取消'民权主义'!"原来"中国本位文化建设运动就是独裁政治建设运动!"[③]

事实证明,通过一场为时不算很长的论战,"本位文化论"的论据已

---

① 《中国本位文化要义》,天津《大公报》1935 年 5 月 25 日。
② 即张奚若(1889—1973 年)。
③ 《全盘西化与中国本位》,《国闻周报》第 12 卷第 23 期,转引自《胡适论争集》中卷,第1544—1545 页。

经破绽百出。不管将"本位文化"解释成"一民主义"也罢，"二民主义"也罢，它在政治上是为独裁统治制造舆论的面目已无从掩饰。至于在文化思想上，它也拿不出任何像样的理论，构不成任何像样的主张，如同统治当局发动的"新生活运动"、"文化复兴运动"一样，"本位文化"论提倡"自我创造"云云，也都是根本无法操作的空头支票。他们只能是在"民族"的名义下用新花样来贩卖旧道德旧文化，借以拒绝中国吸取世界先进文化，拒绝进行文化革新，拒绝中国文化的现代化。当时在国民党统治区以秘密身份从事文化工作的共产党人，没有直接参与批判"本位文化论"的论战，但是以文学社牵头联合16个文化团体、230多位文化学术界人士共同署名，发表了《我们对于文化运动的意见》，直接声讨"近来弥漫各地的复古的呼声"。他们明确指出，读经不能救国，靠着复古提高民族的自信力那只是"愚蠢的妄想"；"民族的自救，除了向'维新'的路上走去，再也没有别的办法"。他们指出，历史上"凡伟大的民族差不多都吸收外来的文化"，中国的文化也几乎找不到"纯粹的'国粹'"。他们痛斥妄想用旧的道德教训来"规范现代人"，说那只能是"退化人群"的做法。"我们相信民族的自救，贵乎知新而不贵乎温故；我们知道我们的传统的弱点，我们必须勇敢的去补救。"他们断言，一切文化复古运动，"全都是不明白危急的中国需要什么的；他们虽然未必是'王道'政治论者的同群，而其结果却是一致的。""复古运动发展的结果，将是一服毒药"。① 这一措辞非常含蓄、论调比较温和的宣言，在当时似乎没有遇到什么阻力；有意思的是，连有些"本位文化建设"的发起者和支持者，如樊仲云、叶青、王西征等居然也在这份意见书上签了名。可想而知，那时节，以"民族"为名，行"复古"之实的文化运动，实在是走投无路了。这也正是"本位文化论"骤起骤落，没有造成大气候的原因。

不过，话说回来，这个在中国近代文化思想史上无足轻重的"本位文化论"，为着"此时此地"这一"中国本位"找理由，却也提出了中国文化地域的和时代的特殊性这个重大的文化理论问题。他们在《宣言》中就

---

① 《我们对于文化运动的意见》，《时事新报与新生周刊》第 2 卷第 21 期，转引自《胡适论争集》中卷，第 1695—1697 页。

此所作的表达是："中国是中国，不是任何一个地域，因而它有自己的特殊性。同时，中国是现在的中国，不是过去的中国，自有其一定的时代性。"不管"本位文化论"的倡议者是否真正理解了地域的和时代的这两重特殊性的确切含义，它用简洁明了的论式表述出这样的文化观念，总算是一个贡献。强调了必须重视时代性，这便与顽固守旧的崇古复古的文化观划出了界线，和梁漱溟式的"走孔子的路"的文化观划出了界线。强调了作为一个有着悠久传统的中国文化具有地域的特殊性（虽然"地域"这一概念并不是很确切的表述），这便与只承认中西文化间存在共性，否认中西文化间同时还存在着各自的特性，从而主张把中国文化完全换成欧美文化的极端见解划出了界线。应当说，从五四新文化运动以来，激进的文化革新派，认识上最易见的误区恰恰就是不懂得引进先进的文化应与中国特殊国情相结合的必要，他们常常误以为欧美的文化既然是当今世界上最先进的文化，那么把它照搬到中国，取代落后的中国文化，就可以万事大吉；甚至于还常常只把注意力放在保持西方文化的原汁原味上；就像胡适那样，一再强调千万别走了样，把它变成"逾淮之橘"。历史经验已经证明，在文化模式的选择上，和在政治模式、经济模式的选择上一样，"照搬"的办法，抹杀中国特色的办法，不但行不通，而且如果硬行那么办，结果总会是让中国自己吃大亏的。

中国能不能"全盘西化"之争

与"中国本位文化论"的论战中，真正和它彻里彻外针锋相对的是"全盘西化论"。在20世纪30年代中期的文化论坛上，这两种文化观俨然是对峙着的两极。不过，"全盘西化论"并不是在批判"本位文化论"中诞生的；它诞生的日期还比"本位文化论"早了一年。

按说，"西化"的思想渊源，早在晚清时节便已开始酝酿萌动。洋务时的冯桂芬、维新时的严复，都说过我们中国已经处处不如人，呼吁国人当以"不耻师学"的精神学习"西学"。清末新政间，严复讥讽"中体西用"为"牛体马用"，主张在中国实行"西体西用"的意思，更是不言自明。"五四"前后的文化论战中，新文化运动的健将们则是理直气壮地把

引进近代西方的先进文明，改造或取代落后的东方文明，作为思想启蒙的
旗帜。第一次世界大战后，新文化运动的领袖们，坚持了同"东方文化救
世论"的斗争；他们当中除了一部分人转向尊崇社会主义外，也还有人，
如钱玄同、林语堂等，依旧坚持认定西方文明先进，是中国学习的榜样，
认定"欧化就是现代化"。在崇尚西方近代文明的一群中，胡适是态度最
明朗最坚决的一个。他在1930年发表了《我们对于西洋近代文明的态度》
一文，全面地无保留地肯定了西洋近代物质文明和精神文明的先进性，并
且一个字也没有提及西洋近代文明还有些什么短处。当年年底，胡适又写
了《介绍我自己的思想》一文，作为《胡适文选》的自序发表。在这篇
文章中，他再次批驳夸大中国固有精神文明优越于西方的论调，进一步强
调说："我们如果还想把这个国家整顿起来，如果还希望这个民族在世界
上占一个地位，——只有一条生路，就是我们自己要认错。""必须承认我
们自己百事不如人"。胡适完全重申了早先冯桂芬、严复"不耻师学"的
言论，并且发挥说：

> 请大家认清我们当前的紧急问题。我们的问题是救国，救这衰病
> 的民族，救这半死的文化。在这件大工作的历程里，无论什么文化，
> 凡可以使我们起死回生，返老还童的，都可以充分采用，都应该充分
> 收受。我们救国建国，正如大匠建屋，只求材料可以应用，不管他来
> 自何方。①

如果将胡适、钱玄同、林语堂等，看做"全盘西化论"的首倡者，大
致也是错不了的。不过郑重其事地公开亮出"全盘西化"旗帜，并系统论
列其主张的，却是30年代留学归来在岭南大学执教的陈序经。1934年，
他将在德国留学时写好的《东西文化观》一文和新写的《中国文化的出
路》一书发表，正式论述了在中国实行"全盘西化"的文化主张。

在这样一个有着五千年文明的国度里，不顾公众难以接受的情感，公
然提出要实行"全盘西化"的主张，实在不能不说是具有冒天下之大不韪

---

① 《介绍我自己的思想》（1930年11月27日），《胡适文集》第5卷，第515页。

的勇气。何况，当时正值第一次世界大战之后，资本主义千疮百孔，正处在经济萧条中拼命挣扎的状态。在如此形势下，除胡适等少数人而外，大包大揽对资本主义文明唱赞歌的已经怯于登场。如果考虑到中国执政当局正在大力提倡弘扬固有道德、复兴固有文化的国内政局，那就更加可以料想得出，"全盘西化论"的提出，确实是顶风而上的。尤其值得注意的是，陈序经心里明白，他所提倡的文化主张，并非指狭义的文化（如文学、艺术、道德、哲学、宗教、教育等），而是指的广义的文化，要回答的问题是国家民族向何处去、走什么路的问题，亦即关于如何选择国家民族今后发展的路向、前途的大问题。面对这样的大问题，陈序经竟然不顾一切，赤膊上阵，把自己摆在一个众矢之的的位置上，甘愿四面受敌。

不但主张中国要"西化"，而且把话说绝，主张中国要"全盘"西化，不肯留下丝毫余地，这样自然也就给他自己出了一道无从回避的大难题：你既然主张中国"全盘西化"，那么，第一，你就必须证明，中国的文化无一是处，中国的全部生活样式都已陈腐无用，理应全部废弃，扫地以尽。第二，你就必须证明，西方的文化美轮美奂，无比优越，中国理应将它拿来取代中国自己的文化。第三，你就必须证明，施行这样的"全盘西化"的可行性、可操作性，设计出将其付诸实施的具体途径。

陈序经立论的方法是，甩开这些具体难题的纠缠，高屋建瓴地从文化理论上寻求论据。他利用留学期间所学的社会学、人类学和文化学知识，先给文化下了一个无所不包的定义，说文化是"人类适应时代环境以满足其生活的努力的工具和结果"（不管这一定义所使用的概念确切与否、文字通顺与否，他借以表述的意思还是明确的。他强调的是，人类的一切创造性活动都是文化，所以才断言"文化是人类所独有的"，而"人类是文化的动物"；他坚决否认世上曾有"没有文化的人类"这样的历史时期）。[①] 然后，他着重论证了这种人类社会中普世共存的文化所具有的两种根本特性：一是文化的整体性，二是文化的演进性。他说："由地理、生物、心理及文化各要素的影响，而形成某一社会的文化，我们可以叫做文

① 《中国文化的出路》，商务印书馆 1934 年版，转引自《走出东方——陈序经文化论著辑要》，中国广播电视出版社 1995 年版，第 60—75 页。

化圈围。"接着他便对这种所谓"文化圈围"的性质作出了如下颇为独特的分析：

> 每个文化圈围固是整个的表示，但她可以从二方面去观察：一方面是空间，一方面是时间。从空间看去，文化的特性是复杂的；从时间看去，文化的特性是变动的。因为她是变动的，所以经过了悠久的时间，文化遂成为不少的层累；因为她是复杂的，在每一个圈围的文化里，其所包含的成分也很多。①

依此，他认为要了解文化的性质，就必须分别弄明白文化的"成分"和文化的"层累"。并且说："文化成分的分析的功用，是使我们明白文化所包含的性质是什么及其关系的原则"；"文化层累的分析的功用，是使我们了解文化发展的原则及其程序。"这就是说，他想着重说明的是，文化具有整体性与演进性这样两种性能。

关于文化成分的分析，他是说文化既然是无所不包的，它的内容既然是复杂的，那么当然需要分门别类地进行研究。于是，他列举了各种文化"分析法"，即文化分类法。由简到繁，从衣食住行，到语言文字、科学技术、教育伦理、哲学宗教、文学艺术、社会结构、政治制度、经济构成、风俗习惯等，他都逐一列举。不过，他在列举了文化所包含的这些成分之后，赶紧接着就声明说：这种对文化成分的"分析"，仅仅是为着研究的需要。也就是说，这种"分析"（即分类），实际上并不存在；它纯粹是主观设计出来的，而非文化本身所具有。正因此，一个人对文化作出的分析，可以和另一个人作出的分析完全不同。何以会如此呢？他回答说："这个原因不外是因为文化本身上，像我们上面所说是整个表示。分析是我们对于文化认识上一种权宜，文化本身上没有这回事。"② 说文化的分析（分类），是为着研究方便而设计的"权宜之计"，这话虽是荒唐，但表达的意思还是清楚的。至于说人们对于文化所作的分析（分类）各不相同，

---

① 《中国文化的出路》，转引自《走出东方——陈序经文化论著辑要》，第68页。
② 同上书，第73页。

原因在于文化本身上是"整个表示"，这种表述实在是让常人无从索解了。不过他对此也有比较浅近的表述方式，如说："因为文化各方面关系是这样密切，所以一方面的波动，必影响到他方面。"因此文化"她本身上是一个整个的东西"。① 总之，他极力强调的文化的"整体性"，无非是说某种文化"圈围"中的各个部分是紧密联系在一起的共同体，要动则全动，要变则全变，绝对不可分割；绝对不能从某种文化"圈围"中，舍短取长，择优避劣，不能"取其精华，去其糟粕"。所以他认定，一切将东西文化调和融会的说教，统统是不能实现的折衷空想；"中学为体，西学为用"是行不通的，因为"体"与"用"是不可分割的；将西方的物质文明和东方的精神文明撷精取粹、融为一体的设想也行不通，因为物质文化和精神文化的状态是分不开的。

陈序经关于文化的第二个基本论点，是强调文化具有演进的性质。他说："文化是时时变化的，而且是时时演进的。"他使用演进的概念，意在表述文化是经历着从低级到高级的发展过程。他承认文化的发展有渐变也有突变，并在长期的发展中形成了各种阶段；他把文化发展的不同阶段，定名为"文化的层累"。他还将人类文化由低到高的发展过程区分为四种"层累"，实即四个时期：未开化时期、半开化时期、文明时期、文化时期。在这四个时期中，他又进而作出了更细小的阶段的划分。这些时期的阶段的划分是否准确，他坦然承认并无把握，但是他说："我们无论是否赞成上面的文化层累的分类，我们总要承认文化确有高低之分。它的演进的程序，是由低而高。而其演进的原则，是由纷乱浑漠的形态变为明确特殊的形态，由简单而变为复杂，由少数部分和散漫的结合而变为多数部分和明确的结合。"他不肯承认"文化圈围"中的成分分类是事实上存在的，可是他却非常痛快地确认"文化层累"分类是事实上存在的。他说："文化既是演进的，则文化层累之存在，当无可疑。既有了文化层累，则层累的分类，也为研究文化及明了文化的高低，所不可无的条件。"② 陈序经关于文化演进性质的阐释，用意就

---

① 《中国文化的出路》，转引自《走出东方——陈序经文化论著辑要》第73、74页。
② 同上书，第75—84页。

在于证明"文化圈围"间的差别并不是性质的不同，而只是发展程度的不同。至于他所理解的文化演进中发生的"突变"，也并非指由"文化圈围"自身渐变发展的积累所形成的"突变"，而是指的处于文化发展低级阶段的"文化圈围"把别的"文化圈围"已达到的"最高阶级"直接模仿过来，实现发展程度的越级"突变"。

在陈序经看来，以上两条文化理论，足可以支撑起"全盘西化"的论断，给"全盘西化"提供充足理由。他的逻辑是很清楚的：既然文化具有发展演进的性质，那么处于落后状态的中国文化，就应该无保留地接受代表现代文化发展先进水平的西方文化；就应该遵照文化发展的"突变"方式，将中国的低级文化越级提升为西方的高级文化。既然文化具有不可分的整体性质，那么中国若接受西方文化，就只能是全盘接受，而不应该从西方文化里挑肥拣瘦，也没有办法对西方文化弃短取长。可见，中国惟一的出路，只有"全盘西化"。

这样一来，问题就出来了：你的两条文化理论是不是能站得住呢？

不能不承认，陈序经关于文化整体性与演进性的这些议论，的确包含着某些合理的因素。无论在何时何地，作为人类社会基本内容的文化，其所有的各个部分之间必然处于相互制约相互影响中，这是事实。文化的各种成分间，虽然演进的程度不可能绝对同步，但是从较为宏观的范围看，它们之间或迟或速地必然会因彼此影响而相互适应，必然会通过这样或那样的方式解决其间的不协调而趋同协调。所以可以说，由于文化各种成分间构成了相互适应的整体性，才保证了人类文明社会生活处于和谐有序的发展状态。至于说到文化具有不断发展进步的性质，那无疑更是人类社会的实际进程所证实了的历史事实。由低级到高级，由简单到丰富，由粗放到精深，这是人类文化发展的大趋势；尽管某个地区或某种形态的文化，可能会因特殊的原因而受到挫折，而衰落，甚至消亡，但那只是文化发展过程中偶然出现的枝杈、支流，不足以更改人类文化发展进步的大趋势。尽管历史上出现的某些文化成就，可能成为"前无古人、后无来者"的瑰宝，但那只是特殊的文化氛围和特殊的创造才能相结合的产物，同样不能用以否定人类文化发展进步的大趋势。文化具有演进的性质，这是谁也改变不了的社会发展的铁定的定律。因此，这正是一切崇古的守旧的文化主张，不管如何喧嚣一时，终归逃不脱破产命运的历史依据。这也正是近代以来中国的先进人士，奋力突破一切排外的守旧的势力，坚持推进文化革新信念的历史依据。

不过，看来颇为合理的两条论据，却被陈序经作了极其偏执的曲解。之所以会如此，是因为他原本就抱着一个先入为主的"全盘西化"的定见，所以他关于文化性能的阐释就完全变成了替这个定见强行辩解的辩护词。于是，理论上的错讹和逻辑上的破绽，在他的文章中便闹得比比皆是了。而其中最为突出的错误，是他强词夺理地把丰富的文化的内涵、复杂的性质极端简单化了。陈序经以文化具有发展演进的性质为依据，断定不同类型的文化间只有发展程度的差异，而不存在性质的差异。原本中国近代以来的先进分子勇敢地面对事实，承认中国文化落后于欧美文化，呼吁向西方学习，以便迎头赶上世界潮流的言论，对中国思想界是重要的而且是适时的启蒙，可是把这种合理的意见推向绝对化，便陷入了完全否定文化多样性的荒唐论断中。试想，不同的文化类型只是发展程度差异，那么，发展程度相同的或者接近的文化类型间，是不是还具有不同的文化特性呢？显然不能说英、美、德、法等发达的资本主义国家间，都不存在各自的文化特征，也不能说中国、印度以及亚洲、非洲、拉丁美洲发展程度大致相近的各国，文化性质都是一模一样。事实证明，迄今为止的一切时代，在世界范围内，都概无例外地确确实实存在着各具特色的文化类型，而且它们之间性质上的差异绝对不能都归结为发展程度的不同所致。陈序经没有办法，只好勉强地给它起了个"文化圈围"的名称，但是紧接着他就千方百计地把种种"文化圈围"都解释成一个个代表着不同发展程度的性质单一的文化体：要么是整体都是进步的文化体，要么是整体都是落后的文化体。他一口咬定在任何一种"文化圈围"中的任何构成部分，都只能具有其整体发展程度的共同性质，或是先进，或是落后，概无例外。进一步，他更是把同一"文化圈围"内的众多文化内容，诸如科学、宗教、哲学、伦理、文学艺术、语言文字、生活方式、民间习俗、经济、政治、法律、军事等的分门别类，都说成是人们为着研究方便设计出来、而事实上并不存在的人为的"分析"。文化的这些分类，明明是由于其性质和功能的各异而形成的，为什么偏偏硬要抹杀客观存在的这种性质上的区别，硬要将其说成是无差别的囫囵一团呢？

　　陈序经的立论的逻辑是清楚的。他是说，"中国要做现代世界的一个国家，中国应当采纳而且必须适应这个现代世界的文化"。而"所谓西洋文化，可以叫做现代文化，或是世界文化"。况且欧洲文化自从文艺复兴和宗教改革以来，一直"向前急进"，"随着时代的变换，随着时代的新鲜而新鲜——质言之，她是时代文化之最能时代化者——她是现代的文化"①。既然如此，为中国本身计，就只能以"彻底采纳"、"全盘适应"的态度实行"全盘西化"。陈序经认定提倡"保存文化"的主张是不对的，他说："人类的灵魂精神固可以从文化中见之，然而她的真谛，并非保存文化，而在于创造和改变文化，时代和环境既不是永远处处不变，那么文化也不能不随时代和环境而变迁。过去的文化，是过去人适应时代环境的产物，现代的文化，是现在人适应时代环境的产物。要想适应现代的环境，则不能不采纳现代文化，同时也不能不排除旧时代旧环境的文化。"② 于此可见，陈序经提倡"全盘西化论"，的确具有企盼中国实现现代化的报国之心、改革之愿。不过，他把"过去的文化"和"现代的文化"绝对对立起来的强词夺理的论断，不能不立即招惹来猛烈的批评。1934 年，对"全盘西化论"的批评，只是发生在广东一隅，规模不大，批评者的水平也不算高，可是这次小规模的批评也还是击中了"全盘西化论"的要害。批评集中在两个方面：一是，西方文化哪里有那么好？现在不正是矛盾百出，动荡不安吗？况且他们那里有着见解相反的各种主义，我们究竟学他们的什么好呢？二是，中国文化哪里有那么坏？中国文化的所有内容，是不是有必要、是不是有可能全部改换成西洋的？中国文化难道就没有值得保留的东西吗？陈序经花了心思来回答这两个方面的质问，只是他的答辩不能不愈加弄巧成拙，使得"全盘西化论"理论上的粗疏和施行上的困难欲盖弥彰。

　　陈序经无法否认西方文化中见解纷纭，但是他断然否定有从中加以选择的必要。他说："西化花园里有极左的主义，有极右的主义的。然而极

---

　　① 《东西文化观》，中国人民大学出版社 2004 年版，第 193—204 页。
　　② 《东西文化观》，第 229—230 页。

左极右只是时代环境里一种暂时的变态，民主中心的制度，并不推翻。何况极左与极右也并非离开民治，民有，民享的原理，而趋于己治，己有，己享。"进而他就更加无保留地赞美西方，说那里不管是有皇帝也好，还是有总统也好，"政治权力总是在人民的手中"；他们的"富人"也不像我们的"富人"那么穷奢极欲，他们的"穷人"也不像我们的"穷人"那样没吃没穿。① 不难看出，陈序经是通过赞美资本主义"民主中心制度"的论断，掩盖了资本主义制度下现实存在着的消极面，掩盖了资本主义社会中现实存在着的种种矛盾、种种问题。用这样笼统赞美西方文化的言辞，来搪塞质疑，显然是没有说服力的。他回避了对于西方社会现实中存在的各种不同的甚至对立的主义的评论，不肯对其作出选择作出取舍；他掩饰了西方社会现实中存在的种种消极的破坏性的现象，不肯正视它和如实地介绍它，更不肯对其进行任何分析评判。用这样一味崇洋的说教，自然无法遮掩资本主义社会内在矛盾存在并不时演化为尖锐冲突的事实。时值资本主义内部矛盾冲突急剧升温、第二次世界大战的危机迫在眉睫的30年代，尤其是在已经受到日本帝国主义严重侵略的中国，绝口讳言帝国主义对人类文明的危害，不能不使得为"全盘西化论"所作的辩护，都一律变成了没办法说圆的谎言。"全盘西化论"对西方文化不辨是非的过度的溢美之词，不能不惹起中国人的排斥与反感。

　　作为"全盘西化论"的理论论证，除了肯定西方文化全盘皆好之外，还必须同时得证明中国文化全盘皆坏，这才算得上是把整个"取而代之"的逻辑说得天衣无缝。否则，只要不把话说绝，只要承认中国文化还有些成分可以保存下来，那就等于认可东西文化可以并存，乃至可以互补可以共荣；也就是说，这就等于挖掉了支撑"全盘"西化主张的墙脚。陈序经无法从正面证实中国文化一无可取，只好绕个圈子说："假使她是有了半点或不少的好处，这不过是历史上的好处，而非现在的优点。""从西洋文化发展的途程看去，固可找出中国过去的优越的文化，然从现在的西洋文

---

① 《对于怀疑全盘西化者的一个浅说》，《全盘西化言论集》，岭南大学青年会1934年版，转引自《走出东方》，第235—236页。

化的特性分析的方面看去，中国却没有一件不是低于人家。"① 这就是说，中国文化即便算是有些优点，那也是些过时的、落后于现代需求的东西。更进一步，他还想出了一个理由，说西方文化既然比中国文化先进，那么落后的文化里的东西，先进的文化里自然都包括了进去，所以根本不必再为保留中国文化的好东西操心。就此，他给西方文化之所以是"世界文化"又下了一重定义，说"欧洲的文化不但是从现在的实情和趋势上看去是世界的文化，就是从以往的历史看去，也是世界的文化"。他解释道："因为在欧洲的文化里，不单是欧洲各种文化及近东非洲的文化总和，而且是包含了远东中国的文化的要素。物质方面的中国文化，既可从欧洲文化里找出来，精神方面的中国文化，也没有一件不是欧洲所有。"② 这就是说，"西洋文化"是把全世界历史上优秀的文化精华都包括了进去，用它来取代中国文化，当然不会对中国文化造成丝毫损失。那么究竟中国文化中有没有为西方文化所无的文化精粹呢？陈序经坚决否认会有这样的文化现象，所持的理由是：任何文化都只能是整体的，先进的整体都先进，落后的整体都落后；先进的文化里没有落后的内容，落后的文化里也没有先进的成分。为此，他特别花力气批判了"西方的物质文明好，东方的精神文明好"一类的观点。他所持的基本论点，是认为举凡任一"文化圈围"的文化，均含有物质文化和精神文化两个方面，但是这里的物质文化和精神文化是"合二而一的"，即一体的，其性质其发展程度是一致的。是先进都先进，是落后都落后；而绝不会出现物质文化先进而精神文化落后的情况，也不会出现物质文化落后而精神文化先进的情况。他说："我们的结论是：欧洲的物质文化是由欧洲的精神文化而来。看了欧洲的精神文化，也可以知道欧洲的物质文化。东方的物质文化是由东方的精神文化而来，看了东方的物质文化也可以知道东方的精神文化。我们若是要西方的物质文化，我们不能不要西方的精神文化。我们若要保存东方的精神文化，我们不能不保存东方的物质文化。"据此他认定，要想把中国的落后的"简单物质生活的精神文化"，与"物质发达的西洋文化""熔于一

---

① 《东西文化观》，第234页。
② 《东西文化观》，第214页。

炉"，岂不是"水火何异"？①且不论他关于"物质文化的进步一概取决于精神文化的进步"这一论断在哲理上的偏颇，也可以暂不深究精神文化的进步的原因何在，仅就他着力论述的物质文化与精神文化发展的"同步论"而言，无疑也存在着明显的错误。当他论证"一切的物质进步，是要赖于精神文化的进步"时，所指的"精神文化"已经不是精神文化的全体状况，而是仅指与物质文化发展程度直接相关的"科学上的发明及方法"。②他在这里是偷换了命题，把内容丰富的"精神文化"简化成了"科学上的发明及方法"，那么精神文化里"科学发明及方法"而外的那些不与物质文化状况直接相关的内容，诸如道德、宗教、文学、艺术等，其发展状态又与物质文化状况是处于在怎样的关联中呢？陈序经避而不答这样的问题，只是把人类文化发展总过程中存在的物质文化与精神文化发展的关联性、一致性，说成绝对化的同一，用以否认物质文化的发展、精神文化的发展，还各自具有相对的独立性。显然这是用形而上学的文化一元论，否定了文化发展事实上存在的多元性，抹杀了文化内容一向具有的丰富的多样性。

公平地说，陈序经的"全盘西化论"，固然理论上粗疏，逻辑上错乱，但是为中国文化的革新进步着想，盼着中国文化迎头赶上世界时代化的潮流，意愿是真诚的，用心是良苦的。他对中国文化一概否定的论断，当然是错误的。但是，他认定中国文化吸取西方文化的先进成果，适应世界文化现代化趋势，大力推动文化革新，是任何力量也阻挡不住的历史潮流，这一论断自然是包含着合理的真知灼见的。在陈序经关于中国必将全盘西化的议论中，最值得重视的，并不是他发表的那些似通不通的文化理论，而是他关于中国近代七十年来（19世纪60年代至20世纪30年代）"西化"历程的剖析。他一反众多史学家、思想家们把清末民初以来的中国认作是衰败不堪、危在旦夕的判断，大胆地另辟蹊径，以肯定的口吻，强调中国近代走上了逐步"西化"的这样一个进步的历程。他说，早在明末清初，中国本来有机会接受"西化"，可惜被"汉化"了的清朝统治者给葬

① 《中国文化的出路》，转引自《走出东方》，第100页。
② 《中国文化的出路》，转引自《走出东方》，第99页。

送了。只有到了 19 世纪 60 年代第二次鸦片战争失败和镇压太平天国成功之后，从曾国藩、李鸿章办洋务起，中国这才走上了逐步"西化"的路；而且一旦走上了这条路，便再也没有中断过，规模在日益扩大，层次在日益加深。他说："我们觉得中国人七十年来，对于西洋文化的态度上，的确有了不少的变更。""于此我们可以见得中国人之对于西洋文化的态度的演化，是从很小的范围而放到较大的范围，从枝叶的接受主张，而走到根本的采纳主张。而所谓全盘的西化的接受，也不外是这个演化发展上一个最后，而且必经的过程罢。"① 陈序经特别强调，近代中国的历史事实是，与这种"态度上的西化"演进趋向同步，"事实上的西化"也是"随着时代的发展而趋于全盘西化"。他说，近代的历史表明，中国没有办法抗拒"西化"，只能一路走上这条道：从开矿山修铁路办工厂、改变衣食住行生活方式等的"物质西化"开始，进而随着宗教输入引起的"宗教西化"、"科学输入"引起的"科学西化"也一一在实现，然后便跟着有了"教育西化"、"政治西化"、"法律西化"、"道德西化"、"哲理西化"，以及"文学西化"、"艺术西化"等的"文化西化"。陈序经说，这些事实证明，我们西化的程度虽然还很不够，更没有达到"全盘西化"的地位，但是确确实实"我们已经在西化的路上，而且是趋到全盘西化的路上。"他引申出来的结论是："所以全盘西化是必然的趋势，我们所要明白的是要自己化自己，毋待到他人来化我们。"他说，我们应该避免被西洋人强迫西化，而成为人家的奴隶的危险，所以要赶紧主动地实行彻底的西化。他还补充说，所谓"化"，就是说不能"照搬的运过来"完事；只有"放入自己的肚子"，"能起了消化的作用"，那才叫得上是"化"。② 不难看出，陈序经是用一种不合理的形式表达了一个合理内容，即用过分夸张的断语肯定了中国近代吸取西方先进文化成果——首先是资本主义的文明成果，这是一个进步过程。这当然是一个合乎事实真相的判断。这样的判断，就其对中国近代文化发展趋向的认识而言，它是与"中国本位文化论"的基本倾向截然相反的。他居然还能明确地将"西化"解释为应是有别于"食洋不

---

① 《东西文化观》，第 159 页。
② 《东西文化观》，第 159—163 页。

化"的"照搬"西洋文化的"消化"西洋文化，也不能不算是当年少见的颇有见地的一种文化见解。

陈序经关于中国近代"事实上西化趋向"的论述，显然包含着许多错误。最为显著的错误，在于任意夸张了中国近代以来"西化"的程度。比如，基督教在中国传播的范围虽然逐步有所扩大，但显然并不能说已经发展到了中国"宗教西化"的地步。"教育西化"之说，也是难以成立的。中国新的教育的学制，无疑是学的西方，可是教育的内容显然还有大量中国自身的东西。不但要学中国的语文、历史及其他中式的课程内容，而且绝大部分课程都还是在用汉语教学。其他如文学艺术等，也都没有完全取消中国文化传统的内容与形式。如今距陈序经当年发表议论，又过去了七十多年，这种中西糅合的文化状况基本上还依旧没有改变。纵然采纳西方的文化成果，规模与深度都已经大大超过当年，但是中国自己的文化内容不仅没有消失，而且还有了明显的丰富和发展。中国人说中国话、写中国字的这一基础性质的文化现象，并没有被放弃，并没有"全盘西化"。从文化未来发展的趋向看，陈序经所企盼的"全盘西化"的前景，在中国也是断无实现的可能。不懂得文化的多元性、多样性是文化的本质属性，一厢情愿地把实现文化的"全盘西化"、全世界文化都变成一个模式，只能是一种根本无从实现的空想；强行推行这种妄想的文化主张，自然只能造成对文化既有成果的破坏。

1934年，"全盘西化论"提出时在广州引发的争论，对于全国文化界的影响还很有限。可是当着1935年年初，"中国本位文化论"提出并惹起中国文坛的大规模论战时，作为坚决反对"本位文化论"的"全盘西化论"又披挂上阵，成为十分活跃的一支力量。而"全盘西化论"就再一次成为文化界关注的论调，并且引起了在更大范围内对它的批判。

无论从形式上看还是从实质上看，在如何对待东西文化问题上，"本位文化论"与"全盘西化论"正是对峙着的两极。可是，在当时的实际论战中，阵线却比较混乱。这反映出那时候参与论战的许多人认识还很不清晰。在1935年的论战中，首先对"全盘西化论"提出批评的社会学家吴景超①，将中国当时对于东西文化问题的主张，分作三派：一派主张全盘接受西方文化，另一派主张恢复中国固有文化，还有一派主张对东西文化的保存与采用取折中的态度。他认为，复旧的一派主张，如今在中国业已没有什么势力，不值得再去讨论；剩下的值得讨论的，当然便只有"全盘西化"与"东西调和"两种观点之争。把有关东西文化的议论划分成这样三类，在当时颇有代表性；把复古派说成已经没有多大势力，不值得再认真讨论，在当时也是比较普遍的看法。应当承认，在 20 世纪 30 年代的中国，不要说晚清那种倭仁式的顽固排外的守旧言论已经近乎绝迹，就是民国以来活跃过一时的康有为式、辜鸿铭式、梁漱溟式的尊孔崇经、抑西扬中的言论的声势也确已式微，这都是事实。不过，吴景超为代表的这种对于当时中国文化派系的分类法，并不精确。且不说将复古的文化观，当做已经无足轻重的估计不完全符合实际（国民党统治集团正在大力提倡复兴旧文化旧道德，便是极具复古色彩的文化主张；少数政客和腐儒们也还鼓吹过一阵子"尊孔读经"），仅就他们对于"中国本位文化论"的评估而言，也表明他们在当时发生的文化论战中，认识上存在着很多糊涂的观念。吴景超在他反对"全盘西化论"的文章中，开宗明义便非常痛快地声明自己对于东西文化的保存与采用，是主张采取一种折衷的态度。可是接着他援引来证明这种"折衷态度"受到广泛支持的例证，却一是胡适主张的"一面参考外国制度方法，一面吸取中国几千年有用教训"的论述，二是《中国本位的文化建设宣言》所说的，对于中国过去的一切，应"存其所当存，去其所当去"；对于欧美文化，"须吸收其所当吸收"的说法。在吴景超看来，不但胡适是主张东西文化调和的折中派，而且"本位文化论"也同样是主张东西文化调和的折衷派。按吴景超所持的观点看，他赞同胡适的论点自然是顺理成章的，可是把"本位文化论"也看做同调这就未免匪夷所思了。在那份建设"本位文化"的《宣言》中，确实标榜了"不守旧，不盲从"之类的话，并且解释说"不守旧"就是对旧文化要"去其渣滓，存其精英"；"不盲从"就是对外来文化要"取长舍短，

---

① 吴景超：《建设问题与东西文化》，《独立评论》第 139 期，1935 年 2 月 17 日，转引自《胡适论争集》中卷，第 1705—1709 页。以下凡引自该文者，不另注。

择善而从"。他们甚至于还明确地声言，既反对复古，又反对"完全模仿
英美"，俨然是一副不偏不倚、调和折衷的模样。但是不能忽视的是，"本
位文化论"者所发表的这份《宣言》，基调是建立在"文化领域里没有了
中国"这样一个根本判断上。这就是说，在他们看来，之所以要呼吁"本
位文化"的建设，就是由于西方文化在中国的传播已经过了头，已经泛滥
成灾——造成了中国自身文化被淹没的灭顶之灾。时处 20 世纪 30 年代的
中国，其文化状况究竟是引进西方现代文化过头了，理应退而谋求保全与
建设自身文化呢，还是需要进一步引进西方现代文化，促进中国文化更深
刻的革新？这恰恰才是"本位文化论"与"全盘西化论"发生冲突的时
代背景和具体动因。所以吴景超等人当时把"本位文化论"也误认作折衷
派的论断，不仅说明了他们没有认清提倡"本位文化论"旨在反对外来的
民主主义、尤其是社会主义思潮的意图，而且也没有认识清楚当时文化论
争的实质之所在。

　　按说，在处理东西文化问题上，对于两者均采取长舍短、存精去渣的
态度，原则上是无可挑剔的。这样的主张放在晚清乃至民国初年，无疑都
是和顽固守旧的排外主张、东方文化救世的复古主张截然对立的、进步的
文化见解。但是，放在 20 世纪 30 年代，国民党统治集团为压制民主主义
和社会主义思潮而借大力鼓吹复兴民族文化一类名义谋求舆论一统之际，
仍旧泛泛地论证对东西文化实行折衷调和的必要，那就未免脱离了时代的
急迫需求，真是有些忽视中国文化建设"此时此地的需要"了。不能不说
吴景超在"本位文化论"与"全盘西化论"两极对立的局面中，认识是
不清晰的。不过，他本着东西文化应当折衷融会的基本正确的文化观，对
于"全盘西化论"所作的批评，还是击中了其立论偏颇、逻辑混乱的某些
痛处。他提出的最值得注意的论点如下。

　　第一，指出了陈序经"全盘西化论"赖以为论据的"文化不可分
性"，是站不住的。吴景超论证说，包括西方文化在内的一切文化，都是
既包含着不可分的"文化单位"，又包含着可分的"文化单位"。比如，
火车与铁路不可分，科学与基督教则可分。他还援引中外学者有关文化可
分作"世界性文化"和"国别性文化"的论断，来证实文化的可分性。
认为如自然科学、交通、工业、医药等，是"含有世界性之文化"；而政

治制度、教育设施、交际礼仪、生活习惯等，则属"含有国别性之文化"。由于性质不同，前者在各国间可以通用，后者在不同国家间不能照搬。可以看出，吴景超虽然未能从理论上对于同一文化内各部分间的相互关系作出准确的分析（如不可分的"单元"间也存在着相对独立的性质，可分的"单元"间也会存在着相互关联的性质。有关这类复杂的文化特性，他未能加以分析。至于"世界性文化"与"国别性文化"间是不是存在着交叉的问题，"国别性文化"是不是会含有"世界性"的问题，也都被他忽略了），但是他总算以"文化的可分性"的论点为据，证明了只要吸取"西方文化"就必须"全盘西化"的武断之论不能成立。只要可以有所不取，自然便无从妄言"全盘"。

第二，指出了"西方文化本身的种种矛盾，是主张全盘西化者的致命伤"。吴景超写道："在'西方文化'这个名词之下，包含许多互相冲突、互不两立的西化集团。独裁制度是西化，民主政治也是西化；资本主义是西化，共产主义也是西化；个人主义是西化，集团主义也是西化；自由贸易是西化，保护政策也是西化。这一类的例子，举不胜举。所谓全盘西化，是化入独裁制度呢，还是化入民主政治？是化入资本主义呢，还是化入共产主义？"对于这样的质问，"全盘西化论"是没有办法正面回答的。这里提出的问题，已经不是说中国在引进西方一些不同的文化主张、不同的学说时，可以兼收并蓄，容许其自由竞争；而是说中国在向现代西方学习时，面对的是西方现今存在的一些势不两立的政治主张、经济体制、文化观念，中国不能不分析其得失，判定其是非，从而作出何去何从的抉择。

第三，论证了"应该继续新文化运动的精神，从新估定旧文化各部分的价值"，并且主张具体认定中国固有文化中哪些部分还有保存的价值。同时也主张具体分析清楚西方文化中哪些部分我们应该采纳，哪些部分我们有能力采纳。吴景超的逻辑是清楚的：只要承认中国固有文化中有值得保存的内容，那就说明不能将中国固有文化全部毁弃；只要承认西方文化中只有若干部分是应该采纳、能够采纳的，那就说明我们没有必要把西方文化全盘照搬过来。总之，用西方文化全盘取代中国文化的极端言论，经过这样具体的文化分析，便会显露出它不过是一纸无法兑现的空头支票。

正当人们在热议"本位文化论"是非的时候，吴景超对于"全盘西化论"发起批评，使得当时的文化论坛又增添了一个新的热点。陈序经立即对吴景超的批评作出了答辩，很多关心中国文化走向的人士也纷纷参与到评论"全盘西化"主张的争辩中。争论过后，陈序经曾经乐观地估计说，通过1935年这场争论，赞同"全盘西化"主张的人越来越多了。这多半是陈序经的自我安慰性的观感，从当时发表的辩论文章看，实况并非如此。完全应和"全盘西化"主张的难得一见，少数表同情的言论，也多是提出温和商榷意见时所作的衬托之词。胡适原先是表态过完全赞同"全盘西化"主张，这时也声明说自己并不是吴景超所说的"主张文化折衷的一个人"，不过他当即补充说："我是主张全盘西化的。但我同时指出，文化自有一种惰性，全盘西化的结果自然有一种折衷的倾向。……现在的人说'折衷'，说'中国本位'，都是空谈。此时没有别的路可走，只有努力全盘接受这个新世界的文明。全盘接受了自然会使他成为一个折衷调和的中国本位的新文化。""古人说'取法乎上，仅得其中；取法乎中，风斯下矣'。这是最可玩味的真理。我们不妨拼命走极端，文化的惰性自然会把我们拖向折衷调和上去。"① 胡适这种辩论的方式，完全套用了当年陈独秀与章士钊辩论时所用的"矫枉必须过正"的诡辩方法，这当然是不足为训的。不过这也表明了胡适的态度正在起着变化。随着讨论的展开，胡适又发表文章修正原来的提法。他说，虽然他很同情"全盘西化"的主张，但是他觉得"全盘西化"这个名词，"的确不免有一点语病"。因为严格说来，"全盘"含有百分之百的意思，而百分之九十九还算不得"全盘"。所以他主张与其用"全盘西化"，不如改用"充分世界化"，认为这样就可以避免许多没有意义的争论。他举例说，比如他本人此时此刻穿着长袍，踏着中国的缎子鞋，用的是钢笔，写的是中国字，谈的是"西化"，那究竟算是"全盘西化"的百分之几呢？这显然是无须分辩的琐细问题。他说："数量上的严格'全盘西化'是不容易成立的。文化只是人民生活的方式，处处都不能不受人民的经济状况历史习惯的限制，这就是我从前

---

① 《我是完全赞成陈序经先生的全盘西化论》，《独立评论》第142期，1935年3月17日。转引自《胡适论争集》中卷，第1492页。

说过的文化惰性。你尽管相信'西菜较合卫生'，但事实上决不能期望人人都吃西菜，都改用刀叉。况且西洋文化确有不少的历史因袭的成分，我们不但理智上不愿采取，事实上也决不会全盘采取。你尽管说基督教比我们的道教佛教高明得多多，但事实上基督教有一两百个宗派，他们自己就互相诋毁，我们要的是那一派？若说，'我们不妨采取其宗教的精神'，那也就不是'全盘'了。"①

　　胡适对于"全盘西化"主张提出的这种修正案，不但为陈序经所拒绝，而且也遭到"本位文化论"的反对。引人注目的是，他们两派居然一致批判胡适"取法乎上，仅得其中"的态度。他们都认为这样的态度，是一种不求上进的态度。他们都质问说，为什么中国就应该满足于"中"流状态，而不肯致力于使中国在世界文化领域里占据领先的地位？为什么不将"迎头赶上"现代文化作为中国文化建设的目标？当然，"本位文化论"的提倡者，与陈序经所持的意向，是截然不同的。他们批评胡适的文化观，实际上是把胡适的言论看做与陈序经的观点实质上完全是一码事，无非都是在主张中国"全盘西化"。《一十宣言》带头署名的王新命，所写的《全盘西化论的错误》一文，就是把胡、陈绑在一起，当做"全盘西化论"的靶子来批判的。只不过王新命讲不出任何像样的道理，说来说去，只能是声明中国人的聪明才智没有任何不如人的地方，因此不必西化。他的"本位文化论"，所硬挺的仅仅是死不承认欧美的现代文化比中国现实文化先进的这种实际状况。"本位文化论"者虽然一再声言，既要"留己之长"，又要"取人之长"，可是他们不单说不明白应留的"己之长"是什么，而且对于他们心目中应取的西方文化之"长"是什么就更加闪烁其词，回避正面作答。有一位名叫李绍哲的"本位文化论"拥护者，在所写的批判"全盘西化论"的文章中，倒是泄露了他们的一点真实意向。他在批评全盘接受西方文化的主张时，曾经举例说，中国不能把西方本身存在的互相冲突的政治主张，都一齐吸收过来。他说，"民主中心的原则"只是个一般的共同原则，但它又各有其"特殊的形态"，因此我们就不能按全盘论的原则，连特殊形态全部采纳。他质问道："假令我们

---

① 《充分世界化与全盘西化》（1935年6月22日），《胡适文集》第5卷，第453—455页。

将意德的独裁制度和苏俄的独裁制度同时全部采纳混为一物，岂不是荒天下之的大唐（引者按：原文如此）吗？"李绍哲没有明言他在两种"独裁制度"间作出怎样的选择，但是至少他反对"苏俄"制度的倾向性是很明确的。这样的态度，在他接下去批判胡适的"拼命全盘西化，靠文化惰性折衷"的观点时，表达得更为鲜明。他写道："假使我们以为有文化的惰性可以有恃无恐拼命主张全盘西化，如苏联的共产主义不管他是怎样的极端，只要一到中国就会被惰性拉回到折衷适当的路上。由'苏联的'共产主义一变而为'中国的'共产主义。这里，我见到的惰性，只会弃人之长而取人之短，'苏联的'共产主义之在苏联的得失我们姑且不论，而'中国的'共产主义之在中国的功过还待批评吗？"且不说他抱定着反共的先入之见，仅就他所说的对待苏联的共产主义是"弃人之长，取人之短"的断语来看，也显然是完全不合逻辑的推断。他的意思无非是说，把一个不合中国需要的共产主义拿来，再加上一个中国自身的"不良的惰性"，这种"无抉择的西化"，只能是"两害相加而取其和"。① 他对于"意德独裁制度"不说一句反感和排拒的话，对于共产主义却态度鲜明地大加挞伐，"本位文化论"反对向西方学什么、提倡向西方学什么的真实意图，在这里不免有些泄露天机。可以看出，"本位文化论"在与"全盘西化论"的论战中，固然也算揭穿了在中国实行"全盘西化"主张所包含的自相矛盾、无法实行的弊病，但是却又始终没有办法明确说明，他们是主张吸收西方文化什么长处（除了科学技术等有限的内容之外），用来推动中国新文化的建设。因此，在拒绝"全盘"西化的名义下，"本位文化论"事实上是在扮演着"排斥"西化的角色。"全盘西化"与"本位文化"之争，最显著的结果只能是两败俱伤，只能证明这两种文化主张在中国都无法行得通。

应当承认，就当时文化论争的状况而言，如果说"本位文化论"还在当局的支持下，在论坛上还占据过一席之地的话，那么"全盘西化论"却的确陷入了孤立无援的状态。陈序经在面对来自多方面的批评，发表了多

---

① 《全盘西化论检讨》，《中国文化建设讨论集》，转引自《胡适论争集》中卷，第1524—1527页。

篇文章应战。可是他已经讲不出更多更新的道理，并在强行辩解中陷入了
左支右绌的处境，只能把本已绝对化的主张推向了更加偏激的极端，举例
荒唐，破绽百出，不能不授人以柄。他的最典型的言论，就是用愈加尖刻
的言辞把中国文化的一切统统说成是坏得无以复加，用盲从的态度把西方
的一切都说成是中国必须照学不误的榜样。他的结论是：

> 总而言之，从东西文化接触的趋势来看，接触以后，东方固不能
> 存其所固有，西方也不能存其所固有；因为前者正在趋于消灭的途
> 程，而后者正趋于为共有的道路。从东西文化的程度来看，我们无论
> 在文化那一方面，都没有人家那样的进步。从文化本身的各方面的连
> 带关系来看，我们不能随意的取长去短。从东西文化的内容来看，我
> 们所有的东西，人家通通有，可是人家所有的很多东西，我们却没
> 有。从文化各方面的比较来看，我们所觉为最好的东西，还不如人家
> 的好，可是我们所觉为坏的东西，还坏过人家所觉为最坏的千万倍。①

不惜用如此这般"好处不如人家好，坏处却比人家坏"的言论，来支
撑"全盘西化"主张，理由似乎说通了，逻辑似乎说顺了，但是把中华民
族的感情也伤透了。更加令人无法接受的是，他这种"把中国文化说成坏
得不能再坏，把西方文化说成好得不能再好"的言论，是靠着任意歪曲事
实充作立论证据的。比如陈序经一而再地把中国最落后的方方面面，拿来
与西方的"好处"对比。他说："当我们讨论东西文化时，我们不能不把
中国文化的各方面，来和西洋文化的各方面，比较比较，看看那一种文
化，是较为优美，或合于时势。……我个人至今虽不会跳舞，不是基督教
徒，然我始终觉得与其吸鸦片，打麻雀，不如跳舞，与其崇拜道教佛教，
不如信仰基督教。如此类推，总不能不承认中国文化，无论在那一方面，
都比不上西洋文化。于是可知全盘西化的理论，并非凭空造出来的。"② 陈

---

① 《关于全盘西化答吴景超先生》（1935 年 3 月 27 日），《独立评论》第 142 期，转引自《走出
东方》，第 255—256 页。

② 《关于全盘西化答吴景超先生》（1935 年 3 月 27 日），转引自《走出东方》，第 251—252 页。

序经为"全盘西化论"所作的这类辩护，显然是弄巧成拙，把自己立论的漏洞尽现于大庭广众之前。人们可以毫不费力地指出：鸦片本来就不是中国所产，反而恰恰是西洋强行推销到中国来，毒害中国人的；为此还打了以此命名的侵略与反侵略的著名战争，怎么能把鸦片也算成中国文化的罪名？打麻雀，是中国赌博，要比较，也只能与西洋的赌博比较，那恐怕就无法分得出优劣高下。至于拿打麻将与陈序经所奉为"动的教育"的跳舞相比，那根本就构不成可比性；要和跳舞比，中国岂不是也有"动的教育"，如武术与舞蹈。陈序经既然明知基督教的存在先于科学的发达，那怎么还认定基督教与科学分不开呢？至于陈序经说最早将科学介绍到中国的正是基督教士，可见基督教有功于科学的传播，那岂不是又有意抹杀当年基督教会残酷镇压和摧残科学家的历史罪状吗？批评"全盘西化论"的人抓住的这样一类破绽，在陈序经为"全盘西化"作辩护的文章里的确比比皆是。甚至连他说自己不会跳舞、不是基督徒的话，也被论敌抓住，说这岂不恰好证实了西方文化不是"不可分"的：极力推崇西方文化的人，可以既服膺西方自然科学的成就，同时又不会跳舞，不是基督徒，不正好说明提倡"西化"而无须"全盘"。陈序经关于"西方现存的互相冲突的各种政治主张、各种政治制度，中国应该全盘照搬"所作的辩护，更加是陷入了难以理喻的荒诞中，无力自拔。他硬说，在西方文化里，"所谓极右与极左的政治主张与运动"，有着"共同的基础，共同的阶段，共同的性质，共同的要点"，"并不推翻与离开民主中心政治"。他进而为西方的"独裁"唱起赞歌，说："他们的独裁，不但是暂时和局部的现象，而且能够顾及民意，奖励民治。"他们的"皇帝也好，总统也好，甚至独裁也好，不但在趋势上，是朝向较为民主化的途道，而且事实上，目下西洋人民享受政治的权力，无论在数量上，或在范围上，比之欧战以前，只有增加没有减少"[1]。在德意等国借助极端反动的种族主义，对内实行镇压人民的残暴统治，对外谋划发动大规模侵略战争这样的时代背景下，"全盘西化论"居然被自己的偏执所迷，把西方的独裁政治也美化成民主体制的典范。这只能说明执迷不悟的"全盘西化论"已经与世界的进步时代思潮，

---

[1]　《关于全盘西化答吴景超先生》（1935 年 3 月 27 日），转引自《走出东方》，第 254 页。

走到了背道而驰的路上。纳粹登台，盖世太保横行，反人类的罪行肆无忌惮，这些血的事实更加使得连西洋独裁制都称赞的"全盘西化论"的信誉扫地以尽。

陈序经在辩论中，有时也无可奈何地不得不承认西方文化也确有短处、中国文化也确有可取的地方。可是他对此也生拉硬扯进行强辩，硬说这样的事实并不能否定"全盘西化"的必要。他说："我主张全盘西化，并非以为西洋文化之在今日，已臻完美至善的地位。我们的见解是，中国文化根本上既不若西洋文化之优美，而又不合于现代的环境与趋势，故不得不彻底与全盘西化。全盘西化，也许免不去所谓西洋文化的短处，可是假使我们而承认西洋文化之长为百分之六十，中国文化之长为百分之四十，我们若能全盘西化，则我们至少有了二十分的进步。比之一般希望以西洋文化之长而调合于中国文化之长，而其结果却是取人之短，留己之短的危险，相去之远，可以想见。何况文化本身是不能分开。何况西洋文化，无论在那一方面，都比中国文化进步。"[①] 他的这一辩护词，恰恰又提供了让论敌抓住的把柄。且不论武断地认定调和两家之长，注定成为只取两家之短的这种推论不合逻辑，仅就他所承认的东西方文化各有长短而言，那也未能说明何以还要执意去取西方文化之短，而弃中国之长。所以反驳者便说，按照你的理论，把西洋文化"百分之六十"的长处拿过来，和中国自己的"百分之四十"加在一起，岂不就成为百分之百的尽善尽美的文化了吗？当然陈序经不会赞同这样的办法，他用来强行辩护的理由仍旧是："文化是不能分开的"，而"西洋文化，无论那一方面，都比中国进步"。以此为据，他认定，学习西方，就只能将其长处短处一齐都学过来。是不是西洋文化的"百分之四十"的短处也比中国文化"百分之六十"的长处强呢？他避而不答。但是他无疑是在说明，在落后的文化中长处也是落后的，而在先进的文化中短处也是先进的，因此才能硬说，就中国而言，整个换成西洋文化比不换强。这就是说，在陈序经看来，用带有"百分之四十"短处的先进的西洋文化，来替换掉仍有"百分之四十"长处的落后的中国文化，是划算的。他断定，实行这样的"全盘西化"，就

---

① 《关于全盘西化答吴景超先生》（1935 年 3 月 27 日），转引自《走出东方》，第 258 页。

会赢得中国文化转换为现代文化的更新换代的大进步。

　　新人文主义否认人类文化具有进步的发展趋势，从而走向极端，完全抹杀了不同类型的文化间存在着发展程度的差异；"全盘西化论"则走向另一极端，把一切不同类型的文化的区别，都一概看成只是进化过程中的不同发展程度之别，从而完全抹杀了不同类型的文化间实际上存在着并非发展程度不同的性质差异。既反对"中国本位文化论"又反对"全盘西化论"的张熙若，在与"全盘西化论"的论战中，比较清醒地看出了"全盘西化论"在理论上存在的这种绝对化的误区。他首先指出，文化诚然有许多不可分的地方，比如现代工业与现代科学分不开，现代资本主义与现代劳工问题分不开，等等。但是，也要承认，文化中有的地方是分得开的。提倡西人的"精确治学方法"，并不一定就得吃番菜、用刀叉，更不必为着西化的反对说中国话，等等。他进而指出，近一百五十年来，中国之所以落后于西方，重要的原因是由于人家有了近代科学而我们没有，因此我们应当学习西方的近代科学。可是，生活中的不同成分，受科学支配的情况是不一样的，这就应该区别对待。"现在完全受科学支配的事情"，如火车、飞机、医院、照相之类，"自然应于最短期间极端西化"；"对于应该全受西化而现在尚未如此的事"，如政治制度、道德观念之类，则"应努力使它尽量西化"；至于"将来是否能完全受科学支配，现在尚有相当疑义的事"，如宗教情绪、美术、哲理之类，则"可以西化，也可以不必西化"。① 应当说，张熙若仅以科学为坐标，来区别文化成分的性质差异，并不是很精确的论断。衡量文化发展程度的高下，自然科学发展程度如何，固然是一个重要指标，但却不是惟一的指标。除自然科学而外，社会的、伦理的、人文的、政治的种种状况，各具独特的性能，其性能并非均以与自然科学的关系处于何种状态为转移。不过，张熙若的分析自有它的价值，这就在于他按照这样的分析，着重指出了中国文化有着"可以西化，也可以不必西化"的成分。他论证说，这些成分之所以也可"不必西化"、甚至是"不应西化"的缘由，就是因为这些成分与科学的发展状

---

　　① 《全盘西化与中国本位》，《国闻周报》第 12 卷第 23 期，转引自《胡适论争集》中卷，第 1541 页。

况基本无关，甚至与文化发展的程度根本无关；它们并不比西方同类的东西落后，甚至还更好些，所以理所当然地不需要换掉，不需要西化。他举了三个例子，一是庄严美丽的中国宫殿式的建筑，二是重视表达意境的中国山水画，三是好吃并不乏滋养成分的中国饭菜。通过这样的举例，张熙若要说明的意思是，从整体上看中国文化虽然落后于近代西方文化，但并不是说它的一切成分都不如西方。况且西方的文化成分的状况也是复杂的，除自然科学、工业、思想方法等之外，社会科学范围内的事情在西方同样也是矛盾冲突，没有确定的标准，不易仿效。所以，我们对于西方文化应该具体分析，哪些应当吸取，哪些可以不吸取、甚至不应当吸取。因此，要中国全盘照抄西方的主张，理论上是站不住的，实践上也是行不通的。由此可见，张熙若是感悟到了不同文化类型中都包含有与其发展程度不直接相关的成分，所以他反对囫囵吞枣式地把某种"先进文化"说成一切皆好，把某种"落后文化"说成一切皆坏的论断。张熙若从这样的议论引申出的结论是：

> 民族的自尊心是不应该打倒的，民族的自信心是不应该动摇的。我们今日再不如人，我们还应该使大家明白这不过是一个时代陡变的暂时现象。我们若急起直追，是不难于相当时期后恢复我们旧日的地位的。在大体上讲，今日中国与西洋所有的区别都是科学和思想的区别，而科学和思想的区别也不过是一二百年或二三百年以来的事。在这个时期以前，我们是同他们一样或者比他们还要高明点。一个民族的历史是要拿长远的眼光去看的，一时的不如人不能证明是永久的劣败，一切都证明这暂时的晦蚀不久还要复原有的光明。①

指出了中国仍有值得保留的、应当继续使用的好东西，那无疑就是证明了不需要也不应该"全盘西化"。更为重要的是，他的这番论述，等于证明了文化中的某些成分，其性质可以与文化整体的性质不完全一致。某种文化就其整体状况而言虽然落后了，但是它的某些成分却未必就也是落

---

① 《全盘西化与中国本位》，转引自《胡适论争集》中卷，第1542—1543页。

后的；反之，在先进的文化中也难免会有某些落后的成分存在。这种意见，对于文化发展的复杂性的了解，显然更加深刻，也更加符合事实。张熙若当年的认识，当然只能算是一种初步的探索，还有他认识上的局限性。张熙若议论未及而理应予以补充的是：在这样的一些领域内，既应保存和继续发展自己的"好东西"，不能毁弃它，但是也并不妨碍同时可以吸取西方文化内容。在保护、欣赏乃至继续兴建中国"宫殿式建筑"的同时，不妨也兴建西式的楼房；在继续欣赏中国山水画的同时，不妨也学学西洋画，画画西洋画，来丰富我们的绘事；在继续主要吃中国饭菜的同时，不妨也引进些西餐，换换口味。更进一层，还要探讨如何将东西双方之所长融会贯通，如何并"两长"为"一长"，让文化交流发展到"你中有我，我中有你"的双赢局面，以促进人类文化的新发展。张熙若还未来得及探讨中国引进的西方文化的某些内容需要进行不同程度的"中国化"的这一重大问题，也没有来得及探讨那些没有国别性的、无须乎"中国化"的，如自然科学、工程技术之类，在引进之后也还存在着在模仿的基础上再创新的任务；而中国人所作的文化创新，毫无疑问，已经不再属于"西化"的范围，而是中国人对世界文化所作的新贡献。这就是说，即使中国吸收了大量的西方现代文化的先进成果，那中国也不该由此而变成一个丧失了自己民族特色的"西化的中国"，而是应当成为一个消化和融汇中西文明的成果，并在此基础上进行文明的再创造、为世界文化的现代化作出创造性贡献的中国。

随着社会的进步，不同类型间文化交流的规模与速度必然会加速度推进。世界文化趋同的趋势是人类文化进步的必然，要想闭锁自封，建设纯粹体现一个国家特色的"本位文化"，那是绝无实现的可能。然而文化趋同的大势，并不意味着世界文化此后就会绝对的"一体化"。世界文化不会成为一个模式，既不会成为"西方文化"的一统天下，也不会成为"东方文化"的一统天下。人类文化的健康状态，是在于呈现出越来越多的文化的共同性的同时，又呈现出越来越丰富的文化的多样性，而不是削弱或消除多样性。文化发展存在着的两种力量是促进文化多样性的保证：一是文化具有的传承性能，二是文化具有的创新性能。文化自然会日益现代化，但是只要人们在文化交流中能够保持和发扬传承的自觉与创新的自觉，现代的人类文化必将呈现为有越来越多姿多彩、争奇斗艳的多元局面；整个世界文化绝不会都"全盘西化"，五大洲的文明绝不会都变成一副面孔的怪模怪样。

（2007 年初稿，收入《裂变与新生》一书，第 430—471 页）

编后附言

收入这本文集的文章，是从晚近二十年间发表的论文中选出来的。只有一篇作于 1989 年，其他均为 1990 年以后所写。

选编的这批文章，环绕着一个主题，即述评鸦片战争以来一百多年间在中国发生的文化思潮。其他种类的论作，概未选入。

之所以选定这个主题，是由于近二十年来我的确是把"中国近代文化思潮"定为自己从事学术研究的主要课题。我把主要精力尽可能地都投到了这上面去；因临时接受难以推辞的某些任务、或一时难以摆脱某些事务，偶尔打断主课题研究的状况时有发生，但是事过之后我随即捡起原来进行着研究的主课题，继续做下去。二十年来，克服不断遇到的各种困难，终于把近代文化思潮研究这项工作一以贯之地坚持了下来。值得庆幸的是，努力终于取得成果：两本专著先后问世。头一本是我和妻子陈崧合作的《中西体用之间——晚清中西文化观述论》（中国社会科学出版社 1995 年版），第二本是我独自著作的《裂变与新生——民国文化思潮述论》（社会科学文献出版社 2011 年版）。尤其应当感谢的是，第二本书出版时，多承编者的善意，将第一本书也拿来再版了，并且把两本书编做一套，统一定名为《中国近代文化思潮》的"上卷"和"下卷"。

二十年来的研究和两本专著的出版，为我今天选编这本专题文集提供了极大的方便，这是不待言的。可是，这同时也造成了一种困难，让我不得不考虑如何使新选出的文集与已有的专著避免过分的重复。我以为，既然我在这个项目上的见解与结论，至今并没有改变，那么要想完全另起炉灶编出一本与原著的内容全不相干的选集来，是不可能的，也是不可取的。那么，怎样解决这个难题呢？我的办法是：求其新而不计其全。过去所作的是专著，不能不讲求著作内容的系统化、全面性；即使人们耳熟能详的内容，也不得不辟出一些篇幅，加以阐述，甚至竭力作出面面俱到的铺陈。这回编选集则不同了，我不再需要顾及所选内容是否系统全面，也不必顾忌重大问题是否有所遗漏。我打定主意，把选择的标准只放在是否新颖上。也就是说，我所要选录的，是要题材新颖的，人们不太常见的；或者是，我自以为在所选的文章中写出了一些新见解，说了一点人所未言的话，乃至提出了若干和常见的定论不同的新论断。我祈求读者读到我的这些文章时，能够产生新鲜感，能够引起读下去的兴趣。为此，我为这本文集所选的文章，绝大部分都是取自发表过的独立成篇的单篇论文；而从那两本专著的书稿中直接择登的（没有作为论文单独发表过的）则只有两篇：即新文化运动初起时发生的"东西文明异同优劣之争"、"大革命"后国民党执政之初发生的"新一轮文化路向之争"。选这两篇的理由是，在我看来，在特定的历史背景下先后发生的这两次关于中国文化路向的大讨论，很具典型意义，在中国近代文化思想史上影响较为深远。

总之，我是想通过这本选集，把我在中国近代文化思想史方面研究的成果加以筛选，向读者提供一本可读性较强的简明读本。

我的愿望能否达到？我采取的办法是否弄巧成拙？全凭读者裁判，我只能静候佳音——支持的佳音，或者批评的佳音。

丁伟志谨此告白

2015 年 3 月 8 日于北京